岩田書院 史料叢刊13

飛騨郡代 豊田友直 在勤日記 1

天保十一年・十二年

西 沢 淳 男 編

岩田書院

「飛驒郡代豊田友直在勤日記1」目次

凡　例

一、本書は、東京大学法学部研究室図書館法制史資料室所蔵「豊田友直日記」天保十一年～弘化二年「飛驒在勤中日記」全五冊の内、天保十一～十二年の二冊分を翻刻したものである。法量は二四×一七センチメートル。内容については、本書「解題」を参照されたい。

一、翻刻にあたって、以下のようにした。

1漢字は原則として常用漢字に改めた。異体字も同様。ただし、固有名詞及び漢詩については、正字のままとしたものもある。

2変体仮名は平仮名に改めた。合字の内「ゟ」（より）はそのままとした。助詞として使用されている、「江」（え・へ）・「而」（て）・「ニ」（に）・「者」（は）・「茂」（も）、及び「并」などは、文字を小さくした。なお、「与」（と）は「と」とした。

3読みやすくするために適宜読点「、」と並列点「・」をつけた。

4虫損箇所は、□・[　]で示し、推読できた場合は（　）で傍注とした。誤記・意味不明などの場合には、（ママ）とするか、正しい字を傍注とした。脱字は（　脱）と傍注した。疑念が残る場合には、（カ）を加えた。

5抹消された文字で判読できる場合は、文字を示し抹消記号‖を入れ、抹消文字が判読できない場合は■とし、訂正文字がある場合は下または傍に記した。

6平出・擡頭は二字あけとし（平出）（擡頭）と傍注し、改行せずに文章を追い込んだ。闕字については一字あけとした。

7朱書は＊を付し、その範囲を「　」で示した。なお、文中の「〇」はすべて朱書だが、これについては、いちいち注記していない。

8その他、編者による注記は（　）内に記した。

一、本史料中に、差別を表現する名辞が認められるが、そのまま翻刻した。科学的歴史研究を進める立場からのものであり、差別を容認するものでないことを明示しておく。

解題　豊田友直と飛騨在勤日記

西沢淳男

一

豊田友直は、通称金右衛門・藤之進、号は此君軒・翠窓。実父は久須美祐明、文化二年（一八〇五）に生まれ、叔父で小普請豊田友益の養子となり、同十四年七月二十九日家督を相続する。文政十年（一八二七）三月八日勘定出役、天保四年（一八三三）正月二十四日評定所留役、同七年六月二十八日同組頭へ昇任、同十年九月二日飛騨郡代へ転じ、布衣を許された。五年間の飛騨在勤中、民政や地役人改革に様々な功績をあげた。弘化二年（一八四五）四月八日二丸留守居へ栄転、その後、御留守居番、先手御弓頭、火附盗賊改加役、御持筒頭、江戸中昼夜廻、旗奉行を歴任、元治元年（一八六四）勤仕並寄合となり、同年十月十三日病免し、家督を末吉郎友良に譲り、明治三年（一八七〇）閏十月七日六十六歳で没した。

日記は、郡代として飛騨へ旅立つ天保十一年四月十一日から、明治元年十月晦日東京を出て家族で引っ越した静岡の地において、亡くなる三週間ほど前の同三年十月十三日迄書き続けられている。

天保十一年以前について日記が書かれていたかは明確ではないが、別に「天保五甲午年、信総旅中日記」が残され、日記にも「未年（天保六年）在勤中之日記」との記述がみられるところから、書き記されていた可能性が高い。

日記の来歴は不明で、すべてが日記原本であるかも疑問の残るところである。時折「図之如く」と記し絵師に書かせた詳細な絵図が入るところがあるが、空白のまま絵図が抜け落ちている箇所も見られる。後述するように日記の写本を作成してるところから、これが写本の可能性もある。

日記全体は、他の幕臣の日記と同様に日々淡々と公務を中心に簡単に行動や面会人等を記しているもので、私的なものはわずかではあるが、飛驒高山在陣中に記された次の五冊は、まったく趣を異にしている。

「飛驒在勤中日記　一」天保十一年四月～十二月（本書所収）
「飛驒在勤中日記　二」天保十二年正月～十二月（本書所収）
「飛驒在勤中日記　三」天保十三年正月～十二月
「飛驒在勤中日記　四」天保十四年正月～十二月
「飛驒在勤中日記　五」天保十五年正月～弘化二年三月
他に「日記　六」の内、弘化二年五月迄の記事

この内容は、支配所であった飛驒一国や、越前（本保陣屋付支配所）、美濃（下川辺陣屋付支配所）の地誌・風俗・民俗・物価・気象・動植物・民政・行政・家族等々についての細かな描写や自身の心情までを詳述し、山村・漁村生活が手に取るようにわかる希有なものである。また地方行政の立案・実行過程についても詳細に知る得るものである。

では、なぜこのような詳細な日記として記されているのだろうか。日記の所々に「御用状并　尊父君ゟ被差遣候大箱并むしろ包弐ツ至来、早速御書状・御日記とも一覧　双君（実父・実母）御初御安健大慶不過之候事願上ケ候羅背抜羽織・花色絹足袋・砂糖并あふら・元結其外　叔兄ゟ書画帖・扇子　母君ゟ塩漬茄子等被遣候事」（天保十一年十二月廿三日の条）のような記事が見られる。当初は江戸と高山との間で、

また、実父久須美祐明が同年十二月二十日佐渡奉行となり、その後いったん江戸で小普請奉行を務めた後に大坂町奉行として彼の地へ赴任後は、兄のいる江戸と、父のいる佐渡ないし大坂と高山との間で、互いの日々日常の出来事を知らせ、あたかも一緒に暮らしているが如く一族間で共有していたためである。さらに、日記記載内容の感想なども記した、実父祐明へ宛てた書翰の写をまとめた「飛驒呈書」上・下[1]が別に残されている。これにより、日記の内容の確認、日記を読んだ実父祐明や家族の反応も見て取れるのである。

二

さて、久須美一族（後掲系図参照）については、膨大な史料群として東京師範学校（現筑波大学）所蔵文書がある。これは、すでに昭和初年に元田脩三氏によって発見され、その史料解題[2]と一族についての考察がなされている[3]。

その後、次のように久須美一族の著作がいくつかが翻刻されている。

・久須美祐明　「佐渡日記」[4]、「浪華日記」「難波の雁（抄）」[5]

・　　祐雋　「浪華の風」[6]、「在阪漫録」[7]

・豊田　友直　「日記」、「飛驒呈書」

・杉浦　　誠　「日記」[8]

一族の史料は主には筑波大学附属図書館（久須美家史料）、東京大学法学部研究室図書館法制史資料室（豊田友直関係）、沼津市明治史料館（久須美祐利関係資料）、国文学研究資料館（杉浦梅潭文庫）の四ケ所に分散保存されている。まだ未翻刻の史料も多数あり、翻刻が進み併読することにより、より豊かな近世社会を描くことが出来るのである。

例えば、実父祐明が天保十四年三月八日大坂町奉行に発令され、大坂への道中、五月二十六日中山道太田宿において三年ぶりに友直と再会を果たし、一晩を過ごしたことがある。(9) この再会について、祐明の日記で後日整理編集された「浪華日記」と、友直の「豊田日記」と、友直から祐明宛の書翰「飛騨呈書」の三点を並べみることにより、武士の心性、親子間での意思疎通方法や過程、同一事項の差違を知ることが出来るのである。以下、その例をみてみよう。

豊田日記

・三月二十三日の条
「尊父君義、当月八日被為　召、於　御前大坂町奉行被　仰付」

・四月十五日の条
「御上坂中山道筋御通行ニ付、支配所最寄之義、都合次第道中ニ而御逢可被遊旨被仰越、右之趣者先便此方ゟも窺ニ上ケ候義ニ而、中山道通行ニ相成候段寔大慶之至」

・四月廿六日の条
十四日出尊父君書状「尊父君御上坂之頃中山道太田宿に而御面会之儀、其筋江御聞合之上、自分ゟ者伺　尊父君ゟ者御届御差出之積、夫々御取計被下候由ニ而、右伺并御届下書とも御日記江御認込被遣」

・五月廿一日の条
「今朝五時前出立、供立者例年検見廻村之通」

・五月廿五日の条
「七時頃無滞下川邊江着陣○尊父君御上坂御休泊之先触至来次第申越候様兼而同宿役人江申付置候処、一昨日到来候旨同日申越、弥十六日御発輿、明廿六日太田宿御泊之由、令安堵候事」

・五月廿六日の条

「四半時過　尊父君無御滞同宿本陳福田太郎八宅江御着自分旅宿ゟ纔三四軒を隔　昼食後清服ニ改め、兼而謙輔差出置御沙汰を請、直ニ罷出ル、先ツ（平出）両御所様御機嫌相伺、畢而追々結構被　仰付候、恐悦申述ル　母君御快方之御様子等も委細ニ相分り、別而安心、縷々御寛話、日ノ昇候を不覚、正一郎者勿論、御供之面々江も夫々面話、今日者存外御着早く、殊更長日故無心置緩々夜来迄御出語不画　尊父君ニは近年別而御強健見上ケ候処も、三ケ年以前と少も御替り不被為在、実ニ分外之歓ひ、且自分結構者勿論　尊父君ニも格別之御人撰を以長大任顕職を、被為蒙　仰、一時御英名著聞候事ならす、不図駅頭ニ御面会を約、数年之続恩を払、帰省之情旅を慰候義、偏ニ（平出）御殊恩之御余恵寔ニ以銘心難有仕合、令雀躍候事　御目通之節拝呈之品并御供江遣候目録等左之通」

・三月廿八日付

飛驒呈書

「本月十三日附定便兼恐悦御風聴之吉書同廿三日至来、爰度奉拝読候、（中略）然者、過ル八日被為　召於御前（平出）大坂町奉行被　仰付候由、委細御日記并御書中ニ而具ニ謹承」

「御道中は何レゟ御登り候哉、中山道ニ候得者飛国最寄之義、支配所美濃郡上郡辺は五月頃麦作登熟之時節ニ付、右作方見分旁廻村可仕、同国下河辺陳屋ゟ中山道太田宿江者弐里と申条、纔壱里半ならでは無之、愈中山道御通行ニ候ハヽ、太田宿辺御泊り可被遊、左候得者其日取を量り麦作見分いたし、下川邊陳屋江出張いたし居、夫ゟ御泊江罷出、久々ニ而御目通り可仕、（中略）今般之御上坂は誠ニ僥倖之事ニ付、何卒拝趨御目通り之上、勇敷御行装をも拝観仕度、（中略）愈中山道筋御通行ニ候ハヽ、御出立之頃合并凡之御泊割をも前以御廻し置候様仕度奉願候」

・四月十五日午後認

「五月節句過早も御出立、御手繰次第六日ニも御発駕被遊度思召之由、右ニ付道中筋ニおゐて御目通り之義勝候蒙仰難有、右者是ゟも先便申上、今頃は御承知可被為在、御通行筋不相分候而は手繰も出来兼候処、（中略）御出立日限并御泊割相分り候ハヽ、其御日取ニ寄出立・廻村可仕候、高山ゟ下河辺陳屋江は弐拾朴《七》八里、夫ゟ太田宿江近キ弐里」

・四月廿八日昼前認

「本月八日附之尊書者同月十八日、同十四日御認之御状者一昨廿六日相達、御日記一同奉謹誦候」

「太田宿ニ而御目通り之義、中嶋平四郎江御引合伺之積、夫々御取計被成下候由、願書并御届等御日記ニ而具ニ承知、右ニ而者更心障り無之、別而大慶仕候、此程は折々大雨有之、何卒御出立頃雨天少ニ仕度祈念罷在候」

「御発輿日限いまた聢と御治定者不被為在候得共、多分六日と御決心、無左候得者九日頃御出立之由、私義者廻村を兼、五日目下河辺陳屋罷越候積、左候得者六日御出立、十六日太田宿御泊ニ候得者、十一日高山出立可仕、九日御出立十九日太田宿御泊に相成候得者、十四日高山出立之積手筈仕候義ニ御坐候」

浪華日記

・五月廿五日の条

「明日太田宿ニテ藤之進へ可遣品等包置候様申付ル」

・五月廿六日の条

「〇藤之進ハ今朝下川辺陣屋出立いたし、自分ヨリ先キニ太田宿脇本陣同家ニテ隣家之由福田常助方ニ罷在、自分都合次第可罷越旨申越川嶋奥六も太田川渡船場迄麻上下ニテ出迎藤之進も染帷子麻上下ニ着替候趣ニ候得共、自分ハ野服之侭逢候積り一旦申遣候処、与風心付候ハ、藤之進儀御直支配ニハ無之候トも布衣以上ニ被　仰付候儀ニ付、以前トハ事替り先ツ御機嫌を相伺可然筋ニ付、其段左五郎を以申遣、自分も麻上下ニ着替居間取片付上座ニ着座、藤之進儀謹テ入側ヨリ入下モ座へ着座、　公方様　右大将様益御機嫌克恐悦之旨申述ニ付、　両御所様益御機嫌宜趣申述、夫ヨリ対座ニ居直自分結構被　仰付候吹聴歓等互ニ申述、第一病人之儀委敷申述、~~夫ヨリ~~一通談話畢テ夫ヨリ入湯いたし、藤之進ニも入湯為致直ニ着替、寛談ニおよふ」

三史料を補完しながらみていくと、江戸を三月十三日発した定便（江戸役所と高山役所との交換便）が同二十三日に届き、同封されていた書状および祐明の日記写によって、同八日に祐明が将軍家慶から大坂町奉行を拝命したことを知る。これを受けて、同二十八日に認めた実父祐明宛書翰により、大坂への赴任ルートは東海道が基本であるが、中山道ルートを利用すれば、友直の支配所美濃国下川辺陣屋周辺の麦検見途中、最寄中山道太田宿で落ち合う事ができるので、検討するよう出立日時の連絡を請うている。四月十五日祐明から、定便ではなく飛脚便で、中山道ルートを通り逢いたい旨が届く。これは先の書翰の返書ではなく、祐明も同様のことを考えていた事が判明する。この書翰を受けて、同日付書翰で改めて正確な出立日と休泊割を問い合わせている。同二十六日に、十四日発の書翰・日記写で双方の意思疎通が出来て、正式な願書・届書を出すことと、その雛形が示されている。同二十八日付の祐明宛書翰でも、八日発は十八日に、十四日発は二十六日に確認した旨が記されている。また、出立日時が知らされていなく、江戸を六日発で太田宿十六日着ならば高山を十一日に発、江戸を九日発ならば高山を十四日に発することを想定していることを伝えている。江戸出立の五日後に高山を出る計算をしているようで、結局は、江戸十六日出立、高山二十一日出立となっている。友直は、前日の二十五日に下川辺陣屋へ入り、祐明が予定通りの行程かどうか先触れの確認をさせている。

当日の朝に陣屋を出た友直は、午前十時頃に二、三軒隔てた脇本陣福田七左衛門宅へ入るが、「浪華日記」では隣家の福田常助としている。これに先立ち、下僚の秋山太郎輔を一つ手前の伏見宿まで出迎に行かせ、祐明は太田宿で振る舞う料理の手配の為に、家老の平井左五郎を二時間ほど早く出発させた。友直の日記では、先番の平井に面会し祐明の様子や母かめの病状を聞いている。一方祐明の日記では、染帷子麻上下の正装で出迎える秋山と茶屋で逢い、友直の口上を聞くと共に、秋山へ病人(母かめ)の出立の頃の様子を伝え、直ぐに友直の元へ報告に戻るように申し付けている。かめは、この年九月に亡くなるが、母かめの病状を知りたい友直と、一刻も早くかめの様態を知らせたい祐明親子の心情が見て取れる。

親子の面会は、友直の日記では、昼食後に正服で将軍家慶と嗣子家定への御機嫌伺いをしたことしか記されてはいない。一方祐明は、当初旅着である野服のまま対面のつもりであったが、太田の渡船場へ出迎た元締手代川嶋奥六も正服、友直も正服であるところから、「与風心付候」と幕臣の礼として正式な対面の形式を調えたことがわかる。

正式な対面の儀のあとは、普通の親子の関係に戻ったようで、友直の日記では終日ゆっくりと話したとの記事に留まるが、祐明の日記では、対座となって歓談後、二人とも入湯し、また歓談したとある。

家族・供方への土産の品は友直・祐明の日記で一致しているものの、理由は不明であるが、祐明への土産の品記載には差違がみられた。

友直日記：「養老酒・蜂屋枝柿・円座・浅草海苔・茶碗・麻小袴・駅路鈴」

祐明日記：「蜂屋柿・蒲円座」

夕方となり祐明が手配させたおいた料理が出されたが、友直は酒飯を相伴とのみ記すが、祐明は献立を詳細に記す。中でも久須美一族が大好物である鰻の蒲焼は、別途友直へ土産用に江戸風の焼き方をしたものを用意させていたが、実は友直も「兼而手代江申付、関宿ゟうなき取寄為焼差上ル」と用意し、調理は心得ている手代の小ものにさせていた。これには「うなぎハ焼立ニテ至極宜敷」と祐明は感想を記している。

このように、両者の日記や書翰が揃うことにより、より豊かな幕臣生活や心性までも垣間見ることが出来るのである。

三

ここで友直を取り巻く家族について紹介しておきたい。日記上の表記と久須美一族の関係を飛騨在任期を中心に表したものが、次の系図である。(10)

友直自身の略経歴については前述の通りであるが、大変珍しく自身の身体についての記述があるのでみてみると、釼術稽古場で下僚・地役人と共に柱に身長を記していった記事には、五尺三寸三分（一六四・五cm）とあり（天保十一年〔一八四〇〕八月三日の条）、全体の中では高身長である。体重は拾六貫目（六〇kg）、「近来少々肉附候様ニ覚候処、果して如斯、余りニ肥満ニ過ルも宜しからされとも、亦疲癯甚しきも悪かるべし、近頃職事ニ苦心少く、且武事ニ遊ふは養生之一端、少し肉附も壮健之所致歟耳祝」（天保十三年二月十八日の条）とあり、若干肥満を気にしつつ、それも壮健

【久須美家一族日記関係図】（天保十一～弘化二年　飛騨在勤期中心）

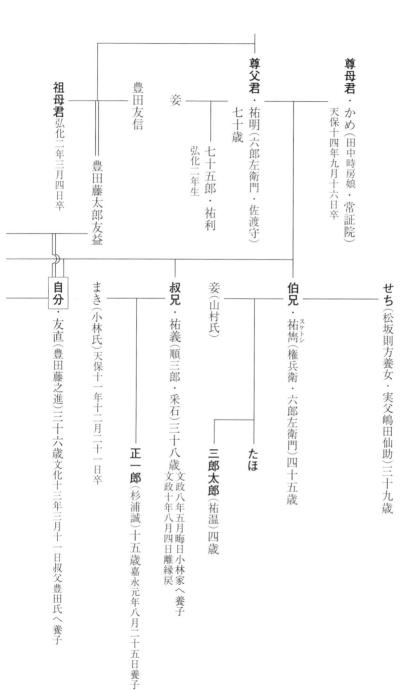

尊母君・かめ（田中時房娘・常証院）天保十四年九月十六日卒

尊父君・祐明（六郎左衛門・佐渡守）七十歳

妾

七十五郎・祐利　弘化二年生

豊田友信

祖母君　弘化二年三月四日卒

豊田藤太郎友益

せち（松坂則方養女・実父嶋田仙助）三十九歳

伯兄・祐雋《スケトシ》（権兵衛・六郎左衛門）四十五歳

妾（山村氏）

たほ

三郎太郎（祐温）四歳

叔兄・祐義（順三郎・采石）三十八歳　文政八年五月晦日小林家へ養子　文政十年八月四日離縁戻

正一郎（杉浦誠）十五歳嘉永元年八月二十五日養子

まき（小林氏）天保十一年十二月二十一日卒

自分・友直（豊田藤之進）三十六歳文化十三年三月十一日叔父豊田氏へ養子

菊池隠居（小左衛門娘）弘化五年五月二日卒　八十一歳

母君 ——

荊婦・ふさ（菊池氏）

- **きた** 十二歳 嘉永元年十一月十五日杉浦誠と婚姻、嘉永四年正月晦日卒
- **きく** 九歳 弘化四年二月十五日大津代官都筑峯重惣領峯暉と婚姻
- **信五（吾）郎** 八歳 天保十一年八月二十四日卒墓所高山壱之町大雄寺
- **敬之助**・友文 四歳 天保八年九月十五日生
- **たか** 一歳 天保十一年八月九日生 安政二年四月二十四日杉浦誠と婚姻 祐明命名
- **あい** 天保十二年十月二十八日生 安政二年二月二十八日久須美祐温と婚姻 祐明命名
- 末五郎・友良 弘化四年七月七日生

浅草寺代官 **菊池貴一郎** —— 金吾

まさ 文政十一年十一月二十三日友直養女、弘化三年七月四日養妹で婚姻

関保右衛門行篤 先妻天保十四年秋死去にて再縁

- 大之進 弘化三年十二月四日生 祐明命名

貞七郎・祐貞 文政十一年十一月朔日死去 祐明命名

體七郎（江坂正業）天保十年四月八日江坂正修の急養子 —— 孫一郎

ゴチックは、日記上の表記、早世は除いた。年齢は天保十一年次。‖ 養子。日記上で「双君」と記されているのは実父祐明、実母かめのこと、「両貴兄」は長兄祐雋、次兄祐義、「嫂々」は祐雋妻せちのことである

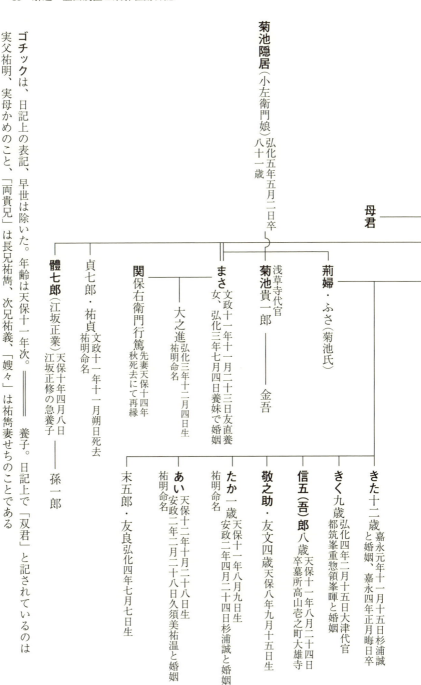

でよしとしている。BMI（ボディマス指数）(11)二二・一七で、現代でいう適正体重は五九・五三kgであるので、至って健康である。

妻ふさは菊池氏の出で、江戸への日記や書翰に菊池宛のものがあるのは、実家の兄弟や母等へのものである。なお実の妹まさは、いったん友直の養女となっていた。親交のあった関行篤の妻が天保十四年秋に亡くなった後、十二月には行篤が「後妻披索」ということで、兄祐義を通じて申し込むと共に、関係者へ根廻しをし、縁談が調ったならば父祐明の養女とすることを願うとしている。これは菊池の身分が低く、布衣《ほい》（旗本の従六位相当の者が着用する無紋の狩衣を着する身分）以上の者へ嫁ぐためと記している。結局は、それから二年半後の弘化三年（一八四六）六月に、友直の養方妹として行篤との縁組願を提出している。

子供は赴任時には、信五郎・敬之助・きた・きくの二男二女で、たか・あいは飛驒で生まれている。信五郎は、天保十一年八月九日初めて妹が誕生し大喜びをしたのもつかの間、十二日より腹通と下痢が続き、食欲もなく医者も詰めきりであった（赤痢であろう）。友直は十五日には最寄の名医を呼び寄せるよう元締へ話している。その後、二十三日迄の記事はなく、二十四日に、信五郎が病死したことと嫡男を失った親の心中が記されている。翌日の葬儀後、二日間記述がなく、二十八日の記事に、友直は痢疾気味で臥せっており、次男敬之助が十八日より、妻のふさが二十四日より同様であったことが記されているところから、看病した家族へも赤痢が感染し、その後何とか快復したようであるが、翌月八日迄記事が途絶えている。墓碑銘は二人の兄に願い、長兄の祐雋が撰文、次兄の祐義が染筆をしている。

信五郎が亡くなったため一男となった敬之助は、その後、武芸その他活発に父に寄り添う記述がたびたびみられ、順調に成長をしていったが、文久二年（一八六二）八月二十八日、麻疹後の脚気により二十六歳で没している。

長女きたは、兄祐義の子で嘉永元年(一八四八)八月二十五日杉浦家へ養子に入った正一郎(誠)と、同年十一月十五日、婚姻することとなる。同二年七月二十三日長女としを出産。続いて同四年正月十九日長男喜之助(正一郎勝守)を出産するが、分娩に回虫を煩い同月晦日二十四歳で没している。

次女きくは、十六歳となる弘化四年二月十五日に、子では一番早く大津代官都筑峯重の惣領峯暉へ嫁いだ。

三女たかは、高山生まれで五年間当地で育ち、「お高・お愛(四女)は全飛驒ものニて言葉抔習俗ニ染、毎度失笑候事ニ御坐候」(「飛驒呈書」)と、土地の言葉を話すようにもなっていた。安政二年(一八五五)四月二十四日、亡き姉の後の後妻として杉浦誠へ嫁いだ。同五年正月十四日には長女とみを出産、文久三年正月五日次女とせを出産するが、とせは同二月五日亡くなり、十二日たかも二十四歳で没した。

四女あいも高山で生まれ、安政二年二月二十八日、十五歳で祐雋の長子祐温と婚姻し、同五年六月五日、長男隼之助を出産するが、文久二年閏八月二日二十二歳で没した。

子供達の命名は、すべて久須美祐明が行っており、友直の娘三人も兄二人の子に嫁がせ、一族の結束の強さを感じさせるが、いずれも二十代の若さで没している。

結局、豊田家の家督は弘化四年七月七日に生まれた末五郎(友良)が継ぐこととなる。

日記上で見られる友直の子供達たか・あい・末五郎、他に関大之進などすべてが実父祐明に頼み命名されているところから、恐らく他の子供達も同様であったと思われる。

四

久須美家については藪田貫氏が詳細にまとめているので[12]、日記にでてくる両親・兄弟について簡単に記しておく。

友直の実父祐明は支配勘定をスタートに、飛驒へ赴任時は納戸頭を務めていた。その父も天保十一年(一八四〇)十二月二十日佐渡奉行へ発令され、これにより祐明は、前述の公務日記以外に交換日記としての「佐渡の日次」乾・坤二冊を書き記し[13]、友直の「飛驒在勤日記」と交換し(日記の写しを送る)、それに添えられた書翰が「飛驒呈書」である。これにより佐渡・江戸・飛驒という三地域間での生き生きとした風俗・生活や差違などを垣間見ることが可能になったのである。飛驒在勤中、祐明は同十三年八月二十日に小普請奉行として江戸へ戻るが、すぐさま同十四年三月八日大坂町奉行へとすれ違いの生活となった。同十五年、齢七十四歳で勘定奉行に就任。交換日記は翌弘化二年(一八四五)四月八日友直が二丸留守居として江戸へ戻るまで続いた。まさに、詳細な在勤日記はこの五年間のものである。

実母かめは、飛驒へ出立前より体調が優れなかったようで、日記にも江戸からの日記写や書翰が届くたびに母の病状を案ずる記述が頻繁に見られる。前述のように太田宿で親子再会の折にも、いの一番に母の様態の情報提供がなされている。残念ながら、祐明が在坂中、友直が高山在任中の天保十四年九月十六日に没した。

長兄は祐雋である。はじめ権兵衛、その後父の六郎左衛門・佐渡守を名乗、父同様大坂町奉行にも就任した。日記上では我が子敬之助の成長と重なるのか、同年代である祐雋の二人の子供三郎太郎とたほのことがよくみられる。

次兄は祐義である。文政八年(一八二五)五月晦日、いったん小林家の養子となり、まきと結婚、同九年正月九日正一郎が生まれるが、同十年八月四日不熟で離別し久須美家へ戻る。なお、正一郎は天保三年十月迄小林家で養育され、久須美家へ戻された。祐義は一生厄介であったが、武術師範として道場を開き采石と号した。四男にあたる弟の正業は、天保十年江坂家へ養子に出ていた。

なお「飛騨在勤日記」に登場することはないが、弘化二年、父祐明の妾腹の子として五男七十五郎が誕生する。祐雋に養育されていたが、久須美姓の男子が維新までに亡くなったため、同家を継ぎ、明治を生き抜いた。

従弟どうしでの婚姻や叔父の養子など一族間での絆が強い一方、祐雋の正妻せちは元代官で勝海舟の叔父である松坂則方の養女であり、祐義の子正一郎（杉浦誠）の三人目の室は代官林長孺の養女、友直の養妹まさは元代官関行篤の後妻となり、次女きくは代官都筑峯重の惣領と婚姻するなど、代官経験者との婚姻関係が目立つ。しかも、下級役人から出世した久須美家同様に、いずれも代官から立身していることが特徴的である。

註

（1）「飛騨呈書」（筑波大学附属図書館所蔵、請求番号ル一八五―一二三）。なお、西村宏一氏により『飛騨春秋』四九七～五四〇（二〇〇二～二〇〇六年）に翻刻が掲載されている。

（2）元田脩三「久須美文書解題」（『教育』五三五・（秋期臨時増刊、一九二七年、茗渓会）。

（3）元田脩三「久須美蘭林父子及びその一門（上）（中）（下ノ一）（下ノ二）」（『歴史地理』四九―三・五・六、第五〇―一、一九二七年）。

（4）「佐渡日記」（『佐渡相川の歴史』資料集7、新潟県佐渡郡相川町、一九七八年、所収）。

（5）「浪華日記」「難波の雁（抄）」（『大坂西町奉行久須美祐明日記』、清文堂史料叢書、二〇一六年、所収）。

（6）「浪華の風」（『日本随筆大成』第三期第五巻、吉川弘文館、一九九五年、所収）。

（7）「日記」（『随筆百花苑』第十四巻、中央公論社、一九八一年、所収）。

（8）小野正雄監修『杉浦梅潭　目付日記・箱館奉行日記』（杉浦梅潭日記刊行会、一九九一年）。この日記をもとに、田口英爾氏により『最後の箱館奉行の日記』（新潮選書、一九九五年）がまとめられている。

（9）田中豊「大坂町奉行の中山道道中と大坂入り―久須美祐明『浪華日記』から―」（『奈良県立大学研究季報』一四―二・三、二〇〇三年）で、親子の再会について祐明日記から触れている。

（10）「豊田友直日記」及び「親類書・縁類書」「久須美家歴代系図・履歴」（沼津市明治史料館所蔵久須美祐利関係資料）、「経年略記」（前掲註（8）『杉浦梅潭　目付日記・箱館奉行日記』所収）より作成。

（11）Body Mass Index.　体重と身長の関係から算出される肥満度を表す体格指数。

（12）藪田貫「久須美祐明と祐雋―父と子の大坂町奉行―」（前掲註（5）所収）。

（13）「佐渡の日次」（筑波大学附属図書館所蔵、請求番号ヨ二一六―二七四）。

飛驒在勤中　日記

飛驒在勤中
日記　一
天保十一子年
但従四月
至十二月
豊田友直

天保十一庚子年

四月小

十一日晴　発江都至蕨宿　道法四里拾町

一支配所飛驒国高山陳屋江引越候ニ付、今五半時家内一同出立但為見立宅江関保右衛門、小田切庄三郎、菊池貴一郎、鈴木大太郎、川嶋平八郎、門田田門、多田龍斎妻、中村啓助妻、林桃三九姉来ル、尤龍斎并啓助妻者昨日ゟ止宿手伝いたす、右ニ付出立為祝義両人江百疋ツ、遣ス　旅装行列左之通

雇両人
具足
*「法被
脚半
桐油
笠」

足軽手代共両人
台弓
*「伊達羽織　桐油
木綿中形半天　笠
萌黄股引脚半　大小
横三尺帯」

雇両人
伊達道具　手代り宿人足壱人
*「大小　柿三尺帯
紺看板　帯縞
浅黄股引　桐油
柿脚半　笠」

雇
徒
徒
徒
*「大小
紋附黒羽織
木綿中形半天
薄鼠股引
同脚半
大形三尺帯
桐油
笠
同断」

当日雇
刀筒 徒
刀筒 徒

雇
陸尺四人
*「紺法被
黒帯
挟手拭
浅黄股引
柿脚半
同三尺帯
桐油
笠」
但手代り宿人足弐人

中小性*「朝倉小隼」
中小性*「太田小六」
自分乗物
中小性*「久保新之丞」
中小性*「三岡源三郎」
*「紺野羽織
木綿小紋半天
同小紋股引脚半
同中形三尺帯
桐油
笠」

手人
持鑓*「八助」
添鑓*「忠兵衛」
手人
長柄*「五助」
手人
草履取*「仁助」
手人
対箱*「忠七」
対箱*「吉藏」
手代り宿人足壱人

当日雇
茶弁当
*「法被
脚半
桐油
かさ」

手人
口附*「綱五郎」
牽馬
雇
口附
「大小弐廻り
脇さし六
紺看板
浅黄股引
柿脚半
帯
柿三尺帯
桐油
笠」

手人
沓箱
*「清藏」
*「法被
脚半
桐油
笠」

雇
押壱人
*「大小
法被
木綿中形半天
黄萌股引
同脚半
中形三尺帯
桐油
笠」

雇
陸尺三人
但手代り宿人足壱人

祖母君
信五郎
乗物
中小性*「小林三藏」

手人
鑓*「傳吉」
雇
挟箱
手人
草履取*「乙次郎」
当日雇
対箱
対箱
手人
打物*「留八」

雇
陸尺四人
但手代り宿人足弐人
おふさ
乗物
中小性「新保文藏」*
中小性「増田十兵衛」*
手人
草履取「新藏」*
雇
陸尺三人
手代り宿人足壱人
母君
敬之助
乗物
中小性「佐藤貢」*
手人
草履取「六助」*

雇
陸尺三人
手代り人足弐人
おきた
おきく
乗物
中小性「安藤栄藏」*
当日雇
挟箱
手人
草履取「九助」*
宿人足弐人
はつ
駕籠
宿人足弐人
たよ
てう
駕籠
押壱人

宿人足三人
釣具足
宿人足三人
平井裕二郎
駕籠
手人
若党「久太郎」*
手人
鑓「久助」*
小もの「傳兵衛」*
両掛
両掛
両掛
両掛
両掛
合羽籠
合羽籠
合羽籠

竹馬
竹馬
竹馬
灯燈籠
替鑓持
幕持
長持
雇
宰領壱人
長持
長持
長持
長持
本馬
本馬
同断壱人
本馬
本馬
本馬
本馬

本馬
本馬
本馬
本馬
惣押
宿人足弐人
駕籠
日雇頭
伊沢七五郎
宿人足三人
駕籠
附添手代
飛田壽次郎
小もの
両掛
但壽次郎者日々先番相勤旅籠代并人馬賃銭相払、裕二郎者跡役心得候事

○九時頃中山道板橋宿江着、本陳豊田市右衛門方ニ而一同小休、昼食相認、当宿迄見送ニ罷越候もの名前左之通

久須美體七郎　村井栄之丞　田中新五兵衛　多田龍淵
田中庄次郎　浅井喜太郎　千坂作次郎　杉山與市
村田数右衛門　林猪三郎　小野貢右衛門　中ノ口番 安原与右衛門
本庄禿郎　中村啓助　今井万助　同 田中与三郎
同 池田一作　小室豊三郎　大木猪平太　阿部重藏　進野延左衛門
林桃三九　間壽三郎　同 新太郎　大塚正作　安井十藏
進野礼太郎　平岡文治郎手代 飛田儀十郎
村井佐太郎　川崎平右衛門手代 奈古友七郎
柴田善之丞手代 中村定市　大井帯刀使者 鳥居多左衛門
羽倉外記使者 園田壮之進　有家倉平　大塚正作妻

〆三拾五人　外ニ出入町人共弐拾七人　都合六拾弐人

○右一同江振廻候昼食・酒肴等左之通

飯　汁　香ノ物　坪　なます　引而焼物　平　猪口
味噌吸物　硯蓋　さしみ　鉢肴　但

○祝儀遣候分三拾三人但壱人江百疋ツヽ、〆八両壱分
○右供江支度代遣候分三拾四人但侍江弐百文、中間江百文ツヽ、都合三貫六百文
○貫目改所江出役いたし居候、山本大膳手代岡田正助用聞ニ来ル、荷物継立ニ付而者手数も懸ケ候故、一寸面会及挨拶但荷物追々相嵩格別過貫目ニも相成候事と存候処、貫目相当之由ニ而無子細改メ済候由、右者先勤之勤柄故歟一己ニ者幸ひニ似たれとも、廉吏と者難申、しかし過貫目之荷物持参せしも、廉と者難申哉、自評して一笑を発す ○見送罷越候もの江者町人共迄夫々面会辞別す
○九半時過板橋宿出立、戸田川向建場ニ而一同小休、七時頃蕨宿本陳岡田嘉兵衛方江着、止宿○有家倉平当宿迄送来ル、本陳江一同止宿○伊庭久右衛門も当宿迄暇乞ニ来ル、家眷一同面会有合之酒肴為差出、離盃を挙但内々当宿江止宿明朝帰候由 ○中山道者去ル午未両年遠国御用ニ而、往返都合三ケ度通行、勝地名区之風光山岳江河之唱称、及ひ宿駅之盛衰里数等、其節之日記江委しく記置故、事不替儀者再ひ不記、且此度者暫く之在勤故、都而旅中定例之手続者是亦略しぬ但毎日之食事、炙話入湯并泊小休之本陳等江、目録其外品物等遣候類也

十二日曇昼八時頃ゟ疎雨　従蕨宿至鴻巣宿　道法七里三拾弐町
一今朝七半時頃起出一同食事○伊庭氏并有家倉平暇乞ニ来ル面会　双君江之伝言等相頼憐々辞別す○六半時頃蕨宿出立、浦和大宮両宿を経、九半時過上尾宿本陳林八郎右衛門宅江着、此所ニ而、小休昼食認○桶川宿を過八時過、鴻巣宿本陳小池三太夫方江着、止宿○関保右衛門支配所通行ニ付、為馳走手代差出候由ニ而、同人手代粕谷又輔用聞ニ来ル、面会厚挨拶申述ル、遠方態々出役いたし候事故、菓子等振廻金弐百疋遣候事

十三日朝雨昼後暫く止夕刻ゟ亦雨　従鴻巣宿至深谷宿　道法七里弐町
一今朝五時前鴻巣宿出立○四半時過熊ケ谷宿本陳竹井喜太郎方ニ而小休昼食相認、領主松平下総守家来森平八為用聞入来、面会及挨拶但先払足軽両人出ル○本陳喜太郎住居向者格別手広ニ而、二階江茶室并庭を設ケ、甚奇観之由ニ付、所望いたし子供一同見物、一興を添、右者先年通行之頃川田田門一見いたし、其節委しく日記江しるし置候故、再ひ不記、喜太郎江叔兄御筆之画扇弐本遣ス○九時頃熊ケ谷宿出立、八時過深谷宿江着、本陳飯嶋十郎兵衛宅江止宿○越前本保陳屋詰手代菊池七左衛門儀、当月朔日彼地出立昨夜当宿江着、自分通行之趣承り待合居候由ニ而機嫌聞ニ来ル、緩々面会、彼地之様子等委しく承ル、且此度之旅行者供も多人数故、兼而精々申付置候得共、不取締之儀有之間敷とも難申候間、出府懸ケ自分旅宿せし本陳者勿論、下宿等能々相糺心障之儀も有之候ハヽ、早々宿継ニ而可申越旨申含遣候事○老幼を携而之旅行者不弁甚しといへとも、亦旅情を医し閑を逆る之一助なきニあらす、輿中殊ニ一笑を発せしは、今朝鴻巣宿出立、吹上村建場ゟ敬之助と同輿せし処長日之旅行小児は猶更閑ニ不堪故ニ、輿を移すこと終日幾度といふ事を知らす最初者至極神妙なりしか、次第ニ退屈ニ乗シ、懐中時計其余輿中之品を翫弄し、甚乱妨故他之輿ニ移さんとするニ、何レも数町引後レ、其儀不能、彼是せし内ニ最早熊ケ谷之駅ニ至りぬ、折節領主ゟ足軽両人先払ニ差出、厳重ニ往来を制し、両辺之町家ニ者男女群居して行装を看る、熊谷者宿柄別而能く、宿役人も人数多く一同恭

しく出迎案内いたし、殊更行装は格別律陂に而一入晴ケ敷処、敬之助者昨夜髪を結ひ候侭ニ而、今朝いつか元結抜ケ乱髪ニなりしかとも、少シも憚ル気色なく轎籠江取附、往来之方江手を出し、或者大声ニ而種々之事共云出て止マす、領主家来も出役せし様子ニ而、遥ニ鑓抔看るニ、甚熱中し色々申賺せとも、愈退屈して少しも不聞入、無拠有合之菓子抔沢山ニ与へ、左右之障子四五寸引上ケ、領主家来江及挨拶時も駕籠之戸を少シ為引、輿中悉く不見様ニいたし、種々配意、漸本陳江着しぬ、小児召連候迚、子細もなき事なから容装余りニ律陂故、何となく赤面苦心中、甚おかしく本陳江着後、一同江話し大笑を発す

十四日雨　従深谷宿至倉賀野宿　道法六里拾壱町

一今朝六半時過深谷宿出立○四半時頃本庄宿本陳内田七左衛門方ニ而昼食○同宿之外レゟ石神村建場迄凡壱里半程、民家及ひ並木等過半焼失、是者当正月下旬烈風ニ而焼亡せし由、田舎ニ者珍敷大火と覚ゆ○八半時頃、上州倉ケ野宿江着、本陳勅使河原八左衛門宅江止宿

十五日快晴　従倉ケ野宿至松井田宿　道法六里弐拾三町

一今朝五時前倉ケ野宿出立、高崎宿ニ至、為馳走領主松平右京亮ゟ町方同心四人并人馬改役壱人差出、宿役人も上下等着し、先年通行之頃ゟ者取扱叮嚀ニ覚ゆ○高崎宿出離れ、信五郎并おきた・おきく一同歩行○四半時頃板鼻宿本陳木嶋喜兵衛方ニ而昼食○宿外レゟ　母君并信五郎、おきた一同猶亦歩行、碓氷川を渡、安中宿手前ゟ乗輿、同宿を過領主板倉伊予守家来用聞ニ出ル枇杷窪村建場ニ而小休○妙義権現江参詣之積、同所江之道筋者難所ニ而、駕籠ニ而者難相越候間、祖母君・おふさ・信五郎・敬之助・おきく者荷物一同直ニ松井田宿江着差遣　母君・自分・おきた計り歩行ニ而罷越但駕籠者宿入口ニ為待置、馬具足其外者直ニ本陳江遣す妙義江之道筋者碓氷川之流ニ添ひ、漸々つま先上りニ登ル、今日者新霽雲煙なく、山水之風光尤絶妙也　母君者一躰野行御好故、目馴レ給ハぬ高山急流ニ向ひ御遊歩一段御歓ニ而、壱里半余聊御草臥之御様

子もなく、妙義江御参詣如斯好景を御覧ニ付而も、江
戸表之御噂とかくニ而郷思一段深かり○権現江参詣、
空腹ニ成候故、同所門前ニ而茶屋ニ而蕎麦を食す但悪蕎麦醤油
もあしく、漸一碗を尽ス○七半時頃松井田宿脇本陳伬田安兵衛宅江
着、止宿但本陳弐軒有之候処、一昨年類焼いたし、いまた普請出来兼候よし
十六日曇昼後雨八時過ゟ晴　従松井田宿至追分宿　道法七里半余
一今朝六半時頃松井田宿出立、今日者碓氷御関所通行ニ
付、兼而手筈いたし置、御関所前横川村建場ニ一同控
居、附添之手代を以御関所手形番人江差出見届相済、
番人ゟ案内有之、直ニ　祖母君、母君、おふさ、おき
た、おきく、下女三人都合乗物六挺但祖母君者信五郎と御相輿ニ付、今日者裕
二郎駕籠江為召候事　御関所内江繰入無滞改済通行、自分并信五郎、
敬之助両人相輿相通ル但信五郎者前髪立ニ付、先格之通其段家来ゟ為断候事任先例松井田宿
本陳相改頼、髪改之老婆江一同ニ而金弐百疋、下番江
五拾疋、且本陳江も挨拶として金百疋遣ス、尤改方者
乗輿之伬肩より不卸、御番所ニ無之方之戸を引、髪改
候仕形計りいたし、直ニ相通し候由但目録不遣候得者、悉く改髪を解相改、甚手
重に而手間取候由下女之分者駕籠を卸し、同様改候事之由但下女・下少女之分者建場茶屋ゟふり袖借請為着候事○坂本宿を過、碓氷峠ニ懸ル　母君并お
きた、おきく一同歩行、難所故両度小休いたし、九時
過熊野権現江　祖母君初不残参詣、例之通途中迄神主
両人出迎、守札等呉候間、初穂金百疋相納、峠六七合
目ゟ次第ニ雲深く、権現江参詣中、雨降出し候故乗輿、
峠を下ル○八時前信州軽井沢宿本陳佐藤市右衛門方江
着、昼食認、同人娘よね義先年小休せし頃給仕等ニ出
候間其頃五歳おきく同年今日も呼寄、菓子等遣ス、当時兄弟三人
ニ而、同人弟五歳、妹四歳ニ相成候由、是亦子供之相
手ニ出候事○沓懸宿を過、七時過追分宿江着、本陳土
屋市左衛門宅江止宿○今日者浅間山一面雲懸り候処、
漸々霽、追分江着之頃者全容看るニ足れり但山半腹ニ弐三ケ所残雪あり
○昨日者余程薄暑を催し、袷而已ニ而能程ニ候処、今
夕者峠を越し故ニ哉、格別冷気ニ而綿入弐ツ着し、火
鉢等為差出候程也、梅桃桜并牡丹山吹等満開ニ而、季
候江都之二月頃之様ニ思わる○追分宿貫目改所出役大
原左近手代機嫌聞ニ来ル此貫目改所者一昨年出来、自分先勤中取扱候也　入湯中ニ

付、面会不致

十七日晴　従追分宿至長窪宿　道法八里拾弐町

一今朝六半時頃追分宿出立、宿出離れ子供一同歩行、今朝者浅間山霽渡り一朶之雲なく、淡煙縷々鮮明風光最奇也、されとも嶺上ゟ吹下す朝風肌ニ微して、冷気冬之如し〇前面甲州八ケ嶽高く聳へ絶巓、残雪斑々朝暾を帯て一段玲瓏〇小田井宿手前ゟ乗輿、同宿并岩村田、塩名田両宿を過、九時前八幡宿本陣小松五右衛門宅ニ而昼食〇同宿出立、間もなく俄ニ雲立、北風烈敷吹来轎簾を打て行輿難進、一同大ニ辟易す、右者早手と相見、行こと壱弐町ニして風雲共ニ収る〇望月宿、芦田宿を過、借通峠(笠取)井懸ル、下り口ゟ子供一同歩行、宿手前ゟ乗輿、七時頃長窪宿本陣石合平右衛門宅江着、止宿〇和田峠宿本陣永井十左衛門并宿役人等機嫌聞ニ来ル

十八日晴大風夕刻ゟ雨　従長窪宿至下諏訪宿　道法七里半九町

一今朝六時過長窪宿出立、今朝も西北風強く綿入重着いたし候得共、山風轎簾を透て冷威甚し〇五半時頃和田宿壮着、本陣永井十左衛門方江着、昼食ニ者早過候得共、多人数弁当も不弁ニ付、一同食事認但人足者勿論駕籠のもの等者食事刻限ニ不拘、建場毎ニ食事いたし候故、旁弁当不為持、尤上之分も品ニ寄建場ニ而頼昼食認候積、菜物等聊用意いたし候事〇峠七八合目頃之山間ニ雪之消残りたるあり、嶺上季候之異なる押而知ルべし〇長峠故建場毎ニ小休、昼食早く空腹ニ成候間、九時頃峠下と云建場ニ而一同食事認但飯計り為差出、菜者持参之品用ひ候事此所ゟ　母君并子供一同寛歩嶺頭ニ登ル〇峠絶頂者常ニ風ありて夏も冷かなるに、今日者殊更西北之風強キ故、嶺上ニ到れは風ニ向ひて一入烈敷供之もの、冠り笠を吹切られ、実ニ駕籠も砕んとするが如く、何レも不思蹲踞、駕籠を守る丗而已、風ニ向ひて者声も出し難キ程也、因而　母君、子供は早々駕籠ニ乗、外駕籠一同先江遣シ、自分而已歩行、嶺上暫く眺望閑ニ下山す狂風小砂利を吹付颯然、面を打て難歩程なれとも、嶺頭は樹木なく平坦ニして渓なけれは聊危ことなし、されとも供のもの者一同驚怖し、何レも岩陰ニ寄蹲踞居して進ものなし、聊之風にすら斯の如し、況や異変危急之場ニ臨ては、縦令何十人扈従すとも、物の用には立間敷、是は平常鍛錬して只身の心懸ケ肝要ニすへき事ニ而、先頃　伯兄日光御登山の頃大雷雨ニ而衆皆驚怖

せし由、同事の談とも云べき歟○餅屋村之建場ゟ乗輿、七時前下諏訪宿本陣岩波太左衛門宅江着、止宿、着懸ケ　母君并子供一同諏訪明神春ノ宮江参詣いたす○温泉　両母君殊之外御歓、家児も一同珍らしかり凡一時余之長湯、旅中第一之楽事と云べし○塩尻宿本陣川上九左衛門儀、同人方ニ而小休いたし呉候様申出ル、先年信州検地御用ニ而罷越候節、九左衛門方江立寄、昼食認候間、此度も通懸ケ立寄小休いたし候積、尤聊馳走ケ間敷儀者致間敷旨、申聞遣ス

十九日昨夕ゟ雨暁より漸々霽　従下諏訪宿至贄川宿　道法七里八町

一今朝六半時過下諏訪宿出立○諏訪湖上半晴、甲州八ケ嶽及ひ高崎（嶋）之城櫓は雲翠の中に明也、されとも冨嶽は、雲深して見へす惜むべし○塩尻峠八九合目より子供一同歩行、往こと数百歩稍絶頂ニ至らんとする頃、山間頻ニ雲起りせて、漠然忽湖水を失ふ、雲煙身辺を馳て、衣裳おのずから潤ふ、因て一同乗輿下山す○四時頃塩尻宿本陣川上九左衛門方江立寄小休、同宿出立間もなく快霽、一同歩行桔梗ケ原を過、前書面古見今井之村々、其余鉢盛烏帽子嶽之山々等遥ニ滝頭ニ看る、一歳中目馴し山岳、実ニ故人ニ逢し様ニ思わる○九時頃洗馬宿脇本陣志村勘之丞方ニ而昼食本陣は類焼いたし、いまた普請中之由○松平丹波守御預所役人貝谷純内并下役殿村喜太郎但去ル申年信州今井村検地御用之節右懸り相勤候もの共也今井村名主三右衛門・平兵衛、古見村同治左衛門・伊与之丞・年寄六郎右衛門・孫次右衛門、針尾村名主与次右衛門・年寄平右衛門・平作、小野沢村名主小市郎・年寄七之丞、機嫌聞ニ来ル、一同江夫々逢遣ス、純内并村々役人共ゟ栗之実、鶏卵、長芋、塩鯛、わさひ等呉候間、純内江菓子・扇子但天翁筆村役人一同江金肴代金三百疋遣ス○本山宿を過、日出塩村建場より母君并子供一同歩行、右建場ニ熊之子を飼置けり、当春生レし由、丈ケ壱尺壱弐寸もあるへく、いまた爪も不利、歯もはへ不揃、されとも猛獣之気象ありて人を不恐、亦能人ニ馴て頻ニ戯れ遊ふ、最可愛小獣也、子供一同立停り、遊観多時○桜沢扇屋九郎右衛門方ニ而小休、同人も先年信州江罷越候節、用向等

申付馴染筋ニ付、途中迄出迎、枝折短冊等呉候間、茶料金百疋遣ス○七時過贄川宿本陣千村(平脱)右衛門治方江着、止宿○木曽路江入し故ニ哉、今朝者別而冷気強く、毛之羽織等着用、夜分も厚着ニ而睡る

廿日 晴　従贄川宿至福島宿　道法六里拾四町

一今朝六半時過贄川宿出立○宿出離れ拾六七町程は渓浅く、道も険ならす、されとも路巾七八尺ニ不過、駅路右之方弐三ケ所、木曽川縁三尺余欠崩レ、漸駕籠を通す、風雨之頃者迚も乗輿難成、木曽路之危険押而知るべし（道筋険阻之様子者、先年之日記ニ委しく記ス）○奈良井宿を過、宿外レゟ子供一同歩行鳥居峠ニ懸ル○今日者快霽風なく、殊山中所々杜鵑花及ひ桃花満開風光一段奇也、歩々笑話、閑ニ翠巒を踏て登ル、おきた、おきく初元来郊歩を好む処、限りなき高山深渓之間を随意ニ散歩、且長旅之苦味を知らざれは、歓然余念なく、実ニ生涯之遊事と云べし、既登ルこと壱里余、嶺上ニ至ル、此所ゟ申酉ニ当り、御嶽山突出全容都而雪を帯、飛国之寒威思ふべし○険路下ルこと拾八町、藪原宿手前ゟ乗輿、四半時頃同宿本陣寺嶋十右衛門宅江着、昼食○駅中毎家櫛を鬻く、小休中六七枚を買○宮ノ越宿を過、荒町と云建場ニ而小休、福嶋御関所通り方手筈等打合、都て碓氷関所之振合ニ而無滞通行相済（但兼而番人江打合候而者、却而増長いたし、目録員数等彼是申聞候由ニ付、通行之節髪改之老婆江手渡ニ目録差遣ス、おふさ之分五拾疋、外七人分同断遣ス、兼而者碓氷御関所ゟ改方手軽之由及承候処、却而同所ゟ手重ニ而、小女之外者髪先悉く改め取扱方も丁寧無之、目録不遣候得者、格別手間取不都合之事共有之候趣也、正邪を糺ス御規定第一之御関所ニおゐて、右躰賄路を貪り候儀、何とも歎ケ敷事也）○七時過福嶋宿本宿白木十郎左衛門宅江着、止宿○山村甚兵衛ゟ時候見舞として氷餅壱箱、使者を以相贈ル、因而挨拶として、同人陳屋江裕次郎差遣ス

廿一日 快霽　従福嶋宿至野尻宿　道法七里九町

一今朝六半時過福嶋宿出立○新茶屋村建場ニ而小休、名物わらび餅を食す○上松宿を過、寝覚村建場ニ而小休、同所江駕籠荷物等さし置　祖母君初め一同歩行、臨川寺ニ至ル、寺僧案内ニ而寝覚之床等遊覧、多時茶菓子差出、絵図縁起等呉候間、金五拾疋遣ス、夫ゟ右建場

茶屋江立戻り、猶休息、名物ねさめ之蕎麦を食す先年食せし頃者醤油あしく候処、此度者醤油も能、一段味ひ奇也○此建場ゟ子供一同歩行、小野ノ瀧遊覧、小沢村ゟ乗輿○小野ノ瀧より行こと数百歩、木曽川を隔て林際、亦小飛泉を看る、岩ニ砕て白々濃緑を繞て下ル、幽致賞するニ足れり先年旅行之頃、看残せしゆへ記置○八時前須原宿本陣木村平左衛門方ニ而昼食○七時過野尻宿江着、本陣森喜左衛門宅江止宿

廿二日晴　従野尻宿至中津川宿　道法八里五町

一今朝六半時過野尻宿出立○中柄之建場ゟ信五郎・おきく一同歩行、羅天坂、遍尓坂等を過、三留野宿ニ到、是ゟ乗輿○四半時頃妻籠宿本陣嶋崎与次右衛門方ニ而昼食○同宿出離レ、馬籠峠上り口ゟ　母君并子供一同歩行、め雄之瀧遊覧、峠上建場に而小休、夫ゟ乗輿、馬籠宿を過、落合宿ニ至、同宿外れゟ歩行○七時頃中津川宿尾州領恵那郡本陣市岡長右衛門宅江着、止宿

廿三日晴　従津レ中川宿至附知村　道法七里

一今朝六半時頃中津川宿出立、来路を同宿外レ迄立戻り、北之方小径ニ入ル、是則高山江之街道ニ而竹原通りと唱但江都ゟ高山迄百拾六里余路巾四尺計り、往来稀也、行こと八九町中津川之流ニ添ふ、猶壱弐町ニして木曽川落合口ニ至、土橋あり長拾間計り此橋を渡、夫ゟ木曽川に添ひ、往こと八九町道巾三尺計り、漸駕籠を通す木曽川之渡口ニ到、川巾六七拾間程、流浅くして水底岩石多く、甚之急湍也、渡船は巾狭く首尾尖りたる、鵜飼舟と唱るものに而、舟板至而薄し船板薄らされは、船底岩ニ当りて損すと云へり揖夫棹を操り、流ニ随て斜ニ渡り越ス、疾こと矢之如し乗船しては舟中平らかニして、却而穏ニ覚ゆされとも、渡船弐艘外無之、多人数を数度ニ越ス故、大ニ時を移○渡レ流り苗木村ニ入ル恵那郡遠山美濃守領分領主家来郡奉行纐纈《コウケツ》善左衛門、代官植松清作用聞来出る但美濃守ゟ之口書レ上をも持参ス是ゟ足軽両人先払ニ出ル○左之方山上ニ苗木城之天守重翠之間ニ出此辺搦手ニ而高こと数十尋、四拾八曲登ると云へり、大手は西之方山下ニあり丈呂久峠を越登り拾壱町少シく嶮也、下りは寛ニ而二三町ニ不過行こと三四町田畝を隔て、左之方ニ苗木城下之町屋見ゆる、先払之足軽は此所ゟ引取、猶八九町行、日比野村ニ入、継場也、往還右之方ニ神

明之社あり、屋根ある三四間之橋を過、左右欄檻を設ケたる敷石三町程行、社前ニ到、密林中小祠あり、小休中爰ニ詣す○阪路壱弐町行、字難松原といふニ至ル、両辺松之並木あり、長八九間又者方三四間之大石七ツ八ツ路傍ニ横る、是を夷岩と云奇石也、松間之阪路及ひ田間之狭路を過て福岡村ニ入中津川ゟ三里○四半時過、同村大庄屋西尾仲右衛門方ニ而昼食但菜之物等中山道と替ることなし、取扱は格別丁寧也座敷拾畳敷、附ケ書院床之間等者あれとも普請不宜、一躰之住居も手狭也、尤玄関もなく、縁頬ゟ直ニ座敷江通る○遠山美濃守ゟ旅中見廻として氷餅壱箱、使者を以相贈ル代官新田作左衛門○同村出立、弐三町行阪路を下り、長根(良)川を渡ル、橋長八間計り行こと拾町程上野村ニ入柴田善之丞当分御預所同村百姓庄兵衛方ニ而小休住居不宜大道坂を登り、古野坂を下り、田瀬村ニ入、夫ゟ屡阪路を上下し廿、田瀬坂を五六町下り、同村遠山美濃守領分継場也、福岡より弐里庄屋西尾五郎兵衛宅ニ而小休、普請手堅く能方也○一之尾瀬坂下ルこと七八町、附知川を渡縦ノ木橋と云長七間附知村ニ入、是ゟ右流ニ添ひ行こと四五町、亦附知川を渡、田瀬村ニ入、川を左ニ看て数百歩行、再ひ附知川を越、猶亦附知村ニ入、此辺ゟ平地ニして、左右皆田畝流ニ別る○七時頃附知村尾州領継場也、田瀬ゟ弐里庄屋田口忠左衛門宅江止宿、座敷八畳敷、湯殿至而狭く、住居あしき方也○高山陣屋詰手代岩田量平為出迎、当村迄出張面会、彼地之様子等承ル○明日湯之嶋村泊之処、明後日者陣屋着前日ニ而、品々用向も有之、同日里数多ニ而者不都合ニ付、明日江繰上ケ、萩原町泊之積、今夕追触差出候事

廿四日折々雨　従附知村至萩原村　道法九里半

一今朝暁八時前起出、夜引明ケ附知村出立、拾四五町行、矢柄峠ニ懸ル、此峠上下拾壱弐町に而急坂ならす、道祖《サイ》神峠四町程登り、下り口加子母村ニ而同村ニ入、下ルこと六町程檜木坂を登り、夫ゟ田間之平路壱里余行、四時頃加子母村尾州領恵那郡百姓伊藤政右衛門宅ニ而小休、住居向手広ニ而座敷拾七畳、次拾弐畳あり、普請は勿論調度も奇麗也、村中之富農と見ゆ○加子母川之流ニ

添、田間行こと壱里余、前面山脚一円之杉林あり、一条之阪路を通す、是を舞台峠と云、峠登ること三四町、則美濃・飛騨両国之境ニ而、是ゟ支配所飛騨国益田郡御厩野村也、為出迎地役人奥田又右衛門、飯村健次郎其余村々役人数十人控居、案内いたす○峠下ルこと拾町程御厩野口之番所ニ至ル、同所詰地役人古□（田）類助出迎候間、輿中ニ而挨拶、夫ゟ七八町行、同村百姓忠左衛門宅ニ而昼食○同村行こと四五町田中橋を渡（御厩野川橋長八間程）野尻村ニ入、田畔之平路を行、宮地村を過、殿渡りと云河原を越（渓水砂石之間を流る、強雨に者忽巨流を成スといへり）乗政村ニ入、拾町程行、鉢屋峠ニ懸ル、登ルこと弐拾町（但登り口四五町嶮路、夫ゟ寛か也）嶺上ニ至ル、是ゟ小川村也、下り拾六七町、曲路急ニして鳥居峠ニ伯仲ス、峠を下り益田川之流ニ添ふ（此流飛州南方ノ大河ニ而一名阿多野川、濃州ニおゐて者飛騨川と唱へ、木曽川ニ合して太田川と云）行こと四五町小川谷と云を渡る、河原数十間流は四五間（尺）ニ不過、強雨之頃は是亦溢流して巨川を為スト云○猶行こと七八町森村ニ入、此辺益田川之流広く、両辺河原之砂石白々、既雨竭テ半山白雲横タリ、重緑雨を帯て川頭之風光尤絶

妙、飛州ニ入ていまた可賞之好景なし、爰ニ至て、初而一奇景を得る○八時頃湯之嶋村百姓久兵衛方ニ而小休（但同村者宿場之躰ニ而商家等三四拾間相対す）同人住居殊之外手広ニ而、普請一段手堅く、座敷拾弐畳次拾畳、折曲ケて一間之入側あり、自分初悉く褥を設く（但自分江者純子弐重蒲団、おふさ之分者□等縮めんか、みふとん、其余更紗等也）梨子地之刀掛、其外懸物、屏風、置物之類何レも立派ニ而、雪隠・湯殿并庭も余程手を尽したる躰也○昼食之支度いたし置候由ニ而、供之もの迄一同膳部差出ス、世話ニも成候故、出立懸ケ目通り申付候事（但叔兄御筆之画扇弐本遺ス）○東上田、中呂、花池之村々を過て萩原村ニ至ル、湯之嶋ゟ之道筋左之方都而益田川之流ニ添ふ（但聊流ニ別るゝ所あり、其辺者左右麦瀧頭、多くは桑林なり）右之方は翠巒高く聳へ、道幅至而狭く、壱弐ケ所赤壁砕ケ落て斜岸絶たる処あり、右江者桟道を造りて往来す（但岸浅キ故、村人者常ニ流畔を往来ス、此度自分直行ニ付、新規桟道を通せしと云）○七時頃萩原村名主熊崎彦右衛門宅江着、止宿、住居向手堅く座敷拾畳次八畳あり、雪院（隠）庭等も至極奇麗也（但町長サ三町程商家等相対して小巷を為、凡家数九十軒程あり、村柄能方也）○支配所江入ては尊敬一ト方ならす、駕籠手代り、荷物持之人足等百余

人ニ及ふ、自分駕籠江者拾四五人ツ、附添、村々役人も多人数出、案内いた〓し警蹕を唱ること厳か也、通行筋村々ニ者若(老カ)若男女所々ニ芝居して行列を拝観す、既今朝附知村出立之頃雨降出せし故、雨具を用ひ候積之処、可成者雨具懸ケ候儀者見合呉候様、内々村役人共願出候由、右之通旅装は国中之壮観と成る事故、何分少略は難成、高山着陳ニ者見物嘸かしと思わる

廿五日晴　従萩原村至久々野村　道法七里

一今朝八時過起出、出立前出迎ニ罷出候地役人并高山町年寄共、其余郡中物代之内重立候者江逢遣ス○六時過萩原村出立、行こと三町計り桜谷を渡る板橋長壱間余桜洞村ニ入、夫ゟ上呂村を過、宮田村八幡社前ニ而小休、是迄之道筋多く者益田川之流ニ添、流遠キ所左右麦畝上桑林あり、亦上呂村地内ニ才羅野と云三四町之平原あり、杜鵑花多し○東大ケ洞、西大ケ洞、東宮田之村々を過、小坂町村ニ入、大ケ洞ゟ之道筋、益田之流少しく遠く、折々繞て渓畔ニ出、小坂ニ入て屡阪路を上下〳〵半里計りニして、斜ニ急阪を下ル、あさむつ之橋を渡橋長三拾間程両岸都而岩石水面所々ニ巨岩横て奔流水煙をあく、橋は高しく飛虹之如く、橋辺岩間、赤松多く蟠根栄て、龍蛇之伏を為す、実ニ山水之奇を極と云へし、是飛国中之勝地ニ而、高名位山ニ亜くあさむつ之古跡は大野郡上呂郷ニあり、今のあさむつは、其後移せしと云、堯恵之紀行ニあさむつなしといへり、されは其頃既ニ廃せしもの〓歟○猶急坂弐三町登り、四時頃同村名主喜右衛門宅ニ而昼食、座敷八畳次六畳、玄関は無れとも普請は相応也○地役人大池織右衛門・山崎十郎右衛門最寄江出役いたし候由ニ而、機嫌聞ニ来ル○子供一同歩行、小坂町村出立、拾弐三町行、左之方益田之流ニ懸ケ渡せる藤橋あり、巾五尺計り長拾三間余、双岸さし出たる岩ゟ岩江すだれを編みたる如く、三四寸角程之丸木を藤蔓ニ而からみ渡せる也、是は渓を隔たる村々江之通路ニ而、街道ニ者あらす、藤橋者水面ゟ高こと五間余、されとも此辺駅路漸々登りて、脚下惣崖数十尋、渓流岩を撃て白く遥ニ水音を聞耳故、藤橋も水ニ接して漸長三四間ニ見ゆ、遠く望すら猶危し、況や橋頭独歩をや○小坂を

過、門坂村百姓家ニ而小休此辺益田川水底巨石少キ処、渡船あり、双岸岩ゟ⌈　⌋引渡し、楫夫両人ニ而、壱人者縄を伝ひ、壱人棹を繰りて渡る、尤急湍流矢の如し乗輿行こと五六町、大野郡
渚村ニ入、夫ゟ壱里余ニして親瀧橋を渡長八九間是ゟ益田
川を路之右ニ看る、拾町程行、野外ニ而小休○八半時
頃久々野村儀兵衛宅江着、止宿小坂ゟ四里座敷六畳次八畳ニ
而住居、至而狭し、因而手人之分も引分ケ旅宿申付ル
○小坂ゟ之道筋左右之山々次第ニ高く、木立深して流
愈荒し、山脚之客路屈曲、径巾狭く所々ニ桟道ありて、
駅路之さま木曽路ニ似て危険なることは、猶勝れるか
如し

廿六日晴　発久々野村高山着陣　道法三里
一今朝五時前久々野村出立、七八町行山梨村ニ入、夫ゟ
宮峠ニ懸ル、登ルこと拾町計り宮村ニ入登りは至而寛也平地四
五町行峠を下ル下りは屈曲して阪路甚嶮し此辺ゟ前面を望は高山続キ
之村々、宮川ニ枕して水田隴畝濶然、人家も亦多し、
眺望尤よし、峠下ルこと弐拾町計り左之方宮川之流ニ
添ふ此流北方之大河ニして大野・吉城両郡を経て越中ニ至て神通川と唱、此辺上流ニ而川巾八九間ニ不過、越中ニ至て諸流落合て巨流を為す、凡弐百間程と云へり○宮村一ノ宮大宮司梶原陸奥守宅ニ而小
休、住居者手広なれとも普請至而ふるし、おきた・お
きく一同一ノ宮江参詣、大社ニ而本社者方六七間折曲
廿左右折曲て回廊あり、神楽殿額堂も方八九間もある
べし、額堂は土人伝へて、往昔所謂飛騨之工匠作る所
と云へり、造り方異なるが如く、実ニ数百年前之造営
と見ゆ○宮村行こと半里計り松橋と云を渡ル長拾四間程是
ゟ宮川を路之右ニ看る、猶弐拾町程行、石浦村速入寺
ニ而小休、相応之寺院也、夫ゟ半里計りニして高山町
之市口ニ至ル、上川原町・中河原町・東河原町を経て
四半時高山陳屋江参着ス○宮村ゟ之道筋平夷ニして田
畝多く、四方之山々次第ニ帯く低く打開ケて眺望よし
○今朝久々野村出立以来、途中迄出迎候高山町并村々
役人、其余陳屋出入之医師、諸町人但地役人・寺院之類者町入口ニ控居幾
百人と云数を知らす、通行道筋者村々何レも道造いた
し、町方者別而高山入口ゟ都而盛砂いたし、小路〳〵
者坂囲ひ又者縄を張、見世先者商物等悉く取片付、屏
風・幕等打廻し、若レ老男女両辺ニ群居して、謹て行

装を看る、警固之もの棒を持、所々ニ蹲踞し見物ノ内、少シ頭を上ルものあれは、棒を揚て制之故ニ数千人、肩を磨れとも声を不為寂寥として、人なきか如く、只先払之町役人蹕を唱る声を聞耳、実ニ未曽有之壮観目を驚す事共也○自分初一同陳屋表玄関ゟ上ル、手代一同下座敷江出迎、元〆手附秋山太郎輔但全之元〆ニ者無之、当時元〆代り相勤案内ニ而書院江通り、夫ゟ家内打揃、居間江相通ル但下女はつ者今朝先江出立為致、自分共着を待請、奥江者同人ニ案内為致候事彼是昼ニ成候間、一同昼食認但古来ゟ之仕来ニ而、着ゟ三日之内者郡中ニ而賄候事之由、いか様ニも着当分者、別而混雑荷物解キ候間合も有之、旁急速手賄ニ者難相成、因而為任郷例三日之間者郡中ニ而為賄候積也、魚肉払底之所といへとも格別之馳走と相見、鯛・ひらめ等者殊更新鮮、其外品々鮮魚差出ス、肴膳部等者数多故、逸々不記、都而料理向も道中筋ゟ者手際能、味ひも一段よし○午後広間ニおゐて手附・地役人其外町年寄本役三人・見習弐人・出入之医師都合拾弐人目通り申付ル、手附・手代者・地役人者敷居を隔て但地役人者手代ゟ二畳程引下ル町年寄・医師者一ト間隔、三ノ間江為差出、役レ地人・年寄者元〆差添、医師者町年寄差添也披露す○手附・手代・地役人并国中之寺院、高山町并村々役人、出入医師、諸町人等着陳祝儀として、酒肴・扇子・菓子・菜レ野類其余銘々渡世向之品等持参夥し、是亦往古ゟ之仕来ニ付、夫々挨拶請取置但魚類等都而生物者引請候心「　」もの有之、右江預ケ遣追「　」之由、是亦仕来之通為取計候積村方隔り候分者、此後追々可罷越、右者同様之事ニ付、以後悉く不記但別帳ニ委く記置且国中寺院之内大寺又者村々役人共之内ニ而も由緒等有之、古来ゟ目通り申付候分者、其時々逢遣ス、是等も数多之事故、逸々不記○土産として手代并地役人江左之通遣ス

一　画扇弐本叔兄御筆
　　燧袋　一内ニ早縄火打道具入

元〆手附
秋山太郎輔

一燧袋　一内同断

手附
斎藤　勝平
手代
岩田　量平
手附当分借受
桒田　貢二
地役人ゟ当分出役
岩水弾次郎

一金五百疋
右一同江

一金千疋
地役人、但都合四拾八人
一同

○太郎輔案内ニ而御役所御用場向、其外白洲并御蔵・

稲荷社、勝手等悉く一見ス○高山町者左ニ認候絵図面之通、町数都合弐拾四ケ町あり、通行之道筋者横路ニ而町並も宜しからさる由ニ候得共、一躰諸材沢山之国柄故、家作り等手堅、大躰之城下町ゟ者能方なり、ましてや大通り之町屋は猶更と思わる、陳屋門前者余程空地ありて、正面ニ宮川江懸ケ渡せる中橋といへる橋あり、門前之様子大手めきて見込至而よし○陳屋者敷地弐千八百弐拾五坪余あり、建家間取等者兼而写置候絵図之通りなれともは、略して不記、門・玄関・表座敷者勿論、居間向勝手等格外手広ニ而、右之内居間廻り者、去ル丑年中先郡代新規取建候由、木品等別而能、茶室其外とも栂・檜・黒べ等悉く良材を撰用、工み之手を尽したる、実ニ逸々記すニ遑あらす庭囲ひ板塀其外下夕見、屋根うら等迄都而良木を用ゆ○庭は泉水ありて、屋敷西南之庭隅より宮川之流を引但宮川之流、田間を繞りて庭中ニ入ル、亦流て田間ニ落池水溢て庭中之曲溝を巡り、線々縦横斜床下を経て厨之辺ニ通す、水清して急ならす、庭隅水門之辺纔ニ水声を聴、曲溝燕紫多く、溝ニ添ふて牡丹之園あり、花皆爛然賞するニ足れり、

亦池辺大石ありて庭中喬樹少く、只赤松之一囲ニ過ルもの五六株あり、垂枝縦横蟠根翠色尤愛すへし、庭際之短墻を隔て稲荷之社あり、社之大サ三間ニ六間、内陣左右之襖者金地ニ而、松竹梅及ひ波ニ日の出を画けり、拝殿額数十を掲て毎歳二月午祭ニ者国中之衆民をして詣せしむ、当日之群参、都下ニ勝れりといへり社前花表五ツあり、何レも丈ケ丈余、花表ニ添て石之水鉢及ひ灯籠あり灯籠都合八本是者前々郡代其外手代・地役人等所納、社辺老杉四五樹一抱に過るあり、森然聳立す、樹下風冷かニして寥々、人を不看、深樹間古祠之さま、神さびて何となく尊く覚ゆ○三階者四方突上ケ窓ニ而眺望自在なり、楼上ゟ方位卯辰ニ当り、城山と云あり、金森家城墟之由、頂キ赤松多く山半腹者都而隴畝市門ニ臨て、山勢険ならす陳屋を去こと五町計り、歳首之かさり松は、此山中ゟ出スト云寅卯ニ当り、錦山郭外小丘之上ニ横タわり木立深し、陳屋去ルこと半里騎鞍嶽・笠嶽・御嶽・槍嶽等者錦山左端ゟ丑寅江亘り、聯翩重翠の上ニ兀坐す、絶巓都而雲を帯、玲瓏玉を削か如し本土者余国ゟ高キ故歟、望む処江都ニおゐて富嶽を看るニひとしく而、高山峻嶺といへとも高からさるニ似たり、樺諸嶽を去こと各十里計り城山々前ゟ西北江巡り、商舎

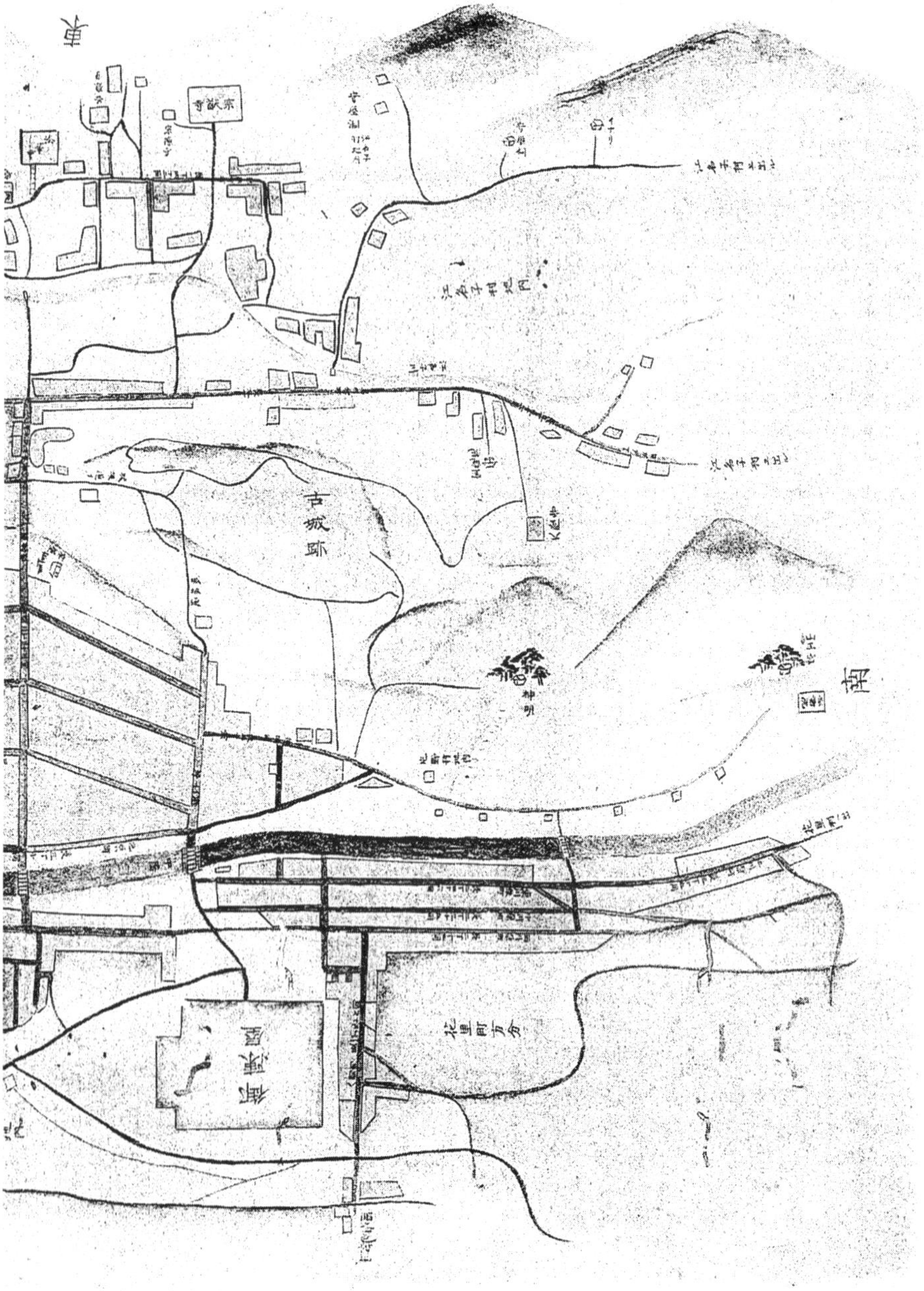
東
古城跡
南

41　天保11年4月

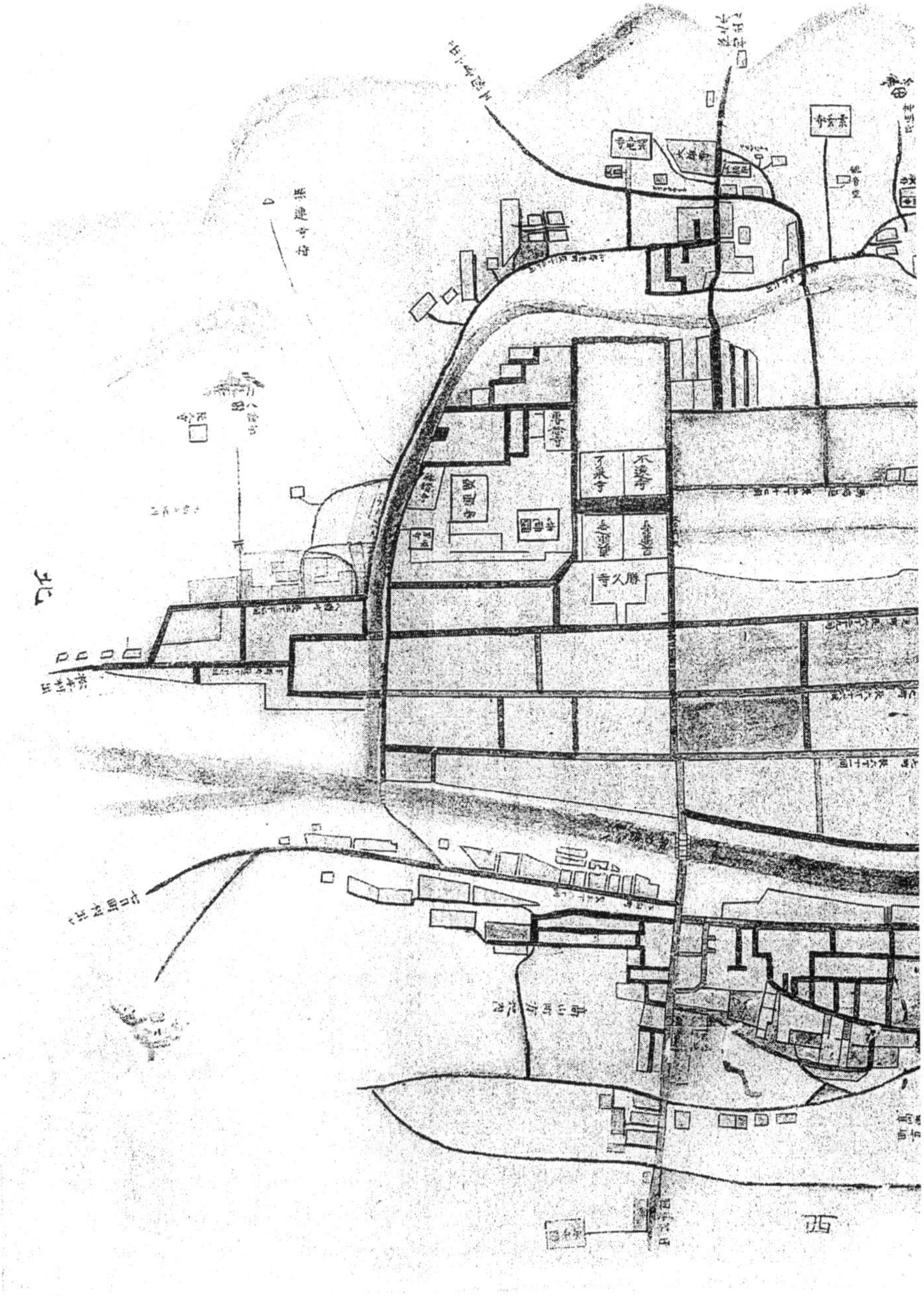

民屋櫛歯隙地あることなし、梵台飛塔其間ニ突出して、密樹纔ニ台を囲む、西者田畝杳渺限りなく、連山重々翠煙斜ニ抹す、只白山之絶嶺山頭ニ独立ス（高山を去こと三拾里）花里・七日町・上岡本・桐生・十（千）嶋・春国等数村之民舎山脚ニ連接して、真ニ画図之如し、南者位山層巒之間ニ伏ス、深樹欝葱して形チ平円也（高山を去こと三里計り）山前林麓纔ニ農家と田畝とを看る、庭外倉廩連りて少シく眺望を支ゆ、陳屋下平地方弐里余、家数凡千七八百軒（但竈数弐千八九百あり）人別八千六百人程あり○道中召連候通日雇之内五人、今日直ニ出立、其余者明日出立之積、右ニ付、日雇請負賃銀残之分、日雇頭伊沢七五郎江渡遣ス

廿七日 快霽

一御役所出勤之儀、手附・手代・地役人者日々四時前ゟ罷出（但町年寄・組頭共も日々相詰候事）御用向取扱御用済次第退散、此節者長日殊御用少ニ付、大概昼頃ニ者引ケ候由、郡代江直ニ申聞候御用向者元〆ゟ逢申込、其時々引合候事ニ而郡代者日々御役所江罷出候而も自身取扱候品も無之、因而先々郡代銘々之存寄ニ而十日目位又者四五日ニ壱度或者一ヶ月ニ壱度程御役所江出勤いたし候事之由（但吟味物有之候歟又者臨時御用向有之候節者別段之事）然ル処、先郡代者出勤好ニ而日々無懈怠罷出候由、右者御奉公筋出精之様ニ候得共、素々在陣中者平役所ニ居候も同様ニ而自身取扱候御用もなきニ日々罷出候而者手代・地役人共うるさかり、且者御用外之談話等ニ隙取候而者却而御用弁不宜、御用談者日々何ケ度も別間ニ而者元〆江引合弁候故、自分者平常御用無之節者両三日又者五六日ニ壱度ツヽ御役所見廻り候積（但是迄者手附・手代、郡代江逢候節も案内なく居間江相通り候由、先郡代者家内少く、何レニ而面会候而も差支有之間敷、且手代之内ニ別段近親も有之候由ニ付、右之通仕来候儀ニも可有之、自分者家内多、且猥ニ奥向江手代等入込候も不取締之基ニ候而、表奥之境江〆りいたし置御用談者毎度家来ニ案内為致、尤御用向之事ニ候間、夜中者勿論何ケ度折返し逢申込候而も不苦旨精々申聞置候事）尤右者追々居附御役所之模様ニ寄、猶勘弁いたし候積ニ候事（但御用談有之元〆江引合候儀者時々之事故、自用之日記江者逸々不記）○今般召連候中小性之内、久保臣（新カ）之丞（越中富山藩中也）并通日雇之もの一同今日出立○双君江自分并おふさゟ之御文通、有合之菓子（高山製）・飛騨春慶平盆（箱入）・檜かわ組之土瓶敷・五色花漬一同封し、佐藤貢帰府便遣候積、同人江渡ス○

着陳御届御用状但御用金入 持越之儀日雇頭伊沢七五郎申渡相渡ス○菊池貴一郎江　祖母上ゟ之御文通、有合之菓子一同封し込、今般召連候中間吉藏江相渡ス但出立前迄菊池ニ勤居、帰府後者猶帰参之積 右何レも明日出立之積

廿八日快霽

一今朝佐藤貢・朝倉小隼冨山藩中・三岡源太郎・伊沢七五郎一同出立いたし候ニ付夫々逢遣ス但貢江金弐朱、七五郎江同壱分餞別遣ス、尤着祝義者用人初供方一同江遣ス此金 ○中間・手人之内八助・九助・新藏者居付、其余仁助・五助・六助并引越ニ付、新規抱入之分一同今日出立但仁助外弐人者出立以前ゟ召仕候もの之儀、且路用も乏しき由ニ付、別段百疋ツ、遣ス ○小林三藏儀出立前迄者勤方も宜く、至極実躰之様ニ相見候処、右者今般之供を望、取かざり居候儀ニも候哉、道中筋ニ而者以之外心得違之事共有之、附添之手代并外侍共ゟ裕二郎迄内々申立候儀も有之、何分難捨置、且着後も聊自分申付を違背いたし候意味之儀も有之候間、旁今日暇申付ル但三藏儀者少しく文字も有之、筆跡抔相応ニ出来候処、右之次第ニ而難召仕、文藏・栄藏之如キにて、人物ニおゐてハ不安心之義無之候得共、一ト通り之応対も出来兼甚不弁、併在勤中者手附・手代等多く、外ニ他江引合候儀も無之候間、猶更下々は只貞実ニさへ候得は宜く　公儀之御人すら叡智を兼候もの者無之、況や自分共召仕候ものをや、当時者侍・中間・下女共皆腹心之もの共ニ而心倍無之安心之事 ○今般召連候中小性之内太田小六者関氏由緒之ものニ有之、御料所勤内願之由ニ而、出立前同氏ゟ厚頼有之、人物も可成ニ付、先ツ当分の内役所為見習置候積、小六江申渡、元〆江も右之趣為心得、今日ゟ御役所江出勤為致候事但役所詰申渡、手当三両弐人扶持遣ス ○今日迄ニ而郡中賄方も相済、詰切候もの共引取候ニ付、世話ニ成候挨拶旁右詰合江左之通遣ス

御藏番　町年寄　町組頭　郡中会所
小峠　平吉　川上斎右衛門　甚三郎　六兵衛
同　平兵衛　屋貝武右衛門　忠右衛門　同人忰
宮崎喜兵衛　矢嶋茂右衛門　孫兵衛　吉兵衛
同　紋兵衛　同見習
屋貝文十郎
川上吉五郎

右一同江扇子壱本ツ、但町年寄三人江者其余者天翁筆 叔兄御筆、并細工もの盃等遣ス、右名前之分者重立候もの共ニ而、其余下タ働いたし候男女拾人余詰居候由ニ付、右江者酒壱樽但□斗入□也

鰹節二連遣ス○夜食ニ蕎麦切差出ス、色は至而黒けれとも生蕎麦ニ而但土地江出来候品之由風味買物ゟ者勝レり但ねさめ之蕎麦ニ者不及○今日ゟ田植ニ取懸り候由、楼上ゟ一望田畔毗衆民奔走して、尤賑し田植歌は閑静なれとも余り聞よからす

廿九日大風雨

一四時頃御役所江出勤○昨日迄ニ而郡中賄方相済、詰合之もの引取候ニ付、陳屋附之勝手道具等裕二郎ニ為請取、今日ゟ手賄ニいたす但下女少ニ而手元之用弁不宜候間、めし・汁者中間九助為焚候事○奥座敷而已ニ而も間数多候処、昨日ゟ勝手之方一同之住居ニ相成余り広過、子供多ニ候得共、何レニ誰居候哉不分様ニ而、めし時抔所々ニ散在せしを漸呼集め食事認候程也奥は入側等隔て勝手ニ遠く候間、食事ハ茶之間ニ而認候事　祖母君抔は座敷内往返程遠故、建場小休無之候而者草臥候由被仰、一同大笑を発す祖母君居間は二階下也、自分も居間者余り広過、且雪隠江遠く候故夜分者十畳之間江睡る台所者猶更手広ニ而土間抔数間空地有之、寺院めきたる所あり、出立前之居宅狭キニ苦しみ、当時者亦広キニ当惑ス、世事都而如斯歟当国は盗賊稀なることニや、住居向都而〆り無之、中ニ者障子而已ニ而雨戸なき所もあり、余り不用心ニ付追々〆り為附候積也○信五郎昨日ゟ少々食滞之気味ニ而吐キ有之、早速用意之薬相用、今日者最早快し、深く多食を禁す

五月小

朔日 晴風

一母君少々御風気、兼而持越之薬御服用○信五郎者全快髪月代いたす○町年寄并出入医師其外当日之祝儀ニ来ル、定例之通事故以後者不記○下女両人ニ而者手足り兼候間、土地之もの壱人召抱候積、元〆手代江談置但右趣之義者町年寄取扱候由○勝手方之儀者地役人沢田良右衛門勝手懸りニ而飯米・塩・噌・薪并調物之内、少シ重立候品者同人江申付、其余小買物者日雇頭被仰付、都而勝手向引請候もの有之是者陳屋用弁之ため郡中ゟ附置名主平兵衛と云市中住居ニ而、腰元其外ニ而手人入用之節者、何人ニ而も右平兵衛ゟ日雇差越候由、故ニ日雇頭之名あり右江申付候得者速ニ相弁す、且呉服もの其外諸色は出入之町人有之、通ひ之帳面さし越置、是亦時々用聞ニ参候間、万事聊さし支無之候事○飯米者白米ニ舂立三四石ツ、さし越ス、土地出生米之由、米怔至而能、舂方も入念候哉、白きこと雪之如し但場所ニ寄、肥しニ石灰を用る所あり、自分飯米之分者、右を除クといへり飯米尽レは勝手懸江通達次第、直ニ差越ス由、兼而申聞ぬ是者置米と唱、非常手当之ため積置、村々之内困窮之もの共、拝借願出候得者、糺之上事実無余儀分者、貸渡石代を以取立、年々詰戻し置候事ニ而、飯米者右之内買上ケ用候仕来也○本土端午之佳節を祝ひ、柏餅を製し、男児ある家ニ而幟抔建ることは江都ニ変ることなし男児は三才ゟ拾五才迄建るといへり楼上ゟ望むニ坊間所々ニ幟を建、鍾馗幟及ひ紙製之鯉魚もあり、吹流しは稀也

二日 晴

一今般江戸表ゟ附添参候手代飛田壽次郎儀、明日越前表江出立いたし候ニ付但兼而越前本保陳屋詰申渡置面談、本保詰元〆江之御用向等申含遣ス但餞として喜世留・煙草入并叔兄筆之画扇壱本遣ス○手馬はり候間、御蔵脇空地ニ而此空地巾四五間長六拾間余有之、平らニ而至極馬場ニ宜し、昨日ゟ中間共ニ申付、小砂利等為取候事乗馬信五郎ニも鞍馴レ候ため家来差添為乗候事○陳屋門番甚八者芝与一右衛門郡代中ゟ引続相勤、当年七拾弐歳ニ相成、至極老実もの之由ニ付庭江呼寄、逢候而土地之事抔相尋、亦三階江連行、遠望する所之山野・村落・民舎・寺院等悉く承ル、元来土地出生之ものニ而万端能心得居、詳らかニ答へぬ至而健ニ而掃除好之由、玄関前抔いつも奇麗ニ而、更ニ塵を看す、酒者不好由ニ付、有合之菓子遣ス、実直質朴之様子、先年信陽客中壱両度面話せし老農源八ニ似たり

三日晴

一四時頃ゟ役所江出勤○近来飛州在町共取締相弛み博奕等いたし候もの多く立廻り候趣ニ付、御役成以来捕方申渡、追々召捕候もの入牢いたし居、中ニ者有宿も有之、此節者農事繁多之時節ニ付、少シも早く出牢為致度、因而昼後評席江出座及吟味但外ニ出入ものも有之、一ト通り承ル手代共江も吟味之仕様・口書調方等伝達いたし、今日直ニ口書申付候事○飛州者諸国江之道筋都合拾八ケ所有之、右出口々悉口留番所有之、地役人交代勤番いたし、諸荷物其外出入等厳重ニ御改入者勿論、他国出も高山役所之手形無之候而者不相通、荷物者夫々口役銀取立仕来ニ付「　」口役銀壱ケ年凡八九百両ゟ千両余ニ至ル国中取締者何様ニも行届候筈之処、近来猥ニ相成、市中ニ無人別之もの罷在、既ニ前書之通博徒も多く立廻り候ニ付、着陣後猶手代共江悪党もの穿鑿之儀申渡候処、先頃無宿共召捕候響キニ而、何レも他国江逃去、土地之ものも一同相慎、夜中歌をうたひ通り候ものも無之程ニ付、猶穿鑿は可致候得共、召捕候程之もの者有之間敷旨、甚気之毒之躰ニ而申聞候故、捕もの無之程ニ候得者、猶更重畳之儀、只々気油断無之様町方江も申渡置候様申諭、密ニ独笑ス但見聞およひ候事ニ而、漸々改メ度義口々有之、此節ゟ追々調方申渡、復古又者改定いたし候積、併正しき事なら、さし当り下々迷惑之筋者厚勘弁之上自然と改り候様心懸ケ、尤手代・地役人・町年寄江者見込之趣を以厚申諭、話之存寄をも無腹臓可申出旨申聞置、在府之勤と違、国中之義者見込通りニ相成、御奉公も筋立様ニ而一段快然す○母君昨日迄者御熱気も有之候処、用意之薬たて付御用ひ、今日者大キニ御快、今朝ゟ御床を被上候事○巣納谷村名主長藏、着陣祝儀ニ弐尺計り之鱒一尾持参ス、同村者越中境ゟ弐里有之、高山を去こと拾弐里宮川附ニ而漁業専ら之由、右鱒も昨日漁し直ニ持参せし故、既途中迄者蹤躍して漸持越候由、晩来申付試候処、あぶらありて甚之好味風味生鮭ニ勝レること遠し、一同不斗鮮魚を得枯渇を肥す、母君者魚肉御嗜故殊更御歓也、最寄ニ而も稀ニ者取候由、越後辺ニ而者価鮭ゟ勝れると云、此辺ニ而者凡六七百文位之由越後辺ニ而者弐貫文位と云

四日薄陰

一四時過ゟ御役所江出勤○今日も吟味物有之、評席江出

ル但昨日直札之出入もの、今日済口差出ス、留役之札と違、奉行之場合下夕方、仕方一段也○簷端江蒲葉をさすことは江都ニ不変、是も日雇頭ゟ人足を入悉ク挿ム○明日者節句ニ付、持越し幟・吹流し等取出し、中奥拾弐畳之間江かさり置○船廻し之荷物漸昨日着、今日取ほごし候事○表長屋続ニ作事小屋有之、出入之大工壱両人日々詰居、陳屋所々雨もり其外修復等不絶いたす、右故おし入内棚を釣り、又者聊模様かへ等いたし候ニも速ニ相弁し、至而重法也但越□板類は作事小屋ニ沢山積込、□□何ニ而も差支無之

五日雨

一端午佳節ニ付、如先格手附・手代・地役人・町年寄・医師等当日祝儀ニ罷出候間、染帷子・長袴着用、五ッ半時中奥ニおいて手附・手代共礼請但信五郎も列座畢而自分而已表広間江出席、元〆披露ニ而、役地人（ママ）・町年寄・医師等順々礼受ル但先立は平井裕二郎、佩刀者安藤栄藏取之、威儀倣然

（平出）
○松泰寺　御宮別当当時無住ニ而長久寺・国分寺ゟ（ママ）兼帯いたし居候ニ付、（平出）　御宮拝礼以前、序廊目通り相願候旨、兼而元〆迄申聞候間、昨日右弐ケ寺江相達、今日礼席済逢遣ス○地役人沢田良右衛門者勝手懸りニ而、直ニ引合候儀も有之候間、別段呼寄勝手ニ而及面会、同人者飯塚伊兵衛郡代之節ゟ相勤、当年八拾壱歳ニ相成、自分迄郡代都合七代勤、年数四拾九ケ年ニ相成候由、至而老健ニ而いまた眼鏡も不用、耳も身近く、居宅者陳屋ゟ八町程隔り候由之処、雨天ニ而も下駄懸ケニ而通ひ、数年来つゐニ引込候儀無之由、至而質朴なる老人ニ而談向も能分り、可成御用ニも可立人物也、地役人者多人数之儀いまた人物も知レ兼候得共、勤年数良右衛門ゟ古きもの両人有之、尤年齢者同人第一北高年之由、追々様子相様シ、右之もの共者御褒美等申立遣度ものニ有之、何レにも至極之老健可羨事也世上奢侈ニ長し候と之咄ゟ陳屋下風俗復古、其外改革之事見込等一ト通り咄聞候処、老人之儀殊之外感激、且自分四拾歳以下ニ而郡代被仰付候儀者、猶更恐伏いたし候様子ニ而猶及閑談、実ニ僻地之小吏といへとも、可取所あり○陳屋長屋ニ物見有之、今日者佳節ニ付市中之様子をも一覧見いたし度　母君其外一同罷越但物見者門ゟ右之方江弐軒目ニ而、平窓長三間半あり、天井其外木品者勿論、張付等も奇麗卅而なり、間取等者都而絵図面之通ニ付略す陳屋門前者片側町ニ而道巾至而

広く、斜ニ中橋之高欄杵付見ゆる、橋手前者一躰ニ家作り宜しからず故ニ往来も少シ、殊今日者雨降り路次もあしき故歟、別而賑しからす、男女之風俗都而江都ニ変らす、裏屋住之子供抔も節句故、着替いたし候様子ニ而、あかき切をかけ、紋付之綿服江あかね木綿之うら抔附けたるあり、何レも髪者根之上りたる方ニ而、おのつから京女之風ニ似たり○物見真向ニ菓子屋あり、饅頭所と染抜たる暖簾をかけたり、是等は古風ニ見へてよし

六日快霽

一四時前ゟ御役所江出勤○昨夜江戸役所ゟ御用状至来之由、元〆持参ス○落着もの有之、評席江出ル但博奕一件ニ付、寛政度御書付之趣を以手限ニ而御仕置申渡ス、尤御届者追而差出候積○敲御仕置者前々仕来ニ而中橋々詰、高札場前ニ而申付候由、晒しもの之外市中ニ而御仕置申付候者奉行所取計ニ者無之候得共、如何之様ニ候得共、御仕置之衆人江示し候懲悪第一之御趣意ニ付、右者仕来通り同所ニ而申付候事但是迄者敲御仕置等申付候事も甚稀之由、且公事方取計振不相当之義者悉く改め候事検使者手代両人・地役人両人出役ス、見物夥しく群集せし由

七日晴昼後度々過雨

一佳節之祝ニ年々柏餅製し候故、任旧例今日相製す但例年者節句前ニ拵候得共、当年者着混雑ニ而延引手代其外御蔵番・門番・日雇頭江も遣候事但米四升、数五百廿八出来、上米故色一段白く味ひ能、尤さとう者殊之外高直之由、幸ひ江戸□持参之黒砂糖有之、右ニ而製す○当所時之鐘者蓮照《(照蓮)》寺を定規とす東本願寺懸所輪亮相詰ル、高山中之大寺也是も夜中者五時計りニ而、其余者時を報せす、尤明ケ六ッゟ暮六ッ迄は太鼓ニ而鐘を撞ことなし、殊ニ寄遠寺之鐘を聞ことあり、是等者時規定らす懐中時計者道中大ニ用弁す、短夜故何様申付候而も、兎角遅刻し易く、夫故時計を目当に家来江申通し、本陣為起候事ニ而、当地江参着後も、昼之内者市中近故、格別寂寞ならす、且庭池水声ありて、時之太鼓者更不聞取故ニ、役所詰集散之刻限等も都而時計ニ寄て計る、在住して初而時計之弁を知りぬ○此節之季候江都之三月頃之様ニ思わる、朝暮者綿入重而着、日中ニ至り快霽なれは、聊薄暑を催し、綿入壱ツ又者袷ニ而能程也、蚊は至而少く宵之内一二蚊来ル耳、いまた蚊帳を不用、此節庭上之杜若満開、牡丹は全謝す

八日晴

一四時頃ゟ御役所江出勤〇天照寺町喜助外壱人博奕いたし候由ニ而、出役之地役人土屋丈平・青山友三郎・松村次郎兵衛昨夜召捕、今朝召捕〔連〕来ル、因而一ト通り及吟味入牢申付ル、此節者前書ニも認候通取締申渡候ニ付、市中至而静謐ニ而無宿もの等立廻り候儀無之、右故稀ニ博奕打候ものも深夜抔密々宅内ニ而催し候間、容易ニ難召捕、右三人之もの共連夜深更度々見廻り、種々苦心漸穿鑿之上召捕候由、平生之捕りものと違、格別骨折候儀ニ付、以後励之ため乍聊手元ゟ手当金差遣ス但壱人江金弐百疋ツヽ、〆壱両弐分〇元〆秋山太郎輔ゟ美濃辺ゟ至来之由ニ而、筍弐本差越ほり立と相見へ、柔らかニ而味ひ一段能、当地者竹至而払底ニ而、稀ニ生たるも太サ漸親指位ニ有之、夫も年々ニ減し候由、故ニ物ほし竿抔乏しく、かけ竿采配の柄抔も都而木ニ而製し用ゆ、因而筍者猶更少く、偶あるも細くして、味ひ奇ならす

九日晴

一昼後閑ニ任せ信五郎一同長屋物見江罷越、巷頭之様子遊覧す、夫ゟ陳内門番所・作事小屋・手代長屋等一覧、屋敷艮位ニ霊府と称する神明之社あり社方三間計り右江参詣、元〆宅江も立寄一見す、間取等者絵図面之通ニ而普請者古く候得共、随分手堅し、庭ニ泉水あり、陳屋池水之末流を通す〇飛騨春慶細工もの取寄、当用之品調并注文之品等申付ル、広蓋・菓子盆之類者出来合居候得共、其余重箱・八寸膳又者吸物膳抔十人前弐拾人前揃候品者至而少く、価も存外高キ方也、細工人等名前左之通

三之町
春慶細工もの売捌所　加藤屋　卯兵衛
但下タ地者下タ職之ものニ為拵此もの方ニ而都而仕上ケいたし、売捌候由、尤指物者一切致さす塗方者下タ地ゟいたし候由

柾目さし物師　向町　木地指物　平四郎
枇目さし物師　空町　同　木工兵衛
但此両人者指物計りいたし、出来之分、多分者加藤屋卯兵衛方江相送、同人方ニ而売捌候由、枇目と者都而横ニ筋あるを云、柾目は平らニして筋なし、柾目之方少々価貴し

柾目枇目　　弐之町
塗物師　　　　塗物師
　　　　　　　半右衛門

柾目枇目　　空町
塗物師　　　　塗物師
　　　　　　　久六

此半右衛門・久六者春慶塗立、卯兵衛方江相送り宅ニ而者不売捌由、尤注文いたし候得者拵立売候由、両人之内久六之方上手之由

右之外、外商売之片手間ニ稼候ものも有之候得共、是等者細工も不宜出来合之品も稀ニ而、用弁ニ足らす○一位細工ものも出来合者枝折・箸・楊枝・短冊・糸巻之類ニ而数品者無之、尤誂候得者何品ニ而も出来候由、細工人名前左之通

向町
山田屋
松禱斎と号ス　甚吉

同町
小野屋
永柳軒と号ス　儀作

此外ニも四五人同職之ものあれとも、精巧両人ニ不及といへり

同町
彫物師
彫師亮長と号ス　和吉

空町
一位網代　神町屋
細工　半七

此亮長者木彫之細工、就中精妙ニ而名近国ニ震ふと云、元来土地出生之ものニ而、幼年ゟ彫物を好自得せし由、年齢四拾歳位ニ見ゆ、自分も根附等一両品申付ル

十日曇

一四時前ゟ御役所江出勤○当所烏者至而少く、雀者多キ方也、燕も折々来ル、市中ニ者犬猫も相応ニ飼置けクよし、陳屋飼犬三疋あり、内壱疋者老犬ニ而拾歳余ニ至ルと云、猫者長屋内ニも見へす、鼠者先ツ少キ方ニ而夜中折々天井を奔走する耳、強而器物ニかゝらす、狐者至而多く夜分台所流シ之辺江来り餌を求む、されとも宅内江者不入、馴らし見可申と両夜程あふらけ与へ候得共、いまた手馴ず、右者全之野狐ニ而人を魅す術も分らす、至而おとなしき由

十一日晴

一四時過御役所江出勤、落着物有之、評席江出ル是者盗賊科ニ而出立前取調伺候処、着陳後御下知有之、入墨之上重敲壱人・入墨敲壱人其外引合多人数有之○一昨日陳内見廻り候節、出火消防之具等及見候処、有来之分余程損候品有之候間但竹はしご抔者いつ拵候哉、都而朽損し更用ひニ不相成甚等閑也早々取繕之儀即

日元〆江談置、且非常之節手代・地役人等心得方并村々駆附人足、其外自分出馬之節供立駆引等之儀、先格をも承糺仕来不宜廉者相改、其余存寄ニ而増補、尤駆附心得候村々役人をは、猶呼出委細申渡候積、是亦元〆江申談但出火而已ニ無之、万一村々騒立等有之候節者、直ニ出馬もいたし候間、村々之もの共兼而心得居、早々陳屋江相詰候様、是亦元〆江談置候事○郡代初而入陳之節者、市中巡検いたし候仕来ニ付但国中検レ巡之儀者、年々検見序追々相廻り候由来ル十七日松泰寺（平出）

御宮拝礼、夫ゟ市中巡検之積、手代其外町年寄江も申渡置、尤是迄巡検之節ハ、平服に而通行懸け輿中ゟ及見候由、左候而者市中之様子委しく不相知、巡見之詮無之候間、自分者多分歩行、又者馬上ニ而検覧之積、因而者継上下着用候而者甚不似合、且供之者も袴ニ而者柔弱ニ相見、万一出張先狼藉もの等召捕候儀有之候節不弁ニ付、自分者小袴ニ而陳笠を冠り、供方者一同股引ニ而裾を端折候積、右等之儀をも元〆江無急度談置候事○地役人頭取次太夫悴石黒礦藏儀、是迄者無足ニ而見習相勤居候処、可成御用ニも相立候間、見習田近沢右衛門病死跡見習勤申付、並之通御扶持方弐人扶持被下候段、広間ニおゐて礦藏江申渡ス但元〆并地役人頭取差添出ル○兼而元〆江談置候土地抱下女之儀、漸相応之ものの有之候由ニ而、町年寄川上斎右衛門召連来候間、はつニ応対為致、母君御透見被成候処、様子も可成ニ付抱入之積治定、奉公人名者なみ、下向町肴屋清吉娘ニ而当年拾八歳ニ相成候由、来ル廿四日引移候積也

但当地下女抔給金者凡壱両ゟ弐両位迄之由、此もの者初奉公且弐拾歳以下ニ付、壱両位ニ而相当之旨町年寄申聞候得共、手代共下女も給金壱両壱弐分位之由ニ付、余り減少もいたし兼、壱両弐分之積取極遣ス、且陳屋奥奉公者、在町共殊之外恐れ、銘々　御免相願、町年寄も当惑いたし候由ニ而、平右衛門姪之由、遠方ゟ呼寄差出候と之事ニ付、町年寄親類ニ候得者、定而相応ニ暮し候ものニ可有之、自分方者子供多ニ而、別而繁多ニ付、平生人抔任候ものニ而抔者、迚も続兼可申候間、年宜義丈者身軽之方宜く候旨申聞、漸申断穿鑿之上、本文之ものニ為取極候也、堅実之手元之様子等町年寄親族ニ被見候儀迷惑ニ付、程能申断候也、万一遠方ゟ呼寄候由ニ而支度等立派ニ整へハ、腰元様之如女召連可申哉と　母君初一同密と恐怖、時々噂し出一笑を発す

十二日快霽

一四時頃御役所江出勤、日尋レ限落着もの有之、評席江出ル○山前故歟快霽之日といへとも、朝者一旦曇りて五半時頃ゟ漸々晴をなす、今日者日出ゟ快晴ニ而更雲影を看す、如斯は一歳中三四度ニ不過といへり○昼後

庭上ニ而信五郎ニ鈫術之形打遣ス、同人形鎗者持越之積、兼而家来江申付置候処、出立之頃混雑ニ而失念候由、今日初而心附、因而早々申付候積之処、鑓師者勿論棒屋も無之、鳶口之柄抔都而大工拵候由ニ付、出入之大工江申付ル（但当地者樫至而払底故、樫之代り都而ミヅねといへる木を用ゆ、是以六尺余之木品者、有合無之由ニ而、栗ニ而拵候積申出ル、先ツ仮ニ申付、追而者名古屋江申遣、樫ニ而拵候積、木品沢山之土地といへとも、品柄ニ寄甚不弁なり）当所者格別之寒国故、冬向者勿論、春秋とも稽古所無之候而者稽古も難相成候間、中奥拾弐畳之間北之方空地江自分入用ニ而新規稽古所取建候積（但弐間半ニ四間余、惣板羽目ニ而東之方吐出シ、北者不残中窓戸障子附、見物所者拾弐畳之間を其侭用ひ候積、惣板敷屋根裏もうら板張候積、入口一ヶ所雪隠取附ル）元〆江申談、出入大工ニ為積候処、木品を除キ作料五両弐分弐朱程相懸り候由ニ而、積り書差出ス（但建具共一式請負、一日手間壱匁六分、飯米者玄米壱升也）陳屋取繕等者勿論、畳替・障子張替其外共、都而郡中入用ニ而仕来候事ニ付、稽古所迚も陳屋江附候普請跡々江残り候故、郡中入用ニ而取建可然旨、元〆申聞候得共、素ゟ陳屋江附候必用之場所ニ無之、自分存寄ニ而取建候事ニ付、勝手入用之積申談、尤木品者陳屋取繕等之ため沢山備へ有之、外残木等も多く、郡中入用ニ響キ候儀も無之由ニ付、其通為取計候事○地役人之内古屋丈平・今井雄右衛門者芝与一右衛門郡代之節、同人忰鈫術稽古いたし、右相手ニ相成、聊心懸ケ其後中絶いたし候処、越中富山藩中ニ而山口流鈫術師範いたし候斎藤徳水軒と云もの隠居後当所江罷越（同人者両三年以前病死いたし候由、当時忰源右衛門師範いたす由）四五十日ツヽ逗留教授いたし、右ニ随従外地役人一同稽古いたし、当時も陳屋西北之方三四町隔て、国分寺境内ニ道場有之（国分寺者三階ゟ耕地を隔て、堂塔見ゆる）折々稽古いたし候由、何レも未熟なから、中ニ者免許請候ものも有之候由、稽古所出来之上者、右之もの共相手いたし、外地役人忰共呼出稽古いたし遣候ハヽ、信五郎励ニも相成、稽古も永続可致、何レ市中巡検等相仕廻候ハヽ、一同見分いたし候積、其段元〆江談置、当時稽古いたし候もの、名前左之通

目録　石黒　礦藏
　　　土屋精一郎
土屋　丈平　　野瀬平三郎
今井雄右衛門
免許
奥田　大藏　　庄村幸次郎　　山内直右衛門

上村　森助　　沢田孫之丞　　岩城　交吉

十三日晴

一四時頃ゟ御役所江出勤、落着もの有之、評席江出ル〇今宵月清明二更之頃、母君其外おふさ、并児共一同庭中適歩、陳屋之西之方板塀ニ切抜之非常口あり、右ゟ微行田畔逍遥す、数里之水田月明らかニ而、連山鮮に水声松濤ニ和して、更人影を不看、夜景十二分寂寞郷思深し西之方者人家少く、昼も行人稀也

十四日曇

一四時過ゟ御役所江出勤、吟味物有之、評席江出ル、且非常之節陳屋駆附人足之儀、先前申渡置候陳屋最寄弐拾四ケ村村役人惣代呼出し、非常之節心得方等委細直ニ申渡、証文取置〇下女なみ今日引越ス、取替金弐分町年寄江渡遣ス〇当所地役人并町方とも学問之心懸ケあるもの者至而稀也、一ノ町赤田屋新助者余程学力有之、親者臥牛と号し、是亦儒者ニ而京師江も遊学し、江村北梅海を師友とせしよし但臥牛者七拾六歳ニ而文政五午年没ス、同八酉年臥牛集初編五本上梓す、此程一覧せしニ、詩文集ニ而秦鼎其外一両輩之序文あり少しく声価を得といえり、当新助者号を章斎と云、親代ゟ酒造をもいたし候処、性寡欲ニ而利ニ走らす、右故甚活計ニ拙く、当時者地役人其外市中之児輩を教授し、専ら儒業を張りて、余業を捨清貧ニ安して平生行ひも宜しき由ニ付、今日呼寄逢候処、年齢五十七八ニ而応対取廻し等いか様ニも篤実温行之老儒と見ゆ、稽古所出来之上者同人呼寄、稽古所ニ而地役人忰共読書をも為致候ハヽ、信五郎励ニも相成可然存候事〇右之外ニ技芸ニ長したるものも甚稀也、一之町四町目田中屋弥兵衛親大秀者但弥兵衛者農事之外塩渡世致し候由国学ニ長し和歌を能ス、当時江名子村ニ陳屋ゟ六七町隔つ隠宅を補理閑居スといえり、年齢七拾歳余、近国名を知るもの多し、図画を職とするもの亦少シ、同町ニ梅斎といえる絵師あり、年三拾歳計り、京師画家百足を師とすと云、絹地江山水を書けるを看る、文人画めきて先ツ可成也、其余壱両人あれとも観拙画見るニ不堪〇居間廻りニ神棚様之もの者多くあれとも、位牌所等

者更見へす、家具抔おさむる押入ハむさき故　祖母君御居間床之間江取置之位牌所拵候積、過日大工江申付候処、今日出来巾三尺奥行弐尺前江四枚之障子を附、下タは引戸弐枚之押入也、木品清くさへ候得者粗末に而宜しき由申付候処、惣檜ふしなしニ而障子と組子并引戸者かゝみ板は杉柾目、其外障子・腰板等者都而黒へを用ゆ、木品結構ニ而細工も能、坐右之具ニいたし度程也、ならば取崩し江都江持参いたし度、今日障子・杉戸縁者手垢附き候故、今日塗物師半右衛門呼寄、春慶塗申付候事

十五日快霽

一昨今者余程薄暑を催し、日中者単物ニ而能程也、夕刻ゟ綿入を着す、夜分も此程は少々蚊出ル、されとも宵之内いぶし候得者、蚊帳を用ゆるニ不及〇手代岩田量平より螢数十を籠江入、子供江迚差越ス、前夜田畔ニ而攫得之由、季候ニ見合候而者飛螢者早し

十六日晴

一四時頃御役所江出勤、落着もの有之、評席江出ル〇検見其外本供ニ而出候節者、侍不足ニ付、地役人共厄介人之内召連候積、松村次郎藏弟松村専藏者先郡代も供ニ召連、人物も可成之由ニ付、以後同人召連候積、今日呼寄逢置候事当年拾八歳　弐拾四歳〇明十七日弥松泰寺（平出）　御宮江拝礼、夫ゟ市中巡検いたし候積、夫々江達候事

十七日曇四半時ゟ雨

一今朝五半時出宅但染帷子長上下着用、乗輿供連は具足・台弓・伊達道具・刀・筒持除之、其余道中之通り、外ニ足軽両人十手を為指、先立為致候事　附添手代秋山太郎輔・斎藤勝平、地役人奥田又右衛門・土屋丈平其外町年寄・町役人・先払之人足等多人数出ル、八軒町を過、花里村を経て西之一色村松泰寺ニ至ル陣屋ゟ西方凡半里計り道巾九尺程左右皆水田、村路小溝ニ添うて始終水声を聴、松泰寺門外小坂を登ル、門は右手ニ而正面ニ花表あり、爰ニ而下乗、国分寺住僧出迎ひ松泰寺無住ニ付、国分寺長久寺ゟ兼帯案内致ス、庫裏江通り暫く休息、献備之目録同寺江相渡ス但金百疋、外ニ任先例薬師江初穂金壱朱納座

敷并次之間共八畳、一躰小寺ニ而、普請もよろしからす、されとも席上ゟ之眺望尤奇也、高山町之商家民屋水田を隔て経続、陣屋之館舎等も都而画図之内ニあり、城山及ひ錦山之林翠鮮明、槍ケ嶽・乗鞍等之諸岳、其上ニ連、亘突出ス但丘上ゟ望む故歟、一段巍然○花表之内小池あり、池頭長四五間之反り橋を懸け渡ス、爰を経て石壇弐ケ所を登る、初者十二段、再度者七拾壱段あり、丘上平夷ニして四面密樹囲む、樹下方弐間余之御唐門あり爰ニ而袴之纏りを解、履を脱す左右廻廊四五間中央敷石を設り、御宮方弐間余、階上御板椽卄而江着座、拝礼す、同所ニ長久寺控居、拝礼、畢而神酒頂戴、退出す（平出）御宮其外共都而白木造り也、御屋根等頗る大破ス此御宮者芝与一右衛門郡代之節再建せし由、任先格此節郡中勧化御屋根等修覆ニ取懸ルと云御唐門右之方薬師堂江詣し、石壇之脇之坂路を下り、庫裏ニ到ル○猶休息着替いたし但羽織小袴、供者宅ゟ一同股引を着す来路を八軒町迄戻り、左之通市中巡検いたす

八軒町　西川原町　中川原町　東川原町　上向町

下向町但宮川江懸渡せる鍛冶橋を渡ル、橋長弐拾間計り　三ノ町

右歩行ニ而巡見、一ノ町入口町会所ニ而一同小休、玄関・座敷共都合五間程有之、普請能奇麗也、是者町年寄并外町役人等寄合所ニ而、平生御用無之節者〆切置候由かすていら并牡丹餅を出ス雨降出し候ニ付、是ゟ乗輿、巡覧

弐ノ町江名子川ニ懸渡ス端橋と云を北江渡ル、橋長五六間　弐ノ新町　下新町

壱新町江名子川筋違橋を南江渡ル、橋長前同断　壱ノ町

四半時過、右一ノ町町年寄矢嶋茂右衛門宅ニ而昼食認但市中巡検之節者先前ゟ同人宅に而昼食差出候仕来之由住居向殊之外花麗ニ而普請至而手堅し、座敷拾七畳次弐拾四畳、壱間之入側、其外余間数有之、表之方物見、茶室、雪隠、湯殿等悉く手を尽したる普請なり、椽頬者勝手江之通ひ口迄数十間欅板之廻り椽ニ而、巾弐尺長五六尺、厚み凡三寸計之切目椽ニ有之、天井違ひ棚者勿論、都而之木財格外結構ニ而、木品ニ寄西丸御表之普請ゟも勝れるか如し但去ル辰年高山市中大火ニ而類焼いたし、其頃直ニ普請ニ取懸り、八年目ニ而昨年暮漸出来候由、木品も年来丹誠いたし集め置良巧を撰造営せしといへり、江都ニ而者何様入用懸ケ候とも、如此普請は容易ニ出来申間敷、茂右衛門者数代町年寄ニ而、以前ゟ余程之富家と見ゆ是迄及見たる普請之内、最大一と云べし但元来御用宿をも兼取建候事ノ由、門・玄関抔本陣めきて立派也、一昨年も巡検使爰ニ宿スと云

海老坂　馬場通り　欠ノ上町江名子川を東江渡ル　天照寺町此天照寺は百年以前廃寺ニ相成、当時町名耳残レり　宗猷寺町江名子川を西江渡ル　嶋川原町

右之通巡検、壱ノ町を経て中橋を渡り宮川ニ懸渡ス、長廿間計り　八ケ町ハ、就中家造り能、高山町指折之豪農・富商は都

時頃帰陣、雨天故横路ハ多分見通し、又者遠見ニ而過く兼而は委しく巡見いたし候積之処、折あしく雨天ニ而不能、其儀尤巡検ニ付而者、市中ニ而も彼是支度いたし候故、俄ニ延引いたし候而者、右之訳ケ空しく相成、下々難義之筋ニ付、雨をおかし略覧す○右数ヶ町之内一二三ノ三ケ町ハ、就中家造り能、高山町指折之豪農・富商は都而右三ケ町ニ住す但豪家凡八九軒あり、着後追々目通り申付候事　彼等之住居者江都札さし之家作りニ似て、普請至而手堅く但構ひは余り広からす　右三ケ町も道巾者三四間程ニ而存外狭方ㅂ而也、往来者奇麗ニ而塵を不看○当所者寺院多く陳屋下凡弐拾ケ寺、国中惣寺院弐百ケ寺ニ過く、堂社も広く荘厳を極む、市中寺社之分者絵図ニ委しくけれは略之寺院取締筋之義も内密相糺候処、至極穏ニ而不如法等之もの壱人も不相聞　○陳屋之老犬、今朝出懸ケ𛀁附添参り、徒士𛀁先江進み町方之衆犬を制す、犬声喧しき故、町役人等屢逐とも更ニ不退、其体意気揚々巡検中始終輿前ニあり、帰来労ふて魚肉を与○今日供方雇上ケ人数都合拾六人、此雇金弐分と百文但終日之飯料を込充、陸尺・徒士者壱人ニ付弐百四拾八文、平人者百七拾弐文、江都ニ見合候而者尤廉也

十八日薄陰

一四時頃御役所江出勤○陳屋下者博奕ニ携候もの等追々召捕、其外取締向申渡一段静穏ニ候得共、在々之分者手遠之儀取締も届兼可申哉ニ付、手代并地役人両人ツ、弐手ニ分ケ国中廻村、悪事ニ携候もの者召捕、村送ニ而為差出、孝廉其外奇特筋之もの者行状取調、賞誉いたし候積、右穿鑿方并村々勧農教諭旁追々出立廻村可致旨、兼而申渡置候ニ付、一手者明後廿日出立之積也、右諭之趣口上而已ニ而者忘却易仕候間、左之通教諭書取調、村々請書取候積、右諭方等廻村之手代等江委細申渡ス

教諭書

一公儀ニおゐても累年御入用筋相嵩、殊（平出）西丸御普請其外年々不時之御物入多、御用途差湊候ニ付、追々厳敷御倹約被　仰出、武家其外常々衣食住とも可成丈ケ麁末ニいたし、格別ニ節倹相用ひ候様度々

御触有之、因而者下々百姓・町人ニ至而者、猶更厚く心を用ひ、万事質素ニいたし可相慎処、近来陳屋下者勿論、村々ニおゐても自然おこりの風俗おし移、分限不相応之衣類を着し、又者食物抔も麁末成を厭ひ、美味を好み候様成行、以外心得違之事ニ候、農商とも平生節倹を用ひされは、何様職業を稼候とも財用引足るましく、増してや家業不精之ものをや、既去ル申年凶作之頃者村方ニ寄、餓死ニおよふものも少なからざる由、右者畢竟平生夫食之貯をおろそかに為す故之義ニ而、太平之（平出）御代に成長して、纔之凶年に眼のあたり親妻子の餓死を見ること誠に難ケ敷限りにて（平出）公儀ニおゐても深く不便に（平出）思召し、厚く御手当も可被成下候得共、御用途さし湊候折柄、国々広き事なれは悉くは不被為行届、其時に臨て銘々何様に悔るとも、其詮あるましく候、されは平生凶年の困苦を恐れす、農事に力を尽し費用をはぶきて、夫食の貯を為さは、何様の凶年成とも安穏なるべし、又陳屋下其外村々にても高持の百姓等右様の凶作にも幸ひに飢餓を遁るゝは（平出）公儀の　御恵を蒙り、先祖より持伝えたる田畑あれは也、然るを銘々自力の様心得違身分を忘れ、奢に長しなは、終には困窮して、是亦凶年に餓死を遁れさるべし、平生の心懸ケおろそかにして、凶年に臨、猥に公儀の御救を希ひ、又身元能きものへ強て合力を乞ひ求め、恵み薄けれは却而恨を含み、役人の諭しをも不用、多人数党を結ひ騒動し甚しきは人家をも打毀し、終に（平出）公儀の御成敗に預り、其身重き御仕置を蒙り、親妻子四方に離散して路頭に迷ひ、飢えて骨を野外にさらす、豈かなしき事にあらすや、是皆銘々の心懸あしきよりの事にて（平出）公儀におゐて何程御恵みあるとも不被行届所也、故に小前之もの共は深くつゝしみ、農業をはけみ、縦令凶年成とも（平出）公儀の御救を不願、又人より合力受ることは恥かしき事と心得、村々役人《を》其外身元相応のものは常に倹素を用ひ、凶年の備へ為し、深く小前を憐み、施しを好みて相互に実意を尽し、農事を励みなは、其村ゆたかにして子孫繁栄し、何様の凶年にも飢饉の憂へなかるべし、是等は都て平生の覚悟にあることなれは、朝暮忘却せさる様厚可心懸事

一博奕は重き御法度ニ而前々ゟ厳敷御触有之、銘々厚く心得居可申候得共、平生深く心懸されは、おのつから心得違仕易く、手堅き若ものも勧は、人之勧めに任せ、座興又者酒興に乗し、初めは仮染の慰みにせしも、終には貯之金銭を失ひ、重ての催しには、勝を得んとひたすら其事に染み、職業を捨て、妻子をもかえりみず、果ては其土地をも離散するに至る故ニ、都て賭事は下賤之もの之志をやぶる大害なれは(平出)　公儀ニおゐても厳敷是を禁られ、犯すものは悉く御仕置被　仰付るゝ事ニ而、畢竟は下々を深く御憐みある事ニ候を役人之目を忍ひ、博奕ニ携るは甚しき心得違ならすや、其道理を能弁へ、博奕は勿論、都而賭事は之類は一切致す間敷、若心得違之ものあら者、早々可訴出事

一都而農業之間、相稼候余業は可成丈ケ国用ニなるべき事を専要ニ心懸べし、陳屋下町方は猶更猶銘々仕来候渡世も可有之候得共、居酒・料理・菓子之類其外無益之手遊等売買は、おのつから奢りを助け候渡世ニ付、外渡世を兼候ものは、其渡世の方を本業にいたし、右ケ条之渡世向は漸々ニ改むべし、且売色は風俗を乱し、土地衰微の基ニ付、前々御法度ニ候隠売女いたし候ものは、吟味之上御仕置被　仰付候事ニ候間、心得違無之様可致事

一主親ニ能つかへ老たるを敬ひ、幼きを憐むことは申迄もなく、村内之突合も実意を尽し、心得違之事あらば深切ニ異見を加へ、其上ニも用ひすは役所江申出べし、相互ニ力を尽し助けあひ、都而実意を失ざるやう心懸べし、且孝心貞実都て奇特筋之ものあらば、早々可申出事

一山間偏鄙之村々は、他江之突合もなく、おのつから物ことにうとく、諭し之趣も弁へ兼る事も可有之間、前之ケ条猶分り易き様村役人ゟ心永に能々可申聞、且当国は土地広く人別多けれとも、山勝ニ而田畑少

く、村方ニ寄ては、粟稗之類のみ生立、夫さえ年々出来劣り之土地も有之由ニ付、農事を励み候は素ゟ之義、只々作方而已を目当ニいたし候ハヽ而者違作之年柄ニ者必至と難渋いたすべけく、村役人初一同工夫いたし、山稼は勿論、其外何ニ而も余業相稼、聊怠りなく凶年之手当専一ニ心懸可申事

右者平生心得方等荒増を申諭候事ニ候条、此後猶取締筋追々可申渡間、違失無之様堅く可相守候

村々請書

差上申一札之事

今般村々御取締として御廻村被成、百姓共心得方等御別紙を以被　仰渡、一同難有承伏奉畏候、右御教諭書写取、村役人共ゟ小前末々迄得と為申聞、平生忘却不仕様毎月壱度ツ、寄合、為読聞御教諭之趣堅く相守候様可仕候、仍御請連印差上申所、如件

天保十一子年五月日　村々役人　連印

右教諭之趣者、下々之事而已ニ無之、第一手代・地役人等も厚心得居、其身之慎方肝要ニ付、今日手代・地役人・町年寄等不残呼出、右教諭書読聞、猶平生之心得方等申諭す但高山町方江迄兼而取締向品々申渡置候得共、右教諭之趣も、猶町年寄ゟ厚為申聞候様、是亦申渡ス且自分取計ニおゐて会得いたし兼候儀有之候歟、亦者平生之行状其外家事之義ニ付、聊も如何之心附候義者無遠慮可申出、自分ニおゐても如何と存候義者何ケ度も教諭を加へ可申、仮染ニも其土地を支配いたし候上者、国中之繁栄を希候者勿論之儀、手ニ附候もの共平安末永く御奉公精勤候様いたし度ものニ而、在勤中者親類共とも引分レ、朝暮支配向之外出会候儀無之、互ニ力ニ成合候事故、聊無腹臓都而親戚之如く打和し、御用向取扱度ものニ候段申述ル、且町年寄矢嶋茂右衛門居宅之儀、前ニも認候通、分限不相応花麗ニ而、縦令何様之有余有之、年来心懸ケ候事ニ候とも、御時節柄身分を忘レ候奢侈、且役儀をも相勤候身分、別而心得違之事ニ付、取締等申渡候後之儀ニ候得者、急度も可及沙汰候得共、其以前之儀、且平生役儀も出精いたし候ものニ付、此度者格別之勘弁を以不及沙汰候間、以後心得違無之様前書教諭之趣、堅く可相守旨申渡ス

但縦令茶室等補理其外居宅等手堅いたし候とも、当時之時世勢、其身之分限ニ応し候義者、素ゟ可咎事ニ無之、陳屋下改革ニ候迚、一般ニかたくるしく申渡候ニ者無之、随分農隙ニ者身分相応之遊ひいたし候も不苦、只々節を過し候様之義無之様可心懸ケ可申旨、其外品々申諭候事茂右衛門江右之通申渡候ニ付、元〆取計ニ而当分役所出勤差留、宅ニ差控・閉戸相慎居候様申渡候段申出ル、外取締ニも相成、至極可然、其内宥免之儀可申渡旨申聞置候事但教諭之趣者家族者勿論、下々迄読聞、猶心得方申諭候事○飛脚屋便ニ而御用状差出候ニ付、尊父君江之書状一昨日認置尊母君江　母君・おふさゟ之文、其外春慶状箱・かんさし・一位木糸巻・楊枝・枝折・京織半襟・まけゆわひ小箱入・菓子等有合之箱江詰、菊池貴一郎・多田龍斎江之封状一同封し込、且外ニ船便りニ而差立候積、箱入勝栗・蕨ノ粉・隠元豆・干鱈江口上書相添、菊池江同様之封物とも一同封し、右弐封とも元〆江相渡ス、右者尾州白鳥湊住宅御材木運送御用達中村屋七兵衛代之もの、此程着陳祝儀ニ罷越、明日出立いたし候ニ付、右之もの江渡遣候也、大封之方者御材木津出便船ニ而さし立、小封之方者御用状一同熱田宿ゟ飛脚屋便ニ而遣ス平生者陳屋ゟ熱田迄宿継ニ而遣ス、支配所内無賃、其余賃銭弐三百文懸り候由飛脚屋並便賃銭左之通凡日数十二日程ニ而江戸着

目方百目迄八分　百目ゟ弐百目迄壱匁五分　弐百目ゟ三百目迄弐匁壱分
三百目ゟ五百目迄弐匁七分五り
但五六貫目以上貫目割合、尤かさ高様之物三割増

道法八拾里余野麦通り　宿継並　弐貫七百文　日数九日
　　　　　　　　　　　昼夜宿継　三貫八百文　同　七日

同百拾六里余竹原通り　宿継並〃　三貫七百文　日数十一日
　　　　　　　　　　　昼夜宿継　四貫八百文　日数九日

○秋山太郎助ゟ手製之由、うちわ餅と云を差越ス、是者蕎麦粉と米之粉と突交せ、ひらめ之団子ニ製し、三ツ宛串ニさし、山椒味噌を附焼たるもの也、味ひ甘美ニ不過、甚妙也、追而家製すべし但団扇餅と者其形チヲ以、名附しと見へたり○地役人共之内、釼術心懸ケ候もの共、明十九日昼後、国分寺境内稽古所ニ而見分いたし候積、元〆江申談、夫々江相達ス

十九日曇折々雨

一地役人共釼術見分として昼後出宅但継上下上江羽織を着す、乗馬口附壱人・侍両人・鑓・長柄・草り取都而手人也九半時頃国分寺境内稽古所江罷越、見分請候地役人共者、何レも清服ニ而先江相越、信五郎も

跡ゟ見物ニ来ル（但自分召連候中間之分供帰、文蔵供いたし罷越）当時稽古いたし候もの名前左ニ記ス、其内朱丸印之分、此節御番所詰合中ニ而出席不致　其余者不残出ル、都而名前之順ニ形遣、畢而試合いたす（但当時稽古いたし候もの之名前、先達而手代ゟ承り、十二日之日記ニしるし候処、右ニ相違有之、猶地役人共ゟ委しく承り左ニ記）

免許
土屋丈平
見習 今井雄右衛門
○奥田大蔵
○上村曲森助
○田中唯右衛門
不破半平
冨田小藤太

目録
直井兵左衛門
無足見習 土屋精一郎
同 岩城　交吉
見習 田宮金四郎
見習 石黒礦蔵
○沢田孫之丞
青山友三郎
無足見習 野瀬平三郎
同 山内直右衛門
同 庄村幸次郎
吉住順之助
見習 松村次郎蔵
次郎蔵弟 松村仙重郎（但形・打太刀者丈平・交吉代ル〲打、門弟中丈平高弟之由、年四拾歳計り人物もよし）

雄右衛門忰 今井直太郎
次郎蔵忰 松村安太郎
近次忰 市村冨次郎
順之助忰 吉住房二郎
唯右衛門忰 田中杢太郎
（此もの共者幼年未熟之由ニ而形試合とも不致）

試合
冨田小藤太・松村仙重郎
土屋精一郎・石黒礦蔵
野瀬平三郎・山内直右衛門

組打
庄村幸次郎・松村次郎蔵

再返
土屋精一郎・松村仙重郎

三ヶ度
石黒礦蔵・庄村幸次郎
松村次郎蔵・野瀬平三郎
土屋精一郎・庄村幸次郎

右木刀之形表裏拾八本、外ニ目録以上之形拾本有之候由、右之内銘々三本・五本位ツヽ取交遣之、構者上段・中段・八想・斜釼色々ニ而不定形、遣方随分烈し

〆き方也、試合も流儀ニ似たる鉄面切レ之小手を懸ケ但竹具足も懸ケ候由、此節者何レも損し、竹払底之土地故、いまた取繕出来兼候由撓刀も都て同様ニ而余り長からす、曲尺者至而遠く、左右ゟ一散ニ進み力一杯ニ打合業者無之、不器用ニ候得共、一気ニ打込候様子、鍛練いたし候ハヽ、実用ニ可相成、随分能キ流義と思わる、試合者免許、目録等之段階、強而差別なし、何レも剪紙位、中ニ者拙キ目録位ニ見ゆるもあり、壱両人程者遣候、至極能仕込候ハヽ、相応ニ出来候様子のもの也あり、形は随分骨折候と相見、何レも熟せる方也○稽古所三間ニ六間土間ニ而むしろを敷、休息所壱間ニ五間、三間之押入、壱間之入口あり、木品者相応なれとも、造り方者至而麁末也、奉義舘と書せる額を掲ク教頭徳水軒一信玉筆之由壁ニ詩を題す

奉義舘席上有懐賦

斎藤一信

時勢應来吾道南、一能衆理正相含、惟依右実須思修、若有歎詎何足證

定書も徳水軒自書之由、文章も能く書も美事也○八半時頃見分相済、国分寺境内庫裏江相通り休息いたす、可成之寺院なり、座敷拾弐畳普請者新シけれとも、建具等全備せす、掃除も等閑ニ而奇麗ならす、本堂之右ニ三重之塔あり、方五間丈数十丈、此飛塔往昔之造作を不失、追々再造すと云、陳屋樓上ゟ西北平田を隔て林表ニ聳立す、雨夕晴晨眺望中幾多之風景を添○見分請候もの共試合等いたし候得者、猶更空腹ニも可相成、因而兼々手代江談置但見物さし引、旁手代三人・地役人頭取四人罷越切めし・煮〆申付、国分寺ニおゐて詰合廿一同江振廻、自分も信五郎供ニ食之、七時前帰陳、今日も陳屋之老犬送迎す但帰前ニ至雨降出し候故、駕籠取寄、信五郎者先江相返ス、其内雨も霽候間、自分者乗馬ニ而帰候事○信五郎薄暮ゟ国分寺最寄江螢狩ニ罷越侍両人・中間廿外ニ出入之もの等附添罷越ス寺辺之田畔ニ而得候由、六時頃螢数百を携帰ル、欣然衆ニほこる但此程之螢は前夜庭中ニ放つ、林樾地頭輝飛万点幽寂愛すべし

廿日雨薄陰

一陳屋出入之下掃除町方村百姓弥右衛門、此程ゟ日々罷

越畠を起す、茄子・とうもろこし・芋・蕃椒・とうなす・紫蘇・胡瓜・豆之類追々植附候事

廿一日 雨

一昼後吟味もの有之、評席江出ル 但盗賊并博奕打候もの両人召捕来ル

廿二日 薄陰

一今四半時頃江戸役所ゟ之御用状到来　尊父君ゟ之御封状も一同来ル、家眷一同打寄披封　双君両貴兄嫂々ゟ夫々江之御書状・御日記共拝読　双君御初め被為揃御安健大慶無此上 但是者当月十一日附御書状ニ而佐藤貢帰府便ニ差出候去四月廿七日附之書状御返書也 江都出立後いまた一度も便儀無之　尊母君御不予者勿論、流鏑馬御用等も無滞被為済候哉抔、日々打合〔寄〕御噂申出候折柄故、別而一同歓躍、委しき御日記御書通ニ而母君御順快之御様子者更也、流鏑馬御当日之御規式、晴ケ間敷キ謝手之有様等、実ニ眼前ニ望むが如く、殊更　伯兄御射前一入之御出来ニ而御中りも十二分、且御褒美迄も被為済候事共具ニ相窺ひ、一同いさましく快然限りなし 但射割的并埒之萩、安産・痘瘡之魔除迚　尊母君ゟ被下候事 ○暉姫君様当月八日御逝去ニ付、普請者同日ゟ五日、鳴物者十日停止被仰出候旨、今便御用状ニ申越ス、因而市中其外江物触さし出、今日ゟ右御日取之通慎方申渡候事○着陣祝儀として陣屋下其外村々・寺院・農商持参せし品柄・員数等凡左之通

一酒都合壱石八斗 但樽入又者切手也 四拾弐軒分
一松魚節　弐百七拾五本 弐拾壱軒分
一扇子　三拾箱 但台附　　一鮮魚　五拾五 内鯛拾五・鱒五本・小肴三十三
一鶏卵　弐百六拾五 但七箱　　一菓子　拾三折
一真綿　六把　　一勝栗　弐拾壱袋 凡三斗程
一野菜物　拾弐品 但つく芋・わらひ・うど・小角豆之類
一枝柿其外麦粉・蕨粉之類 七品
一粘入紙　拾帖　　一白紬　壱疋
一干鱈　三拾枚　　一春慶盆　壱 箱入
一一位木刀掛　壱　　一鰹なまりぶし／あわび　かす漬

○陣屋下町方諸色其外相場凡左之通

一玄米壱石　銀六拾弐三匁
一塩壱升　四拾八文高直之方也
一薪長三尺余方 壱間ニ積立　壱分弐朱但堅木ニ而江都ニ而 者三分余のもの也 陳屋江者壱分三百文ニ而納
一炭拾貫目　三百文但天城炭三俵程之もの也、怔合至而よし 陳屋江者百七八拾文ニ而納
一醤油壱升　百四拾八文但高直之方也
一味噌八百目　弐百四拾文但余程高直之方也
一砂糖壱斤白三匁五六分 黒弐匁　但至而高直也
一豆腐壱丁七文但下直なる方也 但方弐寸五分厚壱寸二三分
一切餅壱ツ　弐文但下直なる方也
一そば うんとん　壱杯拾六文但盛あしく高キ方也
一絹いと一トくり　九文但長二重ニ而壱丈直段、先ツ相当之よし
一木綿いと一くり　四文長壱丈三文 高キ方也
一水油　壱升　七百文　一湯銭　男女五文ツ、子供三文
一髪結銭　弐拾四文

職人之手間者其もの之巧拙ニ寄、凡壱分ニ付八日ゟ十日位、尤一日飯米玄米壱升ツ、也、諸色之内下直ニ而且品之勝れしは炭薪を最大一とす、都而何ニ寄らす木ニ而製し候もの者品柄よく、価も甚廉也、其外土地ニ而生るものは下直なれとも、絹糸之如キはまゆ幷《ヲ》引、京地江登せ丸糸ニ製し、取寄候故駄賃か、りて不廉、木綿者土地ニ而出来不致故ニ、品おとりて価は貴し、されとも京染単物之類者地合染方等も奇麗ニ而廉なるが如し、紬は土地ニ而織立候故、江都ゟ者安キ様ニ思わる、食物之内豆腐は随分柔らかニ而色白く、価も下直也、是者自分抔も深く好、日用難欠品なれは、尤幸ひと云べし

廿三日曇夕刻少々雷雨
一四時過ゟ御役所江出勤

廿四日快霽
一長日之慰に牡丹餅を手製す、米壱升余ニ而数六十程出

来、秋山太郎輔者酒を不嗜由ニ付、少々為持遣ス、移りニ美濃辺ゟ至来之由筍弐本差越候事但餅米・さ、け者安し、砂糖者高く品もあしく○地役人共江申付候調もの有之、拾七人程居残り、暮合まて取調候間、菓子差出ス但饅頭数廿八百拾八

廿五日曇

一庭中之草蔓延せし故、任例刈払之義日雇頭江申付候処、今早朝ゟ人足九人来、一時ニ刈尽ス但庭も手広故、手人ニ而者払除不届 ○裕二郎儀格別之事ニ者無之候得共、着以来別而不快勝ニ而起出候者甚稀也、一躰之病症湿毒深く候哉、色々ニ変化歯痛抔も不一ト通、右者捨置候而者品ニ寄、生涯廃人ニも可相成基ニ付、当地之医師江も為看候上、最寄江湯治ニ遣候積ニ候事

廿六日昨夜ゟ雨

一四時前御役所江出勤○宿継ニ而御用状差出候ニ付　尊父君・両貴兄江之書状并　尊母君・嫂々江祖母君・おふさ・子供ゟ之文、其外日記、信五郎清書一同封し元〆江渡ス、明日差立候積但奉行衆ゟ先郡代江注文之品有之、手代引受、今般別段差立候ニ付、右序御用状も宿継ニ而出ス○当地者蚕所ニ而国中都而紡織を業とす、蚕織者素ゟ婦女之手業ニすへき事故、子供ニも為見習度、且　母君も御慰ニ御手織被成度と之事ニ付、御蔵番小峠平吉妻ぬゐは功者ニ織物いたし候間年中機を内職ニいたし候由、一ト年ニ者五十疋も織立ルといへり紬織立させ一見いたし候積、則昨日ゟ罷越下タ拵ニ取懸ル但此節者種糸何レも昨年之ゑり残ニ而不桛宜候得共、先ツ試ニ紬壱反為織候積也紬者縦《タテ》糸絹横糸綿《メイ》せんを用ゆ、綿せんは真綿を糸ニ取たる也但車江者不懸、手ニ而くり出ス、繰賃壱反銀三百五拾文也、絹者横縦とも絹之生糸ニ而おる　機之織方悉く手数懸り、甚苦心なるもの也、凡之手続を略記す、先ツ紬を織るニ者縦ニすべき生糸を藁灰之あくニ而能煮上ケ、糸枠江懸ケ壱筋ツ、巻キ、夫を経《へ》台と云ものゝ走り江壱筋ツ、引通し、手ニ而あヤニ取、経台之クユ江懸ル、是を糸を経《へ》ると云也、夫ゟ糸之あやニなりたる所江アザリ竹弐本さし込、糸先之わなニなりたるを壱ツツ、巻梭江引通し、右わな江亦先キアザリ竹を通し置ク、梭之穴数凡千程あり、壱筋ツ、悉く通し畢り、夫ゟ糸先之方を巻台之巻真江結ひ附、糸之末者巻枠江巻附置、

經《ヘ》臺《タイ》

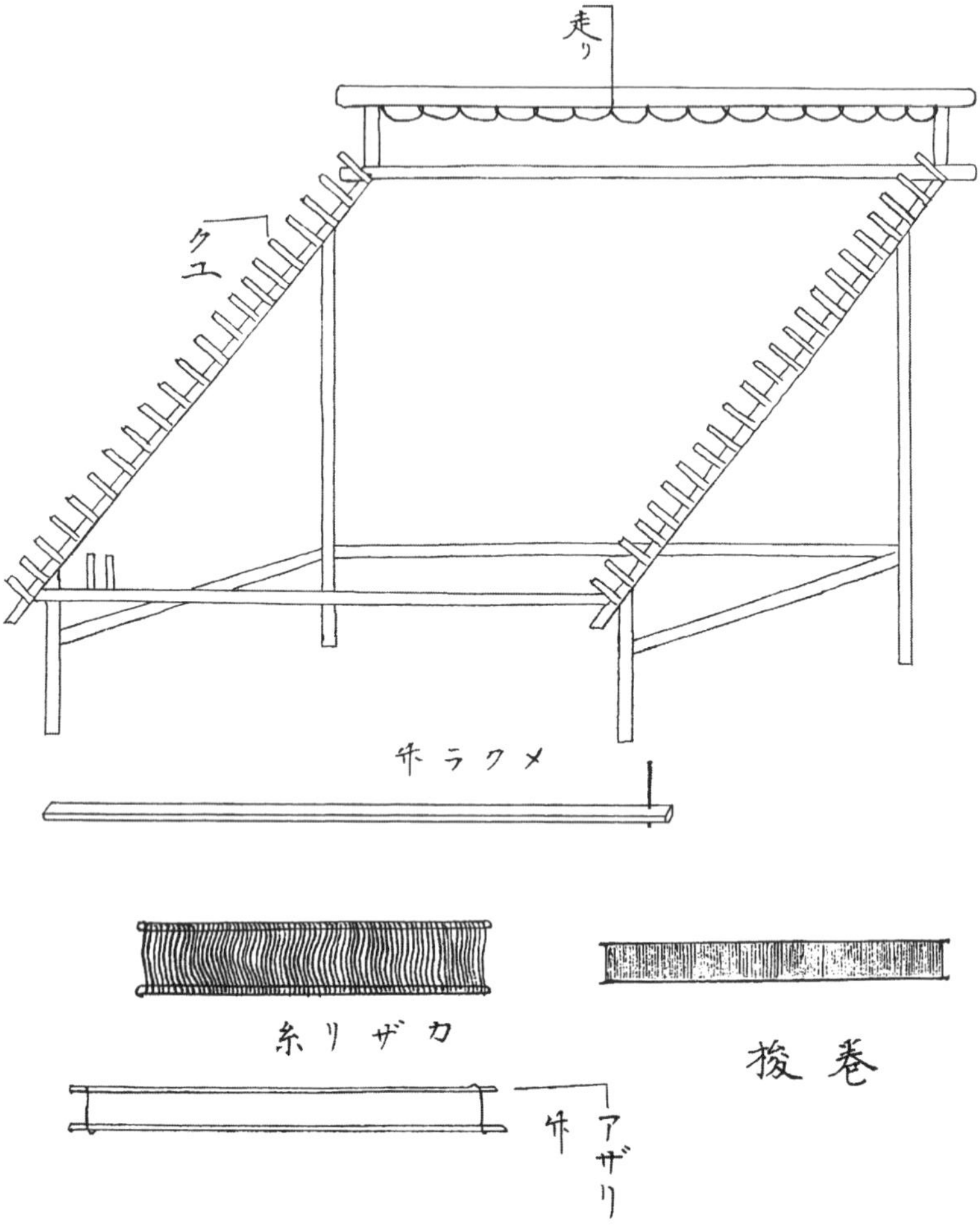

前之方ゟ粉のりを手ニ而摺附ケ、少シツヽ炭火ニ而乾しなから、巻真江漸々巻附ケ糸之ほつれ・ふし抔を鋏ニ而切取、のりを不残附畢り、巻梭江通せし糸先をは切解キ、機具江懸ケ、亦糸先を壱筋ツヽ飾り糸江上エ下タあヤニ通し、夫を猶亦織梭江引通し、夫ゟ織始ル也（但横糸者ぬる湯江涵し、堅く絞り乾して、管江巻用ゆ）織かゝりては存外速也、大小之相違はあれとも、矢張組糸抔𪜈と同し訳ニ而下タ拵之方甚手数懸り、中々壱両度及見たる位ニ而者あヤ之取方抔おほへ難く、且千筋之細糸を幾度も手返しいたす事故、実ニ容易之業ニ者あらす、蚕を養ふより織立候迄之辛苦幾許ならんや、纔一弐寸之絹といへとも、おろそかニ者成し難し深思ふへし（但機具之一二を右ニ略図す名所も、伝聞之誤あるへし）

○竹垣三右衛門ゟ之封物江戸役所江至来之由、御用状一同幸便ニ而今昼後至着、書状ハ四月朔日附也、餞別として水入・根付かんざし・切レ類等品々差越、近日返書可差越𪜈出事○去ル十三日（平出）公方様・右大将様御忌被為解候ニ付、鳴物停止ニ不及旨、同日被　仰出候趣、御書付写相添、今便申越候間、明日惣触差出候積

廿七日折々曇

一今朝御用状宿継ニ而差出候旨元〆申聞ル○出立前遠山左衛門尉殿ゟ正真之熊胆調呉候様頼有之候間、此程元〆江申付置候処、角川村百姓徳兵衛所持之由ニ而熊胆壱ツ持参ス、長四寸五分巾弐寸八分厚み弐分計り、目方拾八匁七分有之、五拾五双替ニ而代金拾七両弐朱ト壱匁也（但近来熊胆払底ニ而市中相場六拾双之由）右者去亥十一月中加賀白山前山ニ而捕候由、極最上之熊胆也、高山薬種問屋半右衛門ハ、就中鑑定功者ニ付為看候処、極品之由申聞ル、素人之様シ候ニ者茶碗江水を入、粟粒程落し候得者、極品之分者クル〳〵と早く舞、筋を引茶碗之底江沈みなから速ニ消へ候由、恒合おとり候分者廻り方ゆるやかニ而消へも遅し、縦令正真ニ而も熊之老若捕へ候頃之時節、亦捕方ニも寄、功験差別有之候由、時節者雪中を第一とす、自分も当冬ニ至り熊壱疋全躰之侭陳屋江とり寄、眼前ニ而胆を取、手干しといたし候積申付置、熊胆は危急之時用ひ候奇薬、高料なからも正真之極品

取入度、捕方并熊之選方をも能々申付置候事

廿八日曇四時頃少雨昼後ゟ晴

一落着もの有之、評席江出ル○町年寄矢嶋茂右衛門儀、昨日迄ニ而日数十日相立候間、今日慎差免候様元〆江申渡ス、一躰茂右衛門者年若ニ候得共、至極貞実ニ而勤方も宜く、親善左衛門者元来奢侈を好、平日身持不宜故ニ一両年以前隠居いたし、住居普請等も都而善左衛門存付ニ而取建候由、然ル処、今般右様及沙汰候ニ付、同人も大キニ後悔いたし、既附ケ書院・違ひ棚・かな物等者即日取放し但花鳥を深彫ニいたし候滅金之かな物也、金色と云細工も密ニ而、黒キ唐木之床板江長壱尺程ニ所々右之かな物打候故、至而移り能ク高貴ニして、殊之外麗也、是を兼而為取払候積之処、自身取放候由ニ付、別段不及沙汰其余茶室抔も取毀候様と之沙汰者無之候得共、悴代ニ相成候而者、親之仕置之儀取毀チ候義も斟酌可有之、左候而者子孫江奢侈を示し候筋ニ付、此節直ニ取毀度旨、外町年寄迄申出候由、右者尤之趣意ニ付承届置、慎差免候後直ニ取毀候由、是亦元〆申聞ル○相撲勧進元境川浪右衛門代高根山国五郎儀、相撲渡世之もの召連、去月中名古屋城下ニ而角力興行相仕廻、善光寺辺江罷越候由、因而者当陣屋下者富饒之地ニ付、不苦者興行いたし度旨、内々町年寄迄願書差越候由、去月中元〆申聞、相撲之儀者関東ニ而も素人を不交相催候分者不苦、且以前寛政度ニも陣屋下ニ而興行いたし候儀も有之、土地繁栄を鳴し候一端、おのつから市中之助成ニも相成候事故聞済候積、尤植附等相仕廻候頃、身元慥成相撲渡世之もの計り召連罷越候様、其外取締向之義申渡置候処、此程当地参着、今日ゟ晴天七日之間国分寺境内ニおゐて興行いたし度旨申出候間、兼而申渡置候通承届置、相撲頭取二段目位三四人頭ニ而、東西五拾四人、行司三人、世話人壱人、勧進元壱人、都合五拾九人也、興行中手代壱人・地役人共弐人ツ、日々検使ニ差遣、其外取締之ため地役人共右境内等為見廻候事但侍初め中間共も見物ニ可罷越、万一かさつ之義等有之候而者殊以之外ニ付、壱両人ツ、中合罷越、其度々罷越候もの之着前検使之手代召連候積、当人共江も取締向之義精々申渡置候事○織物下タ拵并織始之処迄者御蔵番妻ニ為致、其余者此程召抱候下女なみも可成織方出来候間、同人ニ為織、一同も代ル〱少しツ、織試シ、

自分も閑ニ乗し壱弐寸織見候処、脇目ニ而看たるゟ者存外六ケ敷もの也、左右之足ニ而かさり糸を釣りたる、俗ニ下駄と云ものを代ル〳〵踏み、縦糸を打違ひニ上ケ下ケいたし、右之間江横糸之入たる樋《ヒ》を投ケ入、織梭ニ而敲キ附織立ル也、樋之図かく之如し、

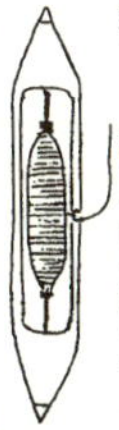

事馴たるものは、左右之手足自在ニ動キ、樋之左右江通ふこと飛が如し、機声少シも絶ることなし、壱反位は一日余ニ織畢るといへり、自分抔織試るニ手間取候よりは、第一縦糸時々切レ甚当惑す、千筋之細糸幾筋も切レ候而者中々結ひ候義も成難く、右之手返し容易ニ者熟しかたし、惣懸りニ而在勤中壱反も織畢り可申哉と各一笑を催す但同し糸ニ而も梭ニ而強く敲附候得者横糸詰りて、地合厚く甚丈夫之由、売物者梭を軽遣候故、地あらく甚しきは透キて見ゆる様なり○九時頃ゟ文藏并中間八助・新藏相撲見物ニ罷越ス、七半時頃帰、見物凡三百人程、初日ニ者随分入有之候方之由申聞ル、三階ゟ眺望するニ国分寺門外江櫓様之もの組立、集散共ニ太鼓を打こと江都ニ似たり、晩来見物之村夫・市人田畔之小径を四方江散去す、蟻群経続鮮かニ看ゆ、眺観閑を消するニ足れり○稽古所下タ拵出来、今日棟上ケいたす、材木之切組方者勿論、建方抔も江都と者大ひニ異なる所あり、土台を居へ柱を建ル時、都而敷居・鴨居横之大貫等も取附ケ、くさびニ而堅め、多人数ニ而押建る也、故ニ建前後之仕事者手廻し能キ様ニ思われる、何ニ寄らす江都之大工よりは都而叮嚀也○棟上ケ祝儀として一同江酒肴遣ス、惣人数拾九人程下台所江環坐盃を飛す但吸物・豆ふ・かき・鉢さかな・焼鯛・鳶大こん、附合ハ外ニ[illegible]ひたしもの壱種之者躰之ものも何レも帯抔〆、四角ニすわりて至而行儀よし、棟梁初め一同深く難有かり、かゝる目出度おりニ者、めでたと云うものを唄ひ候事ニ付、苦しからす者一同ニ而うたひ、上棟を祝し度旨棟梁申出候間、歌は勿論、躍り候而も聊不苦旨申聞候処、一同歓ひ、やかてうたひ出るを聞ニ、唱哥《か》者分らされとも何レ目出度ことをつゞりたることと聞へ、ふしはキヤリニ似て御詠哥めきたる所もあり、随分面白みありて、いさましく耳新らたニ覚ゆ、序ニ踊りをもいたし候様、裕二郎ゟ申聞候処、追々酔ニ乗し何レも喜ひ、棟梁第一

番ニ踊り出ル、外之ものは少シ遠慮之気味ニ而控へ居候故、棟梁悴江踊り候様頻ニ指図いたし、終ニ父子相対して舞ふこと余念なく、踊り方は只手を左右江振りて、至而古雅なるさま也、座中之ものも追々おとり出、各歓酔を尽し、暮合頃厚く礼述て帰りぬ、実ニ村夫之淳朴ニして飾りなく、太平に鼓腹して歓を尽すさま看るニ、擬滞之心を一清し歎を制するニ足れり、州府之風俗旧ニ不似といへとも、山際之別境江都ニ比れは人情も亦薄からす

廿九日 曇昼頃 夕ゟ雨

一四時頃ゟ御役所江出勤○侍安藤栄藏・中間九助・別当綱五郎相撲見物ニ罷越、今日も相応ニ群集せし由

六月大

朔日 曇昼前風 八時頃ゟ雨

一吟味物有之、評席江出ル○竹垣三右衛門江之返書認、有合之真綿并春慶物・一位細工五六品箱江入、油紙包ニいたし、陳屋下町人共ゟ大坂江之幸便ニ差遣候積、元〆江相渡ス 但大坂鈴木町大坂屋貞次郎者、陳屋用達ニ而難船一件等ニ而、手代上坂いたし候節者、同人方ニ逗留、都而用弁いたし候ニ付、此度之封物も貞次郎江向遣、同人ゟ五条江相達候積也 ○桐生村百姓弥平次、初なり之由にて茄子十・胡瓜拾本持参ス、茄子は大サ漸く指之腹程也、此程肴屋持参り候茄子者美濃辺ゟ取寄候由 但市中ニ八百屋と云うものなし、野菜物者も珍き品は肴屋ニ而売買す 十ニ而壱両五分なりといへり、余りニ高直故不調、当地ニ而此節初なり之茄子は尤珍重す 着陳之頃小なすを差出候故、其後為承候処、壱ツ弐両ツ、なりといへり ○昼後裕二郎相撲見物ニ罷越、然ル処雨降出し、入かけニ成、半途ニ而帰候事

二日 晴夕刻 曇

一越前本保陳屋ゟ之御用状到来、元〆手代山下左内儀、

直ニ可申聞御用向品々有之、昨朔日頃彼地出立、穴間通り罷越候由申来ル但高山ゟ越前ニ本道七拾弐里、穴間通り四拾五里計り、是者難所ニ而春冬は通路なし○裕二郎并新藏相撲見物ニ罷越、今日者凡四百人程入り有之候由

三日曇昼頃ゟ雨
一四時頃ゟ御役所江出勤、口合せ有之、評席江出ル○下女なみ少々不快為差事ニ者無之候得共、田舎もの之儀奉公不馴故歟、頻ニ下宿致シ勺持候間、療養ニ下ル

四日晴昼後曇折々疎雨
一越前本保陳屋詰元〆手代山下左内、今八半時過参着面話、彼地之様子其外御用向等委しく承ル、土産として菓子其外持参ス○東本願寺掛所照連(蓮)寺輪番、自分着陳早々、祝儀ニ可罷越処、足痛ニ而延引、此程快気ニ付罷越度旨申越候間、明五日相越候様申遣ス、尤右輪番者寺格も相応ニ而、且国中末寺多く、国民之尊敬不一ト方、殊芝与一右衛門者右宗旨ニ而別段手重ニ取扱、右之引附ケニ而先支配中も送迎等いたし、甚取扱方丁寧ニ有之、初而入来之節者品々饗応をもいたし候由、右者是迄之仕癖不宜候間、此度ゟ改候積、兼而手代ゟも内意をも為通置、明日者幸ひ落着もの有之、評席江罷出候間、右出懸ケ面会御用多之廉ニ而、送りをも不致、自分退座後、茶・多葉粉盆計り為差出候積、手続等手代江申含置、尤門跡ゟ使僧等被差越候節者猶更手重ニ而、輪番乗輿之侭陳屋門内江乗込、郡代送迎者勿論、使僧退散後、直ニ挨拶として郡代自身照連寺江罷越候仕来之由、右者私之申送等も有之候得共、是以甚不相当之儀、一躰本願寺者宮門跡方ニ准し、公儀御取扱も御手重ニ付、門跡直ニ被参候ハヽ、格別、縦令寺格等有之候とも、素々支配所内江輪番ニ相詰、おのつから郡代指揮をも請候儀、畢竟末寺等世話ニ成候と之訳を以、別段使僧をも被差越、音物も有之候儀ニ而、右者門跡私之音信ニ而公事ニ拘り候儀ニ無之、然ルを夫が為ニ御用を欠キ、即刻挨拶ニ罷越候様之儀者、実以不相当、御冊第一御用弁ニも拘り、且一国支配いた

し候郡代之場合軽々敷相成、取締ニも響キ可申、陳屋門内江乗輿ニ而乗込候者猶更之義、当時者以前と違、中門も無之、殊陳屋者私宅と違ひ御役所も有之、旁彼方ニおゐても　公儀江対し遠慮可致筋ニ付、右等之意味手代ゟ為申通、尤照連寺取扱振計り改候儀ニ者無之、国中之儀者勿論、御役所取計振迄も十分ならさる仕来者、今般存寄を以改候程之事故、心取違無之様相心得、只今迄之仕癖改候而不苦候ハヽ、使僧被差越候儀勝手次第、併前々之振合も有之候間、右様改り候而者差支之儀も有之候ハヽ、素々自分江之挨拶迄并之使僧ニ付、以後音信者及断度、尤右者輪番一存ニ而者決兼可申候間、勘弁之上、門跡江申立候上、挨拶有之候様申遣候処、存寄之趣至極尤ニ而異存無之候得共、一応門跡ニ申遣候上ニ無之候而者、治定いたし兼候由、尤自己之祝儀ニ者罷越度旨申越候故、前書之通り明日逢候積申遣候也但本文之趣者古来ゟ之仕癖故、其侭差置候而も、強而差支も無之候得共、着陳後者、国寺之威振有之、取締も届き候処、坊主ニ計り誤り候姿ニ而甚不伏、且当国者寺院数多有之、別而一向宗者権威も強キ方故、不身持之寺院等召捕及吟味候ハヽ、一際取締も附可申と内々相探候処、何レも如法ニ而自分着後者、猶更慎方よろしく、殊追々取締向申渡候趣、輪番承り最寄之末寺共照連寺江呼出、慎方等厳重申渡候由、右之通不刑ニしておのつから取締附候得者、夫丈ケ之事者無之、寺院取締を彼是申候者、閑暇ニ而一遊事、元来坊主を圧倒するは、久須美家伝来之癖と一笑を催す

五日曇夕刻少々雨

一四時過照連寺輪番着陳祝儀として入来、兼而手筈之通書院江相通し、直ニ自分罷出面会、一ト通り挨拶申述、且門跡ゟ使僧被差越候節之仕癖改候、本来之趣意等会得いたし候様、委細ニ申述畢り、互在勤之身分外ニ言葉かたきも無之候間、法用閑暇之砌ニ者鞢《略》供に而相越候様緩々面話、長日之旅鬱をも散し可申、尤此程は着陳間合も無之日々御用多、今日も吟味物有之、評席江罷出甚多事之趣申聞、直ニ評席江出、夫ゟ御役所江出勤致ス、自分退座後、茶・煙草盆差出、挨拶ニ元〆罷出ル、早速面会候礼等厚申述、直ニ退散但輪番は年齢三十歳計り、随分柔和ニ而無口なる方也、同間江者入候得共、始終手を附居、自分申述候趣会得いたし候様子ニ而、更不遵之色なし、着祝義として輪番罷越候前、松魚節并白縮壱反用部屋之もの持参ス、右ニ相当之挨拶可致事〇下女なみ病気快今朝来ル、菜圃之ゑんどう豆持参す〇山下左内忰山下重太郎儀、可成御用ニも相立候趣ニ付、書役ニ取立過給申付ル、

尤幸便次第書役伺差出候積也、且左内江土産之挨拶旁
聽ニ拝領之真綿百目箱入・下ケ緒遣ス○稽古所今日迄
ニ而皆出来、間数其外都而図之如し、拾弐畳之間江取
附候故、屋根之取方六ケ敷迚も、本屋ゟふきおろしニ
者難相成、因而別段ニ稽古所之方高く補理候故、椽頬
上之所ニ而者鴨居上ゟ梁間迄弐間余有之、右を不残新

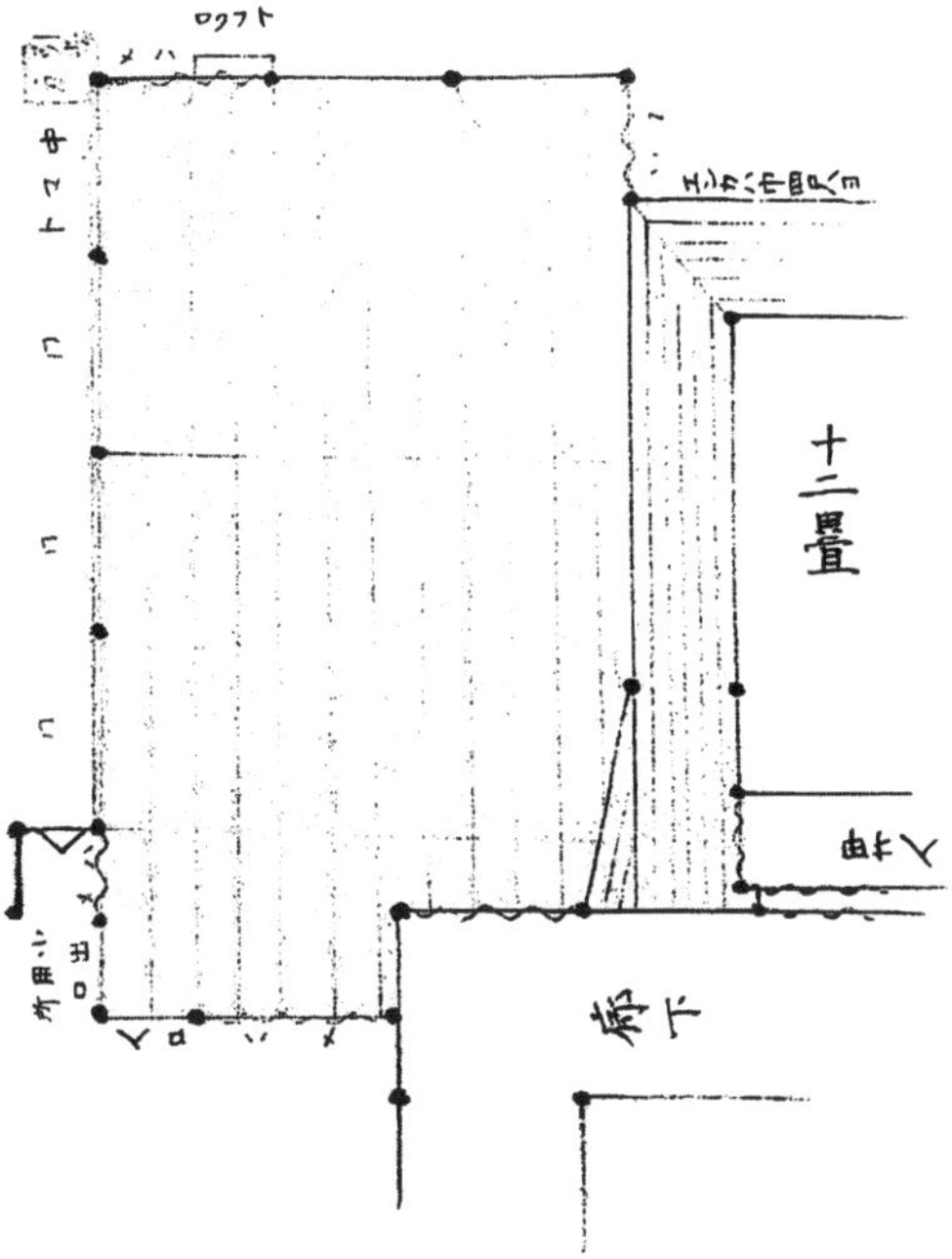

しき板ニ而張詰候故、一段広大ニ相見、尤木品者成丈
ケ麁末ニいたし候様、精々申付候得共、一躰有合之木
品宜く、殊羽目板も四方江溝を突、悉くさし込候故、
透キは勿論、板之反り候気遣無之、建具抔も節なしニ
而、殊之外律ぱニ出来、且日々大工拾弐三人ツヽ罷越
拵候間、丁寧なれとも捗取、注文いたし候当日ゟ廿四
日目ニ而皆出来也、信五郎ニ形為遣見候処、屋根并床
も高キ故歟、殊之外能響キ遣振りも一段引立チ候様ニ
思わる、来ル十一日者自分誕生日ニも候間、同日稽古
場開キいたし候積、手代并稽古いたし候地役人共并門
入いたし候忰共江通達之義、元〆江談置候事

(附紙)
「天保二(十二カ)丑年七十四歳
七月十一日御褒美　松村郡左衛門
金三両被下　同忰　次郎藏　粂
同二男　仙重郎廿四
同孫　安太郎十六
同　粂次郎十四
」

六日雨

一照連寺輪番江昨日土産物さし越候挨拶として、羽二重壱反裕二郎ニ為持使者ニ差遣ス、輪番面会厚礼申述候由但本文答礼之儀、畢竟輪番ゟ者時々世話ニも成候故、前々ゟ音信いたし候事ニ而、其時々挨拶いたし候ニも不及振合ニ候得共、自分者前書之通り存寄をも申述置候事故、贈物計り請候様ニ而者如何ニ付、右様挨拶および候儀ニ而先格無之、且裕二郎ニ者肩衣為着、供も若党・中間召連罷越候事○此程も冷気成方ニ而日々綿入を着す○山下左内一同着陣祝儀ニ罷越候、越前支配所村々総代五人之内三人出府いたし候ニ付、江戸役所江之御用状為持遣候間、双君江之呈書認、尊母君江差上候白紬并越中製之菓子、其外関保右衛門江遣候一位木茶杓一同封し、元〆江相渡ス但遠山左衛門殿被頼之熊胆も今便さし立ル○照連寺輪番ゟ過刻品物遣候挨拶として使者差越ス本川信右衛門且輪番ゟ裕二郎江金百疋呉候事

七日晴

一四時過ゟ御役所江出勤、先郡代中ゟ勤候手代共之内ニ者減給申付、又者加判等差免候ものも有之候ニ付、着以来追々人物相様し様子をも探候処、格別御用立候もの者無之候得共、如何之儀も不相聞一同出精ニ有之、先般小林藤之助江懸合之上抱入候川嶋奥六儀者、昨年迄先郡代相勤秋山太郎輔抔ゟ者勤年数少く、余程歳下ニ候処、藤之助方江貰受に相成、元〆ニ被取立候故、此程太郎輔同勤いたし候而者順次前後ニ相成、素々年齢も格別之相違ニ付、奥六場合ニおゐて斟酌も可有之、且太郎輔迚も一ト通り之元締ゟ者御用ニ相立候方に而、既当時元〆代りをもいたし居候事故、旁同人者過給之上、元〆其外一旦減給申付、加判差免候もの共も、夫々扶持方増申付、加判申渡ス、名前左之通江戸并本保詰之もの者名代江申渡ス

給金拾八両
四人扶持
秋山太郎輔

右元〆申渡ス

菊池七左衛門
是者最初ゟ減給不申付

給金拾三両
三人扶持
石川順右衛門

給金拾弐両
三人扶持
斎藤勝平

右三人加判申渡ス

八日快霽

一国分寺境内相撲興行之儀、今日迄ニ而晴天七日相済候ニ付、猶晴天三日日延願出ル、不取締之儀も無之候間承置○山下左内明日出立いたし候ニ付、昼後面会、役所向取締等之義、猶申含遣ス但左内義参懸ケニ者穴間通罷越候得共、甚難所多く、長八九間一本橋抔有之、殊外危く難渋いたし、且山中之僻村故人足ニも女多く出、甚不弁且土地も難儀之筋ニ付、此度は北国筋罷越候由、右道筋者里数六十里余、難所壱弐ケ所ニ而、其余者峠もゆるやか之由申聞ぬ　○稽古所ニ而用ひ候、薬鑵・茶わん・火箸等為調、火鉢・茶盆・塗板并定書認候板、其外帳面類等夫々為拵候事但帳箱者有合之硯箱ゟ不用之分用之○秋山太郎輔、斎藤勝平昨日過給等受候内祝いたし候由ニ而、裕二郎被招夕刻ゟ太郎輔方江相越ス、外手代共も一同相招候由、酒・蕎麦等被振廻、五時過帰

九日晴

一今朝五半時過、山下左内出立いたし候旨、元〆申聞ル○元〆手代川嶋奥六儀、去月廿日頃江戸出立、当月さし入ニて当地参着之積ニ候処、御関所手形手判不相済、延引いたし候趣、去月廿九日附之書状ニ而、昨夜幸便ニ申越候由、元〆申聞ル、右之次第ニ而者当月半は過ニ無之候而者、着いたす間敷、近来兎角手判之済方遅く、諸向難渋す但本文手形十一日頃差出候由、自分在府中ニ候得者、催促いたし候得共、手代共而已故、其侭ニいたし置候事と聞、甚延引也　○信五郎居合刀無之候間、市中古店ニ而細身之脇さし為調、刃引ニいたし、大工江申付、柄木長めニ為拵候事但価金弐朱、当地ニ者刀剱之拵屋は勿論、小道具屋も無之、不弁尤甚し○昼後、信五郎ニ剱術之試合いたし遣ス、安藤栄藏ニも日々形為遣、今日も試合いたす、且太田小六儀、幼年之頃、櫛渕太左衛門方江弥兵衛忰之由、神道一心流壱ケ年程稽古ニ出候由、是亦稽古いたし度由ニ付、形等教へ遣、試合もいたす、一ケ年も稽古いたし候故、小林三藏抔ゟ者出来候方也、余り相手も無之候間、地役人見習土屋精一郎者若手ニ而、宅も最寄ニ付、呼寄試合いたす、熟し方者流儀之剪紙位ニ候得共、曲尺なく大業ニ而、歩合は甚あしく剪紙之ものと試合為致候ハヽ、七三位と思わる撓刀之形等おしへ遣候事精一郎ニ者夜食振廻候事、玉子とし、いり豆ふ　○菜園之胡瓜、初而三本取

十日曇風八時頃より雨

一四時頃ゟ御役所江出勤、日限尋落着有之、評席江出ル

○稽古所之定書、手代斎藤勝平ニ為認候事同人者筆《手》跡達者ニ而、墨黒ニ認、尤美事也、定書之板巾弐尺、長九尺、檜ニ而拵へ至而立派なり 右定書左之通但一ト通り之稽古所と違、何レも支配之手代・地役人并右忰共教授いたし候事故、定書之文段簡約、聊平生之心懸ケニ亘ル

定

一釼術稽古定日

　毎月　三日　八日　十三日　十八日　廿三日　廿八日

一槍術稽古定日

　毎月　朔日　六日　十一日　十六日　廿一日　廿六日

右昼九ツ時相始、夕七ツ時終候事

一稽古之儀者都而出席順ニ形遣、畢而試合可致事

　但互ニ勝負合相励候者勿論之事ニ候得共、無謂前後を争、高声ニ申罵候様之不作法有之間敷、尤他流之批判堅無用之事

一撓刀、竹刀、面、小手、具足等都而真槍・釼・甲冑同様相心得、麁末ニ取扱候儀有之間敷事

　但銘々不心懸ニ而怪我不致様可心附事

一信義を重し礼譲正しく出会、聊無怠慢稽古可相励事

　但（平出）公務之外、私用又者病気ニ而欠席之もの者、其時々可申断事

一武備之儀者平生之心懸肝要ニ候条、猥ニ芸能を頼、異変危急之場ニ臨み、不覚悟無之様常々鍛錬工夫可有之事

　附火之元大切ニ可心附事

右之條々堅可相守もの也

　天保十一子年六月　　修武場

十一日雨昼後霽

一四時頃ゟ御役所江出勤、日限尋落着有之、評席江出ル

○今日者稽古場開ニ付、兼而達置候通、九時揃ニ而稽古いたし候地役人并右忰共昼後追々出席、手代共并地役人頭取共も、兼而見物相願、是亦一同罷出ル、何レも清服也、拾弐畳之間障子不残取払、廻り椽江折曲ケ

薄べりを敷、稽古所両辺江もごさ敷詰、自分者信五郎一同、座敷中央江着座刀者侍ニ為持出坐、右鹿之角刀かけ江懸ケ置手代五人、地役人頭取三人者座敷敷居際ゟ東椽江列居、太田小六帳面を扣、左之方椽頬ニ罷在、其余地役人拾三人此節番所交代ニ而不詰合もの有之門入之悴共六人者、稽古所左右江並居、右悴共江壱人ツ、逢、夫ゟ形相始、自分開キ居合三本抜但打太刀安藤栄藏、此程ゟ度々打合いたす次ニ信五郎鈒術撓刀形遣之但五本自分打太刀引続槍術之形遣、夫ゟ地役人共ニも形為遣、門入之もの江撓刀之形教遣ス、信五郎形遣候頃者三十人余之見物、何レも気を詰、列を正し、手を突謹而拝観、常之稽古初と違、至而晴ケ間敷キ処、槍鈒之形とも格別之出来ニ而、稽古いたし候ものは勿論、手代并頭取共迄殊之外感シ入、賞讃不止、座敷後ロ之障子横ニ細く切抜置、

祖母君初一同透見、信五郎出来一段宜く、右者叔兄御丹精故之儀と　祖母君抔殊之外御歓也、仮初ニも他流江対シ当流之形、初而遣為見候事故、信五郎ニ者一大盛事、首尾能遣畢り、自分ニおゐても大慶す但下タ打合せ之頃者、切返シ早キ故、殊ニ寄撓刀からみ又者外レ候事抔有之候処、今日は少も失なく十分之出来、当人も甚喜悦なり稽古いたし候地役人共は、平常形等骨折候故一段感心、手代共之内ニ而も秋山太郎輔は壮年之頃鈒術稽古いたし、相応ニ出来候由別而感伏之躰也、武芸ことときものは感賞も薄し、されとも幼年ニ而鎗鈒とも出来候儀者、何レも驚入候事也○手代秋山太郎輔、斎藤勝平、岩田量平者居間江通し、其余書役・地役人共は稽古所ニ而、当日祝儀之酒肴振廻、地役人等者八半時頃退散、手代共江者おきた、おきくニ合せ物等為致松むし・熊野・江のしま聊興を添、酒後めし振廻、七時過退去但地役人頭取之内渡辺良右衛門者極老義、且勝手方懸りをもいたし候故、居間江通し盃遣ス、殊之外難有狩候事○当所詰手代共者郡代之代り目ニ而殊之外心痛いたし候躰、且追々取締向等申渡、一同差はまり格別出精ニ付、一度者酒振廻候積之処、今日者能折柄ニ付居間江通し、直ニ酒盃を勧め、娘共ニも琴を為弾候者所謂和して不同趣意也但平常手代共奥向江入込候風義者、上下混同して取締之規矩を失と云へし○当所ニも産婆は数人有之、就中向町きさは、当年七拾八歳ニ相成候得共、至而健ニ而業も格別ニ功者之由、手代共妻之内多産之ものも有之候処、いつも同人を頼平産、且市中ニ而も少シ六ケ敷産ニ成

候得者、右之もの相頼、速ニ安産候由、今日者祝ひ日ニも候間、右きさ呼寄相頼、酒飯振廻肴料金百疋遣候事○今日料理左之通

本膳めし、汁、香物、なます、平　引而焼物猪口　吸物弐夕通みそ、すまし

硯蓋　鉢肴　丼物　鯛めん　右三拾四人前めし并すまし・吸物者七人前也　但家内下々者あづきめし、豆ふ汁、胡瓜もみ、焼物ます塩焼也

当日祝儀として、手代共ゟ鱒二尾、地役人ゟ同弐尾・鏡餅壱飾、頭取ゟ饅頭弐重差越候事

十二日昨夜ゟ雨四時頃晴昼後折々雨

一四時頃ゟ御役所江出勤、押込差免申渡有之、評席江出ル○国中村々取締として廻村為致候手代・地役人共追々帰着、当国は昨年も作方相応故歟、一躰ニ穏ニ而陳屋最寄者此程追々取締申渡、博奕ニ携候もの共等及吟味候趣承り、猶更静謐ニ有之、山寄之分者風俗も淳朴ニ而、悪事ニ携候ものも無之、夫食貯方其外教諭之趣は精々申渡、一同難有承伏いたし候由、尤聊博奕ニ携り候ものも有之候得共、此程ハ蚕事繁多之時節ニ付、右者村預ケ申付、奇特筋之もの共も、夫々穿鑿いたし候由ニ而、廻村之次第書取、請印帳一同差出候ニ付、猶直ニも村々静謐之様子委細承り安堵之事但本文之趣夫々取調之上、追而及沙汰候積ニ候事○乗鞍嶽麓平湯村ニ温泉有之候由ニ付、右辺廻村いたし候手代桑田貢二江様子承候処、同村者極山中ニ而壱ケ村離レ居、人家拾四五軒、人別五六十人有之、此節も残雪ありて殊之外冷気之由也、稗之外穀類不生、至而之僻地ニ有之、しかし温泉は稀代之名湯ニ而諸病功験有之、此節も湯治人三四十人参居候由、湯者山中岩間ゟ流出ル、源は熱湯ニ而何之臭もなく、至而清冽、食物生之もの何ニ而も右湯ニ涵し候得者、速ニ煮へ候由、傍ニ冷泉有之、右と合し湯坪江引入候趣也、且右村ニ巨大之瀑布あり、鞍ヶ嶽麓絶壁ゟ直下す、巾拾弐間余、長七拾丈最寄之山上ゟ仰看て、滝之全容を妻《ツク》（尽）す、声百雷之一時ニ落かゝるが如く、滝辺弐町程は水煙空ニ満て、晴日といへとも、雨中ゟ甚しく雨具を用ひ、漸進み望む、されとも滝坪近辺は瀑勢風を生し、息を為スこと不能、纔ニ遠望して帰ル、滝坪

之内は只白々霧中綿を飄すが如く也といへり、実ニ海内之巨瀑、僻村遊賞するものなく惜べし但先郡代も最寄廻村之節一覧せし由、自分も追而御用序一見、後時之談柄ニすべし亦籃渡・藤橋等も経過せしよし、親しく質問するニ、危険兼而聴所ニ十倍驚感ニ不堪、是は追而目撃して細書すべし

十三日雨

一今日者剱術稽古日ニ付、昼後地役人并右忰共出席、一同江形教遣、夫々試合いたす、且自分も慰ニ山口流木刀形習見候処、存外六ケ敷、構ひ方其外意気くみ抔、数かゝらされは熟シかたし、出席都合拾八人但目録以上之ものニ早出為心得、其余者茶番為致候事

十四日快霽

一尚歯会相催候積、陳屋町方并最寄村々弐三里之所、八十歳以上之男女為調候処、凡八九十人程有之、右様多人数ニ而者、酒飯振廻候ニも難行届、且極老之もの故、里数弐三里有之候而者、往返五六里ニ相成、縦令健ニ而も老足歩行も難渋、殊多人数呼寄候而者、蚕事繁多之折柄差支も難計候間、旁陳屋下并最寄拾弐三町を限り、強健之もの計り撰み集へ凡弐拾一弐人有之由尤病気其外里数隔り罷出兼候もの共江も、手当之鳥目者一同ニ差遣候積、明後十六日者嘉祥、殊おふさ誕生日ニ而聊内祝もいたし候故、同日稽古所江者耋を集、家眷一同無《自》身ニ酒食を歓勧め、尚歯養老之寿筵を開キ候積、右酒飯之手当等夫々申付置候事

十五日晴昼後薄陰

一四時頃ゟ御役所江出勤○高山壱之町西本願寺末寺勝久寺無住ニ付、本願寺より末寺取締之ため、留守居と唱へ静遊寺勤番ニ罷越居東派懸所同様、門跡ゟ之使僧をも勤候由兼而着陳祝儀ニ罷越度旨申聞候故、今日逢候積、両三日以前達置、則四時過参候間、書院江通し、照連寺同様面会程能挨拶、直ニ退座但照連寺輪番ゟ者寺格もおとり候得共、是迄之取扱方矢張手重モ之由ニ付、兼而達し置、仕来之二三等をくたす○花里村町方分一本杉白山権現祭礼ニ而但毎年六月十五日祭礼なり、此程願出承置神輿参り、獅子舞等有之候由ニ付、昼後　母君并子供

一同物見江罷越ス但元〆手代川嶋奥六引越候ニ付而者、此程足り兼候ニ付、秋山太郎輔者家内少ニ付、追而長屋取置候迄、当分之内物見江引越ス、尤同人家内之ものも、此節者美濃下川辺元陳屋ニ罷在、追而引越候積也 神輿之前ニ幡様之もの三四本建、大小之太鼓車ニ乗せ、物見前江引参り、笛両人、太鼓も両人ニ而神楽様之囃子いたし、大小之獅子左右江建立並ひ各三人ツ、萌黄之股引を着す、獅子面之様子并獅子之全躰萌黄木綿江白く毛之形を染出せるさま、江都太神楽之獅子ニ異なることなし笛太鼓之拍子ニ合て狂舞ス、舞中寛急あり、或者疾く走り或者遅歩す、肩江またかり又者倒スニ立、千態万状、江都之角兵衛獅子と太神楽之獅子を混せし如く、舞ふこと凡半時計り、神楽之囃子方甚古雅ニ而俗ならす、頗る奇観を為す、舞終て神輿を舁来ル但白張を着たるもの五、七人ニ而舁、別当大成院附添候事也陳屋門閾際江居へ、門を開キ、神酒を備間もなく舁出シ、夫より中橋手前、向町之方江巡行す但任先格神酒并金五拾疋備之 見物も少く、至而閑静なる祭礼也但本文白山之氏子は何レも場末之町方ニ付、祭事も賑しからす〇見物中、太郎輔ゟ鮓并酒肴等差出ス、暫く休息、八時頃一同帰ル

十六日快晴

一今日尚歯会相催候ニ付、兼而申渡置候通陳屋下町方并最寄村々八拾歳以上之もの都合弐拾壱人、四半時頃町役人・親類等差添罷出候間、稽古所東北之方江折曲ケ、薄縁弐枚重ね敷詰、年令之順ニ着坐、同年之もの者生レ之月を承り、同月之もの者都而男子を先ニす、尤沢田良右衛門地役人頭取 宮崎喜兵衛御蔵番者身分も違候間、良右衛門者座敷、喜兵衛者同椽頬江薄縁を敷着座為致、差添之役人者用弁之ため、壱両人内玄関江為扣置、吸物・酒肴差出、自分者勿論 祖母君・母君・おふさ・子供一同罷出、自身酒盃を勧ム、耄耋名前年附左之通

地役人頭取
沢田良右衛門 八拾壱歳

御蔵番
宮崎喜兵衛 八拾壱歳

三川村
平蔵養母 りん 九十六歳

高山弐之町
吉蔵母 きく 八拾九歳

三福寺村
喜右衛門母
み　よ　八拾五歳
右弐之町
重次郎養母
そ　の　八拾五歳
三福寺村
百姓
弥　藏　八拾五歳
右弐之町
医師友賢祖母
い　ろ　八拾五歳
石浦村
百姓
次郎助　八拾四歳
西之一色村
甚助祖母
ひ　な　八拾三歳
右弐之町
百姓
善左衛門　八拾三歳
清吉母
よ　の　八拾弐歳
善　助　八拾弐歳
石浦村
百姓
吉三郎　八拾弐歳

高山壱之町
じやう　八拾弐歳
金　藏　八拾弐歳
右弐之町
丈助養母
と　よ　八拾壱歳
片野村
百姓
太右衛門　八拾壱歳
右一之町
太郎兵衛祖母
と　み　八拾壱歳
利兵衛　八拾壱歳
平藏祖母
す　へ　八拾壱歳

都合弐拾壱人
男拾人
女拾一人
内
一九拾六歳　壱人　延享二乙丑年誕生
一八拾九歳　壱人　宝暦二壬申年
一八拾五歳　四人　同六丙子年
一八拾四歳　壱人　同七丁丑年

一八拾三歳　弐人　同八戊寅年
一八拾弐歳　五人　同九己卯年
一八拾壱歳　七人　同十庚辰年

弐拾壱人惣年齢〆千七百五拾弐歳

○一同ニて酌いたし、肴等取遣ス、右之内みよ・弥藏抔は酒も多ク飲、其余下戸もあり、何レも深く難有かり、喜色面ニ溢る興ニ乗し、例之目出たを吉三郎第一ニうたひ出ス同人者就中元気ニ而強健、童顔おかし気に而黒こと鉄之如し引続良右衛門・喜兵衛但喜兵衛至而健也、丈ケ高く腰もかゝまず、打見は六十位ニ見ゆ初め弐拾壱人之老男女一声ニ寿唱を発す、何レも老健、声清朗、少壮之如し、既ニ献酬畢り、一同江赤飯を出シ、亦菓子を遣ス但今日者嘉祥ニも候間、饅頭弐ツ宛枇江乗せ出ス大○良右衛門江拝領之真綿　叔兄御筆之画扇但大黒喜世留并煙草入、喜兵衛江盃但亀之蒔絵金百疋、其余之耋老江手当として壱人江青さし壱貫文ツ、遣ス但広蓋江乗出シ、順々席江並へ遣ス一同格別ニ難有かり、流涕恩を謝して不止○病気又者里数隔り不罷出もの共江も同様手当壱人江銭壱貫文ツ、、是亦村役人呼出渡遣ス、此分四拾人但九拾歳以上之もの五人有之右村役人并老人ニ附添参候もの共江も

一同赤飯振舞候事但今日は祝ひ日ニ而下々江も遣候故、赤飯都合三斗申付ル老人江振廻候ニ、赤飯は如何可有之哉と元〆江談候処、此辺之ものは極老といへとも、聊不厭由ニ付、成丈ケ柔かニ製し候様申付候処、元〆申聞候通り何レも老健、吸物は勿論、すゝり蓋物、取肴等少シも残さす奇麗ニ食し、九十六之耄婦も一盆之赤飯尽く食し畢り、代りを弐箸三はし食し、余は紙ニ包て懐中シ、依然として坦坐す但一盆之赤飯杉なりニ盛卄候故、少食之ものは少壮之男子といへとも尽し難し中ニ者壱両人歩行不自在之ものもあれとも、是以壯気分は壮健之もの之如く、其余は耳近く髪も白からす、起居自在也、就中八十九之老婦は一段健ニ而、色白く、面之小皺縮めん之如く身躰清くして、小痩童顔常ニ笑を含、談話も能分り卄て、尤可愛耋老也、退座之頃も片手ニ鳥目を軽々と乗せ三拝して出ツ、腰もかゝます坐立、壮年之如し○今日は尚歯養老之集会ニ付、当人ニおゐて配意ありては、本来之趣意を失ふ事故、席ニ入て拝を為スニ不及、都而自宅安居之如く随意ニ飲食し、少シも隔意無之様元〆ゟ当人并附添之もの江も精々申渡ス、尤宴席板敷故

うす縁而已ニ而は長坐足も痛み可申間、安座は素ゟ褥をもゆるし候処、何レも恐入候由ニ而固辞してきかす、漸く九十六之老婦并歩行少シく不叶之もの壱人而已褥ニ坐す、何レも宅を出ル頃は陳屋江被呼候事故、大キニ気詰りニ存候由之処、右様申渡せし故、一同大悦、素々朴訥之耆老着坐後は、互ニ歓を述、崔会を賀し田舎言葉ニ而談話、余念なく実ニ隔意なき様子也、既ニ酒盃を揚ては猶受、衆老之恵みを歓ひ、太平を楽むさま観るニたのしく歓はしく、国民を育する支配之場合、此上之楽事はあるましく思わる、縦令数国を支配すといふとも、江都ニ而は此盛会は為難し、可成は　双君御初御覧ニ備度、江都之事共存続ケ客懐も亦一段深し但本文長寿之もの江遣候手当銭は窮民御救御貸附金之内ゟ相渡ス、尤料理向其外者都而自分入用也○衆耋何レも歓を尽し、九半時頃退去ス○九十六之老婦きくは前ニも記せし如く延享二乙丑年之生レニ而、自分と生年之支干を同ふす、同人生レし頃之郡代ゟ自分迄都合拾三代今ニ存命、尚歯会は歴代今度を初而とす、自分生レ之頃は六十壱歳之老女なるニ、猶長生して今此寿会ニあふ、尤奇といふべし、因ニ前々郡代之年歴等左ニ記す

　元禄五申年八月迄金森出雲守頼旹領之
　但高三万八千石同年九月羽州上山江同高之侭所替被　仰付、関東郡代伊奈半十郎郷村請取之、高山城者同年十月三日加賀宰相綱紀江御預ケ、元禄八亥年三月高山城毀之、今城山と云是也、一名臥牛山と号

一　元禄五申年ゟ　同十丑年迄　六ヶ年　伊奈半十郎
一　元禄十丑年ゟ　正徳二辰年迄　十六ヶ年　伊奈半左衛門
一　正徳二辰年ゟ　同五未年迄　四ヶ年　伊奈半左衛門
一　正徳五未年ゟ　享保五子年迄　六ヶ年　森山又左衛門
一　享保六丑年ゟ　同九辰年迄　四ヶ年　亀田三郎兵衛

一享保九辰年ゟ
同十三申年迄　五ヶ年　長谷川庄五郎
一享保十三申年ゟ
延享二丑年迄　十八ヶ年　長谷川庄五郎
一延享二丑年ゟ
寛延三午年迄　六ヶ年　○幸田善太夫
一寛延三午年ゟ
宝暦六子年迄　七ヶ年　柴村藤右衛門
一宝暦六子年ゟ
宝暦十一巳年迄　六ヶ年　上倉彦左衛門
一宝暦十一巳年ゟ
明和三戌年迄　六ヶ年　布施弥一郎
一明和三戌年ゟ
天明二寅年迄　十七ヶ年　○大原彦四郎
一天明二寅年ゟ
寛政元酉年迄　八ヶ年　大原亀五郎
一寛政元酉年ゟ
同十二申年迄　十二ヶ年　飯塚伊兵衛
一寛政十二申年ゟ
文化元酉年迄　五ヶ年　小出　大助
一文化元酉年ゟ
同八未年迄　八ヶ年　○田口五郎左衛門
一文化八未年ゟ
同十二亥年迄　五ヶ年　○榊原小兵衛
一文化十二亥年ゟ
文政十二丑年迄　十五ヶ年　芝与一右衛門
一文政十二丑年ゟ
天保十亥年迄　十一ヶ年　大井　帯刀
　元禄五申年ゟ天保十亥年迄百五拾年自分迄
　郡代都合弐拾人
○今日者槍術稽古日ニ候得共、尚歯会ニ付、明日ニ相延候事○菜園之胡瓜再ヒ五本を得る

十七日　快晴
一今日ハ槍術稽古替日ニ付、昼後ゟ地役人其外出席稽古いたし遣ス、畢而八半時過ゟ居合も稽古いたす、出席

拾五人○今日者余程暑気を催ス、夜分迄単物を着ス、蚊は去月中ゟ者却而少く、蚊やり而已ニ而蚊帳を不用○地役人沢田孫之丞番所交代相済、両三日以前帰着、今日ゟ初而稽古ニ出ル

十八日晴八時頃ゟ雷雨

一昼後稽古所江出ル、地役人其外一同出席稽古いたす○地役人沢田孫之丞者元青山大和守藩中ニ而実家ニ居候節、同藩一家流炮術家岡田三之丞但代々炮術師範家之由、高百五拾石弟子ニ相成両三年、稽古いたし候由ニ付、今日試合等仕廻候後、自分初め一同素矯メ之式等稽古いたし候事但陣屋附之鉄炮は何レも受筒ニ而難用立、御鉄炮鍛冶国友千四郎者近国ニ付、追而者新筒為打立候積、夫迄者地役人共之内所持いたし候鉄炮三四挺借受候筈之事○此程呼集左候老人其外手当遣候村々老人共親族身寄等追々礼ニ来ル、中ニ者当人連立来ルもあり、何レも手植之野菜もの、或は餅抔持参ス、数多けれは委細ニ不記

十九日晴昼後雷雨八時頃霽

一四時頃ゟ御役所江出勤○地役人共所持鉄炮之内弐匁程之短筒有之候間、信五郎ニも素矯稽古為致、且手代之内斎藤勝平者聊弓術心懸ケも有之、弓具等所持いたし居候間、借受自分も弐拾年振ニ而昨日ゟ巻藁を始ム、勝平ニも為射見候処、手前流儀ニ而射前者賞するニ足らされとも、素ゟ武備ニおゐて、嫌ひなけれは一賞誉、地役人共江も追々為習候積但地役人之内ニ者、先代之もの心懸ケ弓具等所持いたし候もの有之候由太田小六も稽古いたし度由ニ付同人義、槍釼も稽古いたす素彎為致巻藁射礼等教遣候積、尤的場者無之候得共、御蔵脇空地江炮術角場補理候積ニ付、右ニ而兼帯、勿論取置之的場様之もの有之候間、雨天之節者御蔵廂下ニ而稽古差支無之事但持弓ニ而巻藁射試候処、随分可成ニ而、却而勝平所持之弓ゟ力有之、能キ方也、弓具等名古屋ゟ取寄、信五郎ニも稽古為致候積ニ候事○裕二郎も此節者快方に而養生旁此間中ゟ槍術并居合相始、稽古日者勿論、日々栄藏等相手ニいたし稽古ス、右故歟猶更様子能キ方也○八時頃江都ゟ御用状至来　尊父君ゟ之御封状も一同来ル、家族打寄披封　双君并両貴兄嫂々ゟ夫々江之御書状・御日記とも熟読　尊父君御初御一同御安健、尤　母君者去月中御

胸痛御再発之処、此以前ゟ者痛も軽く、早速御快方之由安意大慶但願上ケ候切もくさ并つぎ糸も今便ニ遣候事去月十一日附之御書状、同月廿一日至来後、最早三十日近く御書信無之候故、日々打寄御噂し暮候御折柄、御日記等ニ而委しく御様子拝承、別而令大慶候事右御書状者当月七日八日附ニ而、去月十九日、同廿七日両度ニ差出候書状御返書也、此度は菊池ゟも書状至来、何レも無事安堵之事

廿日快晴

一御蔵番小峠平吉妻江兼而注文いたし置候新繭持参、鍋ニ而煮、糸ニ取ル、買売之糸者何レも細く、織立丈夫ならず、因而太メニ為取、着料之絹為織候積也但繭壱両分ニ而織立、凡壱疋程ニ相成、尤糸を細く取候得者弐疋ニも相成候由〇取置之射垜《アヅチ》但三方木ニ而組懸、壁下タニ車四ツ取附有之庭西南之隅江居へ、植木室之前より泉水を打越し、小的弐拾本射試、中り最初七分後六分也、久々ニ而巻藁等数十本躰、少シく肩張り候様ニ覚ゆ〇出入医師之内小川養元・圓山東巒・丸川元吾者何レも学医ニ而赤田臥牛門人之由業も巧者之由就中東巒学問長し、詩文も可成出来候由先達而出入医師一同江逢候節、医業研窮之義及沙汰候ニ付、右三人申合、後学之もの共、医業修業行之ため、銘々宅江順々集り会読いたし候積之由、元〆迄申聞候間、右者一段之義修武場も稽古日之外者明ケ居候間、一ケ月壱度ツ、稽古所ニおゐて会読いたし候ハ、、猶更励ニも可相成、初会ニ者自分も臨席可致間、会日等取極申聞候様右三人江直ニ申聞置候処、一同難有かり、今日左之通書付持参ス

毎月二日八時ゟ

於　御稽古場

一瘟疫論　　会読

毎月二ノ日

於銘々私宅順会

一傷寒論　　同

同

一内科撰要　　同

信五郎素読之儀、是迄は裕二郎ゟ句読請候得共、同人も折節不快ニ而怠り勝ニ付、赤田章斎江教授相頼、外門人一同句読受候ハ、、励ニも可相成、前書会日者能

折柄ニ付、信五郎門人為致章斎ニ者開口経書之講釈為致、承り候積、会日来月二日ニ而者余り日合も有之候間、差支無之候ハヽ、明後廿二日稽古所ニおゐて、先ツ初会催度旨医師三人并章斎江も申聞候処、何れも故障無之由ニ付、弥明後日相催候積、治定之事（信五郎門人後者章斎毎朝稽古場江出張、信五郎初め地役人悴共江も教授いたし候筈、地役人共ニも右之趣達置候事）○田中大秀は博く図書を通覧し著述も有之候由、土地高名之ものニ而老人ニも候間、今日呼寄稽古所ニ而面会、生年六十七惣髪ニ而白鬚尺余上世之人之如し、一躰之人物者左迄ニも不相見候得共、質朴ニ而国学は勿論漢学も心懸ケ候様子、都鄙ともニ門人多く有之候由、何レニも文事有之候もの之義、道理も能分り、此程改革之趣意等会得承伏之様子也

廿一日（快霽夕刻雷雨）

一槍術定日ニ付、昼時ゟ稽古所江出席、地役人見習奥田大蔵昨日帰着、今日初而稽古ニ出ル、炮術素ため并居合も稽古いたす、地役人土屋丈平・沢田孫之丞抔者聊弓術も心懸ケ候由ニ付、為射見候処、斎藤勝平同様ニ而自分流義ニ候得共、却而按排は少シ能方也（但出席十八人、裕二郎者歯痛ニ而欠席）○当所ニも的矢有之候由ニ付、取寄見候処、甚粗末ニ而十分ニ者無之候得共、差支候故、先ツ拾弐本取入る（是者兼而名古屋ゟ取寄置候由、壱ノ新町筋違橋脇小間物屋利助所持価拾弐匁也）○此程呼集候老人共手織之由布袋其外手拵之草履、其外品々持参ス、耋老之手ニ成候品ニ付、夫々挨拶請取誧置○今日も小峠平吉妻糸取ニ来ル

廿二日（快霽夕刻驟雨）

一三福寺村革屋六右衛門江申付置候小手出来、手之内并かゝり等革ニ而、其余者雲斎也、初而製し候由ニ候得共、按排も可成ニ而手際能方也、価金三朱○今日者経書并医書開講ニ付、八時頃ゟ赤田新助并出入之医師当時居合候分拾壱人罷越（但京地江遊学之もの有之）手代秋山太郎輔・岩田量平・太田小六も聴聞いたし度由ニ而罷出ル、且地役人之内新助門人吉住順之助・沢田秋平・石黒礦藏是亦聴聞ニ出ル、信五郎今日門入為致候ニ付、同人ニ者

清服為着、自分一同臨席自分者平服也新助江入門之贄として鰹節壱連、金百疋相贈ル但白木之台江乗せ、裕二郎持出ス自分・信五郎者拾弐畳座敷、手代・地役人者同所敷居際ゟ椽頰之方江着座、医師者一同稽古所江並居、入門之礼畢り、新助も同間江着座為致但清服開講、大学三綱領八條目講ス之、終而圓山東巒、瘟疫論原病篇一章講ス之、新助者親臥牛ゟ学術劣り候由ニ候得共、経義者厚く研究せし哉、一躰も温厚之人物故、講方等おのつから謙遜にして義理能分り、儼然たる、一儒範尤師表とするニ足れり、以後毎月二日東巒者吶弁なれとも、是亦学力ありて、聴ニ足れり、以後毎月二日医書会読之前、定式新助ニ経書為講候積、一同江達置候事但大学開巻為講候義者昨日自分ゟ好遣ス、尤此後も継て大学を為講候積也〇今日者初而之会日ニ付、一同江切飯・煮〆振廻候事、七時前退去す但切めし之形為拵昼前ゟ自分初一同ニて製す、数百七十計り、煮〆・玉子・いんげん・椎茸、外香ノ物・みそ漬・なら漬

〇医師性名左之通

産科 北川養元　小児科 柚原梅春　養元忰 北川養説

圓山東巒　針治外科 丸川元吾　元吾忰 丸川元敬

眼科 前原意春　高木三碩　貞庵病気ニ付忰 高井貞造

野口養安　加納通元

〇此程新助江　叔兄御筆之画扇并千里書之扇子遣シ、臥牛之遺墨并新助書をも一覧いたし度旨申聞候処、臥牛之書江左之詩認、裕二郎迄差越ス、手跡者臥牛ゟ新助之方勝レれり

府君賜摺扇謹賦此記喜

厚賜何圖及野人、徳詩妙畫扇頭新、奉揚偏喜生涼気、無限仁風拂瘴塵

叱擲　赤田光暢拝稿

〇今日も小峠平吉妻糸取ニ来ル、不残繰畢る但繭壱両分壱斗八升、壱升数凡三百七十程也

廿三日昨夜ゟ晴昼前者亦折々雨昼後晴風

一四時過ゟ御役所江出勤、吟味物有之、評席江出ル〇今朝五時頃ゟ赤田新助来、信五郎孝経相始ム、大学等さらいいたす、新助儀手跡も指南いたし、八時頃迄者右稽古ニ而、夫ゟ読書教授いたし候由ニ付、素読之分不残稽古いたし候而者、手跡之方差支も可有之哉ニ付、

陳屋最寄之もの計り七八人新稽古所江出席いたし、其余者昼後宅ニ而稽古之積申聞置（但明朝ゟ地役人忰共出席之積）○釼術定日ニ付、稽古所江出ル、敬之助も今日ゟ出席稽古いたす（信五郎昨年迄相用ひ候道具、此節敬之助ニ能程也）出席都合拾七人

廿四日　晴折々曇

一四時過ゟ御役所出勤○地役人頭取大池織右衛門儀、御材木積立取締として、去月中尾州白鳥湊江出役、昨日帰着いたし候旨届ニ出ル、同人者一躰御用立候ものニ而、殊平生精勤、既此度も去月中ゟ纔之日合ニ御材木弐拾艘余皆積払ニ相成、日合不相懸候得者、夫丈ケ出役御入用も減し候義ニ而、昔格別骨折候儀ニ付、外地役人励之ため面会賞誉、乍聊精勤を表し候験ニ、手元ゟ目録金弐百疋遣候事（水中江懸ケ留置候大材送之役積立候事故、存外手数相懸り大造成事之由、出役之もの余程せり立す候而者、三ケ月余相懸り候よし）○今朝五時頃ゟ赤田新助来ル、今日ゟ地役人忰共稽古ニ出ル、太田小六も門入いたし候事（但読書者日々之事故、以後者逸々不記）○今日者余程暑気を催し、昼後ハ汗ばみ帷子着し度程也

廿五日　曇四時頃ゟ晴

一手馬当所着、当分者更子細無之候処、十日程以前ゟ右之肩痛み候様子ニ付、馬医ニ為見候処、以前いため候場所再発いたし候儀ニ可有之旨申聞、いか様ニも出立前卄も右様の義有之、此度も同所ニ付、必定打身ニも可有之哉、日々馬医呼寄手当いたし、昨今者少々快方也、何卒検見廻村之頃再発不致様いたし度ものなり○支配所飛州村々奇特もの追々取調候処、拾四五人程有之、右之内就中孝廉之もの三人者御褒美相伺、其余者手限に而賞誉いたし候積、右三人之もの行状取調、右伺書左之通

奇特もの御褒美之儀申上候書付

豊田藤之進

私支配所飛州村々奇特もの取調候処、高山三之町村之内向町与三兵衛娘かね外弐人、誠忠純孝之趣相聞候間、村役人共得と相糺再応風聞をも為探候処、事実無相違相聞候間、右之もの共行状取調、左ニ申上

候

私支配所
飛州大野郡
高山三之町村之内向町
彦右衛門借家
与三兵衛娘
かね
子三拾七歳

右かね儀、父与三兵衛并妹弟とも四人相暮、与三兵衛者無高ニ而当年七拾三歳ニ相成、一躰身薄之ものニ而、母りゑ存命中も種々不仕合打続、及困窮暮方差支候ニ付、無拠かね拾六歳之頃、高山壱之町村家持七兵衛方江奉公住いたし、給金者纔ニ候得共、こと身を詰め、右給金之内親元江相送、暮方足合ニいたし漸相凌罷在、尤母りゑも先年七兵衛方ニ乳母奉公いたし、二代之主家ニ付、かね儀別而主人大切ニ存、何事ニよらす都而主家為筋を第一ニ心懸ケ、少シも表裏なく実意ニ相勤、当七兵衛親七兵衛并同人母長病ニ而両人とも打臥居、殊当七兵衛子供五人有之、家内多シ処、右様老人共長々大病ニ而別而物入多く、必至と及困窮、七兵衛義も当惑心痛いたし候ニ付、かね儀主家之窮屈を殊之外打歎キ、昼夜衣帯を不解介抱いたし、家事之義をも万端心附、七兵衛妻江力を添、五人之子供養育等厚世話いたし、数年之間夜中快く枕睡候義無之、聊之手透ニて者見合候而者昼夜となく賃仕事いたし、纔之賃銭を積み、主人娘之衣類等調遣し、少シも其身を不顧、辛苦忠勤を励候故、主家之困窮漸相凌、老人病中も不自由之義無之、何レも歓ひ老を養ひ候儀ニ而、尤老病故両人とも其後追々相果候得共、当七兵衛もかね忠勤ニ感し、別而渡世向出精相稼候ニ付、近来追々身上向立直り、かね義も殊之外悦ひ罷在、一躰同人者生涯奉公いたし主家の後栄をも見届候心底ニ候処、父与三兵衛追々及老衰立働も難相成、殊母りゑ病気ニ而介抱等行届兼候ニ付、無余儀去ル午年中暇申受、親元江立戻り昼夜怠りなく介抱いたし、妹弟等申合代ル〳〵附添、聊之手透ニ者賃仕事いたし相凌罷在候処、翌未年りゑ老病ニ而相果候ニ付、殊之外悲歎ニ迫り、渡世をも怠り候程ニ有之、其後かね孝心貞実之趣近村之もの共等及承、所々ゟ縁談申込候得共、与三兵衛及老年候間、縁付候而者孝養も難行届、且者元主人七兵衛方江も時々罷越世話いたし度候得共、右等ニも差支候間、旁縁付候心底無之由堅く申断、何分承引不致、其以来与三兵衛江事へ方者勿論、纔之手透ニも七兵衛方江安否聞ニ罷越、家事之儀等世話いたし候儀、奉公中同様ニ而幼少之節ゟ孝養忠勤とも少シもたゆます、志シ益厚故、かね妹弟共もおのつから同人之行ひニ化し、何レも老父江孝養を尽し、家内睦敷相暮、かね行状及見聞候もの共者一同感賞いたし候趣、村々申合候儀ニ御座候

高山三之町村
家持
嘉兵衛
子三拾九歳

右嘉兵衛儀、養母并女房娘両人都合家内五人暮ニ而、高五石六斗余所持いたし、塩売渡世罷在、一躰養父先嘉兵衛儀者身上向可成ニ候得共処、相続之輩実子無之候ニ付、追々養子両度貰請候得共、同人性質頑ニ而何レも存意ニ不叶差戻、当嘉兵衛義者同国松之木村医師元安三男ニ而実躰之趣、先嘉兵衛及承懇望いたし貰受候処、素々性質柔和ニ而、何事も養父母之意ニ悖らす、家業出精いたし、農事相無懈怠相励候故、殊之外両親之意ニ叶ひ候処、元来両人とも頑成気質ニ付、老年およひ候ニ随ひ時々我侭成義申出、無躰之事共有之候得共、聊も其意ニさからわす孝養を尽し、殊養父老病ニ而起居者勿論、両便も壱人ニ而者相成兼候処、昼夜無油断附添、心を尽し介抱いたし候故、頑なからも終ニ者嘉兵衛之孝心ニ感し、殊之外悦ひ家督相続方安堵いたし候由、親類共江も度々申聞候程ニ而、同人病死後は養母とよ別而気随ニ相成、殊去々戌年ゟ是亦老病腰痛ニ而、猶更気六ケ敷折ニ振レ無躰之事共申聞候得共、其身之不行届儀と而已心得、聊も病床を不離、太切ニ看病いたし、嘉兵衛女房ちのも、おのつから夫之行状ニ化し、是亦孝養を尽し候故、養母も追々安堵いたし、家事賄

方等都而嘉兵衛江為相任候旨申聞候得共、身上向自身相賄、万一養母之意ニ不応儀も可有之哉と、聊自己之取計不致、何事も逸々養母之差図受取賄、殊平生嘉兵衛初め女房娘とも食物者勿論、衣類等殊之外至而麁末成を着し、万事費へを省キ、養母江者時々魚肉を進め、ゆたかに養ひ候儀ニ而、且養母病中不出来之頃、末之男子石松七歳ニ而疱瘡を煩、養生不叶相果候処、嘉兵衛義右療治受候医師江逢候節、愛情悲嘆実ニ難堪、昼夜忘兼候得共、老母病中小児有之候而者、おのつから愛情ニひかされ、看病届兼候儀も可有之、不幸ニして病死いたし、老母之介抱ニ者難心置、孝養被尽懇中之幸ひ之由、流涕して申聞候由、実心純孝至誠之致ス所、此一事を承り、感涙を濺かさるもの者無之由、挙而申合候儀ニ御座候

同村
甚兵衛借家
孃
ふさ
子五拾歳

右ふさ儀独身孃暮ニ而、日雇賃仕事等いたし罷在、幼年之頃ゟ両親江孝養を尽し、拾五六歳之頃節親類組合等ゟ聟養子之義申勧候得共、聟之気質ニ寄候而者十分ニ孝養も難尽、且者子供等出生いたし候而者、猶更愛情ニおほれ、自然孝養おろそかニ成行間敷とも難申候間、縁談之義者相断候旨申聞、更承引不致、其頃は父茂助并母も健ニ而一同渡世相励居候処、茂助義五拾五歳之頃ゟ病気に而、四ケ年之間打臥居、右病中者別而昼夜枕辺を不去、寒暑之厭なく心力を尽し介抱いたし、其後茂助病死いたし、ふさ三十歳之頃猶亦親類共ゟ縁談申勧候処、前同様申断何様申聞候得而も決心いたし更不承請、其以来猶更家業出精いたし、孝養怠りなく、母六拾五歳ゟ是亦老病ニ而打臥候ニ付、附添大切ニ介抱いたし病間を見合、昼夜之差別もなく賃仕事相稼、違作之年柄米価高直之折柄も他借は勿論、聊も他ゟ合力受候儀無之、婦人壱人之手業ニ而老母長病中不自由無之様ゆたかニ養育いたし、去ル申年母七拾三歳ニ而相果候義ニ而、

ふさも最早年老候ニ付、追而養子貰受候積、当時も
嬢ニ而家業相励罷在、幼少ゟ当年五十歳ニおよひ候
迄、志シ少も移らす、実心至孝之由市中一般申合候
儀ニ御座候
右かね外弐人行状取調候趣、書面之通御座候、忠直孝
廉之段無相違、下賤之ものニおゐて者格別奇特之儀、
国民勧善之一端ニも罷成候儀ニ付、何卒相応之御褒美
被下置候様仕度奉存候、以上
子　月　　　　　　　豊田藤之進

廿六日薄陰
一四時過ゟ御役所江出勤○古川町方村吉三郎其外之もの
共、人家打毀及乱妨候一件、引合とも三拾三人今日口
書申付候ニ付、評席江出ル最初之吟味取懸り、不行届主謀不残逃去、甚不手際、右故吟味書も調悪く候事是者去々戌年ゟ吟味取懸り、着前迄吟味不決、是
迄吟味物者都而等閑置候と相見、自分着後出入物六口、
吟味物六口相済、此当時残候分此程相伺候盗賊一件壱
口、外ニ贗金取扱候一件是も去々戌四月ゟ六人入牢甚等閑也、自分着後直ニ吟味相決、当時調中也、手調ニいたし候得者、速ニ伺ニ相成候得共、左候而者手代共調物等いつ迄も上達不致候間、先ツ任せ置、調出来之上教諭改削、早々伺候積
前書乱妨一件とも三口而已也、然ル処乱妨一件者吟味
書出来ニ付、今便相伺贗金一件も引続伺候積、左候得
者伺中而已ニ而、吟味物不残手払ニ相成候事但越前支配所吟味物者本保陳屋ニ而取扱候故、此外也○飛脚屋便ニ而御用状差出候ニ付、昨日認
置候　尊父君両貴兄江之呈書　尊母君江荊婦ゟ之文
叔兄江差上候革并出立之頃、荷物江紛入参候革鐔其外
菊池・三橋・多田江之書状一同封し込、元〆江相渡ス、
尤御老若・奉行衆等江暑中之呈書も今便差立ル但御材木運送請負人中村屋七兵衛代暑中機嫌聞ニ参候間、熱田宿廻は右之ものニ為持遣候積○槍術居合定日ニ付、昼
頃ゟ稽古所江出席、地役人類助悴古田札之助十六歳金
右衛門悴大坪喜太郎拾歳今日槍釼居合共門入、出席拾
九人但栄藏者不快ニ而欠席○川嶋奥六儀過ル十八日江戸出立、中山
道ゟ竹原通り罷越、来ル晦日着陣之趣、今夕先触来ル
廿七日晴昼後曇夕刻ゟ雨
一手代斎藤勝平・桑田貢二・太田小六其外地役人共日々
昼後御蔵前ニ而弓術稽古いたす、自分も臨席一覧、

折々尺二射割等射候事○角場出来候得共、沢田孫之丞不快ニ而引込候間、追而出勤之上為打候積也

廿八日折々雨

一釼術定日ニ付、昼後出席地役人奥田大蔵初而稽古ニ出ル、出席都合弐拾壱人但出席一同江砂糖水出す

廿九日快霽風

一昼後中間共并日雇頭平兵衛為手伝、庭池水口堰留かひほし致す、長大之鰻五本、其外鱧《ウグイ》背色薄黒く、腹少シ赤し・鮒・アブラメ鱣に似て腹しろし・ザスダホハゼ之如く首尾ニ針ありて、物江触れは刺等数十を得る、池心深を丈余水悉くは汲尽し難し、四五寸以上之魚并鰻・ザス者元之如く泉水江放し、其余細鱗数十者舎前之曲溝前後江あみを張り放つ、浅流水清冽游魚坐して可数、信五郎欣躍、着陳以来之盛事と為す但水口を開くと、清水一時ニ池中ニ満、快然限りなし

晦日曇昼後折々小雨

一元〆手代川嶋奥六儀、兼而道中日割之通、今昼九時過来着妻并二歳之娘とも家内三人也面会、同人出立前　尊父君江御目通りいたし候由、御一同御安健之趣直ニ承り、別而安意、且奥六持参之御封状并封物とも夫々披封　双君并　叔兄ゟ之御書状・御日記とも熟読、委しく御様子相分り、且　母君も最早御全快之由、一段歓悦令安堵候事但母君ゟ信五郎江花火、おきた・おきく江羽衣・せんべゐ其外手遊物被遣、且先便願上候　両貴兄御染筆之書画扇并栄平・切もくさ・海苔・元結・洗ひ粉等是亦被遣、且菊池・多田ゟも書状来ル、一同平安之由大慶

七月小

朔日薄陰昼後ニ至折々雨

一後圃之茄子初而四十を得る、当地之茄子は如此先尖りて形長し大茄子者長サ五寸六寸ニも至ル、太めなる胡瓜之如し江都之種ニ而も、矢張り形ヲ変すと云かわ和らかニ而種少なく、味ひは能方也○槍術居合定日ニ付、昼後稽古所江出席、手代岩田量平儀、槍術門入いたす但出席弐拾壱人○松平出雲守家来勘定奉行ゟ元〆手代両人江着陣祝儀として乾海鼠拾斤入壱箱ツヽ、且自分手元江も差出呉候様別紙を添、同弐拾斤使者を以差越ス、近領々主ゟ之贈物者兼而伺済も有之、既出立前出雲守ゟ贈物有之、受納いたし候得共、此度者家来ゟ之音物ニ而受納可致筋ニ無之候間、其段返書ニ為認、手代江送候分共一同即刻差戻候事但使者江も能々申諭遣候事○石浦村吉三郎八十弐歳自木之由李実数十態々持参せし故、庭江呼面話、有合之菓子等遣ス、尚歯会者近国迄伝聞、当人共規模冥加ニ叶候由厚く礼申述ル、同人者三拾年来郡代茸狩之節松茸之番仕来候由古来ゟ年々郡代壱度ツ、茸かりニ罷越候故、夫迄者村方ニ而、山中所々ニ小屋補理番人附置、留山ニいたし候由、尤此外ニも松茸之生し候山有之候由当年も能頃注進可致𪜈抔閑話、立帰りぬ、麻之紋附之裾短なるを着し、草鞋懸ニ而至而健なる躰也

二日曇四半時頃雨昼後晴

一四時頃ゟ御役所江出ル○元〆秋山太郎輔儀美濃支配所之内、先郡代江返納物滞之分取立、且似せ金一件ニ付、青山大和守役場江懸合之義有之、其外先達而場所支配所最寄替ニ付、柴田善之丞江引合候儀も有之、右御用向兼今朝笠松江向ケ出立いたす○今日者月並講釈ニ付、昼後赤田晋助来ル是迄新助と認候置、晋之字認候由ニ付、改ム自分・信五郎一同臨席、手代・地役人并医師共も聴聞ニ出ル、経書講終り医書も講ス但北川晋元・丸川元吾講之、出席弐拾壱人、元吾者学頭三人之内第一之才子と相見講釈等一段よし、一躰治療も功者ニ而、当時専ら被用、人柄も可成也

三日快晴

一手馬痛所之儀、先頃者少々快様ニ候処、其後益強く痛

候様子ニ而、四足を縮め、其上内羅之気味ニ而相悩、
馬医内記も種々工夫療治いたし候得共、一躰肩を甚し
く怪我いたし、右を一旦強く療治いたし但肩之辺ニ針穴并焼こて之跡多く
有之候由一旦快候を、長途牽参候故、再発いたし候儀ニも
可有之、肩強く痛候ゟおのつから四足も縮め、右揺ゟ
腰内羅も引出し候義ニ而、是迄之療治ニ而、功験無之
上者外ニ手段も無之由申聞、内記之外壱両人馬医も有
之候得共、何レも同人之弟子ニ而、別段療養之手当も
無之旨申聞、左候迚其侭ニも難差置候間、猶精々工夫
療治いたし候様申付置、右之次第ニ付、迚も検見之頃
牽馬ニ者成兼可申、因而替馬穿鑿方之儀手代江談置候
事○釼術定日ニ付昼後臨場、今日地役人奥田大蔵と初
而試合いたし見候処但免許之由、先達而見分之頃番所詰合中ニ而不居合同人者一躰丈
ケ高く骨柄も能、業も当流之目録位に而さへたる方也、
地役人中第一と被思但三村森助と相応ニ遣候由、是者当時番所詰されとも歩合は
甚あしく、数十本之内漸軽く小手壱本被打候而已也○
元〆川嶋奥六儀者手代故肩衣着用不相成事、下ニ者手
附ニ而肩衣着し候ものも有之、地役人初め役所一躰之
取締いたし候ニ、地役人同様羽織に而出勤いたし候而
者、おのつから威権薄く、下々取用も不宜候間、先便
肩衣着用之義相伺候得共、間ニ合兼、追而半途ゟ肩衣
着し候も如何ニ而右者先例も有之、必定相済可申哉ニ
付、初而出勤当日ゟ肩衣着用候様申渡ス、兼而用意も
有之間敷哉ニ付、自分定紋之肩衣遣候事但奥六義、道中ゟ不快、過日も長髪ニ而面会、明日ゟ出勤之由

四日快霽

一川嶋奥六今日ゟ出勤、取締筋之義品々申談ス○人足数
人庭中之草取ニ来ル○此程四五日者雨天勝ニ而、暑気
もゆるみ候処、昨今ハ快晴一段暑気を催し、夜分迄帷
子ヲ着し候程也、当所ニ而者先ツ極暑之由、されとも
閑坐しては汗も不出、蚊者至而少く、晩来端居するニ
団扇を把るニ不及尤蚊帳者不用○夕刻御蔵前ニ而手代并地役人
一同大的を射る但地役人者土屋丈平・同精一郎・古田類助・大坪金右衛門・指田織之助等也、弓術者稽古日を不定、手透次第申合躰射候事故、其都度々不記

五日快晴
一四時頃ゟ御役所江出勤、吟味物有之、評席江出ル但盗賊壱人召捕来ル○昼後裕二郎・小六等為手伝、具足其外馬具等虫干いたす但稽古所脇拾弐畳之間江かさる

六日快晴夜ニ入雨
一四時頃ゟ御役所江出勤、吟味物有之、評席江出ル是者先達而手代并地役人共村々取締として出役いたし候節、召捕村預ケ申付、度々博奕ニ携り候もの共也○七夕星祭ニ付、任例五色之紙調、短冊ニ製し、竹篠江附庭中江建る、当地ニ而も竹篠江短冊を附ることは、江都ニ替らされとも簷外江者不建、都而座敷内江かさり団子・素麺・強めし、其外初なり之野菜物等相備、手習草紙ニ而梵天を作り、六日七日両夜之内、灯籠亦者灯挑江火を点し、右短冊を附たる竹篠并梵天を銘々河原江持出、水江流し候事之由、毎家挙而出ル故、河原殊之外賑しく頗る奇観を為すと云但飛州志ニ記ス所と者大同小異古今習風一様ならす○此節庭中、百合・玉簪・敗醬・萱草・射干《ヒアフキ》等之花盛りなり但萱草は少々すへ也○槍術居合定日ニ付、稽古所江出ル、出席都合弐拾人

七日曇四半時頃ゟ晴
一七夕佳節ニ付、例席ニおゐて手代・地役人・町年寄・出入医師等礼受ル但手続者都而端午之節之通り也○手馬是迄懸ケ置候馬医者外ニ療治之手段も無之由ニ而、先ツ断候姿ニ付、猶所々馬医穿鑿為致候処、石浦村ニ馬喰渡世ニ而、馬医を兼候清五郎と云もの有之、殊之外巧者之由申聞候間、一昨日呼寄為見候処、大病ニ者候得共、能療治さへいたし候得者必定全快可致由ニ付、則同人江転薬、其以来日々罷越、腹薬者勿論、所々江針いたし凡悪血弐三升程出ル酢瓷酎を吹、肩四足其外とも一躰ニ能揉み、且すそも一日に十返ツ、いたし候様申聞、其外飼ば等も種々注文いたし候故、都而同人申ニ任せ、すそ心懸ケ候もの壱人相雇手当いたし候処、纔之内ニ大キニ功験有之、昨今者余程快く食料も一時ニ増、四足之揃ひも能疲レも薄らき候様子也、病症委しく尋しニ、清五郎見込者内記と者少しく異ニ而、肩之辺以前以前怪我い

たし候ニ者無相違候得共、此度之病発者右痛所已而ニ者無之、一躰虚弱之馬ニ候を、長途牽参り大キニ疲労いたし、且石路を歩みおのつから石気を受、四足江熱を持候ゟ内羅発り候義ニ而、病名者先ツ石すくみ内羅と唱候由申聞ル内羅と唱へ候病ひ数多有之、其内すくみ内羅と唱候もの四廉有之、其内又石すくみと唱へ候病之由申聞ル清五郎者一躰医療も功者之様子ニ而、且差はまり宜く日々早朝ゟ罷越、終日苦心骨折候事ニ而、脇目ニもケ程丹誠いたし候ハヽ、何様之痼疾も癒可申哉と思ふ程也、何レニも逐快右之様子ニ而者、検見之頃牽馬ニも可相成と大慶、替馬穿鑿之義者断、返しいたし候事○昼後手代・地役人一同蔵前ニ而、十八間半的三拾射いたす半的初而射候故記之、出席八人○尊母君ゟ信五郎江賜り候花火、此程両三夜少々ツヽ上ケ、いまた余程残り居候間、今宵は手代斎藤勝平忰并娘共但物領九歳、次女七歳、次男六歳三人来ル、外ニ男女之乳呑子両人有之候由御蔵番小峠平吉娘十歳呼寄、見物為致不残上ケ候事信五郎初め、何レも大悦一同江餅菓子遣ス

八日晴

一四時過ゟ御役所江出勤、口合有之、評席江出ル博奕一件○女流ニ而も余力有之上者武備之心懸ケ有之度ものニ付、おきた・おきくとも夕刻ニ者稽古所江出、遊ひ居候故、此程ゟ槍釼之形教遣ス、両人とも至而器用なる方ニ而、就中おきく者槍之形兼而及見居候侭ニ而、別ニ教候ニ不及、足取抔至極能、先達而ゟ地役人忰共ニ追々教へ遣候得共、同人と者雲泥之違ニ而、裕二郎抔自分之稽古ニ引くらべ、甚感佩す、男子ニ候ハヽ、一廉之遣ひ手ニ可相成、尤惜むべし、信五郎も当時者小先生之姿ニ而一段出精、おきた・おきく稽古いたし候ニ附ケ而も、おのつから励ニ相成、在府中ゟも差はまり宜く上達せり、敬之助も見真似ニ平日者勿論、稽古日ニも定式出席、試合等いたし、うるさき程也、此程は経書講釈之真似いたし、一同大笑を発す、幼稚之内者善悪とも物ニ染み易く、彼孟母之屡居を遷せし、実ニ平生之習ハし肝要なり○釼術定日ニ付午後出席、川嶋奥六義も稽古相始度由ニ而見物ニ出ル、出席都合弐拾壱人○七時頃御用状到来、尊父君ゟ之御封物も来

ル、早速披封　双君叔兄其外體七郎、正一郎ゟ之書状并御日記とも一覧、御一同御安健　母君弥御快復之由、引続近敷御様子相分り大慶安堵之事但先達而願上ケ候鬢附油、すき油被遣候事
○当表風俗之様子并流弊改革、国中取締筋等追々心附、取計候次第等巨細書取、教諭書其外取締之義ニ付、差向キ御勘定所江相伺候書面写類相添、先便隼人正殿江内状を以申上候処、今般便自書之返翰被差越、為見合左ニ記置

追啓、本文被仰越候書面、着早々一覧いたし候処、被心附候廉々并取締向等ニ付、下方江教諭筋申渡書之趣、実々感心いたし候、此上とも御出精専一ニ御座候、拙者ニおゐても大安心存候、以上

以切紙致啓上候、向暑之砌弥御堅固珍重存候、猶又道中無滞御着陣之由目出度存候、然者其表之様子并御取扱之次第、委敷被仰越候書面、当月十一日相達候間、翌十二日不残越前守殿江差出候処、至極取締宜敷一段之事ニ候旨被仰聞候、弥御出精被成候様存候、仍而急度申進度、此段得御意候、以上

六月十七日　　内藤隼人正　朱印

豊田藤之進様

猶々時候折角御厭専一ニ存候、其表者如何ニ候哉、御府内者甚不時候ニ而、入梅中格別大雨者無之候得共、日々雨天冷気有之、近在作物抔は如何可有之と甚心配いたし候義ニ御座候、其表者季候も相応之由被仰越、何寄之義と存候、先ツ者御報旁申進候、以上

○地役人共之内、水練心懸ケ候ものも有之候由ニ付、見分いたし候積之処、陳屋最寄者宮川筋之流、何レも浅瀬、殊急流ニ而游泳難相成、陳屋ゟ壱里程下流下切村者水之淀み有之、瀬も深キ由ニ付、同所ニおゐて明九日見分いたし候積、兼而地役人共江達置、右村方江も通達、尤見分場所江聊日除もいたし候ニ付、手代斎藤勝平儀明早朝出役取計候筈、且里数も有之候間、夕飯用意之義等同人江談置候事

九日　晴

一今日地役人共水練見分いたし候ニ付、信五郎同道九時出宅但もゝ引半てん着用、供侍三人、長柄鑓、草り取、茶弁当、合羽籠、尤侍代り太田小六召連候事附添手代岩田量平・桑田貢二但貢二は聊水練之心懸有之候由地役人頭取大池織右衛門・石黒次太夫并奥田大藏、水練見分請候もの沢田孫之丞・石黒礦藏・吉住順之助・指田織之助・土屋丈平

なり○陳屋を出、中橋手前ゟ上向町・下向町を過、北西して七日町村ニ入ル、此道筋者北国通りと唱へ越中冨山江之街道ニ而道巾も少シ広く、右之方宮川之河原ニ添ひ、左者数里之耕地也、緑稲少しく穂を生す、豊熟歓ふべし、夫ゟ桐生村を経、宮川之流を東江渡り越、本母村ニ入橋長弐拾間余是ゟ流を路之左ニ看る、右之方山近く左者流少しく邃し、行くこと拾町計り下切村ニ到ル、此辺路漸々高く阪道亦流ニ傍ふ是ゟ路少し嶮ニ而桟道あり壱弐町ニして左之方崖下江下ること数百歩、流畔深緑之下仮ニ榻を設、竹木を以日除を為ス三方幕ニ而囲ひ、榻之毛氈を設 此辺流之巾弐三拾間、左右岩石又河原ニなりたる所あり、水底巨石なく折々奇岩水面に突出する耳、水深キは八九尺ゟ四五尺ニ至ル、浅キは漸脚を過く、水練を試ム所者長四五十間ニ不過、上流之方は流早く、漸々水淀みて不急斜岸桴を設○地役人沢田孫之丞・石黒礦藏・吉住順之助・指田織之助・土屋丈平、手代桑田貢二等追々游泳見分ス、何レも自分流儀ニ而賞するニ足ものなし、されとも孫之丞・礦藏者少しく達者ニ而水底を潜り候義も可成ニ出来、其余者至而拙し、今日者土用入以来之暑気ニ而途中者猶更、始終汗も不乾程ニ付、自分も兼而浴衣其外用意いたし候故、久々ニ而水練試む、笠を冠り上流早瀬之所より下流江五拾間計り流ニ随て泳く、流水故自然と下流ニ至ル、抜手三本程ニ而浅瀬ニ成、遊泳難相成、久々ニ而日中試み候事故、長く水中にありては頭痛をも発し可申哉と兼而桴を下流江廻し、浴衣并佩刀栄藏ニ為持置、直ニ右桴ニ乗し上流江遡り見分所ニ至ル、纔之内故聊頭痛之気味もなく清流ニ浴し、一段快し○水至而清冽ニ付、深キ所ニ而も水底之石数ふるニ堪ゆ、右故水底江沈みても近く寄れば、其在所明らかニ見へ、亦所々ニ壱弐尺之浅瀬ある故、縦令溺るゝものありても、自然と浅瀬江寄ニ附、死を求るも得難く、水練試候ニ者浮雲気なく至極妙也、水は素ゟ冷かなれとも、数事《里》之間日ニ照らされ浅流する故、存外あたゝかニ而江都ニ異なることなし、清流岩を打て漲る所ニ而游泳を為ス、実ニ快然限りなし、自分抔いつ迄も試度候得共、久々ニ而這入候事故、忽卒ニして止み、尤残り多く江都ニ而者水練試ること稀なるニ、至寒之国ニ来り、水中ニ遊ふこと実ニ世事之図り難き、都而意表ニ出〇信五郎も桴ニ乗し、四方江地役人共取附、浅瀬之所数度往返、亦水五六寸湛へたる河原之流を渡り、石を拾ひ小魚を求む、一大遊事歓喜知ぬべし〇手代岩田量平并太田小六・安藤栄藏、中間九助其余水練心懸ケ候小もの人足等迄、追々游泳多時但量平・小六者水心なし、浅瀬ニ而浴す八半時頃一同相仕廻候事〇支度所者崖上下流之方江四五町隔たる建場茶屋也北国江之往還故、稀ニ建場茶屋あり自分、信五郎は桴ニ乗し、閑ニ流ニ随て下ル、此辺右者懸崖数尋、阪路半空ニあり、左者岸少しく低く都而水田なり、流浅く所々遊魚を看る、蝉声水音ニ和し緑陰風冷かニして熱を忘る、川頭之風光幽淑尤愛すべし、建場茶屋は崖上流ニ臨て欹ツ、小径数百歩登り右茶屋ニ至ル、八畳三間程あり、自分は兼而菜之物用意いたし候故玉子焼・かん瓢・香之物・かこ嶋ほし大根・みそ漬飯而已為差出、信五郎一同認、手代初供方人足迄一同支度為致但焼とうふ・茄子煮附、香ノ物・たくあん暫く休息、帰路来時ニ同し、七時過帰陳、道法壱里といへとも凡壱里半もあるべし、往返三里程也、信五郎も歩行達者ニ相成、少シも草臥候様子無之候事但地役人共者猶居残、水稽古いたし候由

十日　晴

一今日も暑気強く、午後は閑坐するニ汗出ル程也、八時過庭中之泉水ニ而栄藏・小六一同水泳試み、亦水浅キ所盥を浮め、信五郎・敬之助一同乗し、段々熱を駆る、池水樹陰故一段冷かニ而、且地底泥深く、浅キ所は水濁りて游泳は快からす、盥上之佳遊は尤妙也水至而浅所者漸八寸計り、下タニ小砂利ありて、更危をなし〇赤田晋助悴富喜之助、具足其外馬具等見物ニ来ル但拾歳柔和ニ而様子よし、有合之菓子等遣ス〇越中国八ッ尾聞名寺ゟ着陳祝儀として使僧差越ス但扇子壱箱、本牧半紙五百枚、蒸貝壱箱持来、支配所内ニ末寺有之故ニ、両々ゟ使僧差越候由、右半紙は粘入ニ似て丈ケは中奉書程あり〇御用状差立之儀、是迄者定日無之、不差懸御用向者溜置、壱ヶ月一度位之目当ニ而差出候処、兎角後レ勝ニ相成御用弁不宜、定日取極置候得者兼而手繰いたし候故、手後レニ不相成、且　双君御様子等相窺候ニも定期有之、書状其外差立

候品取調候ニも都合宜候間、以後毎月十四日を定日ニ極、其余者廿九日を目当ニいたし、同日者御用之都合ニ寄、前後両三日者差略いたし候積、尤七月十四日者盆中ニ而役所割休ニ相成候間、十二日差立之積取極、江戸役所江も右之趣申遣候事○今宵月清明

十一日朝曇四時頃ゟ快晴

一四時頃ゟ御役所江出勤○落着もの有之、評席江出ル○元〆手代川嶋奥六江給金弐拾両・扶持方五人扶持差遣候段、役所ニおゐて申渡○秋山太郎輔明日着之趣先触来ル○地役人共水練場所之儀、陳屋最寄ニ而も水を堰候得者水湛へ、稽古出来候由ニ付、昨日手代見分ニ遣場所見立、今日地役人出役、東川原町東之方、宮川落口を石又者土俵ニ而堰留、長弐拾間余、深サ七八尺程水湛へ、可成稽古出来候由申聞ル、自分も一両日之内罷越、及見候積ニ候事○槍術・居合定日ニ付昼後臨場、出席弐拾人

十二日快晴

一四時頃ゟ御役所江出勤、口合有之、評席江出ル○御用状差出候ニ付但隼人正様江返書旁其後当地取締之模様等、委しく認候内状も今便さし立ル昨日認置候双君并叔兄江之書状・日記、越前奉書紙・氷砂糖・隠けん豆・まけ結ひ之切レ、其外　母君江御全快之御祝儀ニ差上候八拾以上健老手製之真綿延命袋、金包江肴代相添一同箱江入但菊池・多田江遣候書状、品物も夫々入ル封し、中村屋七兵衛召使出府便差立候積、元〆江渡ス但明日出立之由○地役人共水練場所一覧いたし候積、九時過信五郎一同出宅但供侍三人・槍・長柄・草り取、手代岩田量平附添罷越ス西之方裏門ゟ出、田畔之小径行こと三町程、一本杉白山権現江詣ス、田間深樹之下丈余之花表あり、左右ニも石之灯籠数本並立、社之大サ方五六尺、社前ニ拝殿之方四五間なるあり、殿中多く額を掲く、社之傍五抱余之老杉聳立、一本杉之名爰ニ因て起ると云、夫ゟ田間猶行こと四町計り上川原町々外レニ出ル、市背宮川西側之河原ニ但河原巾四五間ゟ八九間ニ至ル休息之小屋を補理榻を設く、地役人并右悴共拾人計り出席、裕二郎・栄藏・小六一同夫々水稽古いたす、流一面け

たニ土俵ニ而堰留候得共、漏レ水いたし候哉、今日は水深キ所ニ而漸五六尺ニ不過、殊所々岩ありて足ニ障り、十分之稽古は難相成、因而自分ハ不試、信五郎ニ者浅瀬ニ而聊稽古為致、八半時頃一同相仕廻候事○宮川は東岸は人家少く、臥牛山北江亘り郭背ニ聳ゆ金森家城跡也地役人案内ニ而宮川独木橋を渡り、小阪路登ること壱町計り、神明之社あり方三間計り夫ゟ田間之幽径屈曲登こと四町余但清水を引て棚田を作る、隴畝もあり二ノ丸城墟ニ至ル、平夷ニして四面喬樹なし、高山之市井都而眼下ニあり、前面宮川を隔て陳門及ひ舘舎歴々掌頭ニあり看る陳屋之三階方四五寸ニ見ゆ亦郭外之耕地数里、稲緑一色山裾ニ接す、尤鮮明眺望奇絶也、夫ゟ山半之小径繞て山背ニ出、懸崖上一草堂あり三賞亭と書せる扁額を掲く、大秀祈書此辺桜樹多く、春来花期国民蟻群蝟附遊賞すと云、此所ゟ東望錦山々下之村市柳下ニあり、眺観亦よし○来路江復すこと弐町余、夫ゟ字城坂を四町程下り壱之町ニ出、中橋を渡、表門ゟ帰陳ス○秋畑山太郎助帰着、面話多時申含遣候、御用向夫々弁す、美濃辺は不時候ニ而作方十分ニ無之由、支配所者山寄故、笠松辺ニ見合候而は出来方宜敷由、大慶但土産ニ養老酒・しろ瓜等持参ス

十三日晴昼後大雨

一今日ゟ十六日迄者盆中ニ付、御役所・御用場とも割出ニ候事○当所ニ而者十三日ゟ十八日迄を盆と唱へ、職人抔も職業休候由ニ付、槍釼稽古、素読等も十八日迄相休信五郎者数日素読相休候而者忘レ候故、同人計り盆中十四日十五日両日為休候積盂蘭盆会都而江都ニ変ることなし、聖霊棚を設備物いたし、亦送火をも焼候よし○八時頃大雨盆を傾るが如し、鳴雷弐三発、夕刻ニ至小雨ニ成ル

十四日曇折々疎雨

一今朝四時前出宅但麻上下着用、本供、徒士両人、馬も為牽候事松泰寺（平出）御宮江拝礼罷越ス、御初穂金百疋献備す○同寺并陳屋林下寺院ニ前々郡代墓所有之分左之通

一幸田善太夫　寛延三午年　松泰寺

一大原彦四郎　天明二寅年　素玄寺

一田口五郎左衛門　文化八未年　大雄寺
一榊原小兵衛　文化十二亥年　不遠寺
右善太夫墓所江者拝礼序参詣ス、其余者元〆秋山太郎輔名代ニ遣ス、先格之通何レも香奠金五拾疋ツ、相納、善太夫墓者庫裏之後ロ、山半腹ニあり、丈ケ四尺余、真良院幸田善太夫藤原高成墓と記ス、左右ニ壱双之石灯籠相対す、墓地清くして塵を不看、四半時頃帰陣ス今日も陳屋之老犬送迎す○昨日之大雨ニ而炎威少しく消す

十五日曇四時過ゟ霽

一手代・地役人其外出入之もの共中元祝儀ニ来ル○昨日秋山太郎輔ゟ同人畜置候由、こま鼠と云大サ漸壱寸四五分程之鼠牝牡弐疋箱江入、信五郎江迚差越ス、右者六七年以前蘭人持渡り候由、能人ニ馴て何様翫ても絶而人ヲ噛ことなし、餌ハ稗而已ニ而他物を不食、折々少シツ、菜を水に涵して与ふ、箱之大サ六寸ニ八寸計り、内ニ仕切ありて片方江餌を入、一方江は打藁を入寝所とす、双方江小サキ穴をくりて出這入を為ス、箱広キ方六寸四方程、上ニかなあみを張たる蓋あり、毛色は白江柿之斑あり但黒もあれとも柿之方稀ニ而珍重スと云めす之方は少シ小振り也、性至而元気ニ而、右六寸四方之所ニ而弐疋並て洑《ウツマ》く如く廻り、末ニ者壱疋ツ、クル〳〵と巡ること博多こま之如く、其疾こと首尾毛色も分らず、花昆《火》之みけん尺と云ものニ似たり、こまニ形様して、俗こま鼠と称スといへり、縦横疾走遊戯スといへとも、箱ゟ外江出ることなし、多くは昼睡る、睡起は少し静ニ而廻り方も遅し、夜分ゟ朝江懸ケ、就中元気ニ而折々餌を食する而已、其余は終始廻りて不休、実ニ可愛翫奇畜也、春秋両度子を産す、多く生せす、生子は大サ四五分程ニ而、矢張り疾く廻るといへり、太郎輔は三年程畜置よし、追々子を生し、当時は弐拾疋程所持スと云、信五郎・敬之助欣然愛翫、何卒寒中為凌、追而子を為産、江戸江送り、三郎太郎并おたほ抔ニ為看申度、畜方等太郎輔ゟ委しく承り、手当いたし候事

十六日曇四時頃ゟ晴

一手馬其後も不絶療治いたし、大キニ快候間今程乗試、平生之様ニ者無之候得共、乗合等絶而変儀無之（但信五郎・敬之助も乗候事）今少シ療用いたし候ハヽ、全快可致、先達而之様子ニ而者牽馬者勿論、存命も無覚束存候処、馬医骨折ニ而意外速ニ快気、幸ひ尤甚し（馬医始終詰切療治いたし候故、薬代共療治入用凡拾余金を費す）

十三日ゟ追々謝儀遣候分、左之通

一三百疋　医師 丸川元吾（是者中間共之内服薬いたす）

一三百疋　馬医 内記

一三百疋　同 清五郎（是者いまた療治中ニ而員数分兼候間、追而遣候積之処、内実差支候由ニ付、裕二郎限り渡ス、薬代一躰者六七両もあるべし）

一百疋　赤田晋助（是者門入後間も無之候間、百疋遣ス、当暮ゟ弐百疋遣候積）

一百疋　平井裕二郎（是者七月以前迄信五郎素読為致候故、例年之通り遣ス）

一百疋　御蔵番 小峠平吉妻（是者度々織物等為致候故遣ス）

一百疋　医師 田中耕成（是者先達而稽古所置前之頃○聊怪我いたし候もの○人足之内有之、身薄之ものニ付、療治いたし遣ス、右薬礼なり）

一壱朱（外ニ鰹節五本）　日雇頭平兵衛

〆二両壱分壱朱（但呉服物其外等二季払ニ付、夫々払方いたす、是者別帳江委しく記置故略す）

○今日ゟ十八日迄高山市中ニおゐて盆踊相催す、今夕者定例陳屋物見下ニ而踊候旧例に付、七半時頃　母君并子供一同罷越ス（但盆踊者他州ニも多くあれとも、当地ニ而者古昔吉左右踊と唱へ、文禄壬辰豊太閤朝鮮を征せし時、御領主金森法印父子肥前唐津ニ在陣シ、其頃勝軍之吉信を国民歓て踊歌せしを始とす、其由来久しく、且目出度祥也、先頃ゟ市中江倹素之義屡諭せし故、若哉心取違右踊をも廃候而者旧例ニ違ひ不宜候間、当年者作方も相応之趣ニ付、旁豊年を賀し、賑ハしく盆踊いたし候義聊不苦由、元〆ゟ町年寄江無急度申渡候也）物見正面江方弐三間之屋台を設、幕ニ而囲ひ、左右ニ拾間計り之所杭を打、一面ニ縄張りいたし、縄張り之内壱間、間夕目ニ六角ニ製せし、ぼんぼり様之灯籠江秋草を画きしを数十本建、又屋台両辺江灯挑を下ル、暮合頃ゟ追々群集（但手遊ひ又者飴抔売候立商之もの六七人出ル）音《ヲン》ど取と称する踊之唱哥うたひ候もの三四人、三味線を弾くもの両人、太鼓を打もの壱人、右屋台ニ列居す、やがて踊を為すもの追々集り来ル、銘々思ひ〳〵ニ装ふ、老幼男女之差別なく、各手拭を冠り、年長けたる女者面之見へざる様深ク掩ふ、女児は紅ケ絹又ハ縮めん之振袖を着し、華花髪差をさし或は被布を着し、長一尺程なるねり并白絹を顔江下ケたるもあり、男児は頬冠し尻を端折り、亦袴はきて脇差さしたるも見ゆ、中ニ者常之単物を着し鉢巻したるも多し、其家之貧富又年之長少ニ寄装ひ同しからす、件之灯籠之下巾弐間長弐拾間程之間夕袂を連ね、列歩漸々巡りなから手を左右江振り、歌ニ合せ折々手を拍て踊ル、三味線太鼓もおかし気ニ而、踊も別ニ所業《サ》なく至而古雅也但幼年之ものは四五才なるあり○暮合頃ゟ踊り初め、四時前迄少も絶間なく踊ル、始めは三四十人ニ而おどりしか、追々人数増し、末ニ者八九十人に至ル、銘々之装ひ一様ならす、紅キふり袖着たる中ニ、奴之高く尻端折、長やかなる刀さし、無余念手をふりて踊るさま、天和・貞享頃之古画抔看る心地して、風俗却而野鄙ならす、古之遺風を観想するニ足れり、飛国一歳中之奇観と云べし○四時頃踊畢る、夫ゟ河原町辺ニ而徹夜踊り明スと云へり、十七日十八日も終夜おどり続け候事之由、国中老幼共ニ盆踊は一ケ年中最大の盛事と為し、踊り三日は渡世をも廃し候程也といへり但陳屋前ニ而之踊りは、大人は遠慮いたし、子供之方多し、打見たる所も幼き方よし○陳屋門番并小遣等警固ニ出見物を制す、任例音ど取江酒代金百疋遣ス○手代共一同機嫌聞ニ来ル、酒肴并湯漬等差出候事但一同江土産ニ鮓持参ス○四時頃一同帰ル、

盆踊之唱哥一二を左ニ記ス

但今宵月清明、夕刻ゟ亦暑気を催す

坂田藤十郎や嶋崎屋。扨は山下又十郎
宮の八兵衛は酒ずきて。酒三盃にかかへて。
酔がさめたらくやしかろ
河原町とや油屋の。壱人り娘におそめとて
もはやおどりも今宵きり。あすの今頃ハくやし
かろ
たはむれ遊ふ世の中に。名も高山の夕すゞみ。
であいがしらやよゐの風
○まづ万物は一之町。町を下れば其先で。腰をふた
へに海老坂を。互ひニ手を取のぼりつゝ。心さびし
き堀の端。通りぬけたるうれしさよ
○起請もつねに嶋川原。独忍ぶは日影町。並んでわ
たるわた橋は。ちよと一ト江清水坂。何をまねくよ
柳原。ひかりかゞやく天照寺。拝んで通る寺町を。
今宵一と夜はいつ迄も。夜は長坂と思へども

十七日晴

一月並講釈毎月二日而已ニ而者余り間遠ニ付、以後例月十七日をも定日ニいたし候積、且医書輪講も自分臨席中而已ニ而直ニ退散いたし候様ニ而者医業研究之詮無之候間、此後者自分臨席中者素問を講し、退坐後瘟疫論・傷寒論等輪講研究いたし候筈、且経書講釈出来候もの者、是亦会読いたし候様、先達而医師共江申聞置候ニ付、今日八時過より晋助并医師共来り、同人大学講し畢り、加納通元論語を講但今日者初而講候故自分も参ル、以後者退坐後講し候積也丸山東巒素問を講候事但自分退坐後瘟疫論等輪講医道研究す○下女なみ盆中下宿相願候間、今明日両日暇遣ス

十八日晴夜ニ入雨

一四時頃ゟ御役所江出勤○七半時頃江戸役所ゟ之御用状至来、尊父君ゟ之御封物も来ル、早速被封　双君并叔兄ゟ之御書状・御日記とも熟読、御一同御安健　母君も其後弥御快復大慶令安堵候事但　母君ゟ子供江金玉糖被下候事○御日記之内ニ当月四日　尊父君　営中ニ而隼人正殿江御出会被遊候処、支配所取締方之義、先頃自分ゟ委細申立候書面・書状とも熟覧被致、其侭越前守殿江被差出候処、御同人ニも御熟覧、厚御称誉有之、御安意之趣被仰聞候よし、隼人正殿ゟ委細御内話有之、右之趣、自分江も猶通達候様ニとの義ニ而　尊父君ニも殊之外御歓被遊、右ニ付、思召之程并久須美家繁栄之高趣委しく御認、御書状ニも被仰越、自分初め一同以後之心得慎方ニも相成、御深慈之至則　祖母君・母君并荊婦・子供一同環坐之所ニ而拝読、　双君御少壮ゟ之御様子者更也、久須美家一族之盛衰、都而銘々之心懸ケ、又者祖先行ひ之可否ニ寄て判然たること、実ニ明鏡ニ向ふか如く、自分抔　双君常々之御教戒、且御徳義之御余光ニ寄、不存寄、逐々結構被　仰付、仮染ニも御人撰を以当御役を蒙り、前書之通内々御褒詞ニ預り候義段、冥加ニ叶ひ候義只々身不肖ニして、重任ニ堪へさる事を汗赧す、両母君ニも右御日記等被為聞、殊之外御歓、且御書中御教諭之趣、荊婦初子供一同深く承伏、思わす一同感涙を灑き候義ニ而、自分義元来遠

国在住等志願不致は、畢竟　双君追々御高年ニも被為成候故之義、素より勤仕之身分御撰挙を以被　仰付候上者、縦令何ケ年たりとも捨身精勤可致者勿論之義、況や幸ひニ御褒賞を蒙り　双君ニも御安堵、厚御歓被遊候上者、自分ニおゐて無他念大慶耳、心弥以可抽精勤事

十九日雨

一四時頃ゟ御役所江出勤○下原口番所口役銀取立其外取締之ため、地役人立会として、手附斎藤勝平出役之儀今日申渡ス、右者定式出役為致候儀ニ者無之、近来、兎角口役銀取立方減少いたし候ニ付、追々取締心附之儀申渡候得共、地役人而已ニ而者是迄之仕癖ニ泥み、改革も届兼、且此節は新繭繰り畢り、専ら糸荷物差出候故、八月九月者別而往来多、殊下原口者濃州金山江之本街道ニ而、外道筋ゟ者格別出入繁候間、旁当十月迄同所江出役為致候也但往来人之内、中ニ者山越いたし候ものも多分有之候由ニ付、右所之取締者先達而地役人共初、村々江も厚く申渡、且番所門并柵矢来等甚手薄ニ而、夜分抔忍ひ通り候義も自由ニ出来候程ニ付、御修復并取締筋見込之趣、先達而伺置候得共、いまた御下知無之○越前本保役所ゟ御用状到来、別儀なし、土井能登守より居城越前大野四万石着陳祝儀として、鰹節一折・酒一樽相贈候趣申越ス但鰹節者差越ス、酒者嵩張候品ニ付、彼地江留置、右者詰合江遣候事○下女なみ昼後来ル○此程多羅尾久右衛門ゟ着陳祝儀并暑気見舞として、縐（紹カ）肩衣地并茶壱箱差越候間、返書認挨拶ニ春慶菓子盆并飛州紫蕨壱箱遣候事

廿日曇折々雨

一四時頃ゟ御役所江出勤○吟味物有之、評席江出ル但似せ金拵候趣ニ相聞候もの也

廿一日晴

一四時頃ゟ御役所江出勤○吟味物有之、評席江出ル但御構場所江立入候もの○槍術居合定日ニ付、昼後臨場、出席拾五人但病人多く、出席少シ

廿二日快晴

一四時過ゟ御役所江出勤○吟味物有之、評席江出ル但似せ金一件

手附斎藤勝兵衛儀下原口番所立会として、明日出立いたし候由、暇乞ニ来面会、取締筋之義品々申含遣ス○医書輪講会日ニ付、医衆来ル、励之ため不時ニ自分も臨席

廿三日快霽八時過聊驟雨直ニ霽

一剣術定日ニ付昼後臨場、地役人田中唯右衛門、昨日番所ゟ帰着、初而稽古ニ出ル、川嶋奥六も今日ゟ出席稽古いたす、幼年之頃聊稽古いたし候由、太田小六位也、出席都合弐拾三人○庭中之泉水居間ゟ者少シ離レ居、十分之水見へ兼、且岸之方遠浅なれとも沼ニ成たる所あり、信五郎抔何様禁し候而も、折ニ振レ冒渉し、惣念なきニあらす、因て居間椽先之小溝・堀広け池水正面より斜ニ水を引、此程ゟ侍并中間共江申付、聊人足をも入レ、陳屋内所々ニ散在せし石等取集め、今日迄ニ而出来、水深キ所壱尺、浅キは七八寸計り但水地づらゟ低こと漸三四寸子供抔入りても足不踏込ため、方四五寸之小石を敷ク、右故水も濁らす、満池清泉湛へ溢て、小溝ゟ屋外江流出ル、炎日一望おのつから爽気を生す、快然限りなし、信五郎・敬之助抔珍しかり、昼後新成之泉水江入て遊戯ス、旧池之方仕切あれは更浮、重気なし、木石者素ゟ自在、流も上流ゟ引かば、飛泉をも為スべく故ニ、聊之溝を穿チても直チニ清池を為す、力を不用、散財之憂なく、居なからニ至妙之佳景を得る但水清く流レ候故、衣類等都て椽先ニ而濯く弁利此上なし江都ニ而此佳庭を得ば、親戚を集へ朋友を会して歓を尽すべし、物之善悪ニ不拘事ニ就て、郷思なきこと不能、客裏之情態、誰しも同しかるべし

廿四日晴

一四時過ゟ御役所江出勤○吟味物有之、評席江出ル○当国者悪金至而多、御年貢金取立時節ニ者甚実以当惑す、右者先支配中、四五年以前陳屋下ニ而似せ金拵候者有之、召捕候処、先支配者元来吟味筋ニうとく、且重キ御仕置ニ成候もの有之候者、不吉之様心得、外博奕打候廉ニ而追払候由、其以来者似せ金拵候而も、重キ御

仕置ニ者不相成様心得、追々増長いたし、末ニ者山中江小屋掛いたし、身元相応之もの元手金差出為拵候様成行、似せ金夥敷されとも、支配ニ而者重キ御仕置ニ成候儀を厭ひ、既身元相応之ものニ而、右入山いたし候もの壱人乍召捕、是亦能程ニいたし差免、此節入牢いたし居候、似せ金遣捌候無宿もの等も、陸々吟味も不致差置候故、右之弊風一般ニ行われ甚不取締之処但親江手向いたし疵付候もの有之候処、是亦内済為致候由、尤其後欠落いたし当時町方ニ者不居由自分御役成以来無宿もの等追々召捕候故、右響ニ而何レも相止め、似せ金鋳形等取隠し、深く秘候故、先達而及穿鑿候得共、可及吟味程之手懸り無之手代之内秋山太郎助之外者、先支配中ゟ当所詰之もの共ニ付、太郎輔并新抱之手代江穿鑿方申渡候得共、おのつから右手代共取計江響キ候故、探索十分ニ無之、川嶋奥六は元来剛直成ル方故、右穿鑿も斟酌無之行届、追々手懸りを得候事然ル処、此程古川町方村ニ而又候似せ金拵候もの有之候由之風評及承候間、難捨置種々工夫穿鑿為致、漸手懸りを得る、右似せ金之仕入元いたし候由之高山三之町加藤屋卯兵衛悴慶右衛門并古川町方村三右衛門等、此程ゟ追々召捕及吟味、且壱之町吉兵衛者就中主謀之由相聞候間、是亦捕方之もの差遣候処、兼而手筈いたし置候哉、逃去信州路江罷越候由ニ付、夫々手配いたし、即刻地役人壱人指田織之助他領迄も附入為召捕候積差立ル、右者手ニ入候哉いまた否難相分候得共、右之外ニも陣屋下町人之内仕入元いたし候もの有之候由、吉兵衛召捕候ハヽ、右之もの手懸りも出可申、畢竟右様似せ金流行いたし候も、近来新金銀亦者吹替等多く、且者先支配中等閑置候故、おのつから愚民之悪を為長候趣意ニ而、当時極刑ニ至ルもの多く出ルは、則先支配中醸すと可謂、何とも嘆ケ敷次第ニ有之、当時之姿ニ而差置候而者弥増長いたし、国中正金は無之様可成行、因而主謀両三人極刑ニ処し、一際取締附、其余愚民之弁なき軽キ類之ものは厚ク教導し、以後自然と飛州ニ似せ金之憂無之様いたし度、右卯兵衛者春慶細工渡世いたし、男女三四人も召仕、身上相応之ものニ有之、慶右衛門者当三拾壱歳ニ相成、春慶物調候節、陣屋江も度々罷越候ものニ而、右躰之悪事ニ不携候とも、素ゟ取続難成ものニ者無之、似せ金遣ひ重キ御仕置ニ相成候義は、三ツ子も存候義、其身之

利欲ゟ如此ニ至ルは、実ニ自から醸し得る所、厳刑ニ
処するも素ゟ其所なれとも、先支配之処置ニ寄て陳屋
下出入いたし候もの之内ゟ、極刑之もの出ルは何とも
大息之至、懼入候次第也、凡政治を為す医事ニ譬れは、
教諭者補剤也、刑伐は掣剤也、先支配中既疾深からん
とするニ、受薬せす故ニ病増長して、今掣剤を用ゆる
ニ至ル、以後は常々補剤を用ひて、国之病原を断つべ
し、手代共江も此道理を以、心得方等厚く申諭候事

廿五日快霽

一四時頃ゟ御役所江出勤○日限尋申渡等有之、評席江出
ル○国中夫食貯方之義、此程勘弁いたし候見込之趣川
嶋奥六江申談、凡調出来ニ付、兼而呼出申遣候郡中重
立候もの共着いたし候間、町年寄共一同呼出、夫食貯
候趣意等国中之もの共厚く会得いたし候様、且貯方仕
法等巨細申諭候事但御林苗木植養方之義、当時取締調中ニ付、右見込之趣是亦一同江申渡置候事○別
当綱五郎儀不埒之義有之、今日暇申渡ス、明日引払候
積ニ候事但此程手馬療治いたし候馬医江、強而無心申懸候、其外難捨置廉も有之候間、暇申渡ス、尤給金貸済之分者請人七五郎を以、返納之積○地役人沢田孫之丞病気快出勤いたし候間、今
日昼後同人并土屋丈平・松村仙十郎等炮術見分いたす
但丈平・仙十郎者我流ニ而看るニ不足川嶋奥六・岩田量平・桑田貢二・太田
小六・平井裕二郎も見物旁出席但信五郎・敬之助も見物ニ出ル玉目弐三
匁ゟ五匁迄銘々六八発、的は六寸角也、自分并奥六・
貢二・裕二郎も試む但裕二郎は幼年之頃少し心懸候由自分者二発玉目弐匁五分最
初者的三ツ壱寸程さし、二発目は星左下タ江中ル、以
後は稽古日五十昼後ニ取極候積、一同江申聞置候事○
兼而申付置候胴薬入壱ツ但一位木ニ而製す、価拾六匁金物壱朱口薬入弐ツ
但壱ツ者黒柿、壱ツ者棗ニ而製す、黒柿之方者亮長ニ紋所為彫、金粉を入、棗之方は蝶を為彫、紺青を入、是者信五郎分也、価彫・手間とも弐分ニ而矢玉入共出来但菖蒲革

廿六日快霽

一槍術居合定日ニ付、昼後臨場、唯右衛門悴田中杢太郎
拾歳今日門入いたす、出席都合弐拾壱人、地役人共申
合、冨山城下江注文申遣候竹刀壱丈弐間取受、拾本程
差越候由、鑓も追々申付、出来之分弐本持参ス、樫怔
合も能、釣合も可成也○炮術定日者五十ニ取極候得共、

手透次第何レも稽古いたす、今日も手代・地役人共出席、自分も槍術稽古相仕廻、夕刻臨席、両三発試候事
但日々之事故、以後出席之有無ハ逸々不記

廿七日快晴

一四時頃ゟ御役所江出勤○日限尋申渡有之、評席江出ル○焔硝壱斤、口薬三匁両様に而価五匁、西町飯嶋屋喜右衛門 鉛弐百八拾目調価弐匁五分、壱之町山口屋儀兵衛 沢田孫之丞ゟ鋳形・鋳鍋とも借請、同人ニも為手伝矢玉五拾を製す玉目弐匁三分安藤栄藏義今日ゟ炮術稽古相始候事○おきた・おきく今日迄ニ而槍鍜形不残相済ム、追而者信五郎江譲り候積、おきた撓刀申付、今日出来いたす但鍔は革薄キ故弐枚重ねニいたし、上べをもみ革ニ而包み候事

廿八日快晴

一鍜術定日ニ付、昼後臨席、地役人青山友三郎、昨日番所ゟ帰着、今日初而稽古ニ出ル、出席都合弐拾六人○尊父君当九月御寿筵之頃、拝呈候賀物之内御着料ニ可相成絹、八拾九歳健老弐之町きく江、当地新製之糸ニ而手織申付置候処、出来候由ニ而 祖母君御寿筵之頃御誕辰十一月十九日也御着料之分とも壱疋手代迄差越ス、きくは先達而尚歯会之頃日記江認候通り、就中強健ニ而既此度之絹織懸り候節、折角注文之絹見苦しく出来候而者如何ニ付、手伝可申旨娵申聞候処、美しきを好み給ハば、何程ニ而も呉服屋江可被 仰付、畢竟老健ニあやかり候様ニとの御趣意ニ而被 仰付候事故、聊ニ而も為手伝候義者難相成、甚心得違之由厳敷叱り、始終きく壱人ニ而織畢り候由、壱疋ニ而丈六丈五尺有之、自分抔相見たる所は至而奇麗ニ而つや有之、中々壮年之ものといへとも容易ニ織得難く思わる、老婆之見識能道理ニかなひ、且強健なること衆老ニ傑出、実ニ仙骨を得と云べし、都而自分望通り出来大慶、不過之一両日之内、相招酒食を与、労ひ候積、手代ゟ為申通候事

廿九日曇夕刻ゟ少雨

一宿継ニ而御用状差出候ニ付 尊父君叔兄江之呈書認、有合之飛州紫蕨・阿州産鶏卵・素麺・手製之干瓢其外

当所ニ而製し候小切りと唱候鼻紙拾三帖并菊池江之書状封物とも箱江入封し、元〆江相渡ス但宿継ニ而別段差立候上者、人足壱人持丈ケ之荷物者多少ニ不拘賃銭同様ニ付、珍しからす候得共、賃銭江不響故、有合之品差上ル筒井紀伊守五百石御加増山本新十郎江之歓状佐渡奉行支配組頭被　仰付飛騨春慶物其外箱入ニいたし相添、是亦今般便差立候事○炮術定日ニ付昼後臨時席、稽古各十発、地役人岩城七兵衛初而稽古ニ出ル同人者以前少々心懸候由、五匁筒所持ス炮術定書、沢田孫之丞江申付為認、右ケ条左之通

定

一炮術稽古定日

五日　十日　十五日

廿日　廿五日　晦日小ノ月者廿九日

右定日之外ニも手透之節者、勝手次第出席稽古可致事

一出席順、銘々両人宛立会稽古可致事

但初心之もの者壱人ツヽ、罷出可打事

一矢込之炮器者、都而太切ニ取扱、筒先他江不向様堅可相守事

但口薬者射場ニ而可込事

一火縄者射場ゟ壱間下り居置、夫ゟ手前之方江者堅持掛る間敷事

一筒薬口薬者鉄炮台江可懸置事

但火之近辺ニ不可差置事

一分附帳江者定日打納之節射礼いたし、甲乙二矢ニ可限事

一拾匁筒以上打候節者、次席之もの火蓋不明様可心附事

一矢見之もの者、稽古済之輩ゟ順々可相越事

右条々堅可相守もの也

天保十一子年七月　修武場

八月大

朔日晴

一八朔佳節ニ付、例席ニおゐて手附・手代・地役人・町年寄・出入医師等礼受ル○今日者八幡町八幡宮祭礼ニ而、陳屋門前江神輿并屋台等参候ニ付、四時過　母君并子供一同物見江見物ニ罷越、物見前江盆踊之時之如く、三方折曲ケ、杭を打、縄張いたし、台挑灯差出、南北出入口江足軽并日雇頭等警固ニ出、見物を製し、又屋台進退之差引を為ス、屋台神輿者下向町之方ゟ東川原町西川原町を経、陳屋前江順々繰入る、見物群衆夥く、飴売并子供之手遊売候立商之もの等多く出、至而賑し、右屋台江者、其組之町役人等数人麻上下を着し附添、物見正面江屋台引参居へ置、町役人并屋台引もの何レも蹲踞ス、台上之人形竹田からくりニ而所業を為スもあり、亦造附ケもあり、台下帳幃之中にて、笛、太鼓、かね、三味線、又者唐人笛抔色々と囃子を為ス但歌はうたわす北之方下向口より繰出し、中橋之方江引行、

屋台順列左之通

第一番 一神　楽　八幡町組
第二番 一行者台　井桁屋林右衛門組
第三番 一布袋台　高糸屋喜兵衛組
第四番 一金鳳台　同人預り組
第五番 一神馬台　椚山屋勘右衛門組
第六番 一鳩峯台　松井屋源次郎組
第七番 一僊人台　杉崎屋甚　六組
第八番 一牛若台　寺内町両組
第九番 一寳珠台　竹龍屋忠右衛門組
第十番 一舟　鉾　椚山屋源右衛門組
第十一番 一大八台　奥田屋兵　助組
第十二番 一蘆刈山　山下屋佐助預り組
第十三番 一浦嶋台　内山屋忠右衛門組
第十四番 一鳳凰台　山下屋佐　助組
第十五番 一文盛台　大坪屋清五郎組

右神楽者猳《シ》（獅）子舞也、舞之様子、囃子方等都而一本杉祭礼之時ニ同し、囃子を為スもの太鼓三人笛両人烏帽子、素袍を

着し、皆台上ニ坐す、此屋台之造り方者江都と者大ニ異也、屋根高欄車等朱塗金たみ、又者種々之蒔絵等あり、金物者皆金銀ニ而花鳥等を深彫ニす、台下之帳幃は猩々緋羅紗其外、模様ある唐織又者天鵞絨江金銀之縫あるもあり、屋根之造り方者神輿之如く、上ニ鳳凰又者亀抔種々之ものを飾ル、甚花麗ニして頗る目を驚かす、台上人形之造り物者江都ニ異なることなし、右番附之内第三番布袋并唐子之人形者竹田からくりニ而、種々之所業を為ス、進退周旋生ケルか如し、末へニ布袋之団扇変して笠鉾となり、内ゟ五色之紙無数四方江散乱空ニ舞ふ、囃子方は何レも静ニ而騒しからす、屋台を引ものも黙して声を不為、至而行儀能神妙也銘々股引を着し、色々ニ染抜たる揃ひ之羽織様之ものを着ス、笠は黒江あかく屋台之題号を仕記ス、亦花笠もあり　件之屋台拾五番引畢り、神輿前立神主山内肥後守朱帯ニ而、随身両人履持并幡打物様之もの、其外猩々緋之対箱等為持、行列夫ゟ神輿白張着数人舁者来ル、陳屋門下江居へ神酒備之、次ニ別当長久寺是亦対箱・打物等為持附添来ル但任例初穂金百疋備之○当地神社之例祭を為スもの数ケ所あり、其内三月十五日片野村山王祭礼を第一之大祭トす、今日之八幡祭礼亜ク之、江都ニ而山王并神田明神両祭を称するか如し、高山市中多く此両神を鎮守とす陳屋は山王鎮守也○右屋台者年々改め造トす、市中月々積金いたし、修飾を加ふ、新タニ造ルニ者、一ト屋台百余金を費すといへり○祭礼ニ付赤飯申付、手代共其外一同江遣ス、秋山太郎輔ゟ素めん并煮〆・菓子等出ス、九ツ半時頃帰、信五郎、敬之助初子供一同珍しかり、一同歓を尽す但町年寄并出入町人共ゟ赤飯・菓子・煮〆等差越ス　母君今朝物見江御出懸ケ、陳屋内稲荷江御参詣、且炮術射前御覧被成度由ニ付、自分并裕二郎、栄藏而已各両発ツ試ム但子供一同見物ス尤昼後も手代・地役人出席、猶稽古いたす、指田織之助初而稽古ニ出ル自分拾六発○昼後健嫗きく来ル町役人并悴差添来ル自分初一同面話、此程之労を体謝す、酒肴・赤飯・菓子等振廻但うば玉・牛皮有合之提煙草入、喜世留遣ス、陳屋勝手江者初而参候由、郡代市中通行を一拝するを甚幸ひとす、今親しく拝面を得、此饗応を受ル、顕栄此上なしとて深く難有かり、恩を謝して不止、居間并表座敷等をも

見物為致、且酒者余り不好様子ニ付、菓子・肴等土産ニ遣候事

二日 快晴

一四時過御役所江出勤○日限尋申渡有之、評席江出ル○似せ金拵候由之壱之町吉兵衛行衛穿鑿方として差遣候地役人指田織之助、一昨夜帰着、聊手懸りも有之、信州松本迄追駆候得共、日合後レ候故歟、又者山越等いたし、直ニ江戸表江罷出候哉、所々手分ケ穿鑿いたし候得共、何分行衛知レ兼候由、一躰吉兵衛者凶悪奸智之ものニ而、殊健足一日ニ三十里を走ると云、最初手代共見込ニ而も深夜俄ニ逃去候事故、他領江入候ハヽ、必定旅之用意いたし、少シは手間取可申、其内追附可召捕と之手筈ニ而、諸方番所江も早速通達、手元之ものをは、夜中即刻差立候得共、右之次第ニ而手ニ不入、迷惑之至也、されとも右之響ニ而此節者市中売買取引ニも悪金至而稀ニ相成、良民安堵歓伏すと云、京都辺りニ者似せ金を下直ニ買受、細潰しニいたし、細工銀ニ用ひ候もの有之候由、当国厳敷似せ金を禁し候ハヽ、内々右様之もの江相渡し、自然国中似せ金無之様可相成、且是迄者御年貢金之内、悪金之分者其侭為引替候得共、当年ゟ者兼而国中江触置、悪金之分者金座江出シ切候而、正金と為引替候積、左候得者国中似せ金之源を断候訳ニ付、右様取計候含ニ候事

三日 晴

一四時頃ゟ御役所江出勤○日限尋落着有之、評席江出ル○釼術定日ニ付昼後臨場、出席都合弐拾七人但一同江西瓜を出ス、且此程も手製小麦焼、赤飯むすび、砂糖水并水呑と氷砂糖等度々差出候事○自分初め出席之もの一同身ノ丈ケを量り、稽古所柱江記ス、短長順序左之通

一弐尺八寸壱分　敬之助　四歳
一三尺四寸弐分　信五郎　八歳
一三尺七寸六分　田中杢太郎　拾四歳
一四尺壱寸弐分　松村安太郎　拾五歳
一四尺壱寸九分　市村富次郎　拾四歳
一四尺弐寸五分　大坪喜太郎　拾歳

一同断　吉住房次郎　拾歳
一四尺九寸弐分　田中唯右衛門　三拾九歳
一五尺壱寸　安藤栄蔵　弐拾八歳
一五尺壱寸弐分　松村仙十郎　弐拾四歳
一五尺壱寸三分　山田直右衛門　弐拾弐歳
一五尺壱寸六分　岩田量平　三拾三歳
一五尺弐寸壱分　古田松之助　拾七歳
一五尺弐寸四分　野瀬平三郎　弐拾壱歳
一同断　沢田孫之丞　弐拾九歳
一五尺弐寸六分　青山友三郎　弐拾八歳
一同断　沢田秋平　三拾一歳
一同断　土屋精一郎　弐拾一歳
一五尺弐寸八分　岩城交吉　弐拾五歳
一五尺三寸六分　平井裕次郎　三拾一歳
一五尺三寸九分　飯山礼次郎　拾七歳
一五尺四寸　川嶋奥六　三拾六歳
一五尺四寸壱分　石黒礦蔵　弐拾六歳
一五尺四寸弐分　太田小六　弐拾三歳
一五尺四寸三分　自分
一五尺五寸　土屋丈平　四拾歳
一五尺五寸壱分　庄村幸次郎　拾九歳
一五尺七寸四分　奥田大蔵　三拾一歳

右前ゟ寸尺取候而者狂イ有之候間、後ロ向ニいたし、踵并背を聢と柱江附ケ、頭上江曲りかねを当て量り候故、聊之相違も無之、大人ニ而者唯右衛門、就中短小大蔵は長大名之如し

四日快霽

一安藤栄蔵儀、今日ゟ読書稽古相始、手代斎藤勝平忰仁吉儀も九歳両三日以前ゟ是亦門入いたす○兼而申付置候鋳鍋出来、価壱匁五分、且鉛五百目調候事

五日快晴

一炮術定日ニ付、昼後臨場石黒礦蔵初而出席、自分義稽古相始之頃ゟ中り凡五分程なり、今日十発七分ニ至ル

六日晴

一槍術居合定日ニ付、昼後臨場出席都合弐拾五人○手代并地役人江謄写申付置候飛州志十巻、今日迄ニ而出来、表装申付ル、筆者名前左之通

一壱之巻	紙数四拾八枚	岩田量平
一弐之巻	同　三拾七枚	岩城交吉
一三之巻	同　五拾弐枚	指田織之助
一四之巻	同　七拾四枚	野瀬平三郎
一五之巻	同　四拾壱枚	直井顕藏
一六之巻	同　三拾一枚	桑田貢二
一七之巻	同　六拾九枚	太田小六
一八之巻	同　八拾七枚	沢田秋平
一九之巻	同　四拾四枚	石黒礦藏
一十之巻	同　四拾壱枚	岩水弾次郎
外目録	拾壱枚	
〆五百三拾五枚		

七日晴

一今朝四時前上川原町辺出火、風者無之候得共、程近ニ付但陳屋東南之方四五町隔火事具を着し、御役所其外御蔵等見廻り、夫々及差図○兼而手筈之通、川嶋奥六・岩田量平并場所懸地役人共者火事場江出役、消防差図いたし、其余は御役所江相詰ル、陳屋附弐拾六ケ村駆附人足逐々相集る、表門并収納門とも明ケ置、最寄次第右門々ゟ入ル、御蔵番門番到着記之、右消防人足者御蔵屋根江上ケ、弥火近ニ相成候得者御役所并住所居之方江上ケ候積也、此程湿り無之、乾キ強故歟、急速消兼類焼等有之、四時過鎮火、出役之手代・地役人共者但川嶋奥六者鎮火後直ニ引取場所見分、火元上川原町善助一ト通り相糺引取、小間弐拾八間五尺、家数拾壱軒類焼、尤市中場末故家作りもあしく、裏屋同様也、善助者老人ニ而女房と弐人暮但悴共者他江奉公ニ出居候由今暁竈之灰を取、灰小屋江入置候処、右ゟ及出火候由ニ而全手過ニ無相違相聞候間、明日得と糺之上、定例之通咎申付、御届差出候積ニ候事○出火之節陳屋駆附心得候村々之内、人足不足之分も有之、右者申合不届故心得違、火事場江罷越候ものも有之候

由、場所懸り火消人足者夫々定有之、高山市中ゟ駆附候事故、陳屋駆附之分場所江相越候者心得違ニ付察度申聞、以後は右村々江駆附人足丈ケ鑑札渡置、右之分者他を不顧一散ニ陳屋江駆集候積、平生手配心得方等村々役人共江得と申聞置但村々駆附人足四百三拾人也○市中火消人足も平生出火稀ニ付、至而不案内ニ而消防方未熟ニ付、火之消方等手代共ゟ能々申諭、消防之具等不揃之分者猶増補之積申渡、且此程は乾キも強候間、風烈之頃は猶更平生とも時々火ノ番之もの裏家々迄悉く不漏様見廻り、市中一統格別ニ心附候様町役人一同呼出申渡ス、右出火ニ付、火消人足之内格別骨折働候もの五六人有之候由ニ付得と相糺、賞誉且手当をも遣候積、調方手代江申付置但当国冬向者雪有之、出火至而稀之由邂逅有之候而も、飛火之憂なく直ニ鎮火スといへり、却而八九月之頃出火有之候由ニ付、本文之通厳敷心附方申渡候事

八日晴夕刻驟雨

一四時頃ゟ御役所江出勤○吟味物有之、評席江出ル○高山弐之町大坂屋信次郎儀者兼々似せ金ニ携候由、専ら風聞有之候得共、的証無之、追々内探いたし候処、先達而逃去候壱之町吉兵衛同類ニ而主謀之段無相違、今日手懸り聢と相分候間、即刻手配いたし、難なく召捕一ト通吟味之上入牢申付ル、同人者三之町慶右衛門抔ゟは一段重モ立候ものニ而見受たる所も甚凶悪、吉兵衛抔手先ニいたし、似せ金ニ而身上仕出し候趣也但当時者男女等召仕暮方相応之由右者似せ金拵候もの之内主悪ニ付、此もの御仕置ニ相成候ハ、、以後聢と取附も締も附、似せ金地を払て止み可申と之風評も有之候事○釼術定日ニ付、昼後臨場出席弐拾六人○今宵六時頃御用状至来中村屋七兵衛召仕帰国便り也　尊父君ゟ之御封物三・御書状壱封到来、早速破封、御状・御日記とも拝読　双君御初益御安健大慶不過之令安堵候事但願上ケ候煙草入・袂落等箱入七ツ・足袋九足・切艾等御遣候事

九日晴九時過少シ雨夫ゟ霽夜ニ入亦雨

一四時頃ゟ御役所江出勤○日限尋落着有之、評席江出ル○荊婦儀今朝ゟ産之催し有之、九時前平産女子出生、聊血心も無之、出生も至而健、母子とも更変義無之、

両母君殊之外御歓、江都ニ而も　母君抔御承知被遊候ハヽ、嘸々御安意之事と大慶令安堵候事○敬之助義此程ゟ折々　母君と睡り、昨夜は産所次之間江たよと寝かし候処、至而おとなしく更手数かゝらず、且兄弟多ニ候得共、妹は初而故、殊之外愛し附添居、其身も兄貴は別段と之心持ニ而、別而おとなしき方也、信五郎も同様兎角抱キたがり附添居候、右を看るニ附ケ而も三郎太郎は兄弟少く、殊おたほ迚も十分ニ無之、今壱人弟歟妹有之候ハヽ、嘸かし愛く往々之力ニも可相成哉と無益之事なから存し続ケ、郷思も亦一段深し○炮術稽古いたし候地役人共ニ生キ物を為打試シ度候処、此節者猿兎之類も里近ニ者不居偶居ルも木立深して不見、雉子等も春先ニ無之候而者稀之由、尤鳩は田間ニ居候趣ニ付、陳屋最寄山田村ニ而陶器製し候を見物なから、今日罷越候積、兼而手代・地役人共江申聞置候間、九時過出宅但野服略供、侍裕二郎・栄藏、雇松村仙十郎・手代川嶋奥六・岩田量平・桑田貢二・太田小六、地役人指田織之助・岩城七兵衛・土屋丈平・沢田孫之丞・奥田大藏・青山友三郎・山内直右衛門・庄村幸次郎・野瀬平三郎附添相越ス、右之内ニ者両三人炮術不心懸ものも有之、是者見物旁罷越、何レも野服ニ而自分とも都合拾七人、何レも鉄炮江火縄を添携、列歩甚勇壮也、八軒町を経、西一色村ニ入ル、田間ニ而先つ雀等見懸ケ次第打試ム、所々炮声震然、衆農恐怖す、国中ニ武威を示す、取締之一端とも言べし○今日も残暑強方也、山々雲立俄ニ軽雨濯来ル、因而同村玄興寺ニ入て雨を避く、暫く休息、同寺境内喬樹上ニ一双之鳩を看る、矢頃甚遠く、殊風あり、枝葉動揺して定らす、与市が扇之的ニ伯仲す、地役人共江命せしかとも何レも固辞す、喬樹上之動物難打得は、素ゟ其所也、一発するも不得、一発せざるも不得、むしろ一発して不得ニ者不如と自分試ニ一発ニ鳩之尾ニ中りたるに哉、遅ニして漸く飛行、炮術之達人といへとも中ルことは難し、況や自分之未熟、鳩之近辺ニ至ルを尤幸ひとす、然ルを意外偶然、鳩之尾ニ中り衆驚感、爰ニ至而彼我共俄ニ遣感（美）を生ス、笑ふへし○雨霽候間、上岡本村・春国村辺手分ケいたし、山野田間遍く渉猟山田村ニ至ル、同村山中陶器を製する小屋ニ而休息、茶を吃し陶器制作を一見ス（但菓子等出ス）茶碗・徳利・片口・土瓶等其外種々之ものを轆轤江懸ケ目前製造ス、練熟自在速ニ数品を製し畢ル、甚手際に而看るニ厭ことなし、焼は楽焼ニ似て下品也、食器ニ者奇ならす、追而植木鉢を為焼候積、凡注文申付置、此辺ニ而者小景焼と称す、釜壱弐ケ所あり、下タ地造り溜、一度ニ焼懸ルといへり、右製作之土も当山中ゟ出ル、右臼ニ而能舂、絹ふるゐニ而ふるゐ、亦水干して用ゆ、甚苦心なるもの也○同村并下岡本村辺遊猟、夕七時過同村真光寺ニ而小休、湯漬を出ス（但手代江申付手当遣ス）夫ゟ七日町村を経、暮合頃帰陣ス、田畔鳩も甚稀ニ而偶鳴抔田間ニ居ルも、稲深して見へず、林間は枝葉繁く邂逅鳥影を看るも、山腹足場あしく漸々寄り候内ニ者飛行、自分抔玄興寺境内之外は、一発をも不試甚不猟也、漸獲もの鳩壱羽・鵙《モズ》壱羽・雀数羽を得る耳、されとも田野ニ遊猟して随意ニ強器を弄ス、山陰風冷ニ𬼂て熱を距るニ宣し、亦所々風景絶奇鬱を散し情を暢るニ足ル、実ニ武人之快遊と云へし、暮秋ゟ初冬ニは田畝も刈尽し、鳥獣《ジウ》ともニ里近く出、元来狩猟之時節ニ付、検見後猶試候積一行江申聞置候事

十日（快晴）

一過ル七日出火之節、格別骨折働候もの共、得と為取調候処、凡拾九人程有之、右者何レも早速駆附、骨折候段無相違相聞候間、則高山壱之町清蔵外拾八人、今日呼出、評席ニおゐて一同誉置、鳥目五貫文差遣ス、以後心得方をも猶申渡、証文申付ル○荊婦産所者稽古所と至而程近ニ付（但祖母君御七夜迄御居間也）槍釼稽古相休、炮術も同様見合候積、地役人共江為申通候事○今宵月清明風無して、庭際水音高く、虫声ニ和して秋気深し

十一日（晴）

一出入絵師梅斎江申付、盆踊之図為認、地役人山崎十郎右衛門者和哥之心懸有之候由ニ付、同人ニ哥并詞書為認候処、面白出来候間、一昨日表装申付、則今日出来

候事但表装たしけニ而申付候処、不有合由ニ而、存外立派ニ出来○今宵も月清朗、水面之
月影亭表を照す

十二日快霽

一今日者医書輪講会日ニ候処、過ル二日月並経書講釈、
八幡祭礼翌日ニ而市中混雑、出席之ものも多用ニ付、
延会いたし候間、今日経書も一同為講、自分も臨席い
たす○今宵月殊清明、更雲影を不看、裕二郎・小六等
呼寄、茶を吃し月を賞ス

十三日晴

一明日者御用便定日ニ付、兼而心懸置候　尊父君来月三
日御誕辰御寿莚を奉賀候寿物夫々取集、紙包ニいたし
双君・叔兄并體七郎江之書状・日記、関氏江遣候奉
書紙、其余隠けん豆・新米・焼こめ・干鱈・奉書ちり
紙見本・鉄扇是者體七郎江遣盆踊之巻もの是者表装出来ニ付、御慰ニ入御覧菊
池・多田・三嶋江之封物一同大箱江入、むしろ包ニい
たし、嵩張り候品に付、別段宿継ニ而さし立候積、元

〆江相渡ス、拝賀之寿品目録左之通

覚

一亀御根附　高山向町彫工 亮長
但箱書付并包紙上書八十一翁沢田良右衛門

附

寿詠　地役人 山崎十郎右衛門
寿書　沢田良右衛門
寿詠　医師 北川養元
寿章　圓山東巒
同　丸山元吾
同　野口養安
同　壱之町 章斎
寿歌　大秀
同　八十五翁　釜崎村 成憲
同　八十一翁　舟津町村 百丈
一春慶御飯次　空町枇目指物師 杢兵衛
弐之町塗物師 半右衛門
一右外箱　八十一翁　蔵番 宮崎喜兵衛

但箱書付并包紙上書沢田良右衛門

一御服紗　八十嫗　三之町 いそ

但画海老坂梅斎

一絹御袿地　八十九嫗　弐之町 きく

但包紙上書沢田良右衛門

桑箸

一一位枝折　八十一翁　宮崎喜兵衛

寄木糸巻・寿詠添

一真綿　九十六嫗　三川村 りん

一同　九十四嫗　かや

一布巾　八十五嫗　弐之町 その

一真綿　八十四嫗　三川村 しめ

一桑盃　八十三翁　岡本村真光寺 知道

一布袋　八十弐嫗　壱之町 しよく

一鶴亀作り物　八十一翁　壱之町 作助

一真綿　八十一嫗　すへ

一布巾　八十一嫗　とよ

一草履　八十六翁　石浦村 庄五郎

一同　八十三翁　弐之町 善左衛門

一同　八十弐翁　壱之町 金蔵

一草鞋　八十弐翁　弐之町 善助

一草履　八十一翁　寺内町 利兵衛

秋山太郎輔拝呈

一亀御置物　右 亮長

寿詠添

以上

十四日快霽

一昨日之箱入荷物・御用状一同今朝差立ル、尤産穢御届も今便差出候事但産穢明ケ御届も添遣ス○手馬之儀、馬医清五郎江転薬後大キニ快く、既去月十六日乗試候程ニ相成候処、其後又候再発、最初程ニ者無之候得共、乗馬者勿論牽馬ニも六ケ敷躰ニ付、折節越中冨山ゟ圓右衛門と云馬医病用ニ而当所江罷越、同人者近国ニ而之馬医ニ而、清五郎抔ゟ者格別巧者之由ニ付而、沢田良右衛門頻ニ世話いたし候故、則為見候処、医薬格別之相違は無之候得共、療治之仕方等少シ違ひ、見込之趣尤ニも相聞候間、猶亦同人ニ療治為致候処、追々少々ヅヽは快方、圓右衛門申聞候趣ニ而者、病気は凡全快ニ候得共、いまた針穴等応兼候故、足之捗十分ニ無之、尤今十四五日も相立候ハヽ、全快可致、併一躰爪殊之外あしく、江戸ゟ道中無難ニ牽参候も手当宜き故之儀ニ而、僥倖と可申、中々長之道中抔牽馬ニ者難成爪ニ有之、当病者全快いたし候とも越前表迄往復は如何可有之哉、多分者用立兼可申旨申聞、是迄種々手当いたし、莫太之入用相懸り候得共、右之次第ニ而当病之処も、素人目ニ者いまた全快とも不相見、此上弥病馬ニ成、牽馬ニも不相成、厩ニ而空しく飼殺しニいたし候も歎ケ敷、且無益之入用も格外相懸り候義甚当惑、先前郡代中之振合をも承候処、芝・大井而已初年ゟ壱ケ年程馬飼置候得共、其余は手馬無之但大井用人申聞候趣ニ而者、始終馬飼置候様ニ相聞候処、左ニ者無之由、手代共其外申聞候事検見も初年之外者牽馬無之仕来ニ付、旁当検見相仕廻候ハヽ、手馬相払候含之処、前書之次第ニ而牽馬ニも六ケ敷候間、圓右衛門は手広く馬喰渡世をもいたし候由ニ付、裕二郎ゟ厚申談、漸為引受候積治定、今日直ニ引渡遣ス但冨山迄は迚も難牽参、最寄中間内江預ケ置候由検見之節牽馬之義は兼而心当り有之候間、右を相用候積元〆江談置候事但手馬壱両弐分ニ而圓右衛門偶々引受ル、当時之姿ニ而者一日々ニ多分之入用相懸り、最初壮ゟ之療治入用莫太之事也、されは手馬江金子添候而も手放し候方、費用を省くと云べし、種々手数を懸ケ心配いたし、猶弐両者馬江金子を添候而も遣し置と之義は珍しき、後何事も兼而之含通りニ者参兼候義と独笑す、此後猶病馬ニ相成候ハヽ、何様願候而も引受人は有之間敷、価壱両弐歩分ニ而引受候者不幸中之幸ひと可云歟

十五日曇折々晴

一今日者出生七夜ニ付、内祝之赤飯申付ル、手代一同ゟ出産之祝儀迚鰹節呉候間、夫々赤飯差遣ス、産婆も来ル、有合之煮〆物等ニ而酒振廻、金百疋・鰹節并赤飯壱重遣ス○産婦出生とも愈丈夫、出生名前之儀兼而尊父君江相願、先便御撰被　仰下候通、多嘉と名附候事○信吾郎儀、過ル十二日夜ゟ腹痛・下利有之、追々度数も相増、且食気更無之、此程ゟ出入医師共詰切、種々工夫療養を尽し候得共、兎角同篇ニ而甚心痛、因而最寄ニ而名前聞へ候医師共呼寄候積、元〆共江申談

候事

廿四日曇

一信吾郎儀、存外痢毒烈敷、此程は数日絶食、病勢日を逐て増長、右故殊之外肉脱疲労いたし、出入医師者勿論、其外近郷ゟ追々呼寄候医師共一同相談、肝胆を砕、種々療養手を尽し候得共、天命難遁、昨夜ゟ別而様子不宜、今申之刻如睡病死、時節至来実ニ人事之難及所といへとも、元来格別之多病と云ニも無之、平生痞症之手当等いたし可成取相凌候処、不図不起之疾病を得、纔平臥十二日を不過、俄ニ落命、同人者嫡子之義幼稚ゟ芸術等相仕込、別而心を用ひ愛育、且　賢兄達之御教養御丹誠ニ寄、年頃ニ見合候而者武術も追々上達、行末頼敷　祖母君・母君御初、家眷一同歓罷在、既此度も是非平癒を為得可申と　両母君抔御不快中なから、昼夜衣帯も不被為解、自分者勿論、下々ニ至迄数日附添、心力を尽し介抱手当いたし候得共、終ニ其甲斐なく　両母君之御愁傷者更也、豊田家之不幸何事歟如シ之、寔ニ掌中之玉を被奪、亦暗夜ニ灯火を失ふとも可謂、家眷只茫然として夢幻シとも難思分ケ、哀悼胸を裂か如く、往事及ひ病中之事を懐へは、肉動キ中心熱して難堪、此凶信江都ニ達し候ハヽ、双君御初御一同之御愁傷いか計りニ哉、殊更　母君者御病後、且物ニ御欝滞被為在候御気象故、別而此凶事為聞給ハヽ、御愛情難為堪御尊躰ニも可被為中哉と悲中亦一層之憂懐、只々世上之愁苦を一家江引受し心地して、早々光陰之移ルを待耳、病中之様子等最初は委しく日記江しるし懸ケ候得共、既此凶事ニ至、再ひ認継んとするニ筆渋ふり、愁情胸ニ満て亦難記、殊此日記写は江都江遣候故、病中之様子は勿論、葬事等ニ拘り候事共、委しく記候ハヽ、却而御愁傷を為増給ふ媒ニ而実ニ無益之事ニ付、病死之事耳記シ、其余凶事ニ拘り候儀者都而略して細書せす但十五日以来、日々之記事者病中混乱記ニ遑あらす、是亦洩しぬ

廿五日晴

一今日申之刻出棺、葬規故制ニ倣て尤儼然、今日葬事ニ

付、会するもの千を以数ふへし但両母君御初一同愁傷気力無之、葬事等都而手代共江相任せ、家眷は不携、葬式行列等も別帳ニ為認置高山壱之町村浄土宗大雄寺江葬ル、葬事無滞相済、夕刻家来・手代共一同帰陣○手代并家来共病気中ゟ凶事後ニ至ル迄格別配意、骨折候ニ付、かたみ旁手代共江者反物類差遣并亡児之遺服其外坐右愛翫之遺物等看ルニ不忍、因而志シ之目録相添、家来共等江追々遣ス、是亦品柄等逸々不記

○凶事之義、明日宿継ニ而江戸表江申遣候積、今日書状認置但忌服届も今便差出ス

廿八日晴

一自分儀、昨夜ゟ痢疾之気味ニ而度々通気有之平臥、中神順道薬服用、尤出入医師丸川元吾と相談為致候事但順道は越前表ゟ来ル出入医師共ゟ功者ニ付、往々は当地ニ留置候積也敬之助儀過ル十八日ゟ、荊婦も過ル廿四日ゟ痢病、両人とも余程痢毒有之、心配いたし候処、敬之助者追々厚手当いたし順快、荊婦も同篇と申内、昨今は少々ツ、快方、何卒すへて全快候様いたし度、尤両人とも順道・元吾相談之薬相用

九月小

八日晴

一今朝御用状一同　尊父君ゟ之御封物至来、御日記・御書状とも一覧　双君ヲ初御一同御安健安堵之事○是はいまた凶信御承知無之内之御書状ニ而御書中縷々亡児之安否等被為尋候御文面看ニ難堪、坐ロニ流涕病床を潤し、郷思も亦一段深し

十三日晴

一自分儀、痢疾之上持病等手伝、意外快方捗取兼、漸一両日以前ゟ少々食気勧度数も相減す、明日者月並御用便ニ付、乍病中御案し無之ため　尊父君江之呈書相認、有合之鶏卵一箱一同封し込、元〆江渡ス○荊婦・敬之助とも逐々快方、就中荊婦者愁傷後之大病、医師も六ケ敷申聞候処、薬剤能応し候哉、漸々快く安心之事

十六日晴

一尊父君并両貴兄ゟ之御書状、臨時御用便ニ而至来、是者凶事之御返書也　双君御初御一同御愁傷之御様子、御書中ニ深く御心中遠察、落涙数刻ニ及ふ　母君ニ者御愁傷ニ而少々御持病気ニ被為在候得共、強キ御中り不被成御座候由、不幸中之大幸不過之、且関氏ゟも深切ニ被尋、香奠其外菓子等被差越　伯兄・関氏書中哀悼之和哥あり、吟誦惨然愁意ニ不堪

廿三日曇

一御用状一同　尊父君叔兄ゟ之御書状至来　母君御持病気逐々御快方　尊父君御初め弥御安健格別之御中りも無之由、安堵之事但　伯兄ゟ御追悼之詩句御哥贈感吟愁然

廿八日晴

一自分義殊外快方捗取兼、昨今漸快候間、様子次第一両日之内、床を上ケ候積、越前表検見も追々後レ候間、来月初旬ニ者出立いたし候筈、明日者御用便定日ニ付、御安意之ため出立之程合等書状ニ認、兼而申付置候干しめし等箱江入一同封し、元〆江渡ス

十月大

朔日 晴
一自分義痢毒は悉く解し候得共、下利之気味癖附本便なから、今ニ夜分四五度ツ、通ひ候得共、食事も進み最早肥立一段ニ付、医師江も相談之上、今日入湯いたす、更障り候義も無之、却而気分宜候事

二日 晴
一自分義三十日余相悩候事故、惣身疲、余程労レを覚、起居歩行もいまた復兼候得共、却而起坐いたし候方力附可申哉ニ付、今日者昨年当御役被（平出）仰付候祝儀日ニも候間、両母君等之御勧ニ任せ床を上ケ、巨燵（炬）を設、褥ニ坐す、気分相替り却而快然ス、纔態と内祝之小豆飯為焚家内一同相祝候事 但四五十日振りニ而家内一同打揃、昼飯ニ対し候処、家眷環坐旧ニ不似、一同愁然、祖母君は殊更哀悼ニ不被為堪、実ニ慰め遣ルニ言葉もなく一同双袖を潤しぬ、吉凶ニ附ケテ又四時も移替ルヲ看ルニ附ケ而も、只々亡児之事耳存出て、何レも客懐ニ不堪〇医師共義、自分病中廿日程は夜中も詰切、格別骨折、元〆并家来共も配意いたし候事故、床上ケ之祝儀として左之通遣ス

一白紋附黒縮緬綿入羽織　中神順道
　是者此度当所ニ而染・仕立とも申付ル
一八丈縞壱反并真綿　丸川元吾
一鮮鯛一折　右両人江
一樽代金三百疋
　鰹節弐連　元〆両人江
　是者床上ケ祝義ニ付、酒食振舞候積之処、いまた病人等有之、右手当届兼候間、其段口上添遣ス
一金百疋　太田小六
一同百疋　平井裕二郎
一金三分弐朱　侍両人　下女五人　中間三人　但侍両人・はつ・たよハ弐朱、其余は壱朱ツ、
一壱朱　日雇頭平兵衛

〇中神順道は格別功立ニ而別而骨折、今般抔同人不罷在候ハヽ、自分荊婦とも何程永引可申哉も難計、且此度越前表江も召連候間、右支度料并謝礼とも見込、金拾五両差遣ス、尤追而出入医師ニ申付候積、手当向其外内意をも元〆ゟ為申渡候事 但丸川元吾等江者追而謝礼いたし候積也

六日快晴

一自分義、昨今は大キニ快、起坐いたし居候而も格別太儀ニ無之候間、今朝髪月代いたし、四時頃御役所ニ出勤いたす○今日者亡児六七日ニ当り候間、四半時頃出宅、大雄寺江廟参ス但本供、牽馬は出入町人之馬雇入候事　同寺は余程之大寺ニ而、本堂・庫裏も殊之外手広く、境内も平地ゟ一段高く、消して塵を不看、亡児墓所は本堂左之方松樹ノ下、東面して仮家を補理、壮厳諸侯ニ勝レり、只々往事𪜈而已被懐愁情難堪、纔ニ弔して丈室ニ入ル、暫く住僧と対話、牌前ニ詣して九時過帰陳ス但一同菓子其外餅等出ス○廟参いたし候而も聊障り候義無之候間、兼而含之通り愈来ル九日、越前表江出立之積元〆江申談、夫々支度整候事

七日晴

一今夕御用状一同　尊父君ゟ之御書状至来、御日記共拝読　双君御初御安健大慶不過之安堵之事

八日朝晴昼後曇風

一明九日弥発足之積、夫々荷拵等いたす○支配所之もの出府いたし候ニ付、右幸便ニ御用状も差立候間、自分全快明日出立いたし候趣、昨日之御返書旁　尊父君江之呈書認、元〆江相渡ス

九日朝雨四時頃雨止昼後亦密雨　発高山至大無鳫村　道法六里半余

一越前国支配所村々検見として今日出立いたし候ニ付、御用長持江用人太田小六為差添、先江出立但家内ニ病人も有之候故、用人平井裕二郎者留守預渡、同人代ニ小六召連候事　元〆秋山太郎輔附添、且不快中ニ付、医師中神順道召連ル、中小性安藤栄藏并庄村幸次郎地役人見習　松村仙十郎地役人悴　中野吉藏是者出入絵師梅斎也、人物も宜しく頻ニ供望候間、今般雇入召連中間手人三人、其余者都而雇入ル、人足を除キ上下都合三拾五人○今般者初而之廻村故、北国通り越中筋罷越候ニ付、当夏水練見分ニ相越候節之通り、七日町・桐生・本母・下切を経、夫ゟ三川・上広瀬・広瀬町を過、古川町方村ニ至ル、是迄之道筋左之方多く宮

川之流ニ添、右者山連りて耕地なし、古川ニ入少シ遠く宮川ニ別ル、亦左右数町之田畝ありて、民家も漸々繁く同村荒木川を渡り橋長弐拾間余宮川江入商家旅舎軒を連ね、家作り尤よし途中小休并村々役人送迎等も定例故、略して不記○八時頃古川町方村百姓彦次郎宅江着、昼食高山ゟ三里半余住居手堅く奇麗也、膳具・器物等者勿論、料理向等悉く行届キ、味ひ一段能丁寧を尽せり、当村者村高千弐百石余有之、村柄至而能、身元相応之もの多く、富饒高山町ニつく○同村出立、杉崎・袈裟丸・野口之三ケ村を過て大無鳫村ニ至ル古川ゟ三里野口村ゟ亦宮川之流ニ添ひ、路至而危険、右者絶壁聳立、左者脚下数十尋、奔流石を揺シ水声雷之如く、流を隔て高山雲を突て絶頂計り難し、蹊路万折巨石多く、駕籠をさし上ケ、亦屈曲して漸くニ行、自分義病後歩行自在ならす、無余儀輿中ニ坐す、難途木曽路ニ十倍す、只満山之紅葉流ニ映し風光奇絶客懐を慰するニ足る略図を爰ニ記○暮合頃大無鳫村百姓九兵衛宅江着、止宿、当村者山間之僻地ニ而村高漸六十石計り、民家至而少く、村中畳を設ル家一弐軒ニ不過、住居至而狭く雪隠も板囲ニ而新タニ制ス、檐外山聳水音耳ニ轟て寂寞を添○道中江出候而者気分を転じ、客情をも慰可中と存候処、出立懸ケ之道筋者水練見分之頃、忰を伴ひ縦遊せし場所ニ而、目馴し山水を看るニ附ても、只𥹋彼か事耳胸ニ浮み、輿中膝を抱て鬱然歎息ニ不堪、亦客中客と為て、故郷を思ふ之情深く、客亭水声を聴て、睡を得ず

十日北風雨寒冷　従大無鳫村至蟹寺村　道法八里

一今朝六時過大無鳫村出立、落合・岸奥・野首・林・牧戸之数村を過て丸山村ニ至ル、是迄之道筋何レも難所野口大無鳫ニ伯仲す、丸山村ゟ宮川を西江渡越し、三河原村ニ入舟渡也、流巾三十間余是ゟ宮川を右ニ看て文道寺峠ニ懸ル、此峠上下弐里ニして遠し、路危難脚下深渓幾数尋なるを知らす、漸駕籠を通す○九時過打保村百姓与右衛門宅江着、昼食、村柄不宜、住居も狭く、さ廾レとも村中少シく耕地ありて、聊大無鳫ニ勝れり○戸谷・小野・杉原之村々を経て小豆沢村ニ至ル、難途前ニ同し、

紅葉者益奇也○同村口留番所江立寄休息、同所詰地役人松村次郎藏出迎面話、番所向別条無之○同村出立、行こと五町程ニして飛越之国界ニ到、是ゟ松平出雲守領分越中国新井郡加賀沢村也、宮川向者支配所吉城郡者飛州、則川中央を境とす、領主足軽先払ニ出、村々役人も出迎候事○七時過甫越中国新井郡蟹寺村長百姓間平宅江着、止宿、住居向手堅く取扱格別丁寧也、領主家来旅宿江詰切厚世話いたし、膳部其外行届、調理も一段奇也但菓子弐品、酒肴品々取揃出ス○越前本保陳屋ゟ之御用状至来いたし候由ニ而高山ゟ差越ス、右者着陳之上取調候積太郎輔江渡置

十一日晴　従蟹寺村至冨山町　道法七里半

一今朝六時過蟹寺村出立ス、出立懸ケ略供ニ而同村并支配所飛州谷村国境神通川則宮川也、越中ニ而者神通川と唱籠之渡シ一見ニ相越ス但往還ゟ西之方江五町程阪路を下ル支配所高原筋ゟ罷越候得者、谷村ゟ蟹寺村江渡越シ、順路ニ候得共、籠之渡者自分共往来難相成、因而他領之方より一望す、懸度之危キ看るニ、不突ニして慄す、侍安藤栄藏試ニ身躰を籠江貶と結ひ附、前後ニ而縄を引往還ス、空を馳て疾こと飛鳥之如し、土人は慣熟して少シも不恐、自から縄を引て自在ニ往来ス、恰も蛛之糸ニ随而馳するニ似たり、実ニ一大奇観を為ス、梅斎ニ命じて略図せしめ、左ニ綴置(図ナシ。半丁空白アリ)○蟹寺之往還江立戻り、夫ゟ猪之鼻・片掛之両村を経、庵ケ谷之峠を越、楡原・岩井根・西笹津を過是迄冨山領也、峠は登り寛ニして少く、下りは急也、折々平地あり神通川を東地江渡越ス船渡川巾四拾間余蟹寺ゟ之道筋漸々ゆるやかニして、山々木立薄く紅葉少し○九時頃松平加賀守領分越中国新河郡笹津村久太郎宅江着、昼食住居可成ニ而取扱も手厚し○大久保是ゟ亦冨山領伊豆ノ宮・熊野を経、熊野川を渡船橋也、長拾間余最勝寺・黒崎・太郎丸・今泉を過、冨山町ニ至ル、笹津ゟ之道筋両辺山遠く打開て、飛州ニ不似街道平らニ而、左右小松原あり、亦数十町耕地ニ而闊然、遥ニ西北之方立山を看ル○七時頃松平出雲守城下新河郡冨山町本陳平十郎宅江着、止宿、住居手広一段奇麗也、取扱も至而丁寧ニ而、膳部者勿論、一夕之内酒肴両度、

菓子・薄茶都合三ケ度出ス、右者領主ゟ手当いたし候事之由、当宿着之頃も郡奉行・町奉行其外向々役人等途中江出迎、旅宿江も用聞ニ来ル、且旅宿前江立番之もの差置、夜中まて厳重ニ往来を制す、右者通行之もの妨ニも相成候故、家来ゟ為差留候得共、仆夫密ニ制し候様子也、中間共迄何レも麻上下ニ而給仕等いたし、其外万事丁寧を尽し、無益之手数懸り、却而迷惑ス、既調物いたし候而も代料ニ者不及抔意外之義申聞、種々申諭し漸承伏ス、実ニ巡見使家来抔心得違せしと云も、か丶る事ゟ増長せし事と被察

十二日 快晴朝霞深午暖春之如し　従冨山町至今石動村《イスルギ》　道法拾里

一今朝六時冨山出立、城下出離レ神通川を渡ル、此流追々諸流落合、巨流を為ス、川巾百六七拾間、一円ニ船橋を懸渡ス、船長四五間巾七八尺船間六七尺を隔て百余艘聯翩、都而鉄索を以繋留、船上厚板を敷並へ、斜ニ大流を遮ル、恰も鮫龍之流を渡ルに似たり、船橋之如斯長大なるはいまた余国ニ不看所、尤壮観目を驚かしむ、流畔沙地白く遠林民舎岸ニ添て連亘、立山之峻嶺雲頭ニ兀坐して山水之風光尤絶勝略図左ニ記ス（図ナシ）○呉服・安養寺之両村を過て安養寺峠ニ懸ル、此峠上下一里計り阪路急ならす、夫ゟ願海寺・二俣・小杉・大門之村々を経て高岡村ニ至ル、大門村入口ニ庄川と云長五拾間余之急流あり、三拾間程は橋ニ而中流ゟ弐拾間余船橋をかけ渡せり○九時過金沢領射水郡高岡村惣兵衛方江着、昼食、村柄至而能、城下町ニ勝れり、家数一万軒ニ及ふと云但町奉行在住ス取扱就中丁寧ニ而毎家商ひ物等悉く取片付、何レも屏風幕等設、主人并男子之分者土間江着坐、其余女・仆《子》供は床上ニ蹲踞す、小路并見苦敷場所は都而葭簀ニ而囲ひ、町役人共口々を固め、先払之足軽并町役人共数十人往来を制すること厳重也、今般之通行は巡見使同様之取扱也といへり、右故旅宿ニ而も膳部は勿論、菓子之類等都而念を入器物等新タニ補理たる品多し、此街道ハ平生武家之往来無之故、別而取扱手重と相聞候事○和田六家・立野・荒又・福岡・荒屋敷・岡・芹川・社内・福町之数村を

経、今石動ニ至ル、是迄之道筋安養寺峠之外は都而平地に而、左右松之並木亦数十町耕地ニ而山遠く人家多し、尤岡・芹川辺ゟ亦漸々山近し○七半時過金沢領砺《ト》波郡今石動村清兵衛宅江着、止宿、当村も村柄能、高岡ニ少し劣れる耳、住居も手堅く取扱、其外宿内之様子等都而前ニ同し

同十三日曇暖気　従今石動村至金沢町　道法八里

一今朝六時過今石動出立、野花（端）村を経久利加羅峠ニ懸ル此峠登り壱里余下り壱里半余、路巾広左右松之並木あり阪路急ならす、此峠は寿永之役義仲平軍を破りし古戦場ニ而、絶頂ゟ少シ手前ニ平将之楯籠りしと云城墟あり、其外古墳等あれとも証とすへきものなし、鴻鳫渓を渡て悲鳴し、愁雲路を鎖して漠々懐旧之情尤深し○峠上中央を越中・加賀両国之界とす、是ゟ加州河北郡なり、爰ニ芭蕉題句之碑あり義仲の寐覚の山は月かなし○峠上ゟ林際折々山前之耕地を看る、遠景頗よし、峠ゟ下ルこと六七町西南之方連巒絶たる処、初而海水を望、一白空ニ接し濶然情を暢るニ足ル、是は加能両州出崎之海面也、杉之庄村を過、津幡ニ至ル石動ゟ四里○九時前金沢領加州河北郡津幡村作左衛門方江着、昼食、村柄者今石動ゟ少シ劣れる方也、取扱等都而前ニ替ることなし○中條・太田・研屋町・一日市・今市・森本・百ケ坂・法光寺・柳橋・三ツ谷之数村を経金沢ニ至ル、是迄之道筋山至而遠く、左右耕地数十町街道道巾広両辺松之並木あり○七時過松平加賀守城下加州石河郡金沢町本陣圓右衛門方江着、止宿、市口ゟ本陣迄凡壱里程漸々町並能、大藩之城下少シく江都ニ似たる所あり、市中之様子富饒、名古屋ニ伯仲す、本陣も豪家と見へ、屋敷構并住居之躰格段ニ而古画之金屏風等数双建連ね、器財等悉く美を尽せり、取扱丁寧なる事は前宿ニ同し、領主家来用聞ニ来ル○冨山領ニ相成候以来駕籠人足八人ツヽ、何レも紺看板亦は模様かん板を着し、挟手拭をも提ケ、念置したる陸尺也、右故駕籠之舁方も上手ニ而、中ニ者高山ゟ召連候陸尺ゟ勝れるもあり、右者領主ゟ手当いたし候事と相聞、中々宿方之人足とハ甚

異也

十四日雨暖気　従金沢町至小松村　道法八里半

一今朝六時金沢町出立、有松・西泉・米泉・押野・野々市・大平寺・徳用・番匠・徳丸・松任・成村井・宮丸・荒野之村々を経て柏野村ニ至ル、是迄之道筋街道松之並木多し、東南は山少く、近く西北は耕地耳ニ而山を看す此辺海岸ニ出ルこと弐里計り風景之可記なし○九時前金沢領石河郡柏野村嘉兵衛方江着、昼食村柄相応ニ而本陣住居も手堅方也○福留源兵衛嶋を過、水嶋村ニ至ル、是ゟ小松江之道筋粟生、寺井を行を順路とす、然ル処、右道筋手取川昨来之雨ニ而少しく出水いたし、通行難成、俄ニ道を替、水嶋ゟ末政長屋を経、手取川之下流を渡り此川ゟ東南を能見郡と(牧)す湊・福嶋・浜ノ貝渕(開発)・下之郷(江)・高垣・大嶋・上巻・掛能出(梯出)を過、小松村ニ至ル但柏野ゟ小松迄四里半之処、路替りニ而五里ニ成ル○手取川四五町手前ゟ西北之方大津を望、右海岸ニ湊あり、本吉湊と云、人家無数樹林村ニ添て海面と平田と之間ニ接聯す、手取川は河原之巾四五町あり、則大洋江之落口ニ而河原ゟ四五町隔て入江あり、流弐筋ニなりて何レも船渡し也、川頭白山其余連山浪ニ伏して両謁、雲砕んとス、西北は大洋、無限雲浪天を蹴て飛帆之点々たるを看ル、風景尤賞するニ足れり略図左ニ記(図ナシ)○手取川を渡、拾町計り右之方海面を望、松林間之平沙を行、是ゟ後は街道左右多くは耕地也○七時過金沢領能見郡小松村治右衛門宅江着、止宿、当所ハ加州之城地あり、城代居住スと云、村柄能、本陣住居も相応ニ而膳部其外都而前ニ異ることなし、当村は別而取扱丁寧ニ而、村入口ゟ本陣迄壱里程之間、毎家都而葭簀ニ而見世を囲ひ、町役人其外小児而已壱両人ツヽ入口江出、平伏、其余家内者悉く勝手江入て、寂寞人を不看、往還払除も能行届て、市中之様子恰も都江都(平出)御成之節ニ似たり

十五日終日密雨暖気　従小松村至山中村　道法八里

一今暁六時前小松村出立、須浜・今井(江)・串・月津・矢田・新・高塚・動橋《イブリ》・八日市・弓波・作見・天口・敷

地之村々を経て大聖寺ニ至ル（小松ゟ五里）是迄之道筋須浜・今井之辺は海近く、右之方林際入江を看、夫ゟ漸々海遠く左右耕地を隔て連山近し○九時頃、松平大内(蔵)少(大)輔城下（加州分レ拾万石）加州江沼郡大聖寺町本陳太郎兵衛宅江着、昼食、住居向相応取扱丁寧なることは前ニ同じ、城下町長壱里計り、街並家作り等は高岡、小松ニ伯仲して冨山ニ不及○越前本保陳屋詰手附石川段右衛門案内として出張、則面話、役所向并支配所等都而替儀無之由申聞ル○黒瀬川南・中田・走田(長谷カ)・土谷・塚谷を過、山中村ニ至ル、是迄之道筋左右山至而近く阪路屈曲、日天川之流ニ添ふ○七時過、大聖寺領同郡山中村次郎右衛門宅江着、止宿、当村ニ温泉有之、近郷ニ並なき名湯ニ而、諸国ゟ湯治人日々群集す、街道ゟ少シ脇道なれとも格別之廻りニ者無之、自分病後今ニ通気有之、腹合平生ニ復し兼候、右者両三度温泉江浴し腹内をあたゝめ候ハヽ、可然旨、医師申聞候故、旁爰ニ宿ス、当所は山際之孤村なれとも名湯故、旅客足を止め頗ル繁花、本陳住居も手広ニ而至而奇麗也、湯坪は本陳門前ニあり（但湯坪は壱ケ所也、湯治人之宿屋は六拾軒程軒を連）村中旅舎之様子、湯坪之躰、左ニ略図せしむ(図ナシ。半丁空白アリ)○湯之深サ立て乳を過く、清くして且柔らか也、諏訪之温泉ニ似て硫黄之気少シ強く、諸病ニ功験あることは諸国名湯之内、弐三等を下らずと云（温泉を相撲ニ取組しものあり、其内此山中は小結ニ出ルといへり）○夕刻并夜四時頃、暁ニも都合三ケ度浴す、快然限りなし、浴後多時湯さめを不覚、腹内もゆるみて通気忘レたるか如し

十六日（朝雨五時頃ゟ霽）　従山中村至三国湊　道法八里

一今朝六半時頃山中村出立、大坂峠を過、此峠路巾広く阪路至而ゆるやか也、左右松之並木あり、峠下り口ゟ松間大洋を望、前書面耕地を隔て林三連山横タわり、碧海亦山嶺を涵して水元天ニ接す、略図亦左ニ記せしむ(図ナシ)○峠を下り橘村ニ入ル、同村人家出離レ、四五町ニして加賀越前之境ニ至ル、路中央国界ニ而右之方越前、左之方加賀国也、故ニ各国之領主大聖寺、福井双方ゟ足軽両人ツヽ、都合四人出ル、案内ニ出ル、

行こと壱町計り全く越前国坂井郡江入ル、是ゟ福井之足軽計附添案内いたす、橘村ゟ始終阪路ニ而右之方折々海面を望、左者連巒遠からす、山中ゟ五里半ニして細呂木ニ至ル〇九半時頃福井領同郡細呂木村伊右衛門方ニ而昼食、村柄不宜、住居も狭してあしく〇蓮ケ浦・柿原・井江吉・横柿・国景・二夕面・舟津・池神・加堂・覚善之数村を経、三国湊ニ至ル、是迄之道筋多は山脚之阪路を行、右之方折々耕地あり、舟津村ゟ者左之方山至而遠、耕地も亦一段広し〇七半時過福井領坂井郡三国湊本陳宗左衛門宅江着、止宿、当所は湊故一段繁花ニ而越前国中之豪農富商皆爰ニ住す、本陳宗左衛門者旧家ニ而国中第一之豪家也、住居并調度・器物等別段ニ而、土蔵抔海岸江連ナりて甚長大、千石船拾余艘を所持スと云、是等ニ而富家之様子押而知ルべし取扱丁寧なることは都而前ニ同じ〇細呂木ゟ本保陳屋江者金津村江出ルを順路とすれとも、今般ハ初而之廻村、湊口并御蔵所等見分いたし候ニ付、細呂木ゟ近路を経て当所ニ至ル、尤湊口は明朝出立懸ケ見分之積〇本保陳屋詰手代石井勝三郎迎として出張、支配所村々惣代共数十人、是亦追々途中江出迎候事

十七日快晴昼後曇　従三国湊至福井町　道法七里

一今朝六半時頃三国出立、直ニ湊口江罷越夫々見分いたす、同所ニ澪小屋と唱、御廻米積立候節、手代出役いたし候休息所有之、八畳三間あり、座敷向随分奇麗ニ而海面ニ対ス、三国湊庄屋上田勘藏、右小屋ニ詰居、茶菓子等出ス、爰ニ而暫く休息、海面眺望す、今朝は快晴風なく海上至而穏なれとも、西北之方は更国地なく、大洋天ニ接し碎濤沙州を打て、声百雷之如し、湊口少シ左江寄、前面ニ高く洲山海面ニ欹此山畑六郎左衛門城墟之由右山脚ゟ東江繞り出嶋あり、是を三里ケ浜と唱、右之方、出崎を米脇浦と云、人家陸続海面ニ枕す、沙岸ニ者数十間之間巨船連、且幾数艘なるを知らす、大洋湊口之風景初而眺観、空闊限りなく山中と者趣ヲ異ニして、絶勝亦一奇情を暢るニ足れり、略図左ニ記(図ナシ)但三国湊ゟ江都迄西海を廻り凡六百弐拾里と云〇湊口ゟ行こと七八町、御蔵所ニ至ル、

爰ニも手代出張所あり、右ニ而休息、御蔵所見分ス但御蔵弐ヶ所、巾三間、長拾四間○竹松・西今市・近藤・河間・中濱・田巻・下番・中番・上番・仏徳寺・吉国・東善寺・馬場・新用之数村を過、金津村ニ至ル、三国ゟ之道筋、左右山遠く耕地広し　風光之記スニ足るものなし○九時前、福井領坂井郡金津村八右衛門方江着、昼食、村柄不宜、本陣住居は相応なる方也○稲越・下関・上関・五ツ木・下新庄・若宮・舟寄・舟橋之村々を通り長崎村正念寺境内、新田左中将之古廟ニ詣す但往還ゟ左之方江壱町程入本堂左之方老孤松之下ニ五輪之墓碑あり、是は近来再建せし由、古松は左中将之遺骸を埋し頃しるしニ植しと云、独立数十尋、実ニ数百年外之古樹と見ゆ但古廟ニ隣て左中将之古縁を安置せし祠あり、正念寺は御朱印高五拾石あり福地・領安・正連（蓮）寺・石盛之村々を経、鳴麻川を渡ル上流を九頭龍川と云、白山ゟ出ル川巾百弐三拾間、船橋也、神通川之船橋ニ似て川巾狭く、風光も少シく不及○高木・幾久を経て福井ニ至ル、是迄之道筋前ニ変ることなし○七半時過、松平越前守城下足羽郡福井町本陣惣左衛門宅江着、止宿、城下町長サ壱里半計り、町並能けれとも都而三国ニ者不及、冨山ニ伯仲して家作等少シく劣れるが如し○松平越前守ゟ時候見廻として蝋燭弐箱、雲丹壱曲、使者を以相贈ル用人太田小六江金弐百疋被贈且止宿中之料理向は都而領主ゟ馳走ニ差出候由、手代迄無急度申聞候事

十八日朝雨夫ゟ曇　発福井町検見村々巡行本保着陣　道法五里

一今朝六半時過、福井町出立、町外レニ見附之如キ門あり、右門を出、足羽川を渡ル、橋長九拾九間、巾三間計り、門橋とも至而壮大、此辺町並も一段少し○小山谷・加茂・若杉・久喜津・新*「・」清水尻「・」猿和田「・」下天下「・」上天下・小羽・風巻「・」嶋寺・御油・真栗・在田・甑谷・乙坂・田中之数村を経、気比庄村ニ至ル本文朱点之分支配所ニ而、右道筋村々田方検見いたす○八時前支配所丹生郡気比庄村伊右衛門宅江着、昼食、同村者高千五百石余有之、村柄能、伊右衛門も高三百石余所持、住居向手広ニ而器物等も至而奇麗也○下川去・和田・野田・上氏江（家）・余田之村々を過、本保ニ至ル、是迄之道筋多くハ

田間之小径を行、亦山脚を繞り小林ニ入ル、山は遠けれとも四面ニ立続て、少シく飛州之風光あり○七時頃丹生郡本保村陳屋江着、手代共一同面話、支配所并役所向別儀無之、当年之作方能、国中至而静穏安堵之事○役所向、白洲、勝手等夫々一見、間取左之如く、居間向其外とも存外広方ニ而、聊差支之様子無之、陳内長屋其外一躰之全図は別紙ニ写置○支配所村々役人并陳屋出入之町人等、追々途中江出迎候もの数十人逸々記ニ遑あらす、且福井ゟ之道筋支配所之外は間辺下総守殿并松平和泉守領分ニ而村々入交、毎村先払之足軽并領主家来馳走ニ出ル、是亦略して細書せす○郡中入用も懸り候間、止宿中賄方等手軽ニいたし候様兼而元〆江申聞置、されとも膳部酒肴等品々取揃差出ス、出入之料理人者府中町住居之ものニ而府中者福井家老本多内膳頭領分陳屋ゟ十四五町隔ツ、同人ハ弐万石之由先年出府、八百善江参、調理方聊学ひ候由、殊手代は平生口腹ニ侈り候故、都而之味ひ一段ニ而、江都之料理家ニ似たり、高山出立以来、膳部は勿論、酒肴も日々三四度ツヽ、何レも品々調理を尽し差出ス、近来奢侈海内ニ行渡り、何レ之僻地といへとも、麁味之難食はなし、実ニ歎息之至と云へし○手代共江土産として、左之通遣ス但金子之分は先格也、其余品物は郡代存付ニ而遣ス

一　金弐百疋　帯地　山下佐内
一　金弐百疋　肩衣地　石川段右衛門
一　金弐百疋　烟草入箱入　手代両人
一金百疋ツヽ、書役四人
一金壱朱ツヽ、小遣門番三人　〆金三両三朱

○高山ゟ本保迄北国通り、道法都合七拾里余、三国湊其外廻村等之里数を込、八拾里ニ至ル

十九日　朝晴昼後雨

一江戸役所江御用状差立候ニ付、尊父君江之御文通認、道中ニ而調候加賀落雁壱箱封し込、元〆江相渡ス、且高山江も宿継ニ而御用状差出候間、自分全快無滞着陳之趣　母君江之呈書認、土産物之内壱人持丈ケ之品荷作りいたし、明日差立候積、是亦元〆江渡候事○間部下総守殿ゟ着陳祝儀として、鰹節壱箱五拾本入使者を以

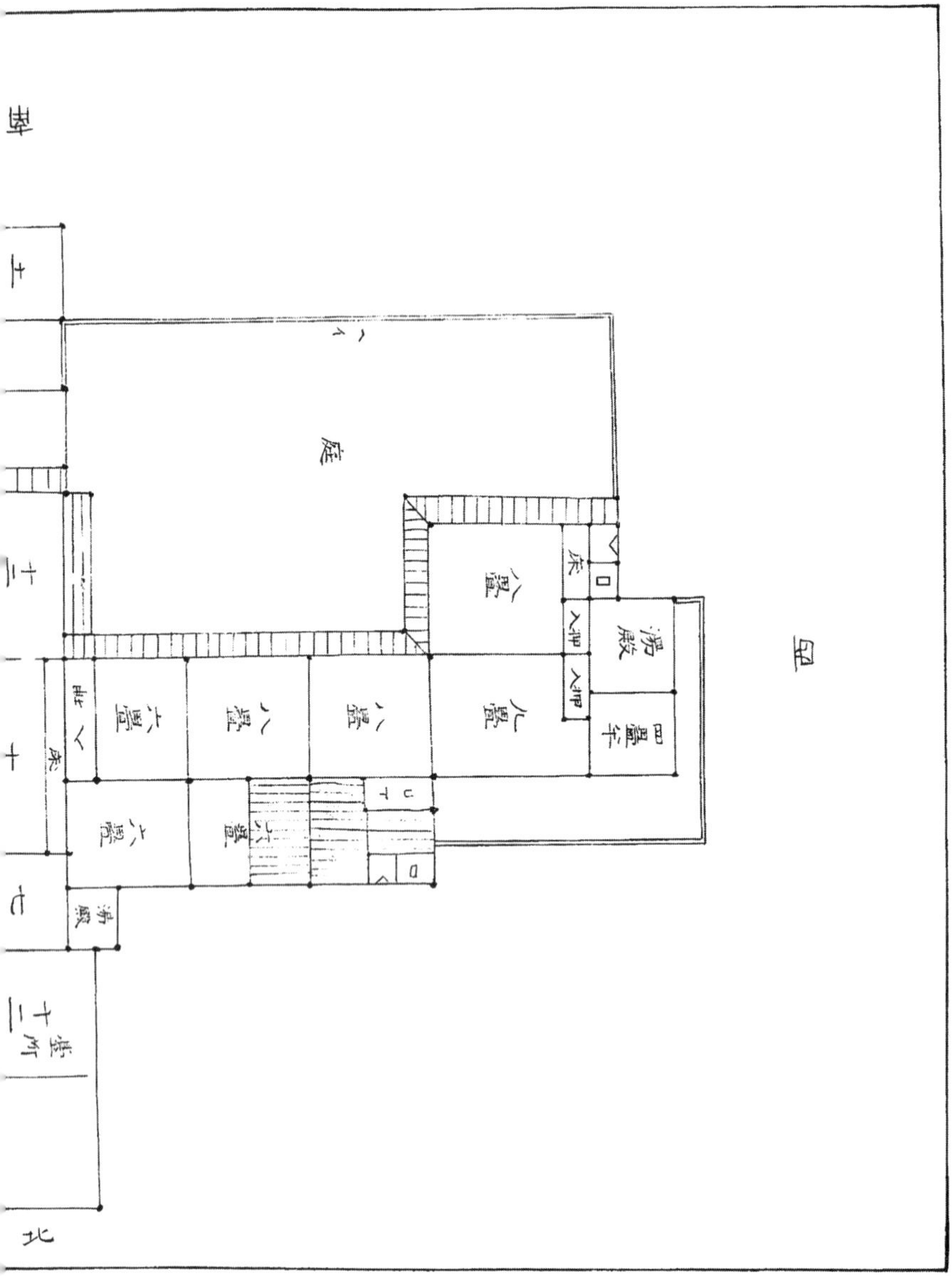

西
北
庭
八畳
八畳
八畳
八畳
六畳
六畳
六畳
湯殿
湯殿
四畳半
床
床

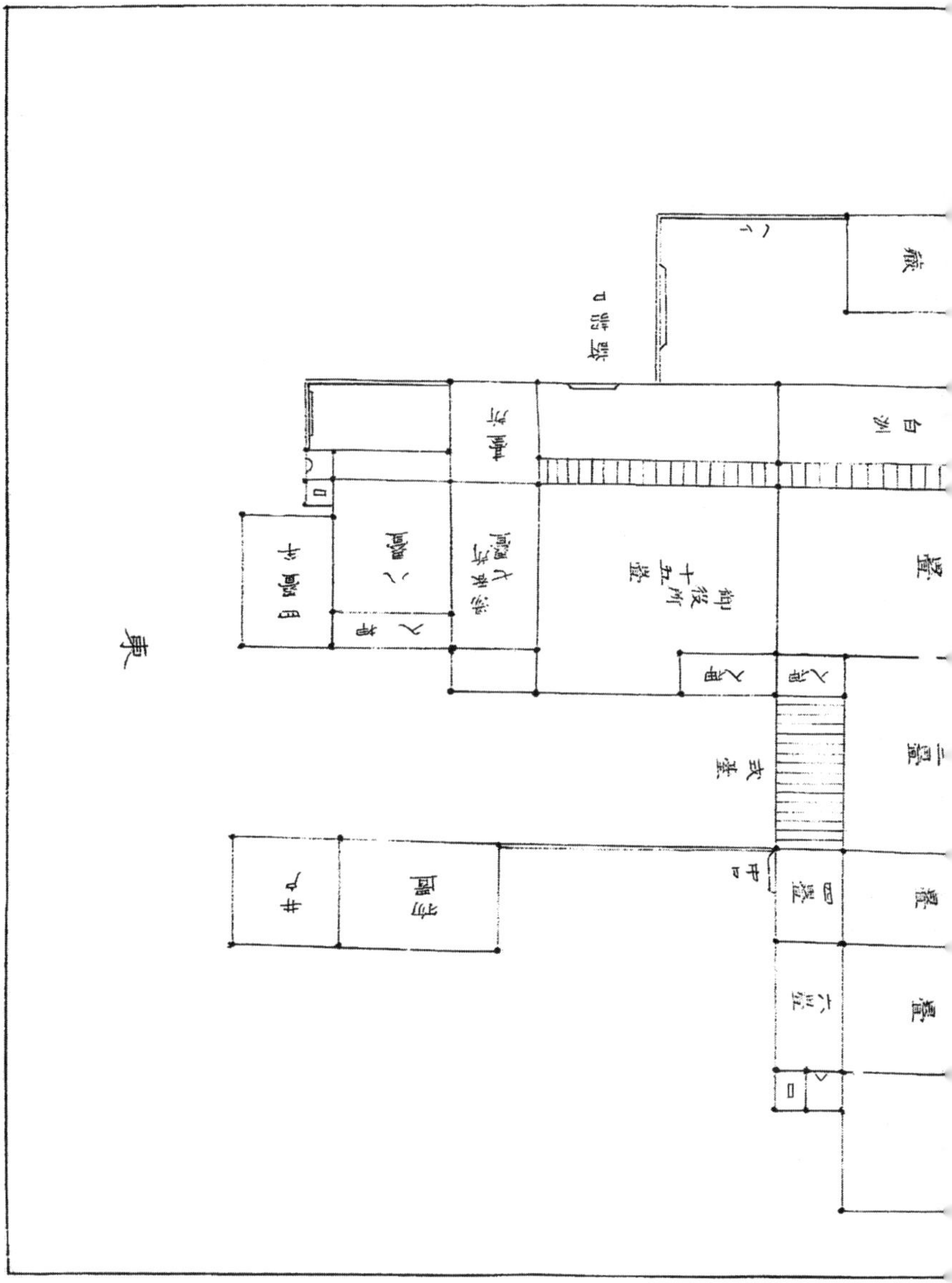
東
式臺
御役所十五疊

被相贈○夜食ニ鰻蒲焼を出ス、味ひ飛州ニ勝れり、されとも腹ゟさきて製し方不宜

廿日曇

一本多内蔵頭ゟ福井附家老着陳祝儀として鮮魚一折小鯛十使者を以相贈ル

廿一日快霽

一酒井修理大夫ゟ着陳祝儀として、鰹節一箱弐拾本入使者を以相贈ル越前敦賀《ツル》領酒井右京亮陳屋あり、保レ本ゟ拾弐里○松平越前守ゟ是亦着陳祝儀として、自分江雲丹壱曲・樽代金千疋、其外元〆手代共江金三百疋ツヽ、平手代幷用人江弐百疋ツヽ、書役江百疋ツヽ、使者を以相贈ル、任先格使者江面会及挨拶候事○陳内長屋幷稲荷其外一見いたす、長屋も存外広キ方ニ而、元〆住居は別而間数有之、普請も新らしく、都而高山陳屋之長屋ニ勝れり○夜食ニ蕎麦を出ス、聊飛州ニ勝れる耳、色至而黒し、されとも生蕎麦故味ひは可成也、当所は海近故鮮魚ハ沢山ニ而価尤廉也、尺余之鯛百四五拾文、時節ニ寄高下あり、下直ニ至而は百文を減すといへり、此程あま鯛之味噌漬を食せしニ、味ひ甚奇ニして軽く、其外魚肉は何レも新鮮、自分は肉を好まされとも、如此は亦別段ニ而三度ニ両度は肉食す

廿二日薄陰昼後風

一検見取村々呼出、当子田方仮免状相渡ス、且郡中惣代共江国中取締筋其外流弊改革之廉々ケ条書を以申渡、証文申付ル○由緒有之又者家柄ニ寄、前々目通申付来候村々百姓共着揃ニ付、昼後広間ニおゐて目通申付ル都合三拾七人○御用向今日迄ニ而片付候間、明日支度相整、明廿四日出立之積、先触差出ス道中八泊九日間、来月二日高山着陳之積

廿三日快晴

一明日弥引払之積、夫々荷拵等いたす、且手代共ゟ餞別として、奉書紙其外差越候事○当国者飛州と者違ひ人気も不宜候間、定而自分着之上者彼是申立候次第も可

有之と存候処、取締筋并銀札一条ニ付、昨日直ニ品々及教諭候趣も一同会得いたし候様子ニ而、着以来訴訟者勿論、願筋等ニ而訴状等差出候もの壱人も無之、手代共ニおいても聊心障なく、国中一躰ニ気受も宜敷哉ニ相聞、令安心候事

廿四日 朝晴四時頃ゟ曇夕刻雨　本保陳屋出立至板取村　道法七里半

一今朝六半時本保陳屋出立、平井出村を過、府中町ニ至ル、町長弐拾五町、家作り能く繁雑城下町之如し、同町離レ松森村ニ入ル、手代平田芳助・飛田壽次郎、出役山下金十郎其外村々役人共数十人、同村建場迄送来ル、爰ニ而辞別、幾松・城丸・今宿・一本杉・脇本・大道并新河原之村々を過、鯖波村ニ到、是迄之道筋左右山遠からす、耕地亦小林あり、新河原ゟ街道右之方山脚ニ添〇四時過福井領南條郡鯖波村六郎兵衛宅江着、昼食、村柄不宜、住居も狭してあしく〇同村出立行こと壱里計り、湯ノ尾村ニ入り湯ノ尾峠ニ懸ル、此峠上り六七町阪道急也、峠上建場茶屋之後ロ、小丘上ニ世ニ疱瘡神と称する孫嫡子之小祠あり、祠之大サ方五尺計り、落葉屋ニ満 峠登り六七町歩行、旅中初而歩を試 〇峠下ルこと拾弐三町、今庄村ニ至ル、下りは寛也、今庄は旅舎相対して巷を為ス、夫ゟ藍場(合波)・落合・一ノ瀬・孫谷之村々を過、板取村ニ至ル、是迄之道筋左右帯山高く耕地少シ、折々渓流ニ添ふて山畔紅葉繁し、孫谷村ゟは別而阪路狭く屈曲して、木曽路ニ似たる所あり〇八半時過福井領南條郡板取村三郎右衛門宅江着、止宿、山際之僻村ニ而村柄至而不宜、農家而已ニ而旅舎を不看、されとも本陳は村柄ニ見合候而ハ存外能方ニ而、諸事差支無之取扱も丁寧なり

廿五日 風雨四時頃止夕刻亦雨　従板取村至小谷村　道法拾壱里

一今暁七時過板取村出立、直ニ栃ノ木峠ニ懸ル、此峠上下三里、漸々阪路急ニして下りは寛也、嶺上越前・近江両国之界ニ而、是ゟ江州伊香郡也、峠上建場茶屋深美弥右衛門、先祖は元太閤秀吉之臣ニ而、秀吉ゟ賜りしと云大釜、今ニ所持ス、則座敷中央江枠江入かざり

置けり、鉄色滑沢漆せしが如く、実ニ数百年前之古物と見ゆ、由来あれとも、村夫之口碑ニ伝る而已、記スニ足るものなし、釜之図左ニ略記ス（図ナシ。半丁空白アリ）○此峠下り切、亦椿《ツバ》井峠ニ懸ル、椿井は登り至而寛ニ而平地多し、下りは急なる方也、上下弐里ニして椿井村ニ至ル、是迄之路格別嶮ならすといへとも、左右山聳へ渓流多〻く、建場之外人家あることなし○四時前井伊掃部頭殿領分同郡椿井村喜惣次宅江着、昼食、村柄甚不宜、本陣住居は相応也○椿井村出立、行こと壱里、（柳）梁ヶ瀬村御番所を過番人下坐ス、梁ケ瀬は村柄不宜今市、東野を中ノ郷村ニ到ル、同村往還西南之方、耕地を隔て賤ケ嶽連山之間ニ伏す、山前余呉之湖と云あり、東西八町南北拾六町、水光鏡之如く山脚を涵す、略景左ニ図せしむ（図ナシ）○下余呉坂口・木ノ下・田辺・餅寺・井口・雨之森・馬上此村ニ妹川と云、巾七八間之流あり、河原数町船渡也之数村を経、小谷村ニ至ル、梁ケ瀬ゟも左右漸々山低く所々耕地あり、街道耕地ゟ高こと凡六七尺、堤上を行が如し、中之郷村辺左之方耕地ニ柿数十株あり、柿実熟して満目紅く樹々紅葉に似たり○七時前彦根領江州浅井郡小谷村太郎兵衛宅江着、止宿、村柄不宜、本陣住居者先ツ可成也○御鉄炮鍛冶江州国友村国友林右衛門義、当八月中ニ高山江罷越候砌、所持筒注文いたし、此節迄ニ出来之積、右村方荘〔者〕通行道筋ニ付、立寄之儀同人頻ニ相願候間、明日昼食旁立寄候筈、兼而申遣置候処、則今夕林衛門機嫌聞ニ罷越候故、明日立寄候刻限等、家来ゟ申談遣候事

廿六日朝雨五時過ゟ止終日曇　従小谷村至関ケ原宿　道法七里

一今朝廿〔六〕時過小谷村出立、下小谷村ゟ右之方田間之小径ニ入、行こと壱里、国友村ニ至ル、同村入口、姉川之下流を渡ル、河原巾数町、流は拾四五間ニ不過、水至而浅し、水源は伊吹山也○五時頃松平甲斐守領分江州坂田郡国友村国友林右衛門宅江着、林右衛門并同人親類、同職之もの両人、其外鍛冶頭等江面会、何レも人品能、林右衛門住居も奇麗ニ而、村柄至而よし○自分并手代・地役人等兼而注文いたし候鉄炮、都合六挺出

来、代料手代ゟ渡遣ス○筒張り所江罷越、張立方等見物ス、小屋五間ニ弐間半、火所弐ケ所ニあり、今日者五匁筒下地打立居、鍛冶共五人環立、声を懸ケ鎚ケを揚テ打、火燃四方江散乱して、丁々最喧し、小屋入口ニ者〆〆かさりを張り打立候、大小之筒無数置並へ、其外筒打立候道具等一連ニ壁江懸渡せり、鉄杖を追々打鍛へ筒を巻立候、手際別段ニ而甚苦心骨折候事也、当村国友性之鍛冶四拾八軒、台を製し候もの九軒、金具を拵候もの七軒あり、平生御用筒者勿論、諸家ゟ之誂へ多分ニ而、四拾八軒之もの年中手明キなしといへ

り○元和之頃神祖之仰ニ依て、玉目壱貫目之大筒張立奉り、右筒尻之切レ端シ、当村ニ伝へ珍重す、形図之如く目方四拾弐貫目あり、此筒出来、大坂江御取寄之頃、最早大坂落城およひ、一発をも御用ひ無之故ニ右を祝させ給ひ、無音筒と名付られしとそ、右筒は今江都之官庫にありと云○自分注文せし筒、左之通

一五匁筒 但筒長弐尺三寸、目方壱貫弐百目　壱挺 価四両三分

但台樫、藤巻桑色、金具煮くるみ、紋所銀象眼

一三匁五分筒 但筒長三尺　弐挺 価壱両壱分ツヽ

但台樫、金具真鍮

是者古筒用ひ其外新規、御役所附之受筒数十挺直シ申付候ニ付、価廉也

○四半時頃昼食認 但取扱殊之外丁寧ニ而、酒肴をも品々差出、且供方人数も多候間、茶料五百疋遣候事

同村出立、田間之路行こと壱里計り、亦村姉川を渡り、高坂・今庄之両村を経て、相模庭村ニ至ル、此辺伊吹山麓ニ而街道左之方平原を隔て、伊吹山巋然として遠林上ニ高臥ス、今日者曇りたれとも嶺頭幸ひニ雲なく全容を一望す、右之方は小松林ニ而林際姉川之流を看

る、行くこと数町、亦姉川を渡ル河原数十間、橋長七十間計り此辺元亀之古戦場ニ而戦死せしもの之首級を埋めしと云塚あり、故ニ爰を字百首塚と唱、原頭一円に枯レ尾花あり、風ニ随て人を招が如く、寂然客懐を添○伊吹山は大岳といへとも都而草山ニ而険峻ならす、山之五六合目迄隴畝あり、皆蕎麦を植るといへり、伊吹山前之略景左ニ図せしむ(図ナシ)○小田・春照・大清水・寺林・藤川・玉之村々を経て関ケ原ニ至ル、春照ゟ之道筋、左右次第ニ山高く田畝稀ニして阪路屈曲渓流ニ添ひ小林ニ入ル、藤川・玉両村之境ニ大石あり、是を美濃・近江両州之国界とす但是ゟ濃州不破郡也○関ケ原宿入口林中ニ碑あり、慶長之役西軍戦死之首級を埋ムと云、備藩某文を撰す○七半時過竹中主税助知行中山道関ケ原宿本陣古山兵四郎宅江着、止宿、宿柄は不宜方なれとも、本陣住居は手広ニ而相応也○侍安藤栄藏義、美濃出生之ものニ而、加納宿在ニ叔兄并兄弟罷在候間、不苦は相越、面会いたし度旨、小六を以申聞候間、明日加納宿□江罷越候様申含、今夕暇遣ス、親族共江土産ニ有合之喜勢留、煙草入、扇子其外差遣候事

廿七日晴昼後曇　従関ケ原宿至加納宿　道法八里

一今朝六時過関ケ原宿出立、一ツ矢(軒)・野上・一里山之村々を経、垂井宿ニ至ル、宿柄関ケ原ニ少シ勝れり、宿出口藍(相)川之流を渡る、橋長八九間、河原数十間あり、夫ゟ青ケ村に入、青ケ原を通、原頭荊棘生て眺望なし、此辺を俗伝へて牛若、長範を殺せし場所と云、行こと八町計り青墓村ニ至ル、同村往還左之方ニ義朝・義平・朝長之古墳あり、丈ケ三四尺、苔痕紋を為ス、是ゟ歩行、比留井村を経半里計り赤坂宿手前ゟ乗輿、同宿は宿柄垂井ニ勝れり、本陣矢嶋橋廣助宅ニ而小休、住居向手広也○新町・枝中沢・三ツ屋・赤花・大嶋之村々を過、呂久川を渡、美江寺宿ニ至ル、是迄之道筋街道左右都而松之並木ニ而路至而平ら也、関ケ原ゟ赤坂迄は左之方山近く、右は田畝を隔て山林を看る、赤坂ゟ左者漸々山遠くして右の方東南更山を不看、大嶋村堤三路両岐ニ分ル、是則大垣江之街道ニ而、先年是

ゟ大垣ニ至ル、六年前山川之風光今不図一望懐旧ニ不堪、此所ゟ太田宿迄は去ル未年在勤中之日記ニ村名并駅路之様子等委しく認置故、此度は略して不記○九時頃美江寺宿大垣御預所席田郡本陳山本庄三郎方江着、昼食、同所江戸田采女正家来用聞ニ来ル御預所懸り之下役ニ候得共、先年騒立之懸りニ者無之○江渡宿を過江渡川を渡ル、此節は水涸て、流至而浅く旧ニ不似、七時前加納宿永井肥前守城下厚見郡本陳松波藤右衛門宅江着、止宿先年も此本陳江止宿す○柴田善之丞手代用聞ニ来ル、用談も有之面会ス笠松陳屋ゟ弐里あり○安藤栄藏夜ニ入着、親族共変義も無之由、同人叔父森部村百姓源十郎も同道、礼ニ来ル、胡麻壱袋持参并せし故、持合之菓子遣候事

廿八日快晴　従加納宿至下河邊村　道法八里

一今朝六時頃加納宿出立、四半時過鵜沼宿尾州領本陳桜井岡右衛門方江着、昼食、此本陳ニ者初而憩ふ、住居は手広なれとも普請至而古し○観音坂岩屋之観音江詣ス、今日者快霽風なく太田川頭之風景尤奇々、岩上ニ踞して暫く眺望す○太田宿を過、行こと数百歩、太田川渡口壱町程手前左之方ニ小径あり、則飛州下原筋江之街道ニ而是を上古井村と云、夫ゟ下古井村を経て下河邊村ニ至ル、古井ゟ之路筋小林ニ入、田間を過、路巾狭く民舎少し、河辺村ニ入て右之方飛騨川之流ニ添是者益田川之下流也、美濃に而者飛騨川と唱ふ少しく阪路を上下す、両岸都而巌石なれとも左右山低く、殊更南之方山絶たる所あり、風景険峭ならす、太田ゟ川辺迄弐里ニして近し○七時頃元自分支配所、当時柴田善之丞当分御預所濃州加茂郡下河邊村陳屋江着、止宿○右陳屋は一躰尾州白鳥湊御材木積立之節并飛騨川筋出水之砌、高山陳屋ゟ手代出役為致候而ハ急速間ニ合兼、御用弁ニ拘り候との故を以、先前ゟ飛騨郡代進退ニ相成居候由之処、御勘定所不穿鑿ニ而先般最寄替之節、善之丞方引請ニ相成、品々差支有之候間、善之丞江打合之上、陳屋借受之義、御勘定所江相伺候処、此程御下知相済、過ル十三日自分方江請取、以後は是迄之通、秋山太郎輔差置候積ニ候事但兼而右之含有之候故、太郎輔家内は笠松江引合、其侭陳屋長屋江差置候事也○太郎輔案内ニ而陳屋内夫々一見す、陳屋は広からす、普請も古けれと

も、自分居間并次之間とも五間程有之、勝手能聊差支之義無之○太郎輔次男、甫助并中村屋七兵衛（昨日尾州ゟ着）其外前々目通申付来候、下川邊村并郡上郡支配所村々之内、身元之もの共江夫々目通申付候事○下河邊村は村高五百石余有之、村柄能方也、当時者他支配ニ候得共、年来之支配所故、都而取扱振心得方等支配所之通ニ而数十人途中江出迎ひ、至而丁寧を尽せり○膳部其外酒肴等品々差出ス、是者太郎輔方ニ而引請取計候故、料理向等悉く行届手廻しよし（但鰻蒲焼を出ス、魚は格別能江都ニ異ならす、惜哉醤油あしく）○太郎輔忰江奉書紬箱入、煙草入、孫娘江菓子并細工物手遊ひ等土産ニ遣ス、太郎輔并村々之もの共ゟも所卌産物、果もの之類差越ス、右者乍迷惑従来之仕来故貰受、品物等ニ寄、夫々目録差遣ス、尤越前表ニ而も同様ニ而嵩張候無益之品夥敷集り、無拠追々ニ別段軽尻馬弐疋相建候事

廿九日（雨九時頃雷鳴二発夕刻霰交り大雨）　従下河辺村陳屋至下原町　道法八里

一今朝六時過下河邊陳屋出立、栃井・中河邊・中ノ番（但中ノ番村は大嶋甲斐守陳屋下ニ而少シ町場あり、地頭家来用聞ニ出ル）石神之村々を過く、是迄之道筋多くは田間之小径を行、夫ゟ上川邊村地蔵峠ニ懸ル、此峠上下六七町、登りは寛なれとも下りは急也、山際所々ニ棚田あり、峠を下り亦間見村之間見峠ニ懸ル、此峠属阪路を上下し、又巾六七尺之渓流数所を渉る、何レも浅して橋なし、左右山次第ニ高く稀ニ畑あり、畑之巡り垣を設く、猪鹿を防ため也といへり、牛ケ洞・大橋・大塚之三村を経、下市場村ニ至ル、折々人家あれとも阪路多し○九時頃尾州領加茂郡下市場村十右衛門宅江着、昼食、村柄あしく住居至而手狭ニ而座敷前直ニ往来也、両便所も離レて往来ニあり○中切・番場之両村并杉洞村袋坂峠笹洞村を過、亦桐洞村長洞峠を越て金山町ニ至ル、右両峠とも上下八九町阪路寛急相半ハす、峠之外村々亦渓流数十所を渡ル、金山町は商家相対して少シく巷を為ス、市口を出直ニ飛驒川之渡り場也、此辺ゟ益田川と唱、川巾三拾間計り、両岸岩石ニ而流至而早く流を渡れは支配所飛州益田郡

下原町也、是ゟ右之方益田川ニ添ふ、行こと拾町計り下原之町場ニ至ル、商家民舎六拾軒計り相対ス、家並も相応也○七半時過下原町名主加藤三右衛門宅江着、止宿、住居広からされとも普請は可成也○三郎右衛門者当年七拾四歳ニ相成、役儀五拾ケ年相勤、巡見使案内ニも両度罷出候よし、至而健ニ而実直之老人也、逢候而村方之様子并古キ事共承候事（但酒は不好由ニ付、持合之菓子并画扇等遣ス）○下原口番所詰合并御材木川下ケ取締として、綱場江出役いたし候地役人共機嫌聞ニ来ル、右綱場は通行道筋ニ付、明日見分之積、出役之地役人共江申聞置候事

晦日雨　従下原町至萩原町　道法八里

一今朝六時過下原町出立、中切村ニ入、行こと四五町、御材木綱場ニ至ル、地役人大池織右衛門、岩城七兵衛案内ニ而夫々見分○藤蔓を幾筋も合せ候太サ弐抱程之大綱、益田川両岸江引渡し、夫ゟ小綱数十条蛛之巣之如く引縈ひ大材五千本程、川一面ニ懸ケ留有之、是者山中といへる山中ゟ伐出候材木ニ而、夫々外山々ゟ伐出候分揃候上ニ而、此所ニおゐて一ト通り相改、夫ゟ七里余下流、下麻生村ニ而桴ニ組、白鳥湊江相送ル事也（但麻生村ニ引請之問屋有之）○三ツ渕・瀬戸之両村を経、保井戸村ニ至ル○四時過保井戸村庄屋（百姓）源右衛門宅江着、昼食、当村高六拾壱石、家数四拾軒程有之、村柄不宜、同人住居もあしく○川原村、三原村を過、少ケ野村ニ至ル、同村ゟ益田川を西江渡越（但船渡也）森村ニ入、下原ゟ之道筋左者山高く頭上ニ欹、右之方益田川之流ニ添、山畔之曲路、或者下り、或は登ル、難途木曽路ニ伯仲す、右下原ゟ下呂《ゲロ》迄を（但湯之嶋村者下呂郷ニ属す故ニ、此辺を通称して一般ニ下呂と云）中山七里と唱へ、往古は殊之外難所なりしを、追々道を附替へ当時は里数近ク、北国筋之険路ニ比れは至而平安也○益田川筋山々ゟ伐出せし材木、右川江流シ川下す、淪々水ニ随て行、幾数百なるをしらす、水面岩ニ支へられて水隈ニ連ケルも多し○右森村ゟ之道筋は当夏入陣之頃通行せし御厩野筋街道ニ而村名并駅路之様子、其節之日記ニ委しく記置故、此度は都而略記ス○湯之嶋村久兵衛方江立寄小休、昼食之支度いたし候由ニ而一同

江湯漬差出ス○同村益田川河原ニ温泉有之、以前は至而之熱湯ニ候処、川縁り故出水之毎度色々ニ変地いたし、右故歟追々湯ぬるみ、湯治も成兼候程ニ候処、当六月頃ゟ亦わき立、此節は可成入湯相成候由、右温泉は諸病ニ功験あり、往古者殊之外湯治人も多候処、他之温泉と違、湯道更一定せす、湯坪手丈夫ニ補理候而も聊之出水ニ忽湯道変り、自然他所ゟ湧出何分湯小屋抔も難取立、右故当時は湯治人も至而少く、出立懸ケ右場所及見候処、河原之辺、四角ニ掘ホテ穿チ枠を組入レ候而已也、湯は清く硫黄之気烈敷随分入湯相成候程ニ而、山中抔之温泉ゟも強キ方ニ被思就中腫物ニ功験あり、其内悪疾殊ニ妙ニ而全癒を得ること速也と云○七半時過萩原町久兵衛宅江着、止宿、保井戸村ゟ五里ニして遠し当夏も爰ニ宿す

十一月大

朔日快霽　発萩原町高山着陣　道法十里

一今暁八半時頃萩原町出立但今日者里数多く、且着陣ニ付旁早メ出立　松明用意、道を照らして行、曲路渓畔ニ添ふ、去程を顧れは点々林越を照らして蛍火之如し○六時過小坂町喜右衛門方ニ而小休、湯漬手当いたし置候由ニ而一同江差出ス○四半時頃久々野村清吉宅江着、昼食○手附斎藤勝平并平井裕二郎迎として罷越、宮峠ニ而行逢、輿中面話、家眷一同平安之由申聞、安堵之事○陣屋最寄村々役人并出入町人共等、追々途中江出迎候事○八半時頃無滞帰陣　両母君御安健、荊婦・敬之助とも全快、其余相変義無之、一同江面会、且留守中江都ゟも両度便り有之、双君御初御平安之由御書状・御日記とも一覧、安意大慶　尊父君御賀筵之節、秋山太郎輔ゟ亀之置物差上候ニ付、右御挨拶として当日御用ひ之御印籠、今便御遣候間、早速同人江差遣候処、殊之外難有狩、厚御礼申上呉候様申聞ル、且　尊父君江願上ケ候寒暖計

急速ニ者出来兼候由ニ而、御所蔵之分、今便御遣早速
　仕懸ケ候事
二日晴
一四時頃御役所江出勤〇手代并出入医師等之内、餞別差
越候もの共江夫々土産もの遣ス、且出入町人共其外ゟ
着陣祝儀として、鮮魚等品々差越ス、数多故細書せす
三日晴
一自分帰陣御届差出候ニ付、去月廿九日出之御用状見合
置、明四日差立ル、因而　尊父君并両貴兄江之御返書
認、正一郎江遣候箭羽、其外彼地ニ而調候鋏等一同封
し、夕刻元〆江渡ス〇帰陣懸ケ江州伊吹辺ニ而調候新
蕎麦、今夕為少試候処、味ひ一段能、凡信州之産ニ伯
仲す江都ゟ被遣候海苔相用候事
四日晴
一四時頃御役所江出勤、吟味物有之、評席江出ル

五日曇昼後ゟ雨
一去月廿九日下原町老農加藤三郎右衛門方江止宿せし時、
同人江画扇并菓子遣候を殊之外歓ひ、太田小六迄礼状
さし越、右書状之末江忰之狂哥認、尤自分江入聴候義
は無用ニいたし呉候様申越候由、小六申聞ル、徒然ニ
任せ記置但扇子は自分一両度持しを遣ス、菓子は稲穂之形也
　国司君より家父江
　御持扇を下し賜ふ御義
ありかたや、親骨子骨、孫まても、末広かりの、君
かたまもの
　御絵は雀なりけれは
御手なれし、扇頂く、嬉しさに、雀百まて、躍わす
れし
　亦御菓子を奉拝領て
耕しを、夢わするなと、給ものも、くわしも籾穂の、
君の教へか

六日晴昼後曇
一四時過御役所江出勤、日限尋申渡有之、評席江出ル○昨夜御用状到来之由　尊父君ゟ之御封物、今朝太田小六持来ル、御書状・御日記とも一覧　双君御初御安健大慶安堵之事但願上ケ候砂糖并叔兄筆之画扇三本、其外画帖之内出来候分一葉被遣候事○菊池、三橋、多田ゟも書状来ル、道中筋川支ニ候哉、亦は短日故ニ哉、今便殊之外日合後レ候間、否レ実追而可糺事
○本保ゟ借請参候資治通鑑綱目、今日ゟ読始ル但唐本

十日晴折々曇
一四時頃ゟ御役所江出ル○濃州下川邊村陳屋江元〆秋山太郎輔差置、同国郡上郡御預所村々定式御用向之分者、右陳屋ニ而為取扱候ニ付、村々役人惣代呼出、右之趣申渡証文申付ル但拾八ヶ村○伊吹蕎麦𢪸手打ニいたし、手代共一同并医師中神順道江も振廻、自分も相伴いたす、人数都合九人ニ而五升為打候事但蕎麦後一同江茶漬差出ス、一汁三菜何レも手前ニ而製す、そばは余程余り、下々迄遣ス○昼後御用状至来、　尊父君ゟ之御封物も来ル、早速披封御書状・御日記とも拝覧、　双君御初、弥御安健大慶不過之安堵之事但素麺并願上ケ候白粉等被遣　両貴兄江相願候亡児墓碑銘　伯兄御撰文　叔兄御染筆被遣之、御愛顧之御余情紙上ニ溢レ、句々感深く往時を思ふて、坐ロニ涙之下ルを不覚

十二日朝微雪夫ゟ曇
一当子年御年貢金初納之分例年之通、馬三疋江振分ケ宰領相添、明十三日差立候ニ付、尊父君叔兄江之呈書認、塩松茸・養老酒・奉書紙・干瓢・塩鮭其外菊池・三橋・多田江遣候封物、一同夫々荷𢪸作り元〆江相渡ス

十三日曇夜ニ入雨
一今朝は寒威相増、寒暖計三拾九度ニ至ル此程は四十三四度ゟ五十度程也
夜来稽古所ニ而焚火いたし、家眷一同凌寒○拾畳之間縁頬者居間江之通路ニ付、兼而補理有之候雪除之あふら障子、今日為張取附候事

十四日雨

一今夕しる粉餅を製し、順道、小六江も振廻候処、小六は殊之外しるこ好ニ而一連ニ拾壱椀を尽す、尤小倉あんニいたし甘美尋常ならす、自分は漸弐椀ニして止ム、拾椀以上を尽すは抜群と云べし

十五日雨折々雪

一四時頃ゟ御役所江出勤○今朝は寒気少シゆるみ、寒暖計四拾五度

十六日晴折々曇疎雪来ル

一山田村ニ而製し候小糸焼陶器之義、是迄は土焼故質和らかニ而、至而もろく、国用ニ薄く、最寄山中ニも陶器ニ製し候石有之由ニ付、右ニ而石焼之陶製し試候様川嶋奥六ゟ村方之もの江申談、先頃ゟ右石をこなし追々製作、四五日以前焼かゝり、今日釜を開キ候由申出候間、昼後奥六并太田小六、地役人田近弥左衛門・土屋丈平・上村森助召連見物ニ罷越、皿・丼・猪口・徳利・茶碗・小皿其外数品出来、夫々釜ゟ取出し一見す、是迄粗品而已焼立候小釜ゆへ上品之もの者出来不宜、来春は丸釜を製し上品焼出候由申聞ル、染附抔藍色も能、平戸、尾張等ニ伯仲ス、追々焼馴候ハヽ、一廉之国益ニ可相成、釜製作方等能々申聞置但職人之内、両人程美濃辺ゟ参候もの有之、是は余程巧者ニ見ゆ太白焼之模様無之品江者、絵を好きぬ釜ニ而即座ニ為焼一覧す、甚手際成もの也、右小屋ニ而奥六持参之餅・菓子等喰し暫く休息、七半時頃帰陣但徳利・猪口・小皿之類数品携来ル

十七日快晴

一四時頃ゟ御役所江出勤○日限尋落着有之、評席江出ル○今朝は亦寒威続く、寒暖計三拾五度ニ至ル

十八日昨夜ゟ雪五時頃ゟ霽昼後亦曇

一平井裕二郎儀実兄松平陸奥守家来平井直記在所住病気之処、当九月中病死いたし、同人悴も大病ニ而家事世話いたし候ものも無之候間、帰国之上後見いたし呉候様、此程親類共ゟ申越候由ニ而代り有之次第、永之暇

申請度旨申聞、実ニ無余儀次第ニ付暇差遣候積、同人代り召抱候迄は太田小六用人代り為心得候筈、同人江申聞置、裕二郎は来ル廿廿〔三〕日頃当地出立、一ト先出府、夫ゟ本国江罷越候由ニ付、同人代りは江戸表ニ而召抱候積、　尊父君江も相伺取計候様委細申含置、尤右之趣は先便　尊父君江も申上置候事○裕二郎江餞別として自分ゟ金五百疋、持古し候矢立并雲丹三箱　両母君ゟ金百疋、綿温じやく、荊婦ゟ胴着仕立遣候事但来三月迄之給金弐両此程貸遣、右之分返納いたし候得共、裕二郎も窮し候様子ニ付、右者其侭遣ス

廿日曇四時頃ゟ霽

一四時頃ゟ御役所江出勤、日限尋申渡有之、評席江出ル○奈良奉行江引渡候囚人有之、手代桑田貢二為差添明日差立候積、同人義帰路京地江立寄候ニ付、同所有名之文人画工江書画帖為認候積、絹地等属遣ス

廿一日晴

一四時頃ゟ御役所江出勤、日限尋申渡有之、評席江出ル

廿二日晴折々曇

一平井裕二郎儀弥明日出立ニ付　尊父君江之文通認、当地ニ而焼候陶器弐三品箱江入封し、同人江渡ス○裕二郎旧友仙台藩中百々尚一郎京地江遊学旁罷越候由ニ而、先頃裕二郎を尋参、当地ニ逗留、尚一郎は古賀小太郎門人ニ而、学問所ニ寄宿罷在、学問も相応ニ出来候由、至而篤実成人柄之由、兼而裕二郎ゟも承候故、此程自分も面会す、然ル処、今般同人出府いたし候ニ付而は、いまた宿病も全快不致独行は無心許候ニ付、江都迄尚一郎送参候由ニ而、今夕暇乞ニ罷越面話、贐として半切紙并黒へ杉状箱等遣ス、夜ニ入、裕二郎江者留別之盃を勧、偹愁然後会を期し、故郷江之伝言等申聞置

廿三日雨

一平井裕二郎儀、百々尚一郎一同今朝五時過出立、太田小六、新保文蔵其外出入医師・町人共等町外レ迄見送ル、中間新藏・八助は宮村迄送参候由陳屋ゟ壱里

廿四日（昨夜ゟ雪）
一今朝積雪四五寸、三階ゟ之眺望尤絶妙、寒暖計三拾五度○秋山太郎輔儀明後廿六日出立、濃州下川邊江引移候ニ付、餞として兼而持合候唐錫急焼遣ス（但至来物箱入）○出入大工平吉悴治兵衛呼寄（さし物を能す）今日ゟ稽古場ニ而一位木煙草盆其外春慶塗物下タ地木具為拵候事○昼後御用状至来　尊父君ゟ之御封物弐封来ル　双君御初、弥御安健
　母君ゟ御自書文も来ル、此程は至而御健之由大慶不過之安堵之事（但家眷ゟ願上ケ候小物類、其外かすていら・海苔等被遣）

廿五日（曇）
一今朝は寒気烈敷寒暖計三拾壱度ニ至ル（但寒暖計甚寒は三拾弐度也）前夜洗ひ置し米悉く氷り、熱湯ニ而とかし漸焚候由、茶を入んとて湯ニ而土瓶をすゝき置ニ、茶をほうし候内、蓋氷り附て離れす、其余寒威押而知るべし○照蓮寺輪番、来ル廿九日出立上京いたし候由ニ而暇乞ニ来ル、内玄関ゟ参候間、居間江通し面話（土産ニ羊かん一折持参ス）○梅斎江申付置候二枚折半屏風画出来、種々之菊花彩色出来宜方也（但銀地緑春慶）

廿六日（小雨）
一四時頃ゟ御役所江出勤、日限尋申渡有之、評席江出ル○今朝は寒気少しゆるみ寒暖計三拾八度、氷も至而薄し○秋山太郎輔下川辺江引越候ニ付、今般出来（立）○褥之下タ江敷候わら布団并夜分床下江敷候鋪紙此程出来（但役所小遣江申付製ス、敷紙□者蕃椒を入る）　昨夜ゟ相用ゆ

廿七日（朝雪昼後霽）
一陣屋ニ火之見無之、既先頃出火之節、手代・地役人共急速火元見極候義も成兼、困り候由ニ付（住居之方ニ者三階有之候得共、是以方角ニ寄候而は喬樹支見へ兼候）火之見取建候積、尤冬向者日々雪降積屋根無之候而者、登り候義も成兼候間、書院北之方中庭江新規火之見櫓取建、書院後ロ廊下より直ニ上られ候様、補理候積、此程下タ拵も出来、地形ニ取懸り候事

廿八日昨夜ゟ雪終日不止
一今朝は寒暖計三拾四度、満天飛雪紛々終日無小止、積雪平地尺ニ至らんとす○酒を不嗜もの寒気を凌キ候ニ者餅を第一とす故ニ、自分初老幼、日々雑煮餅等製し食し候得共、其時々調候而は煩しく、今日は冬至ニも候間、兼而用意いたし置候餅米之内壱斗、今日為春雑煮拵へ、下々迄為給、其余は貯置候事

廿九日曇昼後雪
一夕刻蕎麦手打いたし、川嶋奥六は殊之外好物之由ニ付為持遣ス○照蓮寺輪番、書画を好候由ニ付、過日入来之節書画帖為看候処、老母江も為見度由ニ而持帰、今日相返ス、輪番も書画出来候由ニ付、扇子等頼候処、則認差越ス、文人画ニ而山水等可成ニ見ゆ

晦日薄陰折々雪
一支配所之もの御材木御用ニ付、江戸表江明日出立いたし候ニ付、定日之御用便相延、御用状右之もの江渡遣ス、依之　双君并　叔兄江之呈書認　母君江差上候胴着是者おきた稽古之ため健老手織之切レニ而仕立候事金子入別紙とも一同箱江入封し、元〆江相渡ス

十二月大

朔日 雪

一四時頃ゟ御役所江出勤○諸色直段引下ケ方其外諸職人家業励方之義ニ付、兼而右取扱申付置候高山壱之町孫兵衛外四人、町年寄共差図請格別骨折出精いたし、夫々行届取締も付候間、右五人呼出一同誉置手当遣候事○町医師之内上田東圓義、壮年若ニ者候得共、格別医業出精之由ニ付、曲陳屋出入申付、手当米差遣ス是迄出入医師之内、不出精之もの等者、出入差留又者手当米減石等申付ル○今日火ノ見櫓建前ニ付、一同江酒肴遣ス、火之見高サ櫓口迄廿六間、火ノ見上方六尺、梯子は三段ニ補理筋違ひニ懸ル、尤四方は板羽目ニ而窓を附ル

二日 朝霽四時過ゟ雪

一出入医師丸川元吾倅元敬儀、当秋ゟ京都江遊学ニ罷越居、自分書画帖相集候趣、元吾ゟ申遣候由ニ而、同所名家書画八枚為認、此程帰国、今日持参ス○亡児墓碑、玉垣とも皆出来ニ付、太田小六見分ニ遣ス、明後四日者百ケ日ニ付、墓碑出来之様子一覧、旁廟参いたし候積ニ候事但右碑入用都合拾壱両弐分、石運送等人足四拾人余者冥加之ため迚、出入町人共ゟ差出候由

三日 朝晴四時頃ゟ折々雪

一今朝は寒気烈敷、寒暖計弐拾度、水入は勿論、硯之水氷りて昼前迄は日記しるし候義も成難し○越前表江罷越候節、府中町道具屋ゟ調候応挙筆之画軸表装見苦しく候間、表具為仕直今日出来上下純子価弐分三朱○好而竹を画候勝久寺隠居白雲居者、至而質朴ニ而成老僧之由ニ付、徒然ニ任せ今日呼寄面話、席上ニ而墨竹両三葉揮筆、世外逸人之気象顕れ、風韻尤絶妙也、元来世事ニうとく、聊諛之心なく対話、俗情を忘るニ足ル、茶事并花レ立を能スと云、茶菓子等振廻候事

四日 昨夜ゟ密雪今朝晴四時頃ゟ亦雪

一今日者亡児百ケ日ニ付、五半時頃出宅、大雄寺江廟参但本供

墓碑丈ケ三尺三寸五分、台石三段、玉垣方九尺、

左右石灯籠壱対丈ケ六尺、石并石工ゟ之細工も可成也、一面ニ屋根を補理、三方板并筵ニ而弐重ニ囲ひ雨雪を避く○位牌も出来ニ付今日相納、厨子はいまた出来不致、追而相納候積、牌前江詣し四半時頃帰陣但香奠金百疋相備、自分并侍共江も汁粉餅、其余江者酒差出候由○兼而梅斎江申付置候当地着陣之図出来但絹地粉壱陳屋并門前町屋之様子、供立等都而真を写さしむ、追々当国之名所等継而為認、巻物ニ仕立候積ニ候事

五日曇折々雪

一四時頃ゟ御役所江出勤、日限尋申渡有之、評席江出ル

○大工治兵衛儀此程不幸有之、八九日不罷越、今日ゟ猶亦参細工いたす但弟子壱人召連来ル

六日快晴

一今朝も寒気強く、寒暖計弐拾九度、今日者珍しく快霽ニ而終日少シも不曇、三階ゟ眺望するニ、四面遠山峻嶺都而晴渡り、玉光天を突て一朶之雲なし、望ム所遠近山野田屋雪ならざるはなく、日ニ映して皓々眼を刺か丶る晴明者当秋以来初而也○一本杉白山権現別当大成院は陳屋稲荷別当をも兼帯いたし兼而出入也、年齢五十歳余小出大助飛騨郡代之節、同人方ニ数年奉公いたし、夫ゟ江戸表江附添参、大助引立ニ而一旦御先手同心をも相勤候処、其後不仕合ニ而浪人いたし、所々偏歴いたし候内、親大截成院并兄も病死いたし、跡相続之もの無之、因而中年ゟ右院跡相続いたし候由、一躰才気有之、弁舌能、流浪いたし候頃、軍書講釈等いたし、歩行相応ニ出来候由ニ付、此程長夜徒然故、呼寄承り度手代ゟ為承候処、中絶はいたし候得共、不苦はいつニ而も罷越講し可申由申聞候間、則今日暮合頃ゟ呼寄、手代并地役人是者此程御用多ニ付、役所之方江三人程手伝申渡候もの共也医師順道并梅斎等聴聞為致、則野田ノ城攻め并赤穂記城請取之一段講之、余程修行せしと見へ講方能熟し、弁舌も爽かニて聴ニ足れり、以後は一六ノ日夜来、為講候積ニ候事

七日曇四時頃ゟ雨

一秋山太郎輔ゟ美濃名産生干蜂屋柿并尾州宮重大根、太田小六江之書状添差越ス、蜂屋柿は尾州ゟ献上ニ相成候由故、蜂屋村ゟは年々柿を年貢ニ相納、柿壱ツ米壱升之割合を以差出ス由、製法甚六ケ敷、同村ニ限り製し候事之由、味ひ甲州之産ニ勝れりと云、世ニ美濃之大柿と唱ふるもの也

八日薄陰

一昨日之雨故歟寒気大キニゆるみ、今朝者寒暖計三拾九度也○火之見櫓今日迄ニ而皆出来ニ付、棟梁初め大工七人江台所ニ而酒肴遣ス、例之通歓舞、興を尽す但大工治兵衛外壱人も細工ニ参居候間、是亦相伴為致候事○火之見登臨ス、三階ゟ高こと八九廿《尺》、市中眼下ニあり、四面眺望尤奇也

九日曇

一長夜徒然ニ付、地役人土屋精一郎、庄村幸次郎呼寄、太田小六等一同夜来、太平記会読いたす但出入町人上木屋甚四郎所蔵之太平記大全借受ル

十日晴

一四時頃ゟ御役所江出勤○当地江塩運送いたし候越中冨山塩方差配人壽右衛門・儀兵衛機嫌聞ニ来ル、任先格逢遣ス但加賀落雁一折并塩大鰤二尾持参ス○今宵も太平記会読催す

十一日曇折々小雨

一当地似せ金一件江引合候無宿もの、越前表ニ而召捕候ニ付、彼地陣屋詰手代中里橘次郎差添、今日参着、昼後評席江出、一ト通相糺、入牢申付ル、夫ゟ役所江出勤、橘次郎江面会、彼地役所向相変義無之由申聞ル、同人者兼而江戸詰申渡置候間、当地ゟ直ニ出府之積○夕刻蕎麦手打いたし、橘次郎江も振廻候事○今宵も大成院来、赤穂記を講す

十二日晴

一寒暖計三拾五度、寒気ゆるやか也、氷も薄し○二納御年貢金三千両余、明十三日宰領相添差立候ニ付、尊

父君江之呈書相認、至来之蜂屋柿・塩鰤・鱈其外かち栗等箱入亦は紙《こも》包ニいたし、菊池・多田江之封物一同元〆江相渡ス但多田ゟは自分持薬丸薬其外差越候間、右謝礼として金五百疋・飛騨紬壱反・真綿等差遣ス諸向江之寒気見舞書状等も今便差立ル

十三日疎雪

一今日者役所并広間一同例年之通煤取候ニ付、居間向其外も煤払いたす、台所も是亦仕来ニ而町方ゟ人足参、煤取候事○今朝宿継御用状至来　双君ゟ之御書状も来ル、早速一覧　御両君御初御安健大慶不過之、是者当月四日附之御書状ニ而御日記并兼而願上候品々等者、近々御金宰領帰国便ニ御遣候旨被仰越候事但新海苔被下候事○当所詰手代人少ニ而差支、殊手代桑田貢二義、兼而出府をも相願候間、同人代り旁寺西藏太手代善次郎事小森貫二、藏太江懸合之上貰請、今般抱入伺相済、則過ル朔日江戸出立、今昼頃当所参着　尊父君ゟ之御封状持参、是者去月廿九日附ニ而今朝至来之尊書御差出以前貫二江御渡有之候御書状也○今夜子ノ三刻寒ニ入

十四日曇折々雪

一今朝四時過御役所江出勤○西丸御普請ニ付、御用板仕入方取扱候手代并地役人共江御褒美被下候段越前守殿御書付を以被　仰渡候旨、自分名代江隼人正殿被申渡候由江戸役所ゟ申越候間、則手代七人、地役人四人江夫々申渡、銀弐枚ツ、又者金弐百疋ツ、相渡ス但当所不詰合もの江者名代ニ而申渡候事○中里橘次郎儀明日当地出立、東海道筋出府いたし候ニ付但東海道筋ニ先祖之墓所有之、右墓参相願候事　尊父君江之御返書認、門田田門事木村唯一郎江祝儀ニ遣候奉書紬并肴代等其外当所ニ而此程漉立方申付候半紙等箱江入一同封し、橘次郎江相渡ス但唯一郎義、御中間頭木村儀兵衛方急聟養子相談整、過ル三日引移も相済候由被仰越候間、右歓ニ遣候也○橘次郎江餞別ニ真綿遣候事○今日者寒暖計弐拾七度、昼後者別而寒之強く、終日硯之水氷りて筆を取りかたし○仙洞崩御ニ付、去月廿四日ゟ五日之間鳴物・普請停止被仰出候段、右御書付写相添、江戸役所ゟ申越候間、今日国中江惣触差出ス

十五日折々疎雪

一今日者寒気殊ニ甚しく、寒暖計弐拾弐度甚寒之所江猶度を減す是迄は池頭流之水筋氷なく、水声を為せしニ、昨宵ゟ都而氷張詰、今朝者水音を不聴、其余氷之甚しき押而知へし、極寒ニて鉄器之類手江氷り附て不離由、兼而及承しかとも、いまた信せざりしニ、今朝初て発明す、毎朝うかひ之湯熱湯ニあらされは、直ニ冷へて難用、因而今朝も熱き湯を盥中江移し、かね之水次ゟ水をさゝんとて、荊婦水次之蓋を取ルニ指先右蓋江氷附て不離、周章湯を洒き漸々離ツことを得たり、亦朝飯を食するニ、めし鉢之蓋江上レル湯気、氷りてつらゝの如く蓋を取ニからくと音して、氷り席上江落、其後試ニ机上之文鎮江息を吹かけ、指を附ルニ氷り附て不離、息にて暖め取んとするニ、息之かゝりたる所、霜之如く白なりて、矢張指者離れす、火にかさして漸取ルことを得たり、おきた・おきく戯ニ文鎮を舌ニ而舐るニ、舌先氷附きし故、周章舌をちゝめしニ、舌先あれたるか如く少しく痛を覚、銘々紅粉抔附て大ニ恐怖す、跡ニ而承れは、強く氷附時者舌先ゟ血出、鉄器ニ触レ氷り附たるを無理ニ離す時は、手之かわむけ痛といへり、因而鉄器類猥ニ手ニ取間敷旨厚く戒置、亦試ニ鉄炮之筒江息を吹かけ、銭并かんさし・火箸・鉄錺之類等種々之鉄物を附ルニ、速ニ氷りて倒マニ成りても離るゝことなし、実ニ至寒之僻土厚く凌寒之手当を可尽事也但自分抔襲衣は勿論、終日腹巻し座敷内往来するニも、絹切レニ而製せし履を用ゆ、夜来は巨燵之傍ニ臥し、小用も便器を用ひて厠ニ不至、昼夜とも猥ニ戸外ニ出ルことを禁す○来春之門松、錦山ゟ伐出し、今日陳屋江引入ル、先格ニ付則人足弐拾四人早朝より右山江罷越輸送ス、人足一同江酒肴并銭百文ツヽ遣ス但豆ふ汁・塩蒜・酒壱斗余下台所ニ而振廻、尤停止中故払事せす○出入畳屋五人昨日ゟ参、畳替いたし候事

十六日薄陰折々疎雪

一四時頃ゟ御役所江出勤、日限尋申渡有之、評席江出ル○今朝者寒気ゆるみ寒暖計三拾五度、氷も薄し山中故ニ哉、寒威之寛猛日々異也○手代幸（桑）田貢二義、囚人引渡として奈良表江出役いたし候処、無滞引渡相済、

昨夜帰着、同人江申付遣候京都有名之書画絹地弐拾、扇子弐拾本出来持参、外ニ絹十枚、扇子拾本程、是ハ出立間ニ合兼、跡ゟ差越候由申聞ル、京都画所狩野縫殿之助者貢二続合ニ付、縫殿之助ゟ所々相頼、其外貢二も格別骨折候ニ付、有名之分大概速ニ出来せし也○経師三人障子張替へニ来ル

十七日晴風
一四時頃ゟ御役所江出勤、日限尋等申渡有之、評席江出ル○今朝も寒暖計三拾五度、寒気凌よし○川嶋奥六妻出産男子出生男子者初而也右ニ付、伽之もの江煮〆・煮肴・餅・菓子等遣ス但四重組○今宵も太平記会読す、順道并小森貫二初而出席

十八日薄陰雪
一紅毛モヲル移シ、平安形印籠調ル、細工人高山神明町庄兵衛花林亭一葉と号す元越中冨山町之ものニ而、四五年以前当地江転住ス、金銀素銅等之針かねニ而、象眼之如く花鳥、其外種々之ものを図し、漆して研出せしもの也、細工密ニ而、尤も精妙なれとも価者至而貴し但価壱両弐分、是者閑暇之頃手間ニ不拘製置し品故、価定格を減す、新規誂なれば弐両といへとも難製といへり○美濃辺ゟ取寄候よしうなぎ蒲焼、順道ゟ差越ス、味ひ能江都ニ似たり

十九日晴
一四時頃ゟ御役所江出勤、日限尋申渡有之、評席江出ル○竹垣三右衛門方江当秋中書状差越候返書、旁大坂有名之書画帖、扇面頼遣候積、書状認、墨流し服紗其外当所産物等両三品、絹地一同箱江入封し、幸便差立候様元〆江渡置

廿一日晴昼後曇折々雪
一明日餅為春候ニ付、仕来之通り町方人足三人餅米洗ひニ来ル○今宵も大成院赤穂記を講ニ来ル

廿二日晴風夕刻雪
一餅為春候ニ付、早朝ゟ餅舂人足五人来ル但弐石余、此内八斗者役所江遣

候分也七時頃春終候事但手代・御蔵番等江自在餅遣ス

廿三日晴

一初度御年貢金江差添遣候宰領、今夕御着、御用状并尊父君ゟ被遣候大箱并むしろ包弐ツ至来、早速御書状・御日記とも一覧　双君御初御安健大慶不過之候事願上ケ候羅背抜羽織・花色絹足袋・砂糖并あふら・元結其外　叔兄ゟ書画帖・扇子　母君ゟ塩漬茄子等被遣候事菊池・多田ゟ之封物も来ル、新海苔其外差越ス

廿四日曇昼後雪

一四時頃ゟ御役所江出勤、日限尋其外申渡有之、評席江出ル○役所ニおゐて左之通手代共江過給、又者手当等差遣段、夫々申渡ス不詰合もの者名代江申渡ス

八両三人扶持　手代　桑田貢二

六両弐人扶持是者手代ニ取置候積　書役　森出集輔

六両弐人扶持　書役　小森貫二

○毎歳、今明日両日高山年ノ市ニ而、弐之町北之方ゟ宮川河岸通り江諸商人寄集ひ、春来之用具を鬻く由、文藏儀、昼後大雄寺江参詣、帰り懸罷越、及見処、江都之晩市と者甚異ニ而、所鬻く之物、多くは薪木、筵之類也但筵者琉球畳表也之由、賤民之家ニ者常ニ畳を不設故ニ、初春は毎家此筵を敷、新年を賀すと云其余は大豆・密柑・塩物之魚類等ニ而、飾之具并器物・手遊等を商ふものは絶てなし但薪其外何レも牛、又者反りニ乗せ引参ル由故ニ、往来別而混雑す当地は村市とも本願寺派多し故ニ、松かさりする家至而稀なれは、飾之具も不商といへり○今宵も大成院来、赤穂記を講ス是者鳴物停止中之替日也○尾張殿領分江引合候似せ金一件ニ付、世話ニ被相成候由ニ而、白縮緬弐巻被相贈候事

廿五日曇昼後雪

一明日ゟ御役所御用場とも割出ニ相成候間、定例廿九日差立候御用状明日差出候ニ付　尊父君両貴兄江之呈書認、三郎太郎江遣候反り、其外奉書紙・墨流小切・菓子等紙包ニいたし、菊池江之封物、其余矢部左近将監方江去月中小普請支配被仰付祝儀ニ遣候書状入、封物共大箱江入、嵩張候品ニ付、宿継ニ而差立候積、元〆江渡ス

廿六日朝晴四時頃ゟ密雪
一関氏ゟ之封物飛脚屋使〔便カ〕ニ而来ル、新海苔百枚、書状添差越、重便返書可遣事
○御材木桴問屋濃州下麻生村篠田彦三郎ゟ餝ニ用ひ候品々、任嘉例差越ス

廿七日晴昼後ゟ曇
一四時頃ゟ御役所江出勤、落着もの有之、評席江出ル但盗賊一件此程御下知相済○大成院来、赤穂記を講

廿八日晴
一歳晩祝儀ニ付、任嘉例五節句之通、例席ニおゐて手代・地役人・町年寄・出入医師等礼受但長袴着用○過ル十五日以来寒気ゆるみ、昨日迄者寒暖計三拾度以上ニ候処、前夜ゟ亦寒威烈く、今朝者弐拾壱度ニ至ル○大雄寺江太田小六代拝ニ遣ス、鏡餅一飾、金百疋相納候事
○陳屋一同松かさりいたす

廿九日小雨
一今朝者寒気ゆるみ、寒暖計三拾弐度

卅日曇
一歳末之祝儀として追々差遣候分、左之通

一千疋　丸川元吾
一壱両　中神順道
　鴨壱羽
一三百疋　北川養元
一弐百疋　圓山東巒
一百疋　野口養安
一百疋　赤田晋助
一百疋　大成院
　鴨壱羽
一百疋　太田小六
一百疋　小峠平吉
〆六両

手代

一拾七両　地役人

是者定式歳暮并皆勤之もの、其外臨時出役等骨折候もの江遣ス

弐口〆

弐拾三両

右之外　両母君江歳末之御祝儀申上候験ニ目録上ル、一同下々江も例年之通歳暮遣候事○蕎麦手打いたし、一同相祝ひ、川嶋奥六江も遣ス○手代・地役人・町年寄・其外出入医師、町人共并村々ゟ歳末之祝儀として任嘉例魚類・菓子・野菜其外差越候得共、夥多之事故、品柄等逸々不記下々江も悉く差越ス○夜ニ入手代共一同、除夜之祝儀ニ来ル

飛騨在勤中
日　記　二

天保十二丑年

豊　田　友　直

天保十二辛丑年

正月小

元日 晴

一今朝六半時装束いたし江都ニ向ひ三ニ遥拝、畢而　両母君江年賀申上ル、五時頃席々ニおゐて手附・手代・地役人・町年寄・出入医師・町人共一同礼受ル、規式都而節句之通○例年之通家眷環坐椒酒之嘉式畢り、陳内稲荷・霊府両社江参詣、元〆川嶋奥六、元〆加判斎藤勝平方江年賀ニ立寄暫く面話、四時頃帰ル○八時頃

　尊父君ゟ之御封物至来、早速拝覧　双君御初御安健、且旧臘廿日　尊父君被為（平出）召、佐渡奉行被　仰付候段（平出）御前ニおゐて被　仰付候旨、御吹聴被仰越、右者御年来御宿願場所之儀、別而難有仕合、数年之御勤功被為立、御家江被対、無此上御規模嘸々御満悦之儀と家眷挙而大慶令雀躍候事但叔兄ニ　諸家人名録御調被遣候事

二日 晴昼後雪

一今朝五時広間江出席其長袴着用如嘉例高山町組頭共一同礼受惣人数三拾三人○松平越前守領分通用銀札之義ニ付、(平出)公儀ゟ御沙汰之趣も有之、以後別而領分取締いたし候ニ付而者、万端本保陳屋江厚相頼度由ニ而、同人家来竹下卌《丈》太夫当地江出張、口上書を以元〆手代江申聞、自分江七子紬五疋・鴨壱番・雲丹壱曲、元〆江紬壱疋・金五百疋・雲丹壱箱相贈ル、是迄者越前守方取計不穏、兎角　上を凌キ候家風ニ而、陳屋江頼入候様之義更ニ無之候処、追々自分ゟ之申立ニ而、越前守江御沙汰有之、此節ニ至り、懸り役人共も一同心得違相弁、隣領と和熟いたし、家政取治候心底と相聞、左も可有之儀ニ而一段之事ニ付、広間ニおゐて丈太夫江面会、自分見込之趣申聞以後者、猶更相互ニ相和し、下民難渋不致様都而誠意を以取計、公儀之御為者勿論、家政も相立国中平穏候様いたし度と之趣意、巨細申述候処、至極会得いたし候様子ニ而、自分見込之趣越前守并重役江も申聞候ハヽ、一同安心大慶可致旨申聞引取候事本文之趣以後、心得方等本保陳屋江委細申遣候積ニ候事

尊父君江不取敢今般之恐悦、別便を以申上度呈書認、右御祝儀且御驢旁春慶長広蓋并天鵞絨壱巻、七子紬壱反箱江入、叔兄并関氏江之返書一同封し込、明日差立候様元〆江相渡ス

三日 雪

一陳屋最寄村々惣代之もの両三人ツヽ、今明日両日之内、追々年礼ニ罷越、其節野菜物等持参り候故、酒肴振廻候嘉例ニ有之、肴者鰤壱切并午ぼう・するめ之煮附・数之子三種也、鰤者生スニ而紙ニ包遣候得者、銘々持叅帰り、村中一同ニ而配分いたし候由、中ノ口者狭く候間、稽古所江筵を設振廻、自分初一同透見いたし一興を催す、今日者都合拾七ケ村来ル

四日 雪

一昨日者寒暖計弐拾八度ニ候処、今朝者弐拾四度ニ相成、此程は香ノ物・餅抔別而強く、且居風呂も入湯中、流

シ板鏡之如くニ氷り冱りて難歩候事○連日之飛雪□軒上ニ雪積ること一尺四五寸、右之重シニ而雨戸明ケ建成兼候間、人足を入屋根之雪為払候事○今日者村々都合四拾六ケ村年礼ニ来ル

五日 雪

一昼後子供一同物見江罷越、市中之様子及見、歳首故常ゟ者往来多方也、されとも路上満雪、何レもかさを傾ケ、反りを引て往来するもの多し、巻頭松かさりなく、亦絃歌を売ものハ更也、太神楽といふ物もなけれは、寂寞として初春之風光なし

六日 晴

一今日者嘉例之通、国中寺院・社人惣礼ニ付、五半時頃広間江出席長袴着用二ノ間敷居際江元〆着座、寺院者使者之間江為控置、入側江差引之手代罷出、任先格持参之扇子、席々江手代持出し差置、寺格ニ寄順々操出し礼受但二ノ間東之方入側襖明ケ置、礼相済候分者右ゟ玄関之方江退出席順等左之通

独礼席

浄土宗 大雄寺	扇子 敷居際	礼席 敷居外壱畳目
真言宗 長久寺	扇子 壱畳目	礼席 同断
一向宗 桂林寺	扇子 壱畳目	礼席 弐畳目
同 可泉寺	右同断	
同 玄興寺	右同断	
同 西流 勝久寺	右同断	
真言宗 千光寺	扇子 弐畳目	礼席 同断
本山修験 大成院	扇子 弐畳目	礼席 三畳目
一向宗 東等寺	右同断	

惣礼席

臨済宗 宗猷寺・日蓮宗 法華寺	扇子 弐畳目	礼席 三畳目
一向宗 専念寺・同 眞蓮寺	右同断	
一向宗 不園寺・同 霊雲寺・同 英芳寺	右同断	

右同断

同 稱讃寺
真言宗 國分寺
同 金剛寺
曹洞宗 素玄寺
同 大隆寺
同 久昌寺
同 善應寺
同 雲龍寺

右之外病気并当時無住ニ付代僧留守居其外名代罷出候分左之通此分目通不申付

独礼席
松泰寺
圓光寺
本光寺
眞宗寺
常蓮寺
速入寺
圓徳寺

一ノ宮大宮司 梶原陸奥守
惣礼席
願生寺
圓龍寺
随縁寺
松樹院
秋聞寺
本覺寺

此外目通不申付、玄関迄罷越候神主・社人之分左之通
森 山城守
三尾遠江守
伊杉筑前守
藤枝丹後

七日晴風
一七種祝儀ニ付、例席ニおゐて手附・手代・地役人・町年寄・出入医師等礼受ル長袴着用畢而半袴ニ着替いたし、

猶以亦出席手代・地役人一同広間・二ノ間両側江並居、椒酒献酬式あり、最初自分一献傾ケ、筆頭之もの江遣ス、夫ゟ順々連盃、末ゟ自分江返盃、飲畢而相賀し退座ス、肴者混布・勝栗・松葉するめ也（但詰合之分惣人数三拾五人）以前ハ一同江吸物其外肴等差出候得共、郡代省略中、殊寒国時節柄酒肴等冷へ候故、中奥ゟ之仕来ニ而椒酒を祝ひ候事、料理者代ニ而、手代一同江金三百疋、外ニ添江百疋ツヽ、地役人一同江千疋、御蔵番江百疋、町年寄江百疋遣ス、此金〆六両也○今日者旧臘以来之寒第一之寒気ニ而寒暖計拾八度半、火辺之具といへとも水気ある分は悉く氷り、食事之節も湯茶之滴り膳之上ニ而氷り、椀も取兼候程也、其余苦寒押而知ルべし○日限尋申渡有之、評席江出ル○越前本保陳屋江御用状差出ス、銀札之一条、山下左内江委細自書ニ而申遣候事

八日（昨夜ゟ密雪）

一昼後稽古所脇拾弐畳之間江具足かさり附、鏡餅備之○寒暖計弐拾八度

九日（朝雪昼後曇）

一昨夜ゟ今朝迄殊密雪無小止、積雪弐尺余ニ至ル、寒暖計弐拾七度

十日（晴）

一本土者至寒之国柄故、冬初ゟ春末まて路上雨雪氷て恰も鏡之如し、故ニ巷童村児戯ニ木履をはきて氷上を走ス、直立して数間を行、是を春来第一之遊事と為ス、今日者寒威亦烈しく、寒暖計拾九度ニ至ル、因而試ニ稽古所板敷江数間之間水を薙くニ、忽凝て一面之玉盤ニ似たり、氷上滑かニして歩すへからす、下女なみは土地之もの故、児ゟ能かの遊戯ニ長す、木履をはきて氷上を走すること甚自在ニ而、百も「　」ことなし、自分も戯ニ数度試み、漸ニして壱弐間走することを得たり、転倒を恐レ両脚力を用ゆれは却而倒ル、只体を軽くして走するニ任せは、おのつから安泰所也、何レ

ニも慣熟せされは、自在を得難し、巷童者橋上又者阪路ニ而此戯を為す、下ルニ随て疾こと帆舟之如く、一走数十間、奇観を為スといへり

十一日晴折々曇

一今日者具足鏡開祝ひニ付、如嘉例手代初一同江鏡餅遣ス、兼而包分ケ置候鏡餅台江為乗候侭具足江備置但数百包程也手代・地役人・町年寄・出入医師・町人・御蔵番・小遣迄順々壱人ツヽ、罷出持之退座ス、差引太田小六、四時頃相済候事〇四時前御用状至来　尊父君ゟ之御封物も来、御書状夫々拝覧　双君御初御安健大慶安堵之事但願上ケ候足袋・絹糸・琴爪糸等被遣、母君ゟおきた江緋鹿子縮めん、其外疱疾丸薬被下、尤菊池・三橋ゟも封物来ル　〇大成院来、赤穂記を講す

十二日薄陰

一今日者寒気ゆるみ、寒暖計三拾弐度〇所々江之年始状認候事

十三日曇折々雪

一明日者御用便定日ニ付、尊父君江之呈書認、旧年至来之越前鰑箱江入封し菊池・三橋・田安江之封物一同元〆江渡ス、尤荷物嵩候ニ付、宿継ニ而差立候積候事〇節分ニ付、今夕儺之嘉例を為す、年男新保又藏陳屋住居向手広、殊鬼打豆長屋江も遣候故、任仕来三升を煎ル、自分小普請之頃ニ者住居も手狭、且家内も少く、漸豆三合ニ而事足りしニ、纔十四年之内追々結構当時十倍ニ至ル、祖母君抔旧キを被思召出、殊之外御歓也、実ニ（平出）君恩之重キ忘却スへからす、されはかの凶事之如キ思ひ替て深く心を傷ましめす、今日を可楽也

十四日晴昼後雪

一秋山太郎輔ゟ年始状江濃州蜂谷枝柿相添差越ス〇寒暖計弐拾三度

十五日曇折々雪

一新年月並初而之礼日ニ付、五節句之通例席ニおいて、手代・地役人・町年寄・出入医師礼受ル但のしめ半袴○寒暖計弐拾九度

十六日快晴

一旧臘申付候さし物類残之分、今日ゟ大工治平外壱人来拵候事但反り形書棚其外用簞笥等為拵候也○手代共妻年礼ニ来ル、母君、荊婦、子供も一同面会○今宵も大成院来、赤穂記を講ス

十七日曇折々疎雪

一四時頃役所江出勤○地役人名和茂利右衛門、田中三津次両人とも一昨年堤方役ゟ当所地役人被仰付親類堤方役中嶋純次郎・水野桂次郎儀・茂利右衛門等江用事有之候由ニ而、此程当所江出張、今日機嫌聞ニ来ル、柴田善之丞ゟ之伝言等有之候間、広間ニ而逢遣ス但土産小菊紙持参候故、挨拶ニ真綿遣ス○今日者先格之通、松泰寺（平出）

御宮其外八幡山王等江参詣可致処、聊風気ニ而入湯いたし兼候事ニ付、延引薬用、来ル廿四日頃参詣之積ニ候事○寒暖計弐拾九度

十八日曇折々雪

一四時頃御役所江出勤、日限尋申渡有之、評席江出ル○娘共手跡之義在府中者　伯兄江相頼候得共、遠境之義清書等間遠ニ而者励も薄く、不精勝ニ相成候間、手附斎藤勝平者手跡相応ニ付、同人ゟ手本貰候積、今日門入之験ニ扇子箱五本入・鰹節一連・金百疋、太田小六ニ為持遣ス、尤手本も一同遣候事但三四日ニ壱度ツヽ罷越、教呉候積之事○寒暖計三拾度

十九日雪

一自分風気快休薬○寒暖計拾九度半、鶏卵抔も強く氷り、殻を去ルニ、矢張丸くかたまりて不砕、暫く火ニ而温め漸用ゆ、寒暖計弐拾五六度ゟ以下一段氷り強く、万物都て氷り悉く熱湯又者火を用ゆる故、割烹は更也、都而事を弁する事意外ニ遅々す、是等者在府中之知らさる所也

廿日晴

一先達而経師江申付置候書画帖之内書之分、一帖出来方八寸計り拾五折ニ而三拾枚を張ル、表紙茶地金襴見返シ并四方縁りは銀地也〇寒暖計弐拾四度

廿一日薄陰

一四時頃役所江出勤、日限尋申渡有之、評席江出ル〇寒暖計弐拾度〇今宵も大成院来、赤穂記を講す

廿二日雪

一昼後斎藤勝平娘共手蹟教ニ来ル、初而之事故酒肴差出ス但吸物弐夕通り、肴三種外ニ手製之すし出ス〇寒暖計弐拾六度

廿三日晴

一明廿四日松泰寺其外江参詣之積、夫々江達ス〇寒暖計弐拾六度

廿四日曇折々雪

一今朝五時過出宅熨斗目半袴着用、本供松泰寺(平出)御宮江拝礼罷越御初穂金百疋献備先格之通自分拝礼後、手代共并地役人一同参詣、畢而左之通参詣ス

一山王社片野村地内陣屋ゟ拾弐三町

壱ノ町神明町を経南之方田畔行こと三四町、山樹之阪路を登り一之鳥居あり、路巾広左右都而杉之並木也、三四拾間程行二ノ鳥居を過て、左之方石磴弐拾段余を登り社前ニ至ル、双辺長大之石灯籠数十相対ス、拝殿方十間計り、本社者拝殿を去こと六七間、廻廊之内ニあり、方五六間堂社頗壮大、拝殿ニ者無数之額を掲く、社前一双之老杉聳立ス、各六七囲、其余密樹寂然堂宇神さびて何となく尊く覚ゆ、別当松樹院ニ而休息、同寺者当時無住ニ付、寺役者國分寺ゟ相勤故ニ、今日も同寺住僧送迎いたし、茶菓子等出ス金五拾疋備

一八幡社三福寺同地内陣屋ゟ拾町程

壱ノ町壱ノ新町を経八幡町ニ到、八幡社者市背ニあり、東之方鳥居を過て右石磴拾五段を登り

社前ニ至ル、本社方六七間造営尤麗也、多く扁額を掲く 金五拾疋備 別当長久寺ニ而休息、同寺送迎茶菓を出スこと前ニ同し、霊社市中ニ近く境内も山王ゟ狭して、殊堂社造り方華麗ニ過て、却而威霊を失ふニ似たり

一照蓮寺 壱ノ町文左衛門坂陳屋ゟ八町程あり
御位牌所
惣門内長四五拾間左右坊中之寺院相対ス、楼門を経て敷石数十間行方丈ニ至ル、玄関右之方廻廊三拾間計り本堂ニ至ル、堂ノ大サ方弐拾間余、造営之広大仏具之荘厳実ニ目を驚かす、拝礼畢而方丈ニ而暫く休息、古画之金屏風等数双建連ね、書院飾り附之具等尤麗也、本願寺派之富饒押而知ルべし 因ニ云、先頃備輪番国中を教化いたし、歩行一時ニ千余金を得るといへり、浮屠之国家ニ害を為ス、可歎哉 輪番在京ニ付、坊中之寺院五ケ寺并用役之もの送迎ス、茶菓子を出ス 御初穂金百疋献備

一大雄寺 香奠百疋備
自分初一同江湯漬并菓子を出ス

右之通参詣、九半時頃帰陣○寒暖計三拾弐度

廿五日 曇
一昼後御用状至来 但御金宰領帰国便 尊父君ゟ之御封物も来ル、御書状・御日記とも早速拝覧　双君御初メ一同御安健大慶安堵之事 但願上ケ候水引其外　母君ゟ祖母上江賀筵御祝之文庫、子供江菓子手遊もの品々并自分江茶こう等被下候事 且菊池・関氏ゟも封物来ル 但関氏ゟ者海苔絵草紙等被差越 ○斎藤勝平子供手蹟教へニ来ル、定例事故以後者略して不記○寒暖計弐拾四度

廿六日 晴昼後曇
一寒暖計弐拾九度○先達而申付候反り形書棚出来、木品一位、引出シ并けんとん、額縁かゝみは黒也○大成院来、赤穂記を講ス

廿七日 昨夜ゟ雨
一四時頃御役所江出勤、日限尋申渡有之、評席江出ル○前夜ゟ之春雨ニ而寒威大ニゆるみ、寒暖計四拾度ニ成

ル

廿八日昨夜ゟ密雪

一四時頃ゟ御役所江出勤、日限尋申渡有之、評席江出ル

〇寒暖計三拾六度

廿九日快晴

一御用便定日ニ付、昨日認置候　尊父君・両貴兄江之呈書江一位吸物箸并菊池江之封物一同封込メ、元〆江渡ス〇寒暖計三拾三度

閏正月大

昨日曇昼後雪

一寒暖計弐拾八度〇今宵も大成院来、赤穂記を講

二日薄陰

一寒暖計三拾三度

三日雪昼後霽

一寒暖計三拾弐度〇越前本保江御用状差出ス、先便　伯兄ゟ被仰越候佐州表江御持越ニ相成候紙類之内、奉書紙類注文申遣候事

四日快晴昼後曇

一寒暖計弐拾四度〇美濃下河部ゟ御用状至来、多羅羅（尾）久右衛門ゟ之紙包届来ル但年始状江茶一箱添差越ス〇上台所竈者土ニ而築立、三方厚板を張、手丈夫ニ相見候処、年来相立自然土砕ケ落、後口之方土薄く相成居候哉、日々不絶

火を焚候故、自から火気椽下大引江移り、今宵五時頃文蔵義勝手之方江小用ニ参候処但下女共は夜入御賄仕廻候得者、竈之火を消し、何レも茶之間江参居候事竈後ロ之方ゟ少シ煙立候を見受、打驚声立候ニ付、栄蔵駆附有合候真木割ニ而、板敷引離し候処、凡壱尺程火気上り候間、猶呼立傍之水桶ゟ頻ニ水ヲ灌テ、其内中間新蔵并自分も罷越消留ぬ、誠ニ危キ事ニ而、今一時も遅く見附候ハヽ、容易ニ消留候義相成間敷、何レも驚怖寒栗す、台所抔も普請手堅キ故、板敷者八分板ニ而張詰、其余木品都而手厚ニ付、容易ニ難打毀当惑せし也、跡ニ而能改候得者、焦ケ候所は纔ニ候得共、火気伏し居候故、最初板敷を離し候時者、火勢強く相見、椽下何程ニ火気廻り居候哉難計、甚恐怖せし也、右竈者早速取毀、石ニ而築立、竈之辺者上ケ板ニいたし、椽下タ見透キ候様為拵候積、即刻元〆江談置、其外火所者悉く改メ手堅修復を加候積、以後火之元心附、其外時々見廻り之義等、家眷初下女共迄厳敷申渡候事

五日曇風

一四時頃ゟ御役所江出勤○治世之尤可恐者火災也、他ゟ之延火ニ而類焼者是非も無之、火之元之義、市中等江厳敷乍触置、陳屋内ニ而手過チ等有之候而者、国民江対し恥辱之義、おのつから不取締之筋ニ而、陳屋者自宅とも違(平出)　上江対し、猶更恐入候事ニ付、右等之義手代初家来江申諭、尤右様之義有之候、当分者銘々心懸ケ候ものニ候得共、時日移候得者、おのつから等閑ニ成行候間、無左様火之廻り等無油断、永続之義呉々申含置但昨夜之如く、幸ひニ聊ニ而事済候得者、銘々之心懸ケニ相成、却而以来後来を戒候、一大薬石ニ而僥倖此上なし○竈之損し候を自分江不申聞段者、文蔵初何レも不念ニ而、自分も折々見廻り候節、不心附者不行届義有之、併格別之損しニも無之、素々意外之事ニ付、強テ下々不束を難申、文蔵者最初見附、栄蔵・新蔵者早速駆付、直ニ消留候間、乍聊賞誉之験ニ酒代遣候事文蔵・栄蔵江金弐朱ツヽ、新蔵江壱朱遣ス○竈普請中下台所土間江仮竈為築候事○寒暖計弐拾八度

六日昨夜ゟ雪四時頃霽 昼後曇

一濃州下河邊江御用状差出ス　伯兄ゟ被仰越候紙類之内、大直紙并美濃紙之義注文申遣ス、且多羅尾久右衛門江之年始状并返書江一位箸類一箱封入届方之義、是亦申遣候事〇寒暖計三拾六度〇大成院赤穂記を講

七日曇昼後雪

一支配所山方之もの出府、幸便御用状差立候間、尊父君江之呈書認、兼而　両貴兄江申上置候時雨蛤一曲、雪履一足其外菊池・多田江之封物一同箱江入封し、元〆江渡ス〇寒暖計三拾弐度

八日晴昼後薄陰

一寒暖計弐拾八度余〇紙類高直ニ而御用紙者勿論、国用ニも差支候間、旧年国中江相触、当国ゟ作り出し候楮、他国売捌之義禁製し、高山町六兵衛江支配申付、専ら半紙其外為漉候処、支配人江任せ置候而者、おのつから取締も届兼候間、此程者陳屋内御蔵中番所ニ而日々為漉、折々手代御蔵番等見廻り心附ル但此番所収納時節之外者明き家也昼後敬之助一同罷越一覧いたす、此節者職人三人ニ而製す、壱人者漉立、壱人者紙之裁屑を漉直しニ用ひ候ため、石上ニ而弐ツ之槌を以打之、壱人者漉立候半紙を壱枚ツ、張板江展へ干上ル但板者桂ニ而長七尺計り両面江張附ル、札板数七拾五枚あり、板目密ならされば、紙目もあらく成ル由、故ニ桂を用ゆ漉手者三尺ニ五尺程之箱江水を湛へ、方之如く製せし楮并カブラキ之皮と本字方言一名ヌベシ粘とを三味右水江和し、簀《ス》弐枚ニ而代ル〳〵漉立ル、凡三拾枚程漉畢る、亦件之三味を水江投し、能攪掻廻し漉初ム、右三味を水江和する加減甚六ケ敷、自得せざれは難製得といへり、楮を作ルゟ紙ニ漉立候迄之製法丹誠不容易、殊更紙漉者終日手を寒水ニ浸し、其苦辛云べからす、亦紙を干上ルも甚手数懸り、風ありては別而難為見ゆ、されは一枚之紙といへとも、衆人之手を経て辛苦幾くならん、常ニ深く思ふべし荊婦・子供江も近日為見候積〇壱人ニ而一日ニ紙五百枚余を漉く、尤壱枚を裁合て弐枚ニ成ル故、出来上りは千枚也、件之水桶江手を入試ルニ、米を洗ひし白水之如く、只黏りある而已ニ而

物なきが如し、かく細蜜ならざれは、紙之質粗なるべし○楮之価当時壱両ニ付拾四貫五百目程、昨年者拾弐貫目余也、去ル申年以前ハ三拾貫目、極以前安キ頃ニ者六拾貫目せしといへり、楮之価ニ而紙価之騰貴知ぬべし○職人之内紙漉之手間賃壱人ニ付、一日玄米壱升銀九分五り、手伝者壱人ニ付、玄米壱升銀七分五り、此節漉立候者女ニ而、高山町文助店平次郎女房也、美濃出生之由○楮壱貫目ニ而半紙ニ漉上ケ、凡四百五拾枚程ニ相成候由、紙之厚薄ニ而異同有之候得共、先ツ楮之貫目四分一之目方を紙之漉上り之目当テと為ス由、半紙四~~〆卅~~百五拾枚之目形凡弐百五拾目あり

九日薄陰

一寒暖計弐拾九度余○祖母君少々御風邪、且御持病気ニ而御平臥、順道薬御用之事

十日昨夜ゟ雪

一四時頃ゟ御役所江出勤○川嶋奥六不快ニ而両三日引候間、見廻ニ小倉野餅遣ス、大キニ快、明日ゟ出勤いたし候旨申聞ル

十一日曇

一寒暖計三拾九度半○昼後おきた・おきく一同猶又紙漉一覧ニ罷越、今日者手伝共職人四人ニ而楮并かぶらきを煮、又者流江楮之煮上ケたるを涵し晒し、其外槌ニ而打、三人者専ら下タ拵いたし居候事一同江酒肴遣ス○七時過高山一ノ新町辺出火之由ニ付、火之見江上り見候処、暫く煙立直ニ鎮火、右者同町鍛冶職いたし候組頭山下屋佐助宅之由、火所上梁間江煤溜り火移り候を打寄消留、屋根江燃抜候程ニも無之由、出役手代申聞ル○夜ニ入御用状至来　尊父君ゟ之御封物も来ル　双君御初御安健、尤　母君ニ者御腰痛ニ而聊御悩み被遊候得共、御案中上候程之事ニ者無之、最早逐々御快方之由安堵大慶之事先達而願上ケ候厨子金具出来被遣、且子供江羽衣せんべい被下候事　菊池・三橋・多田ゟも封物来ル、いつれも別条なし○大成院来、赤穂記を講

十二日曇夕刻雨
一四時頃ゟ御役所江出勤、日限尋申渡有之、評席江出ル、○祖母君御持病気等御快、御床被為上候事○寒暖計四拾度○桐生村百姓弥平次手造り之由、つま先雪履之如くニ製せし上ハ草履持参ニ付、有合之菓子等遣ス

十三日雨
一四時頃ゟ御役所江出勤、日限尋申渡有之、評席江出ル○寒暖計四拾壱度○尊父君・叔兄江之御返書認、買物代金五両并紙筆類其外当所之粗果少々箱江入、菊池江之封物一同封し、明日御用定便差立之積、元〆江渡ス

十四日雪昼後曇
一寒暖計四拾度○今九時前居間ゟ東北之方ニ当り一声、霹靂之如く、亦一陳之狂風巨樹を倒スニ似せて、俄然耳を貫キ、暫く家鳴り震動ス、挙家一同恐怖何之謂レなるを不知、早速稽古所江至り看るニ、同所屋上之凍雪、此程之春雨ニ而一時ニ砕落るゝ也、数尺之積雪屋上を払て落し事故、稽古所北之方雪山之如く屋根之附たる手丈夫之板塀六間計り、微塵ニ砕ケて半は堆雪之中ニあり、観もの亦一驚す、所謂北国筋ニ而雪おろし、雪崩《ナダレ》抔唱るものニ而、山上ゟ落重ケる時は多く人命を害ふといへり、既旧年通行せし越前街道、板取・椿井之辺は山路、殊雪深く年々件之圧雪之ためニ三四人ツヽは命をおとすといへり云、此辺ニ而者右様之義甚稀之由、一躰稽古所屋根ハ勾配急ニして然るも板屋なれは、昨今之微暖を帯、氷雪一時ニ解ケ落し事と察、幸ひニ塀外来人もなく無難を得ル、若圧雪之下ニあらば児輩者更也、大人といへとも死生難計、寔ニ意外之義尤可懼事也、因而子供初戸外江出ルこと禁し、早速屋上之積雪悉く為払候事

十五日薄陰昼後晴
一寒暖計三拾七度○下女なみ義勤向十分ニ無之、年季切替時節ニも候間、今日下ケ遣ス、尤奉公人は都而正月

を年季とす、代り之もの無之候間、今日迄相勤ム、代り者明日引続越候積、なみ江者給金之外聊手当差遣候事

十六日 曇昼後折々雨

一寒暖計三拾弐度〇下女なみ代り出入経師高山片原町権吉娘とみ今日引越ス、年拾九歳、給金壱両弐分内取替金弐分町年寄江渡ス〇大成院来、赤穂記を講ス

十七日 昨夜ゟ密雪

一四時頃ゟ御役所江出勤、日限尋申渡有之、評席江出ル〇寒暖計三拾七度

十八日 曇朝雪

一寒暖計三拾壱度〇昼後閑ニ任せ子供と組糸を打、紫白げんし打、夜分江懸ケ八尺計り打終ル

十九日 晴

一四時頃ゟ御役所江出勤、日限尋申渡有之、評席江出ル〇寒暖計弐拾九度〇川嶋奥六ゟ手製之由、万年青ニ造りしあるへい鉢江植、敬之助江呉候事

廿日 雨

一寒暖計四拾度余〇川嶋奥六組糸之打方覚へ度ニ而申聞候由ニ付、昼後呼寄、おきた、おきくニ為打組方伝達ス、有合之品ニ而夜食振廻候事〇木方御用ニ付出府いたし候中村屋七兵衛代、今朝帰国、右之もの申聞候趣ニ而者（平出）西丸様御不例之処、御内実当月七日頃御太切被為成候由、右者実々無相違趣ニ相聞、誠ニ以驚歎之至、恐入候次第也、内々なから右様之御沙汰相窺候義ニ付、慎方之儀家内其外江夫々申渡候事

廿一日 曇風

一寒暖計四拾弐度〇濃州下河邊ゟ御用状至来、先達而注文申遣候大直紙・美濃紙等今便差越ス〇昨日之御沙汰相窺候ニ付、赤穂記講釈見合す、尤今日迄ニ而赤穂記

不残相済候筈ニ付、兼而今宵限ニ而当分相休候心得之処、前書之次第ニ付、旁延引

廿二日快晴

一四時頃ゟ御役所江出勤、日限尋申渡有之、評席江出ル○寒暖計三拾五度○昼後子供之慰み迚、川嶋奥六来席上ニ而あるへいを製ス、由随分手際能一興を催ス

廿三日雨

一寒暖計四拾度○求肥餅を手製し、昨日之挨拶旁川嶋奥六江遣ス

廿四日薄陰

一寒暖計四拾壱度○大雄寺江相納候位牌・厨子出来ニ付、金具為打金百疋相添、太田小六ニ為持、同寺江納但厨子物蝋色、扉裏表江金ニ而置、三ケ紋所弐ツ、四ツ附ル○昼後御用状至来　尊父君ゟ之御封物も来ル、御書状・御日記共拝覧、御一同御安健大慶安堵之事浅草のり・菓子等被下候事○先便江戸役所江注文申遣候書画帳江用ひ候三寸七分切抜色吉金箔百枚差越ス是者金座懸稲生発郎江願伺貰候也、価金弐分ニ三匁四分、当所ニ而者相場五拾匁程也○大御所様兼々御不例ニ被為在候処、此程相窺候通、御内実者当月七日暮合頃、御太切ニ被為成候由、御時節と者乍申、誠以恐入候次第也、江都風評ニ而者当月晦日頃発シにも可相成趣、内々御書状ニも被仰越候事

廿五日晴

一寒暖計四拾壱度○兼而申付置候おきた・おきく針箱出来、木品槻ニ而内黒外目黒塗、此塗は木地蝋色之少し下品成也○下女とみ義病気ニ付、療養之ため下宿為致候事

廿六日雨

一四時頃ゟ御役所江出勤、日限尋申渡有之、評席江出ル○寒暖計四拾度

廿七日曇折々雨

一寒暖計四拾弐度○古川町方村百姓彦次郎儀、此度養子いたし候由ニ而、右養子彦一郎召連参候間、目通申付ル但するめ五懸ケ・酒等持参ス

廿八日曇昼後霽風

一四時頃ゟ御役所江出勤、吟味物有之、評席江出ル、是者疵付一件、即日吟味下願書差出ス○用人平井裕二郎代り抱入之義、旧臘江戸表江申遣候処、作州出生之由松平三河守藩中之由、永幡謙輔と云もの　尊父君等御覧之上御取極、過ル十七日江戸出立、明廿九日当所着之趣、先触来ル○寒暖計四拾度余○おきく蚘虫之気味ニ而、胸あしき由申聞候故、昨日ゟ順道薬相用、今日蚘壱筋下り快方

廿九日折々疎雪昼後霽

一四時頃ゟ御役所江出勤、吟味物有之、評席江出ル但博奕一件
○此度江戸表ニ而抱入候用人永幡謙輔義、道中日割通、今九時前無滞参着、直ニ面会　双君御初御安健之趣、直々承り委く御様子相分り、別而安心、同人持参之御書状・御日記入封物請取、拝覧令大慶候事但願上ケ候足袋被遣之外ニ小豆壱箱被下候事○大塚正作江頼遣候書画帖六枚、扇子七本出来差越、同人妻りよよりも文相添、絵半切并蔵板之由壱枚摺之貴重瞭略三枚、其外天翁試筆之扇子等差越候事本文文之末ニ　見ぬ人は如遅雁といふならん　手もあしも出ぬ雪のあけぼの
○永幡謙輔従弟之由、兼而自分方江も立入候先手与力岡金左衛門請ニ相立、同人名前之請状并寺証文其外親類書等謙輔持参、同人給金六両之内、取替金三両、支度金壱両外ニ道中入用之分三両、都合七両請取、右之内道中入用之分者仕上ケ勘定いたし、追而可申聞旨申聞ル、尤右之趣は江戸元〆ゟも申越候事○尊父君・両貴兄江之御返書認、有合之くるみ一同封し、菊池・多田・三橋江之封物一同、明日定便差立候積、元〆江渡ス○寒暖計三拾三度

晦日曇

一寒暖計三拾弐度○台所竈ニいたし候石、此程山ゟ切出

し、昨日ゟ大反り江乗、人足四五十人ニ而キヤリ様之哥をうたひ連レ、逐々引入るゝ、音頭を取もの者先江立、色々之手似ねして、其さま可笑気ニ而何レも一興を催す

二月小

朔日 薄陰
一寒暖計四拾壱度〇門番之健老平七儀、むろニ而為咲候由、彼岸桜一両枝差越ス、花婉然観るニ足れり〇下女とみ病気快昼後来ル、一躰多病ニ而勤続無覚束候間、人代り有之候迄為勤候積ニ候事〇永幡謙輔道中入用仕上ケ勘定いたし、残金壱分壱朱余返納いたす

二日 曇
一寒暖計三拾五度〇人足を入、庭中樹陰之積雪為取退候事

三日 風雪
一寒暖計三拾五度〇兼而経師江申付置候画帖出来、丈ケ六寸三分巾八寸一分、弐拾五折ニ而五拾枚張ル、表紙茶地金襴見返し并四方縁り江者金箔為置候事

四日快霽

一四時頃ゟ御役所江出勤、地役人頭取田近弥左衛門願之通、同人養子田近亨次郎江無足見習申渡ス○寒暖計三拾弐度

五日曇風昼後雨雪

一四時頃ゟ御役所江出勤、日限尋申渡有之、評席江出ル○本保陳屋ゟ御用状至来、先達而注文申遣候奉書類差越ス、且松平越前守ゟ隣領之義毎度世話ニ相成候由ニ而、羽二重壱疋・金千疋其外用人并手代共一同江肴代、使者を以相贈候由、右品等一同差越ス○竹垣三右衛門ゟ之封物も届来ル、是者十二月廿日附ニ而此方ゟ旧臘差出候書状、返書ニ者無之、手鞠・色紙形之菓子・花混布・氷豆腐等差越候事○寒暖計三拾壱度○斎藤勝平ゟ貰候由ニ而紅梅数枝差越ス、花香共ニよし

六日朝雨雪四時頃ゟ霽風

一寒暖計四拾度○陳屋者手広故稲荷之辺并陳屋椽ノ下ニ者狐狸住み候由、夜中抔折ニ振レ拾弐畳之間并広間之方ニ而障子を倒し候様之音いたし、又者天井を馳歩行、殊之外大キ成ル響キを為し候は度々ニ而、子供初下女共何レも恐怖す、されとも聊害をば為ず、却而旅中之一興を添ぬ、下女とみ者都而平生功者振、高慢成ル方故、子供抔悪かり候得共、深く戒しめ置しか、自分義前夜四時前小用ニ参、帰懸ケ与風存付、竊ニ拾弐畳之間江参、同所之障子を強く敲キ候処、折節とみ勝手江可参と二階下之間を立出候頃ニ而、殊之外驚周章立帰り、又々例之音いたし候由申聞、灯火を附おきた一同ニ而勝手江参候間、自分者其内ニ拾畳之間江立戻り、荊婦江相咄し一笑いたし、四時過ニ至自分并おきたも寝所江入、両母君抔は其以前ニ御睡り被成、四半時頃ニ哉、荊婦可睡と小用ニ参、自分居間之方入側之障子明キ居候を建可申と、手ニ灯火を持なから居間内見受候処、違ひ棚之前ニ凡猫程之獣蹲り居候由ニ而、周章障子を建、立戻り右之趣申聞、自分もいまた熟睡不致、右物音ニ而目覚候故直様参り見候得共、何レ江隠れ候

哉不相見、所々探し候内、栄藏并下女共逐々参、栄藏之外は何レも恐しかり其侭障子を建立戻り、自分も猶亦寝所江入候処暫く過、亦々居間ニ而聊物音いたし候故、何んニ致せ、居間江〆込み出所口無之候而者、器物等江懸り候義も難計存、又候起出所々之障子細メニ明ケ置睡り候処、其後は音も不為、全狸之餌をあさり兼居間迄参候を不存寄、荊婦参候故驚キ何レ江歟、身を隠し候事と相聞、今朝見受候得は、果して床之間所々ニいばりを漏せし跡あり、終夜障子を建切置候ハ、出所口を失ひ建具等損はし候義も可有之処心附、明ケ置いばり位之事ニ而幸ひ之由申出一笑を催す、右ニ付宵之一戯も弥狸之所為と決定、正態を顕し候程あり、宵之音は一段烈しき抔、下女共真顔ニ成、とかく噂いたし候を荊婦倶ニ承り、竊ニ一笑を催す、右之一条小六承り一ト間江追込み、蕃椒ニ而いぶし生捕可申抔申聞候故、右者甚不宜、素ゟ捕へ候程之罪は無之、狸者先住之義、自分は在勤之仮住居ニ付、尤三舎を避け可然、殊狸なればこそ、か丶る寂寞之陳屋ニ起居し、旅中之鬱をも慰め閑居を共ニす、何物歟山際之寓居を訪ん、宜しく愛して逐ことなかれと深く戒め置ぬ 但前々郡代中は家内人数も少キ故、猶更遊行せし由

七日 曇昼後霖雨

一寒暖計三拾五度〇台所竈今日出来ニ付、石工并大工江酒肴遣ス、右者地ゟ石ニ而築立、後口は壱枚石ニ而、厚サ壱尺余有之、四方上ケ板ニいたし、風之透かさる様土ニ而塗詰メ、甚手丈夫ニ出来〇大工治平江申付置候小雛段出来、巾弐尺八寸奥行三尺惣丈ケ三尺五寸、木品檜四方江柱を建、杉枇板ニ而屋根を補理、蝶番ニ而取附ル、尤前江者破風為附候事

八日 曇風

一寒暖計四拾三度〇九時前御用状至来　尊父君ゟ之御封物も来ル、御書状・御日記とも拝覧　双君御初御安健大慶安堵之事 但母君菓子一折并荊婦ゟ願上ケ候あぶら・元結・あらひ粉・お六櫛、其外両貴兄ゟ書画帖四枚、画扇一本被遣候事

大御所様去月晦日　薨御被遊候ニ付、左之通

被　仰出候由御書付写差越ス、即刻国中江惣触差出、
家眷其外夫々江猶慎方申渡候事
閏正月晦日
大御所様御勝不被遊候ニ付、為伺　御機嫌惣出仕有
之
大御所様御養生不被為叶、今辰ノ刻　薨御被遊候旨
於芙蓉之間詰合之面々江掃部頭殿被　仰渡
三奉行江
大御所様　薨御ニ付、今日ゟ普請鳴物停止候間、被
得其意可被相触候
閏正月晦日
大御所様　薨御ニ付
一松平加賀守、溜詰、御普代大名、高家、鴈之間詰、
御奏者番、菊之間椽頬詰、諸番頭、諸物頭、諸役人、
御番衆迄不残
右御三七日過月代剃可申候
一国持大名并庶流、外様大名、交代寄合、表高家、寄
合、小普請之面々
右御二七日過月代剃可申候
一御目見以下之もの共、坊主、同心以下軽もの共
右御一七日過月代剃可申候
但陪臣者月代剃候義構無之候
一西丸附之面々
御目見以上者五十日過
御目見以下者三十日過月代剃可申候
但御一七日過西丸附御直参之面々此髭剃可申候
陪臣者月代剃可申候
右之通、可被　相触候
閏正月晦日

九日晴
一寒暖計四拾四度○叔兄ゟ御注文之橋のり附板、おし板
弐枚出来、近便可差立事

十日晴風
一寒暖計三拾四度○庭中之積雪大概消尽し、樹陰纔ニ而已

纔ニ残れり、山々者大岳ならざるも猶白し

十一日 晴風

一寒暖計四拾壱度○此程者兎角日々風立候間、別而火之元心附、時々見廻り候様、町年寄共江為申渡候事

十二日 快晴

一四時頃ゟ御役所江出勤○手代并書役出精之もの江、左之通加給申渡ス 江戸詰之もの江者名代江申渡ス

一 拾壱両
　三人扶持
　　長屋差遣ス　　手代 中里橘次郎

一 五両
　弐人扶持　　書役 太田　小六

一 同断　　中嶋金次郎

一 三両
　弐人扶持　　星野辰之助

○寒暖計三拾五度○今日者珍敷快霽ニ而風も無之候間、午後　母君并子供一同紙漉一覧、夫ゟ物見江罷越、暫く遊覧○菊池ゟ兼而注文申越候中次茶入弐ツ春慶塗出来、十四日定便差立候積

十三日 晴

一寒暖計四拾四度○玉目三匁五分筒長壱尺之短筒鉄炮壱挺、道具屋ゟ買入、価弐分と四匁、手代共一同ニ而都合五挺調ル、右故直段も廉也

十四日 晴

一寒暖計四拾五度○尊父君両貴兄江之呈書認、干鱈并手遊もの箱江入封し、外ニ兼而御注文被　仰越候紙類并中根能州江遣候箱入一位木刀掛 書認貫候挨拶 其外から蕎麦等荷拵為致、支配所之もの出府幸便、明十五日御用状一同差立之積、元〆江相渡ス○地役人岩水弾次郎 手代江出役 親栄藏儀、兼而病気之処、過ル十一日病死いたし候ニ付、悔として永幡謙輔差遣ス、香典金百疋遣候事

十五日快晴昼後風

一四時頃ゟ御役所江出勤、日限尋申渡有之、評席江出ル

○高山市中湯屋者都而男女入込ニ而、男女之別を失ひ、おのつから不取締之基ニ付、最寄々ニ而弐軒ツヽ、組合、隔日ニ女湯男湯相立候様、町年寄江申渡ス、且是迄之流弊ニ而、市中店借之分若キ女之独身もの多く有之、右者奉公住いたし、又者他江稼嫁し人之妻、妾ニ相成候而者身伬之義難成、親元ニ罷在候も気詰りニ存、銘々勝手ニ而寡居いたし候由、何レも聢と取留候職業も無之、内実者囲女同様ニ相成居候ものも不少由ニ而、人倫風俗を乱し候基ニ付、以後は無謂独身之女江店貸申間敷、是迄孀暮之ものも親元等有之分者、夫々身元江為引取候様是亦申渡候事○寒暖計四拾弐度

十六日晴

一寒暖計四拾七度○徒然ニ付、手代并地役人共差料之刀一覧いたし候積、銘々所持之分善悪ニ不拘不残持参候様、尤地役人者人数多ニ付割合、手代一同六七人ツヽ、罷出候様申達、則昼後手代五人并地役人頭取田近弥左衛門、石黒治太夫所持之分持参、居間に而夫々一覧、自分差料も不残為見一興を催す、小道具者却而可成之品有之候得共、刀剣は何レも細身等ニ而賞するニ足ものの少く、右之内弥左衛門所持之刀無銘長弐尺四寸計り、大切先ニ而惣躰ニ目あり、左文字とも可謂能キ古刀也、川嶋奥六之佩刀次レ之、拵等も武張りて一段よし 但佩刀一覧は、おのつから銘々之心懸ケも顕レ、武備を勧むる一端、且自分も適意之義大ニ閑を消す、尤中ニ者殊之外迷惑かり候ものも有之候よし

十七日風雨

一寒暖計五拾弐度○昼後地役人八人所持之刀持参、居間ニ而一覧、奥田大蔵、上村森助者武人、岩城七兵衛者刀剣好ニ而存外可成之品持レ所、森助秋廣之短刀、大蔵新身之長剣等賞する足れり、其余之分も甚しく錆たるは絶而なし、土着之士者却而心懸も宜、大慶之至也

○下女とみ義又候病気ニ付、今夕暇差遣ス

十八日曇昼後風折々雨

一寒暖計五拾弐度○昼後地役人五人所蔵之刀剣持参、夫々一覧、田中三津次、長谷部國重之短刀并兼元之刀、直井兵左衛門真攻之刀等尤賞するニ足れり、此程地役人共者御番所交代時節ニ而詰合不多、右之分者追而一覧之積ニ候事三津次所蔵雲次之刀、殊之外美事ニ而実ニ打おろしの如く、正真とも可申候得共、漸長弐尺計り之細身ニ而、大人之差料ニ者難成、甚惜むニ堪たり○地役人抔先祖ゟ持伝等ハ格別身分不相応成高金之刀、又者拵之花美成は可賞事ニあらす、身分ニ応したる実用ニ可成刀、常ニ手入して錆も不浮拵も武張りたるを所持せしこと、誠之心懸能キとも可申、一覧中ニも如斯は分ケ而賞誉す

十九日晴風

一四時頃ゟ御役所江出勤○高山町職人共義、当所者山中一ト構之場所ニ而、他国繁花之地ニ遠く、諸運送不弁職人も少く候故、未熟又者不出精之ものニ而も、諸品相応ニ誂受家業出来候故、おのつから怠り勝ニ成行候間、今日諸職人惣代之もの一同呼出、職業励方之儀書付を以申渡、請証文取之、町年寄共一同江も奥書申付候事○寒暖計四拾四度

廿日曇

一寒暖計四拾八度○夜ニ入御用状至来　尊父君ゟ之御封物も来ル、御日記・御書状一同拝覧　双君御初御安健大慶安堵之事但漬蕃椒壱箱并　叔兄ゟ書画帖弐枚、関氏ゟ之届物等被遣

廿一日快霽昼後風

一寒暖計四拾四度○京都白木本店江誂遣候おきた・おきく小袖、鶴羽色紋付色入裾模様染出来、外染物一同幸便差越候事但縮めん模様秋草

廿二日快晴

一四時頃ゟ御役所江出勤○地役人共儀者、国中取締をもいたし候勤ニ候処、是迄者高山町人并百姓共ゟ縁組又者養子等いたし、自然取締ニも拘り候間、以後は可成丈ケ同役内、或者諸家々来等之内ニ而相撰、私領之分者格別支配所内者勿論、都而御料所百姓町人ゟ縁組養

子等不致積、改革之義去夏中伺置候処、漸此節伺之通御下知相済候間、今日一同江申渡請書取置候事但本文之趣は、昨年着之上直々手代ゟ内意為申渡、兼而相談整、内々宅江引取候類者承置、其余相談中之分者為止候事○右之一条者伺ニ不及相改、不苦筋ニ候得共、存寄ニ而改置候而者後々郡代之了簡次第ニ而、又候差免不取締をも生し可申哉ニ付、伺之上令改革候也、右様之伺すら御下知遅滞一ケ年ニ及ふ、尤可歎此外口々伺之不相済分有之、子春組頭江夫々及催促候事○雛毛氈之代りニ用ひ候緋羅背板、名古屋江注文申遣候処、今日至来候間、持越之小雛建候事但京都江雛幸便ニ誂立候得共未差越、当月内ニ者着之積也

廿三日曇昼後雨

一寒暖計四拾八度○太田小六儀、暫く之内用人兼帯いたし骨折候ニ付、有合之白縮めん壱反遣候事

廿四日薄陰

一寒暖計五拾五度○昼後略供ニ而大雄寺江廟参但平服之上江羽織を着す、供両侍・長柄鑓、先番太田小六香典五拾疋納帰路壱ノ町郷蔵敷地并右を取建候材木等及見分但凶年手当囲籾之義、仕法立目論見、先達而相伺候得共、未御下知無之夫ゟ臥牛山登臨、春陰山々淡煙掠し、眺望亦一奇

廿五日快晴

一寒暖計五拾六度○陣屋内菜圃少く一歳中野菜ニ差支候間、陣屋西之方非常口外通り、畑地凡壱反歩程借受、野菜手作いたし候積、出入下掃除弥右衛門外壱人江申付、今日ゟ取懸り右場所起返し候事但此後は文藏手入いたし候積○安藤栄藏義、出精相勤候ニ付、自分着古し縞縮めん単物遣ス此程単物拵候由及承候故、遣候也

廿六日晴

一寒暖計五拾弐度○中神順道義田楽を上手ニ焼候由ニ付、兼約之通今日呼寄為焼、家眷一同賞翫す、手際至而よし

廿七日薄陰

一寒暖計五拾七度○閑暇ニ付、昼後川嶋奥六方江罷越、

夜中迄寛話（蕎麦を出ス）○田中半右衛門江申付置候書画帖七枚、扇子七本出来差越候事

廿八日（曇折々雨 昼後風）

一寒暖計六拾度○尊父君・叔兄江之呈書認、有合之一位木形附一同封し、明日定便差立之積、元〆江渡ス

二十九日（今暁大雨雷鳴 昼後風雨）

一寒暖計五拾八度○斎藤勝平ゟ春慶塗雛小重弐組、おきた、おきく江呉候事○京都江注文申遣候小雛内裏壱対、随身壱対、官女三ツ、舎人三ツ并道具箪笥、長持、挟箱等今夕到来

三月大

朔日（快晴）

一四時頃ゟ御役所江出勤○寒暖計六拾度○おたか初節句祝儀として、手代一同より菓子折三重差越ス（壱重干菓子、弐重者紅白うば玉也）

二日（雨）

一寒暖計六拾度○おたか初節句内祝之菱餅、手代共一同江遣候事（都合六軒）○御蔵前通り并茶之間前之彼岸桜昨今満開、都合弐拾壱本程あり、右者何レも至而之若木ニ而小なるは、丈ケ八九尺ニ不過、花は江都ニ異なることなし○九半時頃地震、当地は地震稀なる方ニ哉、昨年ゟ今日とも纔両度也

三日（快晴）

一上巳佳節ニ候得共停止中ニ付、広間江出席不致○寒暖計五拾四度○四時頃御用状至来　尊父君ゟ之御封物も

来ル、御書状・御日記とも夫々拝覧（平出）双君御初御一同、御安健大慶令安堵候事羽衣せんべい壱箱被下候事菊池ゟも封物来ル、一同平安頼遣候、圓南筆之絹壱枚差越ス○去月廿日迄ニ而普請御免之旨、同月十四日被　仰出候趣、其外之御書付類写一同差越ス、即刻国中江惣触差出ス○手代共家内等平生宅江為立入候而は、おのつから不取締ニも相成候間、是迄猥ニ不為致出入、子供江者しはし面会も不致候間、今日者佳節ニ付雛一覧旁子供一同参候様今朝申遣、昼後乳母等附添一同来ル、川嶋奥六娘しゅう四歳、斎藤勝平惣領仁吉・次男礼吉拾歳五歳、娘よし八歳、とも三歳、甥繁太郎七歳、岩田量平娘さき三歳、桑田貢二娘なを弐歳、御蔵番小峠平吉娘うた拾壱歳、都合九人、煮〆ものニ而白酒振廻、其外菓子・手遊もの等夫々遣候事○今日者珍敷快晴ニ付、探花登覧旁九半時頃ゟ手代川嶋奥六・岩田量平・太田小六・小森貫次、役レ地人山崎十郎右衛門・奥田大蔵・土屋精一郎、医師中神順道同道、城山下字馬場之桜遊覧此辺城之外堀、今ニ存す、巾六七間、長数十間桜樹両辺ニ並立す、是者文化之初移し植と云、何レも幹壱抱ニ過く、花開こと一弐分花水ニ映し、一段奇也　城山後口通り江名子村を過、片野村山王社江参詣、境内其外右道筋所々ニ桜花あり、満開ニ至るも少からす、夫ゟ一色村松泰寺江遊歩、境内桜樹数十株花開こと弐三分、何レも若木ニ而花一段婉然、庫裏ニ而休息多時遊観、国ニ八重者至而稀ニ而、多クは単葩皓白、中ニ者少く紅を帯たるあり、花殊更清新、且当年者いつゟも花の出来宜しき由ニ而、樹々悉く蕾密なり、盛時ニは亦一段と被思○今日者晴明限りなく連山大岳一朶之雲を不看、近き山々及ひ田野は稍緑ニしてかすみ渡り、乗鞍ケ嶽、扇ケ嶽、槍ケ嶽、錫杖ケ嶽、硫黄ケ嶽、笠ケ嶽等連亘、緑山之上ニ兀坐し全容猶雪を帯、玉光碧空を突て脇を照らす、山前高山之人家等流ニ枕し、桜花其際ニ咲出て幾許之好景を添ふ、亦近キ村々ニは流ニ臨て布を曝す、白々分明画図之中ニあり、此所飛国中眺望第一之勝地と云へし方弐里平地ニ而、一望するは高山ニ不過旧年ゟ之積鬱を一清す、山崎弘泰国風を詠す

打わたす、野辺のかすみの、そこゝに、桜色つく、

遠方の里

持参之切飯等吃し、七半時頃帰陳○夜ニ入太田小六并
永幡謙輔初下々一同江白酒遣候事

四日晴風

一四時頃ゟ御役所江出勤、日限尋申渡有之、評席江出ル
○寒暖計五拾五度

五日雨

一寒暖計五拾六度○支配所之もの出府、幸便御用状渡遣
候ニ付、尊父君江之御返書認、糸桶江あじ籠・せんま
い・切ぼし等入封し、菊池・多田江之封物一同、元〆
江渡す

六日晴

一四時頃ゟ御役所江出勤、日限尋申渡有之、評席江出ル
○此節庭中之桜花満開、緑松花を遮り花亦緑を罩て一
段鮮明、終日遊観閑を消す、桜樹庭上之分弐拾三本あ
り、右之内四尺廻り以上弐本、三尺以上弐本、弐尺以
上五本、尺廻り并尺以下各六本、右之外陳内之分三拾
壱本内弐尺廻り并尺以上とも拾本、其余は尺以下也
但手代庭中之桜并彼岸桜は除之都合五拾四本也、何レも一重ニ而花清新、
一躰当国者余木ニ見合候而は、桜殊ニ多く成木も亦速
也、火之見楼ゟ櫓ゟ一望するニ、城山は勿論、八幡并
照蓮寺、其外寺院境内坊間之桜、何レも今を盛りニ咲
出、紅白濃淡雪の如く霞に似たり、壮観積鬱を散す○
夕飯後敬之助并太田小六、小森貫次等召連、松泰寺之
桜遊覧、両三日之所真盛りニ而満山雪の如く、縦観不
厭実ニ帰去を忘却す、殊花陰一客を不看、閑雅幽淑人
を清殺す○前ニも記せし如く、此所は当国第一之勝地
故、四時国人爰ニ集ふて花月霜雪を賞し歓を尽ス、恨
らくは庫裏東面して眺望は十分なれとも、境内之桜花
は西北ニ多く坐して、一望ニ尽すこと不能、庭中崖上
ゟ望めば観花は更也、眺望をも兼て十二分也、因而右
場所江方壱間之草堂を補理候積、昨日元〆江申付、則
今朝ゟ取懸り最𡸴《寄》山中之松木を伐り、藁ふきニ而四方
懸払ひ之東屋過半出来、坐して望むニ両全を得て各奇

纔を称す、是ゟ庭際之柴扉を開、国人何レも爰ニ遊息
することを免さしむ

七日雨

一四時頃ゟ御役所江出勤、日限尋申渡有之、評席江出ル
○寒暖計五拾弐度○昼後中神順道召連、松泰寺雨中之
花を賞す蓑笠草鞋かの草堂ニ憩ひ遊賞漏を移す、玉葩雨ニ
浴して一段清麗、帰路城山江登り山頭花を逐て、所々
徘徊頗る花源を尽す、夫ゟ山下水辺之花ホ遊観、各満
開、就中水隈之桜は悉く巨木ニして、高梢縦横四面都
而花ならざるはなく、花光灼然、雨中却而斜陽前林を
照す歟と疑ふ、赤田章斎が静修館ニ憩ふて、七半時頃
帰陳章斎か宅は桜花の下ニあり、此辺を馬場通と云

八日快晴

一寒暖計五拾五度○母君并娘共もいまた一度も廟参不致、
此節は諸寺院境内桜花満開ニ付、母君御廟参旁御覧
之積、今四時頃ゟおきた・おきく御召連但切棒駕籠弐挺、手代共妻も御供いたす八幡社江御参詣、夫ゟ大雄寺江御廟参、自分も跡
ゟ罷越ス、八幡并照蓮寺境内之花一覧、同寺本堂者甚
壮大ニして江都両本願寺之堂宇ニ伯仲す、屋上ゟ之眺
望絶妙之由ニ付、請て登臨す、同寺留守居僧案内ニ而
本尊後ロ之方、仏具等納候所ゟ階子を伝ひ天井江登ル、
江都五百羅漢螺堂の如く屈曲して、階子を登ルこと弐
拾弐三間計り但平地ゟ棟迄之高サ拾八間ありと云天井上暗く灯燈を用ゆ、
箱棟之所左右ニ切抜之窓六ケ所あり、開キ戸を明ケて
頭而已を出し眺望ス、高山市中は勿論、近郷之山川都
而眼下ニあり、屋上之広大ニして険峻なること朴下タ
ゟ望ムニ十倍す、此堂寛政度類焼後、文化之中頃ニ至
り再建スと云、良材を費すこと幾許ならん、浮屠之国
家ニ損害ある、歎息すべし○自分も大雄寺江廟参昨年
旅行後初て　母君并子供と同道、弧墳を弔し母君は更
也、実ニ懐旧難堪密ニ断腸、桜花之清妍春色之麗和な
るも看るニ、只愁意を増而已○城山通り山王江参詣、
夫ゟ松泰寺之花遊覧、暮合頃帰陳、今日は快晴殊桜花
爛然、松泰寺は境内山続ニ而筆頭菜《スミレ》抔多く生シ、子供

は勿論　母君も一歳中初而之御野行、十分御適意殊之外御歓也但昼飯は城山下町年寄川上才右衛門別荘ニ而認、同人先祖ゟ所持之由、古木之桜あり、宅も質素也

九日曇昼後折々微雨

一寒暖計五拾五度〇広瀬町村之桜、昨今満開之由ニ付、手代桑田貢次・太田小六、地役人土屋精一郎、医師中神順道召連、五時過出宅、宮川ニ添ふて緩行、途中所々山際桜花あり興を添ふ、四半時頃広瀬野ニ至ル広瀬町ゟ五町程手前也、此辺は秋検見之頃も通行す方弐三町之平原ニ而、宮川之流ニ添ひ桜樹数十本並立す、姉小路家国司之頃吉野之桜を移植らるゝと云、試ニ其巨擘なるものを量りみるニ、幹之太サ八尺計り、丈ケ数丈枝縦横四方ニ垂る、其余少しおとりたる大樹数本、小木は至而は数ふるニ遑あらす、樹下ゟ仰看るニ花密ニして、紅々白々都而空を遮ル、花は小金井ニ似て少しく紅を帯たるあり、流之左右縁畝水田を隔て、山連りて稀ニ人家を看る、山際亦白桜ありて遠景を添、花陰一客之過ルなく清雅尤（平出）
絶妙〇姉小路家国司之年代分明ならすといへとも後醍醐帝元徳元年之頃初而補任せられ、其後或は絶或は続キ、大永・享禄之頃迄は国司之号ありしとそ、此桜を移植しはいつ頃ニ哉、何レニも件之年代ニ寄ル時は、三百年を下らす、右桜之巨大なるは、至而古木ニ見ゆれとも、幹之朽たるは更也、墨水之桜花之如くかせたるは絶而なし、樹々満花若木ニひとしく、木怔と土怔とニ寄朽枯盛茂も同じからさる歟、思ふニ母樹は逐々朽て蘖成木せしものならん〇僻境遊人稀ニして農樵亦花を愛する之意なし、故ニおのつから原上荊棘及ひ、雑木生して桜花之遠望を遮ル、又樹毎ニ小枝丸く茂りてかたまり多く、葉を生し花を不着あり、是は木之疾ニして土地ニ而はホヤと唱ふ、小金井之桜抔ニも多ク此疾あり、爛漫たる花之中ニ壱弐ケ所ツヽ此疾あり、恰も美人之瘡を疾たるが如く、観ニ快からす、且此疾長すれは終ニ幹を枯らすニ至ル、尤可惜事也、因而村役人江命し俄ニ人足を集め、家僕をも為手伝雑木を伐払ひ、かの疾を刈除かしめんとす、喬樹雲ニ聳へて枝上りは登ルこと不能、故ニ事馴たる樵者を三四人

雇ひ登らしむ、其内拾弐三歳之山童あり、身軽くして梢を伝ふこと猿之如く枝上ニ直立し、双手を以斧を遣ふこと甚自在也、看ルニ危しとて、手中おのつから癢し屡止むれとも不聴、坦然として平地ニあるが如く、宮川之水隈江四五間さし出たる垂枝を渡り、彼曲朶を伐ルニ朶地ニ落て、矮みたる枝刎返り清葩散乱すれとも、児者依然として枝上ニ坐す、衆みな声を放て賞讃不止、実ニ一奇観を為せり、幼ゟ慣熟妙技爰ニ至ル、人として覚学ばさるべけん哉○須臾ニして花疾梢平癒雑木刈尽して、原上一望ニ遠く花源を極、快然限りなし（かの山童ニは多く菓子を与へ、人足ニは酒代を与）先前ゟ原頭所々江制札を建て、花を伐ことを禁せり、今日亦厳ニ戒し、且農隙ニ山際之桜を爰ニ移ス事と、宮川縁り之雑木を伐払事を命し置、如斯名花巨木は縦令千金を積も難得されは、常ニ培養を加へ永く失はざらしめんと欲す、自分義深く花を愛すといへとも、都下桜花之時節ニは四方遊客雲之如くニ集り、縦観如意ならす、当春は国中之花随意ニ寛覧、且本土桜花之多キ余国ニ卓絶たること、実ニ天之賜花癖之大幸と云へし○九半時頃廣瀬町理右衛門宅ニ而一同昼食認、同人は廣瀬中之豪農、住居広く庭も一段よし、帰跡路猶亦桜花遊覧多時、夫ゟ上廣瀬村山裾通り帰来、件之山ニ而蕨を採、春風寒していまた多く不生、南面之山耳纔ニ生す、丈ケ弐三寸計り、山四五拾間を狩尽し、漸方壱尺計り之あし籠ニ満、同村助十郎宅ニ憩ひ、七半時頃帰陣○留守中四時頃御用状至来　尊父君ゟ之御封物も来ル、帰陣之上御書状・御日記共拝覧　双君御初御安健大慶不過之安堵之事（母君ゟ吉野氷と云菓子を賜、叔兄ゟ書扇・絹各一被遣、且つた江誂遣ス、中革草り弐足さし越ス）　菊池・三橋・多田ゟも封物書状等来ル、一同平安○川嶋奥六老母（当年八十才）中風ニ而不相勝、一旦快候処、去月下旬ゟ再発、極老之義快復無覚束旨、親類共ゟ申越候由ニ而、可成は立返りニ出府看病いたし度旨、斎藤勝平を以内願申聞ル、元〆ハ引受候御用向多く差支無之とも難申候得共、実々無余儀次第左も可有之事ニ付、願之趣承届遣ス（但奥六は兼而孝子之聞へあり、心中深く推察、何卒出府迄無事面会を為得し度、倶ニ黙祷す）

十日朝雨昼後霽

一寒暖計五拾五度○川嶋奥六義来ル十三日出立いたし候ニ付、餞別として九谷焼急焼壱・春慶角盆壱・状箱弐、老母江梅斎筆鶴之画絹地百弐歳健嫗筆之扇子、娘江張抜文庫・服紗懐中布・硝子入丸薬・化粧道具江肴を添遣ス娘は老母殊之外愛し候故、保養之一端ニも可相成と召連候由

十一日快晴

一寒暖計五拾八度○熊ノ皮御用ニ付、兼而触置候通り山寄村々ゟ捕へ次第逐々差出ス、右之内早春吉城郡角川村ニ而捕へ候熊之皮無疵ニ而、毛長く能皮故、敷革ニ調置価金三分角川村者高山西北之方七里ニあり○おたかいまた宮参不為致、今日者快晴ニ而暖成方に付、乳母并栄藏・たよ・新藏差添遣ス、産神一本杉白山権現江参詣但初穂金百疋今朝謙輔ゟ添手紙いたし、別当大成院江遣し置 其外八幡山王并松泰寺江も相廻り、夕刻帰陣

十二日快晴

一寒暖計五拾五度○尊父君両貴兄江之御返書認、有合之菓子一同箱江詰封し、菊池江之封物一同届方川嶋奥六江頼遣ス、尤御用状も同人江渡ス○先前支配ゟ引送有之候猟師貸渡筒・取上筒并陣屋附之筒、都合六百八拾八挺有之、右之内三百六拾四挺者当時猟師共江貸渡、其余三百弐拾四挺は御役所土蔵ニ仕廻込有之候処、年来相立候事故、何レも更痛難用立、中ニは台金具も無之、筒計り残候分不少、何百挺有之候とも右様損し居候而は更武用ニ不相成、此上猶年数相立候得者跡形も無之様成行、無益之事ニ而、殊右之如く貸渡筒更痛候而は拝借願出候ものも無之、運上永も減し御不益之筋ニ付、先頃取調之上国友林右衛門ニ為見分ケ、右三百弐拾四挺之内修復も難加、更不用立分百四拾八挺は御払ニいたし、其余百七拾六挺者追々ニ修復も加へ貸渡、又者非常ニ備候積、先ツ試ニ弐拾挺林右衛門江修復申付置候処、此程出来、昨日同人持参、一覧いたし候処、殊之外能出来、右者書院江飾置非常ニ備、平生稽古ニも為用候積也、其余之分者伺之上払方并修復申付候積

ニ候事但右弐拾挺は筒計り有来を用、台金具は不残新規也○夕刻川嶋奥六并娘も暇乞
ニ来ル、娘江有合之菓子遣ス

十三日折々雨

一寒暖計六拾五度○川嶋奥六今暁七時出立、永幡謙輔見
送ニ遣ス、野麦街道より日和田筋罷越候由中山道福嶋宿辺江出美
女峠迄送り、五半時頃帰ル此峠迄凡壱里半

十四日雨

一四時頃ゟ御役所江出勤○寒暖計六拾壱度○本保陳屋ゟ
之御用状至来無別條儀、注文申遣候服紗地墨流し縮め
ん差越候事

十五日雨

一寒暖計五拾壱度○斎藤勝平儀、新開見分として益田筋
江今朝出立いたす

十六日晴

一寒暖計四拾八度○五もく鮨を手製し、川嶋奥六方江留
守見舞ニ遣ス

十七日曇四時頃ゟ雨昼後雪を交

一寒暖計四拾弐度、午後折々飛雪寒冷、綿入重着之上江
毛羽織を着す

十八日晴風

一四時頃ゟ御役所江出勤○昨夜微雪積こと一寸計り、此
節庭前之辺桜ニ花四五株満開、雪中桜花を看ル、一奇
江都之所レ無也、寒暖計四拾三度

十九日快晴

一四時頃ゟ御役所江出勤、日限尋申渡有之、評席江出ル
○陶器製作所并釜所、是迄は山田村地内ニ有之候得共、
此度丸釜ニ築直し候ニ附而は、製作所も狭く場所も不
宜候故、岡本村地内江引移る積山田村者陳屋ゟ壱里余岡本村者半里ニ不足先頃
見分之上取極、此節小屋大概出来之由ニ付、場所一覧

旁敬之助召連罷越ス、出懸ケ国分寺江立寄ル、同寺者高山市中を去こと三四町、眺望能キ場所ニ付、請て三重之塔江登臨す、階子狭くして漸ニ登ル、塔上ゟ之遠観一段奇也○境内ニ銀杏之大樹あり、太サ数囲直立空ニ接す、地ゟ壱丈四五尺上ニ桜之宿木あり、太サ壱抱計り、此節花熳レ爛、根は銀杏之幹ニ入て尋常接木《ツギキ》之如し、爰ニ数度遊歩すれとも宿木あることを不知、今日桜花開て初而此奇木を知ル○夫ゟ岡本村江遊行、陶器製作所五間ニ六間、山裾之田畔上江新規ニ取建ル、いまた皆出来ニ至らす、職人何レも爰ニ起臥す、釜は明日ゟ築立といへり、場所東南を受山田村ニ勝れり○右普請ニ付、最寄之土堀穿ツ処、往古此所ニ而陶器を製せしと見へ、土中三四尺下タニ古釜之跡あり、亦陶器之虧ケ多く出ル、職人中故老之もの之説ニは釜之作り方并陶器之様子等至而古く、何レ五六百年ゟ三百年は下らすといへり、色々之虧ケあれとも多分は素焼之如し、されとも質堅して金石ニひとしく、古代之瓦抔看ても准知すべし、数百年之下ハ地をトして古所ニ暗合す、尤奇と云べし、是は本土陶器繁殖之奇瑞なるべし、迚村長陶職等甚喜悦す○暫く休息、夫ゟ松泰寺江遊歩、桜花謝尽して満山一縁風光昔日ニ不似、此節桃李満開ニ而村々紅白亦眺望を添ふ本土梅は至而稀ニ而、偶あるも多くは杏子ニ化す、花は桜と同時ニ開く、桃李は却而桜ニ後ること数日也山中蕨を採、七時頃帰陳

廿日快晴

一寒暖計四拾弐度○尊父君ゟ御注文被仰越候御刀掛、漸木品見当り候ニ付、差物師吉助呼寄、今日ゟ為取懸候事但木品黒柿也、先頃最寄山中ニ而見当り候黒柿、早速為伐候得共、生木ニ而急速ニ用ひニは難相成、因而所々穿鑿之上、益田筋ゟ兼而所持之由黒柿古板取寄候事

廿一日快晴

一寒暖計四拾六度

廿二日晴

一寒暖計四拾七度○斎藤勝平新開見分相済、今日帰着、土産ニおきた・おきく江黒へ杉料紙箱其外筍并堅栗之

根等差越ス堅栗は胡麻あひ抔ニ製し食し候得共、風味不奇

廿三日薄陰昼後風夕刻雨

一寒暖計五拾六度○手代桑田貢二義兼而願之通、来月初旬出立、出府いたし候ニ付、餞別として加州九谷焼茶碗・春慶硯箱并本牧半紙弐百五拾枚遣ス此紙寸法紙之質奉書之如く、粘入ゟは上品也、冨山辺ニ而製し候よし

廿四日雨

一四時頃ゟ御役所江出勤○地役人山崎十郎右衛門・同見習岩水弾次郎・無足見習直井顕藏義出精相勤、十郎右衛門・弾次郎は別而御用立候ものニ付、十郎右衛門者頭取格、弾次郎は親栄藏願之通同人ヲ暇、右跡御抱入申渡、是亦頭取格申渡、顕藏者弾次郎跡見習勤、並之通弐人扶持被下候段申渡ス弾次郎は是迄御役所之方見習手伝相勤居、此節通ニ候而は差支候ニ付、猶亦追而御役所江手伝申渡候積也○寒暖計五拾六度○昼後御用状至来、

尊父君ゟ之御封物も来ル、御書状・御日記とも拝覧、双君御初御一同御安健大慶安堵之事但　叔兄ゟ払物之由御調被下候通語弐巻被遣候事菊池ゟも封物来ル、一同無事

廿五日晴昼後風

一寒暖計六拾弐度○陣屋住居手広ニ者候得共、先郡代家内少ニ而住居候故歟、入側廊下等多く納戸様之片陰少く、娘共仕廻等いたし候ニ差支候ニ付、与風存付、自分居間四畳敷者天井低く天井上余程明キ居、根太補理候得は、おのつから二階に相成候間、過ル十九日ゟ取懸り、今日迄ニ而大概出来、西南之壁切抜窓ニいたし、北之方江押入を附ケ、上り口は湯殿廊下上之壁を抜、小階子を懸ル、長四畳ニ而天井も張り候得共、一躰軒格別ニ高く候故、鴨居上五六寸有之、手数不懸速ニ中二階出来、西之方眺望能、且湯殿脇故娘共仕廻等いたし候ニ至而都合宜敷候事○江都より御注文之御刀掛・外箱とも今日迄ニ而出来

廿六日快晴

一寒暖計五拾弐度、昼後は七拾度余ニ至ル○陣屋最寄三

福寺江者蕨生し候由ニ付、兼而　母君并子供も参存より候間、凡出揃候ハ、申出候様申付置候処、昨今能キ時節之由申聞候間、昼後ゟ　母君其外子供一同召連供太田小六・永幡謙輔・安藤栄蔵・松村仙十郎・中神順道、下女はつ・たよ・いち、乳母、中間・雇共七人西之方裏門ゟ田間之野道通り罷越、国分寺江参詣、夫ゟ高山町外七日町村を経宮川を渡り、三福寺村ニ入此辺宮川両辺河原ニ而独木橋弐ケ所ニ懸渡せり、天気清朗川頭之風光一段よろし田畔及ひ山裾之細径を繞り行こと弐拾町計り、字上野ニ到ル、此山中多く蕨を生す、山高からす平円ニして一円之芝原なり、中央ニ一宇之韮薬師堂あり、山前弐三百歩を隔て農家両三軒あり、四方山谷之間都而田畝ニ而眺望絶妙、暫く薬師堂ニ憩ふ茶并餅菓子を出ス　母君并子供初め下女共迄丘上山陰等所々遊猟、蕨を採、今日は快晴ニ而風なく、昼後は殊之外暖気、自分拆一重半てん、袷羽織ニ而汗出候程也、広々たる山野を随意ニ遊歩、　母君之御歓は更也、敬之助初子供之歓楽知ぬべし○七時頃三福寺村百姓七藏宅ニ而小休、同人は村中之豪農ニ而住居殊之外手続(広カ)ニ而奇麗也、昼後食之用意ニ切めし・煮〆等持参せし処、七藏ゟ懸合之料理差出ス○暮合頃帰陣、得る所之蕨さし渡シ一尺四五寸之あぢ籠ニ満、斎藤勝平并川嶋奥六留守宅江も分ケ遣候事

廿七日快晴

一寒暖計六拾度、無記事

廿八日晴昼後風

一寒暖計六拾度○明廿九日御年貢皆済金差立候ニ付、昨日認置候　尊父君・叔兄江之呈書御注文之御刀掛并小熊之皮等弐封ニいたし、菊池・三橋江之封物一同、元〆江渡ス

廿九日雨

一寒暖計六拾弐度○兼而梅斎江申付置候高山市中之真景、出来持参ス

晦日薄陰

一例刻御役所江出勤○一之町村大隆寺境内妙見堂修復之義、去子五月中願之上取繕候由之処、内実者地所引移し、良財材を用ひ花麗ニ取建候由相聞候間、去月中及沙汰慎申付置候処、日数も相立、外寺院并町役人共一同再応慈悲願出、全一時之心得違と相聞、御時節柄ニも候間、旁別段不及吟味慎差免、右堂破却申付ル、且是迄町方地内を借受、境内手広ニいたし候ゟ右様之心得違もいたし候義ニ而、外寺院取締ニも拘り候間、右地所取上町方江相渡し、以後寺院共相対ニ而町方地所等猥ニ借受囲込候義厳禁す○御用透之節農隙見計追々ニ国中村々巡検いたし候積、当年者吉城郡高原川筋村柄・風俗・耕作之様子、余業之有無、山中立木之繁薄等巡省、傍ラ絶景勝地をも及看候積、明朔日出立いたし候ニ付、夫々旅装取調候事○寒暖計六拾度

四月小

朔日（薄陰昼後霽）　発高山至漆垣内村　道法五里

一高原郷筋村々巡検として、今朝五半時出立（もゝ引半てん着用）供立具足・鑓・対箱・長柄・徒両人・足軽壱人・侍両人安藤栄蔵・中野吉蔵、用人永幡謙輔、附添手代岩田量平、地役人頭取格山崎十郎右衛門、且御用小長持・両掛弐荷・合羽籠・挑灯籠・竹馬各一荷ツヽ、桑田貢二・太田小六・中神順道送来ル、町年寄・出入医師・町人共は高山町外レ迄送ル、一ノ町・嶋川原町を過江名子村ニ入ル（村入口ゟ歩行）

一江名子村（村高七百六拾四石、御林弐拾三ケ所、家数九拾四軒、人別四百拾八人、余業山稼、春冬藁みのを製す、村柄中）高山ゟ半里、多く田間之平路を行○四時頃百姓与惣兵衛宅ニ而小休、あんころ餅・煮〆物を添出ス（玉子焼、いも、椎茸）住居相応也、四五町阪路を登り山口村ニ入ル

一山口村（村高四百壱石余、御林拾六ケ所、家数八拾軒、人別三百五拾六人、余業山稼、春冬はわら箒を作ル、村柄上）江名子村ゟ半里、平路多し○四半時前名主三郎右

衛門宅ニ而昼食めし四椀、汁竹之子・し、茸、平長いも・鯛・椎茸、焼物鯛、香物三色、菓子あるへい・落雁○貢二・小六者是ゟ辞別ス、阪路登ルこと六
七町、塩屋村ニ入ル

一塩屋村村高弐百三拾六石余、御林拾三ケ所、家数四拾八軒、人別弐百六拾五人、余業山稼、村柄上
山口村ゟ半里、八賀川ニ傍ふて屢坂路を上下す、
村外レ流畔ニ丈ケ四五間之大石突出、岸を離る、
こと弐間計り、是を土俗伝へて子持岩と云、足ノ
甲江小石を乗せ擲テ右石之上江乗せ得れは、其も
の多く子を不生といへり、石面平らニして小石積
て堆し○巡覧村々之内孝子忠良都而奇特もの之類、
窮索して賞之、鰥寡孤独及ひ八十歳以上衰老之自
から存すること不能もの江者、乍聊鳥目与て、勧
善之一端且養老尚長之義を明らかニす、当村ニも
長寿之もの両人あり、目通り江呼出、年齢其外相
尋、左之通鳥目遣

鳥目五百文ツヽ、　清三郎父 六藏 八十二才　政藏父 長藏 八十五才

一大嶋村村高拾壱石、御林弐拾六ケ所、家数六軒、人別五拾壱人、余業山稼、村柄上
塩屋村ゟ三拾町、山路耳ニ而平地なし、稀ニ山烟
を看ル、所々山吹咲出て満山黄金を撒するが如し、
百姓源助宅ニ而小休、住居不宜、干菓子を出ス、
是ゟ行こと弐三町家之洞と云峠ニ懸ル、路巾尺余
急阪歩し難し、渇平地あり、此辺蕨至て多く戯ニ
採之、須臾ニして無数を得る

一岩井村村高百八拾三石、御林八拾一ケ所、家数七拾三軒、人別四百八拾三人、余業薪、古呂稼、卅村柄中
大嶋村ゟ壱里、阪路多し、名主松兵衛宅ニ而小休、
住居不宜、干菓子を出ス

鳥目五百文ツヽ、　孫助母 たね 八十九才　助市父 恵妙 八拾二才

一瀧村村高弐百五拾六石余、御林二拾一ケ所、家数六拾四軒、人別三百八拾八人、余業前ニ同し、村柄下
岩井村ゟ壱里弐町、生井川之流ニ添、都而山路人
家稀也、山半腹ニ桶岩と云あり、丈ケ弐三間数十
相連ナり横ニ筋ありて、たがを懸ケたるニ似たり、
亦琵琶石と云石あり、形を以名附奇石也○名主與
助宅ニ而小休、住居不宜、あんころ餅を椀江盛り
出ス平にんしん・うと・椎茸・竹ノ子、汁すまし、わらひ・みやうか、大根なます是ゟ行こと半

里余、粟畑峠ニ懸ル、甚之急坂なり、此峠下り口
ゟ亦塩屋村ニ入ル、爰ニて小休、酒肴を出ス
さし身鱒、硯蓋物三色、丼物三品、菓子あるへい・落雁　四五
町行、漆垣内村ニ到ル
一漆垣内《ウルシカイト》村村高六百六拾壱石余、御林壱ケ所、家数九拾四軒、人別四百弐人、余業前ニ同し、村柄上○至而之小村又者巡検都合不宜分は遠見ス
五名《ゴミョウ》村　同村圓徳寺江着止宿、相応之寺院なり、着
後間もなく夜ニ入○入湯後食事めし五椀、汁すまし椎茸・蛸、平玉子・椎茸・ゆは、鉢竹ノ子・みそ煮、猪口いか・三杯す、焼物玉子焼、菓子二色○順道此所迄送来ル、一宿

二日快晴　従漆垣内村至大沼村　道法五里
一今朝六半時頃起出食事めし四椀、汁ふ・し〻、茸、平玉子ふわ〳〵、皿香茸・あわひ、香物うり・なら漬、焼物鯛○五時頃出立、順道是ゟ辞別す昨日之わらひ祖母君御好之品ニ付、順道ニ属し遣ス
此辺高山之最寄ニ付、山も低く平路多し高山ゟ壱里
一大洞村村高百拾五石余、御林弐ケ所、家数弐拾一軒、人別七拾弐人、余業薪木呂伐出し、村柄中
漆垣内村ゟ半里、名主藤助宅ニ而小休、住居不宜、
干菓子を出す
一山口村村高百弐拾五石余、御林三ケ所、家数拾五軒、人別八拾四人、余業男子前同断・女は布を織、村柄中
大洞村ゟ半里、阪路少し、組頭六助宅ニ而小休、
宅あしく干菓子を出ス
一町方村村高八百三拾八石余、御林壱ケ所、家数百五軒、人別四百弐拾弐人、余業前同断、村柄中
山口村ゟ半里、田間路平ら也、四時頃名主平四郎
宅ニ而昼食めし五椀、汁豆ふ・な・竹ノ子、平長いも・鮑・椎茸、猪口梨子、香物なら漬、焼物ます、茶碗もりうなぎ・竹ノ子、し〻、茸、玉子むし　住居は能方也
一新張村村高四百六拾八石余、御林弐ケ所、家数六拾七軒、人別弐百八人、村柄中
町方村ゟ壱里、阪路嶮ならす、八賀川を渡、細越
村ニ入ル
一細越村村高八拾四石余、御林壱ケ所、家数拾九軒、人別八拾三人、村柄中
新張村より三町、路前ニ同し
一下保村村高弐百拾石余、御林弐ケ所、家数三拾弐軒、人別百八拾三人、村柄中
細越村ゟ六町此村江入、急坂屈曲登ルこと八町、
袈裟山絶頂ニ至ル、千光寺に憩ふ、能キ寺院ニ而
境内広く、堂社も一段よし○本堂之左ニ宿儺之石
像あり、一躰両面四手四足弓矢を持剣を帯、丈ケ
五尺計り、宿儺は（平出）仁徳帝之御宇飛騨国ニ在て
多力を頼、皇命ニ不随、人民を掠ル、因而官兵を

以誅せらるゝよし、日本記をあけて飛州志ニ細書す、形様都而日本記之文ニ因而製造スと見へたり、其外寺院あれとも記スニ不足、されとも像はいかニも古雅ニ見ゆ○干菓子并あんころ餅を出ス

鳥目壱貫文ツ、　与右衛門父 太左衛門 九十才　甚兵衛 八十二才

右両人とも件之嶮坂を登来ル、更労レたる躰なく強健驚くべし壮年之ものといへとも、何レも満身汗を流す、既に自分も繻袢三替せし程也○山中松杉多く鬱然たり、林間前面を望ば町方・新張・細越・下保・桐山之村々、人家田野都而脚下ニありて眺観絶妙、未甲ニ当り山際高山之市屋幽かニ見ゆ、遠目鏡を用ゆれは、照蓮寺之高堂と陳屋之火ノ見は、翠緑中ニ一段鮮明也、嶮路羊腸下ルこと拾町計り、柏原村ニ到

一柏原村村高九拾石余、御林六ケ所、家数拾四軒、人別七拾四人、余業焼炭、村柄下
袈裟山を下り平地数十歩、荒城川を渡り下流宮川江落百姓源左衛門宅ニ而小休、赤飯・煮〆を出ス蒲ほこ・つと豆ふ・ゆは・椎茸・わらひ、猪口な○阪路漸々登ルこと壱弐町、不動之瀧ニ至ル、茂林之中巌石聳立十余丈、滝之巾四尺計り、飛々として直下す、巌石下は虚ロニして滝之背ニ入ルことを得る、方三四間計り、前ニ台を設曲欄あり、滝ニ打るゝものは件之台上ニ立、滝之さま少しく日光裏見ケ瀧ニ似たる所あり、奇泉と云べし、惜らくは飛泉至而微ニして、雨之如クニ砕て落、不動之小祠は滝之右ニあり、山腹之細径を上下して三ノ瀬村ニ入、滝之図左ニ画かしむ（図ナシ。半丁空白アリ）

一三ノ瀬村村高六拾石余、御林四ケ所、家数十軒、人別七拾六人、余業焼炭、村柄下
柏原村ゟ拾町、阪路嶮ならす、

鳥目五百貫文ツ、　孫兵衛父 孫左衛門 八十三才　孫兵衛母 いき 八十八才

一大沼村村高五拾石余、御林五ケ所、家数六軒、人別三拾七人、余業前同断、村柄中
三ノ瀬村ゟ壱里、道筋前ニ同し○八半時頃百姓久右衛門宅江着止宿、住居能キ方也、入湯後食事めし五椀、平玉子・椎茸・かまほこ、温飩を添出ス、菓子落かん・あるへい

鳥目五百文　　久左衛門母 いの 八拾七才

三日快晴夕刻小雷雨　　従大沼村至籏鉾村　道法五里半

一六半時頃起出食事めし四椀、汁すまし鮎・こんふ・竹ノ子、坪玉子・蒲ほこ・椎茸、温飩を添出ス、平竹ノ子・ゆは・椎茸・あゆ・いか、猪口ゆり、鱠五色、香物二色、茶わん盛鮑・こんふ、焼物鯛〇五時出立行こと

四五町、折敷地村ニ入ル

一折敷地村《ヲシキチ》村高弐百五拾弐石余、御林五ケ所、家数六拾八軒、人別四百拾人、余業炭焼、村柄下

大沼村ゟ半里阪路急也、巡村道筋何レも路造りいたし候得共、此村は就中手当行届キ、山腹之細径数十町土を置、懸崖等手丈夫ニ桟道を懸ケ渡せり、後々風雪之頃抔往来ニ尤便りよし、因而村役人一同賞誉す〇名主孫助宅ニ而小休、干菓子を出ス、酒肴差出度旨申聞候得共、手耽間取候故及断

鳥目五百文　六兵衛 四拾三歳　是は薄命ニして窮困なるもの

一大萱村村高百七拾三石余、御林壱ケ所、家数三拾四軒、人別百四拾八人、村柄中

折敷地村ゟ壱里、夷峠を越ル、道巾至而広く、阪路寛也、此辺四方山低く平路多し、所々ニ松林ありて風景嶮峻ならす、路中草山ニ而多く蕨を得る〇四時前名主孫八郎宅ニ而昼食めし四椀、汁玉子・豆ふ、平椎茸・長いも・ゆば・竹ノ子・はゑ、香物沢あん、焼物ゆわな住居狭して不宜

鳥目五百文ツ、外ニ金百疋　市助 七十四才　庄左衛門 十八才

右市助は老て妻子なく、庄左衛門者若年多病ニして老母・弟妹あり、窮迫甚しく敝衣身を掩ふニ足らす、看ルニ憯然たり、故ニ別段手当遣し、保育之義役人江命ス

一小木曽村村高百三拾石余、御林壱ケ所、家数十四軒、人別八拾九人、余業蚕飼、村柄中　大萱村ゟ拾五町

一下坪村村高百四拾八石余、御林壱ケ所、家数拾三軒、人別六拾四人、余業同断、村柄中　小木曽村ゟ三町

一殿垣内村《トノカイト》村高百三拾四石余、御林壱ケ所、家数拾七軒、人別九拾四人、余業男は薪を伐、女は蚕飼、村柄中　下坪村ゟ八町

一法力村《ホウリキ》村高弐百拾九石余、御林壱ケ所、家数廿八軒、人別百九人、余業同断、村柄中　殿垣内村ゟ五町、大萱村ゟ之道筋都て平路ニ而、少しく打開キ

田畝多し
一瓜田村村高百七石余、御林弐ケ所、家数家数（衍字）弐拾五軒、人別百三拾弐人、余業同断、村柄中　法力村ゟ
拾弐町
一根方村村高七拾壱石余、御林なし、家数弐拾四軒、人別百弐拾三人、余業薪を採、村柄下　遠見　大
谷村　小野村
　瓜田村ゟ八町、同村入口ゟ坂路、八賀川ニ添ふ○
阪路右之方崖中腹ニ大清水と云あり、地中ゟ清泉
湧出、岩間ニ湛へ溢レ落て飛泉を為す、水至而清
潭掬《スク》レ之、寒冽堪難し、夫ゟ数十歩ニして琴ケ淵
ニ至ル、両岸都而怪岩欹立す、淋《深》淵水藍之如く声
潺儷底量り難く、傍ニ琴ニ似たる岩あり、亦国説
ニ水底稀ニ琴声を聴と、実ニ神龍をも棲しむべく
被思
一白井村村高四拾三石余、御林なし、家数十七軒、人別八拾三人、余業白木稼、村柄下　遠見　板殿
村
　根方村ゟ半里、路前ニ同し○百姓長次郎宅ニ而小
休、住居不宜、酒飯を出スめし弐椀、汁きす・な・豆ふ、平玉子・椎茸・つくいも・あゆ、鱠三色、焼物鯛、硯蓋白うは・かまぼこ・椎茸・つくいも・つと豆ふ、鉢肴鯛、さし身鱒、丼蒲ほこ・な

一芦谷村村高拾九石余、御林なし、家数十軒、人別四拾七人、余業同断、村柄下　白井村ゟ半里、
路前ニ同し
一日面《ヒヲモ》村村高百三石余、御林なし、家数弐拾九軒、人別百七拾七人、余業同断、村柄下　遠見　日影
村
　芦谷村ゟ半里、路前ニ同し、善久寺ニ而小休、小
寺也、菓子を出ス
　鳥目五百文　日影村百姓平左衛門祖父九拾壱才　佐右衛門太郎
○字出羽ノ平両面山窟《イハムロ》一覧之積、難所ニ付駕
籠・具足は小休所江遣シ、是より東北ニ向ひ山
脚之樵径江入ル、渓流ニ添ふて登ルこと拾町余、
此所両面山江之登り口ニ而小屋を設く、茶を吃
し暫く休息、是ゟ路至而嶮岨ニ付、羽織を脱く、
何レも身軽ニ出立チ壮健之村役人案内ニ而登ル、
多くは岩石ニして木立深く藤蔓を引、岩角ニ取
附漸々攀登ル、登ルニ随て路益険也、青壁之足
かゝりなきは麻縄を作り廿是を力ニして登ル、
如斯もの四五所、登ルこと凡三百間計り、窟之
辺ニ至ル、路甚険峻なれとも木立深くして更危

キ事なし、窟之前方三四間程平地ニして小祠あり、穴之入口高サ九尺余巾弐間計り、漸く細りて行こと拾間余、此所穴之大サ方三尺ニ不過、人足并村役人等拾数人、各松明を照らし先キニ入ル、自分も引続キ身を縮めて這入ル、数歩ニして空闊左右三四拾間計り、立歩することを得ル、窟中一円石乳凝りて水晶之如し、自然と水滴りて冷気を覚ゆ、蝙蝠炬火ニ驚て片々面を払ふ、路は都而三四尺ゟ弐三寸位之打かきたる如キ之石累々として地ニ満、件之石を蹋、漸々登り行こと五十間計り、硯と云石あり、丈ケ四尺計り之真石おのつから頂キ凹ニして水滴り入て、亦溢レ流ル、夫ゟ猶登り行こと五六拾間、此辺を千畳敷と称す、方三四拾間もあるべし、亦傍ニ方弐三間之泥地あり、是を田と号す、其外逆カ穴と称するもの弐ケ所あり、左之方なるは殊ニ深して、其奥限りなしと云伝ふ、今は石乳凝りて穴狭く入ルことを不得、国説ニ上古宿儺と称する神人此窟より出現し袈裟山ニ住すと云、宿儺之事は前ニ記ス、実ニ神仙之遊息すへき塵外怪有之、奇窟と云べし○七時頃下山、再ひ彼小屋ニ而休息、件之窟を仰観ニ青壁所々ニ聳立し、緑樹密ニ壁面を掩ふて土人ニ問へとも認難し、因而村長ニ命し再ひ人足を登らしめ、かの窟前ニ煙りを揚ケしむ、雲頭翠林中ゟ煙縷々天外ニ立昇、衆仰望テ皆其所を知ル、窟辺之風景左ニ図せしむ（図ナシ。半丁空白アリ）○七時過名主源助宅ニ而小休、酒飯并蕎麦を出ス平ゆは・鱒・姑慈・つくいも・こんふ、焼物鯛、硯蓋七色、さし身鯛・ます、鉢肴鯛

一籏鉾村 村高百五拾壱石余、御林なし、家数三拾八軒、人別百七拾一人、余業前同断、村柄下　遠見　岩井谷村　地之俣村

日面村ゟ三拾町、阪路なれとも路巾広し、折々遠雷少しく驟雨来ル○七半時過禅宗慈雲寺江着、止宿、小寺也、庭前桜花満開○入湯後食事めし五椀、汁わらひ、皿うなき蒲焼、焼物ゆわな、菓子あるへい外四色

四日快晴　従籏鉾村至平湯村　道法五里半

一六半時頃起出食事めし四椀、汁玉子・うと・岩茸、皿鯛みそ漬、焼物ゆわな○五時前籏鉾村出立

一久手村村高弐拾三石余、御林なし、家数十三軒、人別四拾九人、余業前同断、村柄下

籏鉾村ゟ半里余阪路、八賀川之流ニ傍ふ、此村ニ入行こと拾町計り、平湯峠に懸ル弐三町程之間は路之左右都而木賊あり、六七町登り方壱弐町之平地あり、爰ニ小屋を設ケ茶菓を出ス、用意之弁当を認玉子・ゆば・鮎・いも○是ゟ路登ニ随て愈険也、左右一円熊笹生茂り大樹森然、山中所々残雪を看る、半里余登り峠絶頂ニ到ル、此下り口ゟ平湯村也

一平湯村村高拾九石余、御林壱ケ所、家数拾四軒、人別五拾弐人、余業白木稼、村柄下　遠見　福地村

急坂屈曲下ルこと拾町、此辺ニも熊笹あり、笹之芽自然と魚ノ形ヰと成ル、是村是を笹ゆわなと唱へ年を経て魚ニ化すと云伝ふ、余之山中ニ者不生路中窮索して三四籃を得る、字峠谷と云所ニ而小休、是ゟ亦漸々下ルこと拾三町、平湯川之急流を渡水源は阿房ケ瀧なり四半時過名主右衛門三郎宅江着○当村は騎鞍ケ嶽麓ニ而飛州之東隅深山中之弧村也、故ニ寒気烈敷麦粟すら不生、温泉之温りニ而纔ニ稗而已生す、此節桜花半開、山畔残雪深し、されは旅宿も狭く只雨露を避ルニ足ル耳、四面峰高く立続て、却而騎鞍ケ嶽は其絶巓をも不看、前面山少しく低キ処扇ケ嶽を望、全容都而雪を帯○阿房ノ瀧一覧之積、九時前旅宿を出、東南に向ひ林際之樵径を登り行こと拾町余、泉音漸々近く林外之小平地ニ到、初て飛泉を遠望す、一面之青壁空ニ聳へ飛泉、壁上ゟ直下ス、左右新緑蓊鬱中ニ一株杜桜花之爛然たるあり、滝之高サ七拾五尋、巾拾間有余、白之布を垂レたるか如く、声猶雷ニ似たり、瀑面は更緑樹之支ゆるなし、滝坪は巌石続て一望ニ難尽、亦水煙霧之如く立昇りて、滝坪之辺漠然たり、爰ゟ滝を去ルこと凡弐町計り、されとも折々水煙来て面を払ふ、実ニ海内之名泉と云べし○近く飛泉之全容を窺んと歎するニ急流を隔て渡

ルこと不能、因而人足ニ命し最寄之木を伐橋とし、亦大石を転して路と為す、何レも兼而用意之蓑笠を荷ひ、辛して件之流を渡り岩を攀、亦水を渉て登ルこと弐町余、漸ニして飛泉右之方山畔ニ至ル但滝を去ルこと弐拾間計り滝坪は一面之巌石ニして底深からす、されとも水勢風を生し煙之面を打こと烈敷、恰も大風雨を凌て水辺を行が如し、泉響耳を貫て何レも話説する事を不得、笠を傾ケ仰観るニ、実ニ銀河九天より落かと疑ふ、遊観多時厭ことなし、今日は晴明なれとも、滝之下ニ至る頃は薄雲掩ふて日影を不看、遊観中雲砕て日光滝之余煙を照らして、忽一大彩虹を出現す、此三四拾間渓頭翠微ニ損て鮮明、晴日は虹影終日不消と亦一奇観也、此巨泉遠境深山中ニありて、都人之知ルこと稀なり、実ニ惜むニ堪たり○八時頃帰宿、温泉ニ浴す、浴室は旅宿を壱町計り隔て南ニあり、湯坪上下弐ツ各方九尺深サ弐尺計り、湯至而清く何之臭もなく、諏訪之温泉ゟはあつき方ニ而、清潭なることは猶勝れるか如し、諸病に功験ある事尤著し、就中湿瘡ニ妙也といへり○湯口は数十歩隔て山脚之岩間ゟ湧出す、熱湯ニして湯気高く立昇ル、試ニ青菜を涵すニ忽熟して食ふことを得る、傍ゟ冷泉も多く出ツ、筧ニて等分ニ合し湯坪江濯キ入ル、溢て渓間ニ落、此名湯駅路ニあらは、一大高名一日数金を得べし、惜哉、辟村入湯之もの稀なり、此湯口之外田間所々ゟ湧出す、平ラ一面湯を出スを以平湯村之名あり○夜食めし五椀、汁岩茸、平ゆば・わらひ・こんふ、焼物ゆわな○今朝高山ゟ御用状至来、着之上返書取調、明朝さし立之積○夜来は別而寒冷冬之如し

五日快晴風　従平湯村至今見村　道法五里

一六半時過起出、温泉ニ浴す○今朝初て牡鵑四五声を聴○高山より猶亦御用状至来、即刻返事認、昨日之御用状一同差立ル一昨日途中ニ而得る所之わらひ、幸便留守宅江遣ス○朝飯四碗、汁わらひ、平ゆは・いも・椎茸、皿な・岩茸○五時平湯村出立、行こと弐町計り、山伏之湯と云あり、山脚平湯川縁り平地ゟ湧出ス熱湯也、清

こと前ニ同し、空しく渓間江流入ル、惜べし、高原川を渡此所ニ而平湯川と落入左之方右流ニ添ふて林際之阪路を行こと壱里計り、一重ケ根村ニ入

一一重ケ根村村高八拾六石余、御林壱ケ所、家数三拾弐軒、人別百三拾七人、余業白木稼、村柄下

此村ニ入急阪を登り四五町平原也、行こと壱里余百姓半右衛門宅ニ而小休、住居不宜、酒肴を出ス皿はえ、丼豆ふ、菓子落雁、丼者なし○一重ケ根峠を越登り急也、四町計り高原川を渡ル高原川上流両岐合して一流と成ル神坂村ニ到

一神坂《カンサカ》村村高拾八石余、御林弐ケ所、家数九拾軒、人別四拾八人、余業冬春蒲はばきを製ス、村柄下

一重ケ根村ゟ壱里、四半時頃百姓市助宅江着、昼食めし五椀、平うど・な・つくいも、皿はゑ住居不宜○当村ニも温泉あり、浴室を往還之左ニ設く、食事後浴す、湯坪方弐間計り、少しく硫黄之気あり、清潔なることは平湯ニ同し、湯は浴室之傍平地ゟ湧出ル、湯口微ニして熱湯ならす、此所を神坂村之内字蒲田と云、故ニ人呼て蒲田之温泉と称す○村中ニ地獄と称するものあり、往て看るニ小休所ゟ四町高原川東岸懸崖中程ゟ一道之煙り突出して、立昇ルこと数丈、西岸は高山ニして急流深潭なれは到ルこと不能、懸崖上ゟ壱弐間隔て纔ニ崖下を窺ふといへとも、煙之出ル所を看ル事を不得、右煙は崖下深窟ゟ出ルといへり、煙り之如くニ見ゆれとも、左ニはあらす、必定熱湯之湧出する湯気なるべし、春冬者件之煙り五六十間立昇ルといへり、水隈ゟ煙り強く立昇るさま看ニ、奇異にして地獄と呼ふも理りなきニあらす○当村中尾口御番所ニ立寄ル、御番所詰地役人松村次郎藏出迎案内いたす、中尾村は是ゟ弐拾町を隔て東南ニあり、近来信州松本江之新道を開き、此御番所を取建ル、中尾村ゟ松本江山路拾四里、硫黄嶽続キ焼ケ嶽を越て行、至極之難途なれとも、中山道江之近路也、今猶雪深して往来なし、此辺は槍嶽最寄ニ而御番所ゟ彼峯を簷外ニ看ル

一栃尾村村高弐拾石余、御林三ケ所、家数拾七軒、人別六拾四人、余業前同断、村柄下

神坂村ゟ半里高原川ニ添ふて、阪路屈曲急ならす、折々河原を過り組頭彦左衛門宅ニ而小休

一今見村村高拾弐石余、御林弐ケ所、家数十軒、人別五拾三人、余業前同断、村柄下　遠見　柏当

村　蓼保村

栃尾村ゟ九町、八半時頃名主右衛門宅江着、止宿、住居相応也○夜食めし五椀、汁豆ふ・な、平玉子・竹ノ子・ふき・豆ふ、香茸、焼物鱒、干菓子五色○村々役人共何レも丁寧を尽し候内、当村右衛門は昨朝平湯峠江出迎候以来、万事厚く心附悉く手当行届、都合宜しく候間、及賞誉、兼而用意いたし候縮めん紋附服紗遣候事右衛門は此辺十ケ村之名主ニ而、乍偏ニ人物至而よし○右衛門先祖江江馬重成、金森法印ゟ遣せしと云文書を一覧す、手跡は拙方也

六日快晴　従今見村至長倉村　道法五里

一六半時頃起出食事めし四椀、汁岩茸、平つくいも・椎茸・ふ・ますノ子・こぼう、鱠五色、香物な漬、焼物さば○五時前今見村出立

一田頃家村《タコロケ》村高弐拾四石余、御林六ケ所、家数弐拾一軒、人別九拾八人、余業白木稼、村柄下

今見村ゟ五町阪路急ならす

一笹嶋村村高七石余、御林弐ケ所、家数六軒、人別三拾四人、余業同断、村柄下

田頃家村ゟ壱里急坂多し、組頭彦太郎宅ニ而小休、住居村柄ニ見合候而者能キ方也、是ゟ路至て険しく屢上り屢下ル、桟道六ケ所を過行こと拾町計り、路傍ニ無名之滝あり、丈ケ弐丈計り、岩間ゟ落、賞するニ足れり、笠谷川之急流を渡、赤桶村ニ入此流笠ケ嶽ゟ出、高原川ニ落

一赤桶村村高弐拾石余、御林廿五ヶ所、家数拾五軒、人別五拾四人、余業前同断、村柄下

笹嶋村ゟ半里余、嶮路前ニ同し、桟道五ヶ所、河原を過ルこと弐ケ所、岩間所々藤花を看ル、幽艶愛すべし

一葛山村村高拾九石余、御林三ケ所、家数十四軒、人別六拾弐人、余業なし、村柄下　遠見　芋生茂《ヲイモ》村

赤桶村ゟ半里、四時頃名主七兵衛宅ニ而昼食めし五椀、汁すまし、鰹節、平豆ふ・ふき・つくいも、坪豆ふ、鱠弐色　住居不宜○当村ニ畳石と云あり、形を以名附奇ならす○行こと三町計り、長倉村ニ入、亦壱弐町ニして、宇治ケ谷川右之方ニ細径あり、是深山中之孤村下佐谷村江之道筋也、山路嶮岨ニ付、具足・駕籠は旅宿江遣、是ゟ件之川ニ添ふて渓間之熊径を繞り登ル、人跡絶テ枯葉路ニ満

一下佐谷村村高拾石余、御林弐ケ所、家数八軒、人別弐拾六人、余業白木稼、村柄下

葛山村ゟ壱里余、百姓吉助宅ニ憩ふ、是迄経過する所之村里山際之辟村といへとも、本土は元来良材多し国柄故歟、何レも住居は能キ方ニ而、当村者就中山裏之孤村なれとも、吉助宅抔乍粗末、床之間附ケたる可成之住居也、是は余国之不及所と云べし○村中ニ烏帽子岩・蛇岩抔いふあり、何レも看るニ足ルものなし

鳥目五百文ツヽ　寡婦いよ三十七才 子供二人あり　同そめ三十五才
子供江別ニ弐朱遣ス

是は若くして夫ニ別れ、窮迫なるもの○来路ニ復すこと壱里長倉村ニ至ル

一長倉村村高百三拾一石余、御林三ケ所、家数四拾軒、人別百八拾三人、余業前同断、村柄下

宇治ケ谷川を渡行こと弐三町、高原川河原ニ杖石と云あり、丈ケ三拾三間水ニ臨て独立如削絶巓怪松森然たり、背は漸々岩重ナりて雑樹生茂り、嶮徂なれとも登覧する事を得る、頂キ方三四間松樹間、弁天之小祠あり、眺望亦奇也、河原拾四五町行、七時前百姓代孫兵衛宅江着、止宿住居相応也

○入湯後食事めし五椀、汁豆ふ・舞茸、平長いも・香茸・岩茸、皿あゆ、外ニ素麺

七日晴　従長倉村至宮原村　道法五里余

一六半時頃起出食事めし四椀、汁豆ふ・岩茸、平長いも・竹ノ子・うと・わらひ、坪混布・のり・長いも、猪口うと、焼物たい　○五時前長倉村出立、行こと半里計り、岩井戸村境杉林中ニ山王之小祠あり、是を木ノ葉堂と称す、毎歳秋来祭時、此堂を開クニ堂内おのつから枯葉あり、葉之多少ニ因て来歳之豊凶を知ル、枯葉多ケれは年必らす熟すといへり、怪譚記スニ不足といへとも、高名之一話ニ付略記ス

○高原川水中ゟ奇石半身を出す、是を蓑石と云名之如し

一岩井戸村村高五拾四石余、御林なし、家数拾五軒、人別八拾四人、余業なし、村柄下　遠見　桃原村

長倉村ゟ半里余阪路急ならす、名主善右衛門宅ニ憩ふ、酒肴を出ス吸物はゑ、硯蓋ゑひ・竹ノ子・ゆり・にんしん・長いも、栗　住居相応也○当村矢之根石を産す、四五石を得ル○小休

所左之方樵径登ルこと五町計り、釈子《氏》窟ニ至ル、一名杓子岩、大巌之中央丸く削り取たるか如く、形チ杓子ニ似たり、亦右之方五六間四方之窟あり、阿弥陀を安置す、其外傍ニ烏帽子窟といふ方弐間計り之窟あり、岩之全体弐三拾間○山を下り方弐三間之巨石、田間ニ幾ツも散在す、由来を問ふニ、十四五年前大ニ地震し高嶺砕ケ落と云、仰看ニ雲頭奇岩列す、聴もの栗せさるはなし

一中山村 村高弐拾壱石余、家数十四軒、人別五拾七人、其余都而前ニ同し

岩井戸村ゟ半里坂路前同断、村入口ゟ高原川ニ別レ双六川ニ添ふ、組頭長作宅ニ而小休、住居相応也、酒肴を出ス 吸物ます、さし身同断 ○双六川を渡ル 橋長拾壱間、駒止橋と云 坂路壱里余行、双六村ニ到

一双六村 村高三拾六石、御林なし、家数弐拾弐軒、人別百三拾七人、余業白木稼、村柄下　遠見　金木戸村

是迄之阪路寛急相半す、四時頃名主与左衛門宅江着、昼食 めし五椀、汁すまし・豆ふ・うど・にんしん、平豆ふ・鰹節・こい・ゆり・つくいも・こんふ、坪豆ふ・ゑひ・松茸、猪口岩茸、焼物黒鯛、吸物鱒、硯蓋松茸・氷こんにやく・かん瓢・いか・ひぢき・姑慈、さし身鱒、菓子落雁 住居相応也、宅ゟ数十歩隔テ、畝中ニ双六石と云あり、方弐尺厚サ八寸計り、斜ニ土中ゟ出ル、土俗伝へて此石を他江移せは、必らす氷を降らすといへり、高名之石なれとも観るニ不足○材木石一覧之積、双六川を渡、長六間半、巾尺余之独木橋也、人足前後江壱人ツヽ立、長キ丸木を以自分を左右ゟ挟み通行ス、急流なれとも橋低キ故、格別危も不覚四町程行、夫ゟ山江登ル、険くして更路なし、木之根ニ取附テ登ルこと凡弐町計り、方弐三間之平地あり、材木石は右小平地之傍ラ山脚ニあり、太サ末口さし渡シ壱尺弐三寸・長サ四間余七八本積重ねたる侭横タわり、是は都て全躰を看ル、其余は右之方山脚ゟ木口而已さし出テ、末は悉く土中ニ入ル、此数凡弐百三四拾本程あり、其余外土中ゟ少シ顕れ出たるもの数を知らす、何レも八角又は六角ニ木取たる躰にて、中ニはさし渡シ七八寸なるあり、雨雲之かゝりし所は追々ニかけて丸ク成りたるも多し、雨露之至らさる裏之

方は、木をはつりたる形チありて、全く材木之数千年を経て石ニ化したるニ無相違見ゆ、されとも杢目もなく石之質至而柔らかニ而、通例之化石ニは似るべくもあらず、石之質を見ル時は、決而石之化したるとは不被思、此石之由来土人之口碑ニ残ル事ニ而、証とすべきもの更なし、件之横タわりたる石は、以前九間半ありしニ、逐々かけて今は四間余ニ至ルといへり、深山中険岨之地何等ニ用ゆる所ありて、石を以かゝる無益之長物を作り為せしものニ哉、何とも解難く実ニ理外稀世之異物、神作とも可謂人知を以量りべからす○同所ニ連理木と云あり、栃之大樹ニ而北之方江さし出たる枝、傍なる栃ノ幹江粘接して恰も一株之木ニ似たり、材木石と併図しむ(図ナシ。半丁空白アリ)

○雙六村より中山村迄壱里余立戻り、高原川座見下上橋を渡て座見下上村ニ入ル、件之橋懸替ニ而此節出来、御用序出来栄見分願出候間、通行懸仕様帳江引合せ夫々見分す

一座見下上村村高百五拾壱石余、家数三拾六軒、人別百三拾七人、御林余業なし、村柄下

中山村ゟ三町名主茂兵衛宅ニ而小休、酒肴差出ス硯蓋ゑひ・わらひ・長いも、丼いも・ゆり・わらひ、鉢肴はへ、温飩、干菓子

一宮原村村高百五拾六石余、御林壱ケ所、家数三拾六軒、人別百六拾人、余業なし、村柄下

見座村ゟ三町八時頃組頭弥左衛門宅江着、止宿、干菓子あるへい并牡丹餅を出ス、住居相応也、入側あり○入湯後食事めし五椀、汁豆ふ・午ぼう・椎茸、平うと・豆ふ・ゆり、坪にんしん・うと、焼物鱒

八日快晴　従宮原村至蔵柱村　道法三里半

一六半時頃起出食事めし四椀、汁豆ふ・な、平玉子・椎茸・うと・こんふ、坪竹ノ子・長いも・うと、猪口ゆり、焼物鯛五時頃宮原村出立

一上灘《カンナタ》村村高弐拾石余、家数八軒、人別四拾四人、御林其外前ニ同し　宮原村ゟ八町阪路多し

一鼠《ネツ》餅村村高四拾八石余、御林弐ケ所、家数弐拾五軒、人別百四拾九人、余業曲物類を製ス、村柄下

上灘村ゟ壱里阪路登ルこと甚急也、小休所脇ゟ渓間江下ルこと拾町計り、茂林之中澗石を踏、水を渉て除歩凡壱町余、黒淵之瀧ニ至ル、三面青壁聳

へ南之方巌間ゟ飛泉北面して落、高サ拾間余巾三間ニ過ク、白々岩面を打て直下す、滝坪方拾弐三間、澗底漸々深く滝落入ル所は甚之深潭ニ而、是を黒淵と呼ふ、深サ凡三拾三尋ありと云伝ふ、渓中所々巨石あり、是を伝ひ石上ニ踞して滝を斜ニ望む、此辺水至而浅く漸脚に過く、滝を離るゝこと拾間計り、水勢少しく風を生し煙り飛々として折々面を撲、日暉渓間を射て、彩虹を看ル遊覧漏を移して不厭○四時頃名主五郎助宅ニ而昼食めし五椀、汁すまし豆ふ・竹ノ子、平わらひ・つくいも、焼物はちめ、干菓子住居相応也

一新田《アラタ》村村高拾九石余、御林壱ケ所、家数七軒、人別三拾九人、余業なし、村柄下

鼠餅村ゟ上灘村江之道筋半里余立戻り、新田村ニ至ル、名主孫兵衛宅ニて小休、住居不宜、干菓子を出ス

一在家村村高弐拾四石余、家数四拾弐軒、御林壱ケ所、人別百七拾三人、余業なし、村柄中

新田村ゟ拾三町、阪路急ならす、百姓平助宅ニ而小休、干菓子を出ス

鳥目五百文

八拾七歳　平助祖母　さよ

一本郷村村高四百八拾壱石余、御林弐ケ所、家数五拾壱軒、人別弐百四拾四人、余業なし、村柄中在家村ゟ弐町、路平ら也

一吉野村村高百七拾六石余、家数七拾壱軒、人別弐百九拾六人、御林其外前同断

本郷村ゟ八町平路巾広して沙地也、百姓代庄兵衛宅ニ而小休、住居不宜干菓子并あんころ餅を出ス、汁すまし豆ふ・平こぼう・な・つくいも、皿大根おろし・鱒○本郷村江八町立戻り、同村鳴瀧と云を一覧す、往還ゟ阪路を四五町下ル、飛泉高サ四間巾丗八尺計り、岩間ゟ直下す、声鳴雷之如し、此辺四面山低く滝坪漸々ニ浅く方五六拾間河原ニ而成て遠望する処、黒淵之瀧と更趣を異ニして風景又一奇

一藏柱《クラハシラ》村村高四百五石余、御林四ケ所、家数百三拾八軒、人別弐百九拾六人、余業なし、村柄中

吉野村ゟ壱里半阪路ゆるやかニして折々平地あり○八半時頃百姓孫兵衛宅江着、止宿、住居新敷木品等一段よし、高原筋如斯は初而也、此辺之富農之由○入湯後食事めし五椀、汁すまし竹ノ子・玉子・椎茸、平長いも・玉子・わらひ、鱠三色、焼物鯛、吸もの半ぺん、硯蓋玉子・ゆり・ふき、さし身鱒、鉢肴鯛、丼はへ・な

九日快晴夕刻雷雨　従藏柱村至船津村　道法三里

一六半時頃起出食事めし四椀、汁玉子・わらひ、平鯛・竹ノ子・香茸、猪口たこ、焼物鯛 ○五時頃藏柱村出立、坂路行こと半里小萱峠ニ懸ル

一小萱村村高弐百弐拾一石余、御林一ケ所、家数四拾九軒、人別弐百四人、余業なし、村柄中　遠見　丸山村　東雲《アズモ》村

小萱峠登り拾三町、峠上ニ而小休、かち栗を煮出ス、此辺之名物ニ而味ひ一段よし、是ゟ峠下ルこと半里、上下とも路至而急也、眺望よし、藏柱村ゟ壱里半百姓弥兵衛宅ニ而小休、住居不宜、酒肴を出ス硯蓋竹ノ子・松茸・蒲ほこ、丼ゑひ・長いも、さし身鱒 ○当村薬師堂之傍古木桜と云あり、太サ弐抱計り、幹半ハ枯て若枝纔ニ出ツ惜むべし○斜阪及ひ田間之平路を半里行、吉田村ニ入

一吉田村村高四百六拾八石余、御林七ケ所、人別四百弐拾四人、余業なし、村柄中　遠見　阿曽保村　野首村

路前ニ同し、行こと半里、四時過名主清兵衛宅ニ而昼食めし五椀、汁竹ノ子・椎茸・こんふ、平鱒・あんかけ、焼物鱒、干菓子 住居普請新敷能方也○通行懸り常蓮寺江立寄ル、彫刻巧を尽せし楼門あり、其外本堂庫裏等普請尤よし、境内ニ太子御影桜と云あり、幹朽て別樹を添ふ、由来あれとも仏説記スニ足らす、此寺は西本願寺派ニ而、住僧は壮年なれとも殊之外才子ニ見ゆ

一釜崎村村高八拾九石余、御林なし、家数拾壱軒、人別六拾六人、余業なし、村柄下　遠見　麻生野村　石神村　数河《スゴウ》村

吉田村ゟ半里路平らニして阪路少し、百姓代三右衛門宅ニ而小休、住居能キ方也、酒肴差出ス吸もの鯛、丼竹ノ子・ふき・ゆり、さし身鱒、わらひ餅・干菓子

金百疋ツ、外ニ天翁筆扇子壱本ツ、　八拾五才　三右衛門父　孫作

舟津町村　八拾弐才　与次右衛門

右ハ老兄弟ニ而至而強健、昨年　尊父君賀筵之頃寿禄を奉りしもの共なり

一朝浦《アソラ》村村高四拾八石余、御林壱ケ所、家数八拾八軒、人別三百七拾三人、商家打交り、村柄中

釜崎村ゟ五町阪路急ならす、八幡社江参詣、四面密樹囲て眺望なく、夫ゟ壱町計りニして、同村之内朝浦町と云ニ至ル、町家数十軒相対し巷を為ス、五六間計り之橋を経て舟津町村ニ入ル

一舟津町村村高百七拾六石余、御林なし、家数弐百六拾五軒、人別千九拾四人、商估多し、村柄上朝浦村ゟ弐町、八時過長百姓与左衛門宅江着、止宿、住居手広ニ而普請手堅く奇麗也、当村は家数人別多く、沼町・裏町・下町抔之小名ありて、商家軒を連ね少しく繁花也、高山国府ニ続キ古川町第一ニ居ル、舟津町次て名主壱人、組頭・百姓代各壱人、身元宜しき旧家十人是を長百姓と称す、旅宿与左衛門は其内也、外町組頭五人あり、町用を専ら取扱ふ○名主七助者身元宜しく、最寄村々差配いたし、兼而陣屋出入之ものニ而一昨日宮原村江機嫌聞ニ罷越候以来、都而手当向等殊之外行届候間、持参之紋附服紗遣候事七助は人物も能、前々目通り申付来候もの也○中神順道病用を兼機嫌聞ニ来ル○当村江一宿、留守宅無別儀由申聞安堵之事、入湯後食事めし五椀、汁きす・椎茸・こんにゃく、平玉子焼・長いも・香茸、鱠鯛・鱒・岩茸、焼物鯛、吸物すゝき、硯蓋玉子・れんこん・ゆり・香茸・青梅、鉢肴鯛、丼串こ、同はも・かき・のり、菓子あるへい外ニ五色魚も新らしく、製し方も格別佳也、鳥目五百文ツ、兵左衛門父八十六才　三助　左衛門父八十弐才　左助

十日晴折々曇　従舟津町村至打保村　道法五里余

一六半時頃起出食事めし四椀、汁わらひ・岩茸、平竹ノ子・玉子・椎茸、鱠三色、香物かぶな、焼物はちめ○五時前舟津町村出立、町家出口直ニ藤橋也、東岸は東町村ニ而橋之前後大材を刎出シ、石を積藤蔓を以纏ひ附ケ、夫ゟ藤蔓数十筋引渡し、巾三四寸之角木を横ニ編附ニ手摺は渡り口之所、高サ四尺計り、是亦藤蔓数十筋束ねて左右江引渡ス、中頃は高サ壱尺計りなり、橋之巾四尺弐寸長弐拾四間漸々たるみて、中央迄は八九尺之勾配あり、橋水を離るゝこと凡四間計り、自分通行ニ付、一円ニ筵を敷渡れは橋左右江振レ動キて止まらす、是を望むニ龍蛇之渓腹を渉るニ似たり、当村は越中ゟ飛州江之駅路ニして旅人は更也、諸荷物都而運送す、故ニ藤橋之製甚精密ニして、右之如く欄をも設く、されは余国之ものといへとも独歩渡ルことを得ル、若欄なく下タ見へ透かは一歩も進み難く思わる、茂住村ニも藤橋あり、是は製造粗ニして甚危険也と云但此藤橋といへとも、少壮男子ニあらされは

渡り難し
一東町村 村高百六拾石余、御林なし、家数五十六軒、人別弐百弐拾人、余業男は駄賃稼・女は布を織、村柄中　舟
津町村ゟ弐町平路也
一殿村 村高三百四拾石余、御林壱ケ所、家数四拾五軒、人別百八十九人、余業なし、村柄中
東町村ゟ八町路至而平ら也、当村ニ江馬常陸介平
輝盛之居城、諏訪之古城跡あり、礎皆存す、輝盛
は平経盛十七世之孫、天正十年飛州小嶋之城主小
島時光之ためニ被滅と云〇不動之瀧一覧、往来よ
り壱町程下ル、巾四尺計り丈六七尺賞するニ足ら
す、不動堂ニ而小休、酒肴并菓子を出ス 硯蓋蒲ほこ・うと・ゆり・竹ノ子、さし身鱒、干菓子三色、外ニ栗 〇順道此所迄送来辞別す〇阪路六
七町和佐保村ニ入
一和佐保村 村高七拾八石余、御林弐ケ所、家数弐拾八軒、人別九拾五人、余業なし、村柄下　遠見　麻
生野村
斜阪行こと三拾町路巾至而狭し、禅宗光圓寺ニ而
小休、湯漬を出す 平玉子・椎茸、香物沢あん 〇当村ニ金山と云銅
山あり、銅吹方一覧之積、此寺ゟ幽径登ルこと五
町計り、方弐三十間之平地あり、銅吹所四間ニ八
間傍ニ稼人起臥する小屋あり、銅為吹分一覧す、
吹方粉なし方仕法等別ニ記ス故略之、掘出し銅石
并荒吹之銅等弐三品携帰〇爰ゟ直ニ伊西峠ニ懸ル
険坂登ルこと半里余、峠絶頂ニ至ル、是ゟ伊西村
なり、石ニ踞して休息
一伊西村 村高弐拾五石余、御林なし、家数十軒、人別六拾人、余業なし、村柄下
峠下り十四五町、急坂前ニ同し、夫ゟ六七町は路
寛ニ而左右野地也〇九時頃百姓善吉宅ニ而昼食
めし五椀、汁豆ふ・うと、平長いも・豆ふ・香茸、焼物鯛、丼豆ふ・香茸・長いも、さし身鱒 住居甚あし
く、食物製し方も不宜
一茂森村 下上 村高五拾五石余、御林なし、家数弐拾五軒、人別百六拾壱人、余業蕨之粉を製す、村柄下
伊西村ゟ半里阪路急ならす、薬師堂ニ而小休酒肴
を出ス 鉢肴鯛、皿さば、さし身鱒
一岩井谷村 村高六石余、御林なし、家数五軒、人別十五人、余業なし、村柄下　森茂村ゟ半里
坂路急也
一和佐府村 村高八石余、御林なし、家数八軒、人別四拾五人、余業白木稼并蕨之粉を製す、村柄下　遠見
瀬戸村

岩井谷村ゟ半里、前ニ同し
一打保村 村高拾五石余、御林なし、家数九軒、人別七拾壱人、余業なし、村柄下
和佐府村ゟ三町路平らなる方也、八半時頃名主久右衛門宅江着、止宿す、住居相応也〇入湯後食事 めし五椀、汁すまし椎茸・豆ふ・竹ノ子、平鱒あんかけ、坪鱒ノ子・わらひ、鱠鱒・大こん、猪口いか、焼物はちめ、干菓子五色

十一日 晴昼後曇夜ニ入大雨　従打保村至茂住銀山　道法六里

一六時過起出食事 めし三椀、汁椎茸・豆ふ・こんふ、平竹ノ子・長いも・蒲ぼこ・ふき、坪ふき・たこ、猪口いか、焼物鱒 五時前打保村出立
一下之本村 村高拾九石余、御林なし、家数十四軒、人別八拾八人、余業白木稼并わらひ之粉を製、村柄下　遠見
大多和村
打保村ゟ半里、阪路急ならす、是ゟ青木越と云ニ懸ル、一大難所なり、山腹を幾度も繞り行こと壱里余、左古村ニ入
一左古村 村高弐拾弐石余、御林壱ケ所、家数拾四軒、人別八拾人、余業なし、村柄下
是ゟ路一段険しく、山腹之路巾壱尺計り、左は深渓数十丈限りを不知、密樹路を掩ふて所々栃之大木あり、試ニ路傍之石を澗底江蹴込ムニ、漸々勢を生し声谷々江響キ渡りて暫く不止、此難途若木立なくは危して難歩思わる、半里程下り、夫ゟ亦一段急路ニして、半里程前人之首を踏か如くニして下ル〇此山中殊蕨多く、試ニ長大なるものを採て其丈ケを量ルニ、五尺六寸ニ及ふあり、蕨は当国之名物ニ而一段味ひ能、且多く蕨之粉ニ製し他国江も出ス〇百姓忠兵衛宅ニ而小休、住居甚不宜、是ゟ跡津川之流ニ添ふ
一跡津川村 村高弐拾九石余、御林弐ケ所、家数弐拾弐軒、人別百三拾六人、余業なし、村柄下
左古村ゟ阪路半里、四時前百姓彦十郎宅ニ而昼食、住居不宜 めし四椀、平ふき・あふらけ・竹ノ子・うと、皿はへ、焼物鱒 〇此辺栃ノ木多し、故ニ栃之実を舂て水干し第一之夫食とす、其極製なるものは何之風味もなく、少シ渋みあれとも食し易く、賤民常ニ食する所ノ粟稗を交へたる下製之栃は、渋み強く何分食シ難し、平生辛苦して是等之食を以飽畢りとす、実ニ可憐、深く思ふべし、都下之遊民は常ニ玉食して不労、何ん之因

縁そ可悪哉○跡津川之流ニ添ひ阪路屈曲行こと壱
里、土村ニ至ル
一土《ド》村村高四石余、御林なし、家数四軒、人別弐拾七人、余業なし村柄下
百姓助作宅ニ而小休、住居不宜甚むさし○当村字
文珠平山中にて木地挽稼いたし候ニ付一覧之積、
小休所脇ゟ石山江登ル、路至而嶮岨杖ニ扶して漸
く登ル、壱里余ニして方拾壱弐間之平地あり、人
跡絶テ枯葉地ニ満、稼人爰ニ小屋を設、妻子と共
ニ起臥す以前は数軒ありしか、中年之凶作以来離散して、当時は一軒也挽物類色々あれ
とも、重モニ椀を製す、轆轤江懸ケ挽立ルさまは
珍らしからされとも、下タ拵を為スは甚手際なる
もの也、是は婦女子之手業ニ而左ニ図（図ナシ。半
丁空白アリ）せし如く椀を左右之足ニ而廻しなから、
細キ釿之如キものを以椀中并いと底をはつり取、
二三分之たがひニ而怨足を害ふべし、看ルニ危し
て難堪、されとも能熟して誤ルことなし、茶台菓
子盆之類目前ニ而為挽携帰ル○八半時頃下山、亦
前之小休所ニ而暫く休息、夫ゟ高原川之流ニ添ひ
跡津川此辺ニ而高原川江落急坂上下し茂住銀山ニ至ル
一茂住銀山村高拾石余、御林なし、家数弐拾軒、人別百拾六人、余業銀山稼、諸荷物賃持、村柄中
土村ゟ壱里、百姓和右衛門宅江着、止宿、住居向
殊之外手広ニ而普請もよし、入湯後食事めし五椀、汁椎茸・切ほし、平香茸・玉子・みつば・竹ノ子・つくいも、鱠五色、香物なら漬、焼物鯛、吸物きす・めしか、丼鰹・ふき、さし身鯛、鉢肴鯛、干菓子七色○当村は茂住村之内ニ而往古銀山なり
し故、銀山之名目あり、おのつから別村之如く今
も他之山ゟ銀を掘出を以専ら業とす、金森家領主
たりし時、某之宗貞とて一個之富翁あり、山中金
銀之在所を察ルニ妙を得て、其頃は多く銀を出し、
殊之外盛山せしニ、故ありて宗貞罪せられ、其後
追々衰微すと云、当時鉛も件之古間歩ゟ掘出せり、
宗貞屋敷并火ノ見跡抔今ニ礎存す当時も鉛ニ交り銀も出レとも誠ニ聊ニ而、稼人共仕当ニ合難しといへり

十二日雨　従茂住銀山至茂住村　道法五里半
一六半時頃起出食事めし四碗、汁竹ノ子・岩茸、平玉子・椎茸・ふき、香物なら漬、焼物鱒
○五時頃茂住銀山出立、人家出口左之方ニ金龍寺と云

寺あり、則宗貞屋敷跡にて礎等残れり
一杉山村 村高拾弐石余、御林なし、家数拾壱軒、人別四拾六人、余業荷物賃持、村柄下　茂住銀山ゟ八町左之方高原川ニ添ふ
一横山村 村高四拾六石余、御林なし、家数拾四軒、人別九拾壱人、余業前同断、村柄下
杉山村ゟ壱里、曲阪屡上下し路嶮也、同村荒田口御番所江立寄、同所詰地役人不破半平出迎ひ案内いたす、暫く休息、茶菓子を出ス、是ゟ険阪登ルこと八町余、千巌橋ニ到ル、此所飛越之国界ニ而高山ゟ拾三里、是ゟ西冨山領越中国新川郡東猪ノ谷村也、千巌橋は高原川々頭江さし出たる大岩之半腹を少しく打かきて、桟道を通す、岩下百弐拾丈、此街道第一之難場ニ而、深雪又は風雨之頃ニは往来を禁す、高原川南岸は則越中蟹寺村籠渡江出ル、街道ニ而右之道筋行人等煙りにかすみて足下ニ看ル、伏て是を窺ふニ渓流白々瞑眩《メクルメカ》んとす、危険実ニ蜀道ニも増すべし、是ゟ拾四五町立戻り百姓六右衛門宅ニ而小休、干菓子・餅・酒肴等出ス さし身鱒 住居相応也○茂住銀山江立戻り、四時過和右衛門宅ニ而昼食 めし四椀、平玉子ふわ〳〵、皿鱒・松茸・香茸・玉子・あわひ、鱠三色、焼物鯛
○金龍寺脇ゟ茂住村江渡越ス藤橋あり、巾三尺余長弐拾間計り、造り方は船津に同しけれとも、横木之編附ケ方粗ニして少しく水透て見へ、手摺も低く渡ルニ動こと甚し、されとも手摺者至而太けれは、縦令躓キ而も水中江落入ル懸念なし、故ニ橋之動かざる様閑ニすれは渡ルことを得ル、若手摺なくは巾丈余あるとも中々難渡覚ゆ 此橋も以前ゟは製作密なりと云○右之方高原川ニ傍ひ八町程行、中山口之御番所ニ至ル、詰合之地役人玉井兵左衛門出迎ひ案内いたす 茶菓子を出ス 是ゟ阪路、少しく下りては多く登ル、壱里余ニして中山村ニ入ル
一中山村 村高弐拾壱石余、御林なし、家数拾八軒、人別九拾七人、余業前同断、村柄下
此辺漸々下りて往還低く、北岸は彼千巌橋ニ而翠壁如削、幽径雲頭ニあり、折節牧童牛を牽て来ル、仰キ望むニ牛ノ大サ黒豆之如し、行こと八町計り、人家ある辺稀ニ翠竹を看ル、太サ六七寸廻りもあるべし

一谷村村高九石余、家数六軒、人別三拾四人、御林其外都而前ニ同し
百姓代徳右衛門宅ニ而小休、住居不宜、酒飯を出スめし弐椀、平あふらけ・こんにやく・ふき・せんまい・蒲ほこ、猪口いか、焼物はちめ、さし身鱒、鉢肴鯛○此所ゟ高原川ニ添ひ三四町行、籠之渡シニ至ル此渡口ゟ三四拾間下流ニ而高原川・宮川落合西岸は越中国蟹寺村也、懸渡之様子昨年之日記江委しく認ル故再不記、今日は昨来之雨ニ而水嵩平水ゟ増こと一丈余、濁水逆かまきて〓声奔雷之如く水煙衣を濡す、手代・地役人等戯ニ渡越ス故、自分も試ニ彼籠之四方江太キ麻縄を弐筋三筋引廻し椗と詰（結カ）ひ、刀をも詰ひ留め、安坐し閑ニ往返す、籠を引通す大縄綱一両日以前仕替之由ニ而、少シもたるみなき故歟、空を走するこ と至而平らニして、更危く不覚、列子之風ニ御するもかくあるべし、亦一身羽翼を生せしかと疑ふ、実ニ後年之一談柄也但古来ゟ此渡ニ而怪我ありしもの絶而なし、〓大綱は毎月改メ作り、渡し方等甚手丈夫也○籠之渡は支配所谷村ニ而進退す、故ニ流畔小屋を設ケ壱人ツ、勤番、渡賃壱人ニ付七銭を出さしむ○此所ゟ壱里半余立戻り茂住村ニ至ル

一茂住村村高五拾壱石余、御林なし、家数十九軒、人別百三拾四人、余業前同断、〓村柄下
当村宗貞屋敷火之見蹟一覧す、往来ゟ四五町登り山上方弐町程之平地ニ而、中央ニ礎弐ケ所残れり、亦傍ニ宗貞所持せしと云手水鉢あり、高サ弐尺巾三尺長四尺計り、中を丸ク堀穿チたる石之水鉢也、尤古雅ニ見ゆ○此村ニ椀之上江削りを職ニするものあり、是は木地師ゟ請取仕上ケ而塗師江附与す、往て看ルニ甚手際也、鑿之先を丸クせし如キものを鉋と唱へ大小三色あり、亦前引或はしなへ抔唱ふるものを以速ニ削り成ス、椀は至而粗末なれとも越中辺ニ而飛騨椀と称し賤民甚重法す但三ツ椀価七拾五文、皆米ニかへて来ル○七時前百姓代太右衛門宅江着、住居手広ニ而普請昨夜之旅宿ニ亜くめし五椀、汁椎茸・ふき、平しん菊・玉子・椎茸、皿みそ漬鯛、焼物鯛、吸物鮟鱇、丼香茸・ゑひ・玉子・なし、鉢肴鯛・さし身大魚・ます、干菓子五色

十三日曇昼後折々小雨　従茂住村至西漆山村　道法六里余
一六時過起出食事めし四椀、汁椎茸・ふき、平竹ノ子・ふ・椎茸、香物なら漬、焼物鯛
○茂住銀山他之山昨日登覧可致処、雨天ニ而延引、

今日罷越候積、五時前茂住村出立、藤橋を渡、茂住銀山人家外レゟ丑寅ニ向ひ幽径登ルこと弐拾四五町、此辺を字取付と名付、是ゟ一段険路ニして土中銅気ある故歟、樹木なく巨岩を躡、石を踏て登ルこと亦弐拾町余、稼人之小屋五軒山腹之小平地ニあり、夫ゟ亦登ルこと五町計り、山笹生茂り漸く路を求て登ル、此所他之山絶巓ニ而巾五六間長拾四五間北平地也、則飛驒・加賀之国界に而、路中央ゟ東地は金沢領加州新川郡長棟《トウ》村也但平地は支配所ニ属す○此山大岳ならされとも、此辺人蹤ある高山ニ而、加州之方は山低く快霽なれは、北海一望ニ入ルと云但加州伏木湊方位南ニあり其余四面之諸嶽皆尽して葦上にありとそ惜哉、今日は山々雲深くして近村野林、人家之外は眼にさへきるものなし但方位高山午、騎岳巳午、白山未、立山丑寅ニ当ル○絶頂ニ榻を設、爰ニ而暫く休息、弁当を認竹ノ子・椎茸・いも・ゆば・氷こんにやく・かまほこ・鯛○山を下ること弐町計り、方弐三拾間之旧池あり、雨虵池と名付、旱魃ニも水不涸といへり、傍之林中ニ神明之祠あり

○鉛砂ふるひ分ケ候揺《ユ》り場と云小屋ニ到ル、是は砂ニ和したる鉛を堰場ニ而荒砂を流し、夫ゟ此揺り場ニ而ゆり板江懸ケ砂を去ル、亦めんぱ立とて彼鉛砂を桶江入、上ゟ水を流シ込、細かなるをほだて、他之桶江移し、鉛之あらきと細密なるを分ル也、爾して亦揺り板江懸ケ能砂を去り、吹所ニおゐて吹上ルといへり、甚手数懸り得る所之鉛は至而纔也、是等は重モニ婦人之手業とす、亦石ニ和したるは竈ニ而焼、其後吹分ル也、砂ニ和したる鉛を以極品とす、右手続・道具等之様子は別ニ細書する故爰ニ不記、吹所江も罷越、鋳形・湯汲等之道具一覧、吹分ケ方は銅山と同様ニ付一見不致、間歩は銘々持分ル小屋を懸ケ小屋内ゟ出入す、自分も試ニ敷内江這入一見す、稼人は敷頭巾并なつ着と云ものを着し入ル但なつきは賎民之服、其製半てん之如く多く麻ニ而作ル、農事ニは更なり、常ニ着之自分は兼而用意之湯衣を着し、稼人ニ案内為致凡三四十間程入ル、或は下り或は登ル、縦横幾筋も路あり、岩石なき所は三方枠を入ル、清水滴りて衣を濡す但松明を照らして入ル○山下ルこと拾弐三町、婆々岩・烏帽子岩等あり、婆々岩ニは

飛むじなとて、古貉住み稼人抔壱人往来すれは、不意ニ飛出し驚かしむ、外ニ害は不為、深山なれは山上之小屋江は、夜中時として異形之もの来り名前を呼ひ、又は家鳴震動することあり、されとも山棲ニ馴て婦女子も恐怖せす、打捨置は更人を害する事なしといへり〇九時過下山、茂住村太右衛門宅ニ而小休、昼食を出スめし三椀、平竹ノ子、香物うりなら漬高原川ニ添ひ懸崖上之曲阪を行

一西漆山村村高五拾三石余、御林四ケ所、家数弐拾六軒、人別百六拾人、余業前ニ同し、村柄下　遠見　牧村　笈割村　東漆山村

茂住村ゟ壱里半、路前ニ同し、八時過正眼寺ニ而昼食めし二椀、平竹ノ子・いも・こんふ、皿鯛、さし身鱒、丼ふき・竹ノ子、鉢肴はへ〇行こと壱里計り、右之方ニ方四間余之地蔵堂あり、堂之傍

一株老杉聳立す

一割石村村高三拾石余、御林壱ケ所、家数十五軒、人別七拾人、余業前同断、村柄下　遠見　二ツ屋村　吉ケ原村　鹿間村

西漆山村ゟ壱里半、路前ニ同し、難場多し、就中字高鼻抔懸崖上之細径ニ而雪中往来絶する処、其余ニも数所あり、百姓源四郎宅ニ而小休、割石村ゟ壱里余、再ひ舟津町村ニ至ル、路漸々寛かニ而、舟津町最寄は少シ打開て平地多し、同町ニ巌泉水と云清水あり、此水を以薬を剪煎し服すれは諸病功を奏すること速也と云〇七半時頃舟津町与左衛門宅江止宿、入湯後食事めし五椀、汁竹ノ子・木くらけ、平ふき・竹ノ子・玉子、皿玉子・岩茸・かまほこ、香物大根当座漬、焼物鯛、吸物きす・うと、硯蓋長いも・はへ・ゑひ、丼鮎、同しんちよ・しゆんさい、干菓子五色

十四日曇　従舟津町村至八日町村　道法四里余

一六半時頃起出食事めし四椀、汁竹ノ子・椎茸、平竹ノ子・玉子とぢ、茶わん鯛・れんこん、焼物ゆわな、香物き瓜〇五時過舟津町出立、町外れ大津之神社江参詣、長大なる花表あり、社も不麗して古雅也、是ゟ曽波川之流ニ添ふ水源巣山

一梨ケ根村村高九拾四石余、御林なし、家数十六軒、人別七拾人、余業麻布を織、村柄下　舟津町村ゟ半里、平路也

一寺林村村高三百六石余、御林壱ケ所、家数五拾七軒、人別弐百五拾八人、余業駄賃稼、村柄中

梨ケ根村ゟ半里多くは平路、百姓新右衛門宅ニ而

小休、住居相応也、酒肴并あんころ餅を出ス平蒲ほこ・ふ・こんふ、さし身鱒
一堀之内村村高百三拾四石余、御林余業なし、家数弐拾四軒、人別百三拾弐人、村柄下　寺林村ゟ拾町
一伏方村村高弐百石余、御林壱ケ所、家数四拾六軒、人別弐百四拾九人、余業荷持稼、村柄下　堀之内村ゟ八町
　鳥目壱貫文　困窮　八拾弐才　百姓喜七
一西村村高百六拾三石余、御林壱ケ所、家数三拾七軒、人別弐百拾人、余業前同断、村柄中
伏方村ゟ拾町、寺林村ゟ之道筋多くは田間之平路ニして折々曽波川之流ニ添ふ、四時前一向宗大国寺ニ而昼食、此寺近郷ニ而之大寺ニ而本堂其外とも壮大也めし三椀、平椎茸・ふ・ゆば、皿竹ノ子・鮑・かまほこ、焼物玉子焼○船津町村名主七助・百姓代用助過ル廿九日同村止宿以来、始終附添案内いたし、今日も当村迄送来ル
一山田村村高三百四石余、御林壱ケ所、家数七拾一軒、人別三百拾七人、余業なし、村柄下　遠見　柏原村　大笠村
　西村ゟ五町、路前ニ同し
一巣山村村高拾弐石余、家数十軒、人別五拾四人、余業駄賃稼、村柄下
山田村ゟ半里余、巣山峠ニ懸ル、此辺曽波川之水源ニ而流至而微也、組頭藤左衛門宅ニ而小休、住居不宜、焼栗を出ス○此峠登り拾町余、下り弐町坂路至而寛也
一荒原村村高四拾九石余、家数弐拾四軒、人別百拾八人、余業なし、村柄下
峠上ゟ当村地内也、巣山村ゟ半里余、組頭三右衛門宅ニ而小休、住居不宜、赤飯を出ス平豆ふ・にんしん・つくいも・香茸、猪口木くらげ・うと、菓子栗・豆・干柿林径行こと半里計り、路巾広平らニして四面山低し、是ゟ大坂と云坂路を下ル
一八日町村高三百六拾九石余、家数六拾一軒、人別弐百六拾九人、御林一ケ所、余業荷持稼、村柄中
大坂を半里下り亦平路也、坂は寛急相半す、此辺を字十三本墓《キ》ト云、江馬輝盛、小嶌時光と戦ひ、輝盛初め勇臣十三人爰ニ討死す、路傍輝盛之孤墳あり、後人之所建○八時前百姓喜平次宅江着、止宿、住居相応也○入湯後食事めし五椀、汁松茸・竹ノ子・みやう・かの子、平長いも・ゆば・椎茸・玉子、鱠三色、香物なら漬、焼物鯛、吸物うくい、硯蓋玉子・ゆり・ゆば、さし身鱒、菓子五色

十五日晴　従八日町村至高山着陣　道法四里余
一六時前起出食事めし三碗、汁な、平ふ・松茸・ゆり、猪口な、香物沢あん・なら漬、焼物うくゐ
○五時頃八日町村出立
一東門前村村高弐百四拾五石余、御林壱ケ所、家数三拾五軒、人別百九拾壱人、余業炭焼、村柄中　八日町村ゟ五町
一西門前村村高百三拾石余、御林なし、家数弐拾四軒、人別百五人、余業前同断、村柄中　東門前町村ゟ五町
一宮地村村高四百拾六石余、御林壱ケ所、家数六拾七軒、人別三百三拾七人、余業同断、村柄中
西門前村ゟ八町、是迄之路何レも田間之平路也、河伯宮之社前ニ而小休茶菓子を出ス　鳥目五百文　八拾六歳　忠藏父久藏　荒城川を渡、今村ニ入ル
一今村村高百八拾八石余、御(林)壱ケ所、家数三拾軒、人別百六拾七人、余業薪木呂伐出、村柄中　遠見
三ノ輪村　漆垣内村　半田村　三日町村
木曽垣内村　桐谷村　鶴巣村　山本村
宮地村ゟ拾町、路前ニ同し、名主八郎右衛門宅ニ而小休、住居能方也、酒飯を出スめし一椀、汁こんふ・鯛・れんこん、平玉子・長いも・椎茸、猪口せり、香物沢あん、焼物鯛、吸もの川魚、硯蓋川魚・椎茸・ゆは、丼鮑・せり、鉢肴鯛、干菓子五色
鳥目五百文ツヽ、　八拾八才　木曽垣内村新吉父長十郎　八十九才
同村吉左衛門父吉兵衛

○小休所を出、三四町ニして今村峠ニ懸ル道巾広く路傍樹木なし、登ルこと拾四五町、峠上ニ至ル、此下り口ゟ上広瀬村也、峠上ゟ之眺望尤絶妙、遠見之村々一望ニ尽す
一上廣瀬村村高四百弐拾六石余、御林五ケ所、家数七拾弐軒、人別三百九拾四人、余業莚を織、村柄中　遠見
名張村　金桶村
糟(糠)塚村　村山村
峠下ルこと拾四五町、四時前百姓長藏宅江着、住居手広ニ而奇麗也、庭ニ高キ橋あり、木立深し○敬之助・太田小六・神保文藏・中神順道附添迎ニ来ル○敬之助一同昼食認めし四碗、汁松露・ふ、平玉子・椎茸・な・はへこんふ巻、鱠三色、香物なら漬、焼物鱒、吸物鳩・せり、硯蓋玉子・ごり・れんこん、鉢肴うくゐ・はへ、丼いりこ・大根・くるみ、干菓子五色
鳥目五貫〔百〕文ツヽ、　九拾壱才　久藏祖母かや　九拾壱才
与右衛門父甚太郎
一三川村村高四百拾五石余、御(林)壱ケ所、家数三拾八軒、人別百九拾六人、余業前同断、村柄中
上広瀬村ゟ半里、原上榻を設、茶菓子を出ス
一下切村村高六百六石余、御林壱ケ所、家数六拾七軒、人別三百三十人、余業前同断、村柄中　遠見
中切村　赤保木村　冬頭村
上切村　下岡本村

三川村ゟ壱里
一松本村 村高弐百拾五石余、御林三ケ所、家数弐拾五軒、人別百弐拾人、余業なし、村惣中　下切村ゟ
三町
一本母村 村高百三拾六石余、御林・余業なし、家数拾九軒、人別八拾壱人、村柄中　松本村ゟ五町
一桐生村 村高三百五拾一石余、御林なし、家数弐拾五軒、人別百廿五人、余業縄をなひ莚を織ル、村柄中　本母
村ゟ五町
一七日町村 村高弐百三石余、御林なし、家数七拾五軒、人別百九拾壱人、余業草鞋を作ル、村柄中
桐生村ゟ八町、右路筋出何レも宮川ニ添ふ、平路
也、町年寄・組頭、出入医師、町人抔何レも出迎
候事
○九半時頃無滞帰陳　両母君御初家眷一同無事、且江都ゟも留守中、去月廿八日附之御書状入封物、過ル十一日至来御書状・御日記とも拝覧　双君御始御安健之由大慶令安堵候事 但願上候御羽織、其外品々被遣、此方ゟも十四日便書状、同日差立候由申聞ル
○昨年者国中一躰ニ豊熟故、山間村々といへとも、夫食之貯等十分ニ而窮困之もの少く、巡検村々ニおゐて、手当を遣し候鰥寡窮迫之もの纔ニ五人ニ不過、其余者長寿之もの共ニ而 但八拾歳以上十七人、九拾歳以上四人、尤八十歳以上ニ而も格別有福之者は除之　村々之様子貧村といへとも、能相和し農事を勤め、人蹤之及ふ所は深山嶮岨之場所も悉く切開て隴畝ニす、風俗も亦淳朴ニして他を不羨、到ル処皆歓て送迎し村中挙而饗応す、絶而争訟愁愬を不聴、支配之場合歓躍何事歟、如之 巡行村九十七ケ村、遠見村五十壱村
○自分深く山水を愛す、高嶺大沢ニ遇ふ毎ニ済攀登臨せんことを欲す、されとも行役ニは必らす多事、且旅中は路を貧りて余暇なく、都而如意ならす、然ルに此度は山村地之沃瘠樹林之繁薄等を巡省するを第一之勤務とす故ニ、嶮山峻嶺といへとも、人蹤之及ふ所は必らす尽して巡覧す、村人も亦我村中ニ山沢泉石之称あるものをば自負抔して、遊覧を希ふ故ニ看ルニ不足所といへとも、必らす導て嘖々其由来を話説す、且今般召連し手代岩田量平は少しく文筆あり、無口ニして打見たる所は婦人之如く、謙遜人ニ過れとも、深く山水を好て、且勇気あり、難所険路といへとも更難色なし、山崎十郎右衛門は素ゟ風雅之士ニ而、地理ニも明らかなれは、巡村する処能誘引して山水之奇勝探り抔尽して遺漏なし、是縦観を得る

所以也、巡検ニは能其人を得たりと云べし○陳屋之老犬、朔日出立之頃、附添嶮岨之場所といへとも不嫌、終日附歩行、逐へとも帰らす、翌二日は殊之外薄暑を催し、日中は難耐程ニ而老犬之事故、十余里之険路を走て少しく労レし様子ニ而、途中も谷江下り水をのみ、亦浅流なれは足を涵し、小休所ニ而も暫く之内も打臥し、供揃之拍子木を聞ては打驚馳出し、更ニ可帰云躰なし、幾許之山川を経て路日を逐て遠く、巡村中数日附添候は強く労レ、歩行も成兼可申と一同案せし処、二日目泊大沼村江着後、何方江参候哉、夜ニ入不相見、逐而舟津町江順道罷越ス節承ルニ、三日目陳屋内ニ而見懸しよし申聞ぬ、されは二日夜山を越、帰陳せしと見へたり、渠か方ニは主を送ルニ、規矩ある事歟、亦は倦脚始終之附添無覚束立帰し事ニ哉、何レニも進退よく其所を得ると云べし、此老犬身躰長大並々之犬ニ勝れること遠し、背は黒して漸々薄く、四足は栗色ニ似たり、既老て歯牙なしといへとも、能陳内を守て、近郷之衆犬皆威伏す、自分平生出入する毎ニ必らす送迎して不怠、実ニ主恩を知ル、名犬宜しく愛育すべし、人ニして恩を不知、獣類ニもおとれり、可慎哉、禽獣世界ニも知愚あるべし、件之老犬は犬中上知なるもの歟、此度廻村中、送迎する村長数百人といへとも今村之右衛門、船津町七助之外は可用立人物絶而なし、都鄙共ニ人中亦人なし○手代共江廻村先ゟ持越せし竹ノ子・わらひ・つくいも等土産ニ遣ス、且岩田量平・山崎十郎右衛門江江都ゟ取寄候煙草入・猪口等遣候事

十六日朝晴昼後雷雨強

一例刻御役所江出勤○寒暖計七十度昼○此節庭中之燕紫満開、牡丹は留守中全謝す

十七日朝晴昼頃小雷雨昼後霽

一今朝五ツ時出宅、松泰寺江拝礼罷出ル熨斗目麻上下着用、金百疋献備先格之通、自分拝礼済、手代・地役人一同参詣す○書画帖之箱出来、黒へニ而黒柿之額縁を附ル、内は黒く為塗候積ニ候事○寒暖計六拾八度昼

十八日 快霽

一越前本保陳屋ゟ御用状至来、無別儀○寒暖計六拾六度昼

十九日 快晴

一自分義、昨夜ゟ歯痛、順道薬服用、含薬も貰候事○寒暖計六拾七度昼

廿日 曇昼後雨小雷

一自分歯痛快方○中神順道日々陳屋江参候故、敬之助殊之外染馴、順道宅江参り見度由申出候間、謙輔・栄藏差添遣ス但土産ニ至来之鱒壱尾遣ス順道宅は中橋脇ニ而陳屋ゟ壱町ニ不足、うなき蒲焼ニ而昼飯被振廻候由、九時頃帰陳、順道も送来ル○寒暖計六拾五度昼○高山町方之もの信州松本城下ニ而おゐて変死いたし候由ニ而、立会検使之義申越候ニ付、自分留守中過ル十三日手代小森貫二差遣候処、見分相済今夕帰着ス但全乱心ニ而縊首死、子細無之、追而御届さし出候積也

廿一日 晴昼後折々疎雨

一例刻御役所江出勤、地役人類助忰古田晋平儀十八歳可成筆算も出来候間、願之通御用場無足見習申渡ス○寒暖計六拾五度昼

廿二日 晴

一寒暖計六拾五度昼○舟津町村七助・源七・与左衛門廻村之礼ニ来ル、銘々江叔兄御筆之画扇遣ス但源七も高持ニ而前々目通申付来候もの也、何レも鰹節・玉子抔持参す此外巡検村々ゟ村役人・寺院等菓子・野菜之類等持参、追々礼ニ罷越候得共、夥多之事故、略して不記

廿三日 晴夜ニ入雨

一寒暖計七拾度昼○無記事

廿四日 曇

一寒暖計六拾八度以後午時を以度数を記ス○先達而照蓮寺輪番江上京

之頃、書画帖頼遣候処、此程帰院、京・大坂書画四拾壱枚、外ニ宮方・五摂家・堂上方染筆之色紙弐拾壱枚但色紙は泥摺之良紙箱入出来候由ニ而、菓子等相添土産ニ差越ス、尤輪番者新門跡遷化ニ付慎中ニ付不相越、右者挨拶ニ家来可差遣事但慎中なから延引もいたし候間、書画帖計り可差越哉之旨、太田小六江問合之上差越ス

廿五日雨夕刻止

一寒暖計六拾五度○川嶋奥六儀老母病気快方之由ニ而、過ル十九日江都出立、今夕七半時過無滞帰着栄藏、途中迄迎ニ遣ス直ニ居間ニ而面会、同人義（平出）双君江も度々御目通いたし候由ニ而、母君御腰痛御全癒之趣并尊父君甲冑を被帯、御新調之長刀ニ而形等御遣被遊候、御強健之御様子等委しく相窺、親しく拝謁を得し心地して、一段安意大悦不過之、且過ル十六日御道中御供立之勢揃をも奥六拝見せし由、御武器其余御行装之壮厳なるさま細々閑話ニ而如レ看、御勇敷事共と令大慶候事○愈廿三日御発駕之由、御暇御拝領物も被為済候趣、其余委曲御書状・御日記ニ而拝承欣然、且御拝領御時服之御書附被下置、難有幾久敷拝受仕候事但母君ゟ敬之助江此節江都ニ而見せ物ニ出候流行之うさき馬を土製ニせし手遊ひ、其余柿羊かん等被下、同人大悦、兎馬は坐右江さし置、終日楽しみ候事○関氏ゟ日光製之翁あめ并嚶鳴館遺草五冊奥六江附属、委細伝言被申越事

廿五〔六〕日朝小雨昼後晴

一寒暖計六拾五度、無記事

廿六〔七〕日晴昼後曇

一川嶋奥六ゟ土産として自分江尺時計、子供江練羊かん一箱并手遊もの、花火・団扇・切レ類等品々差越ス但家来江も土産呉候事○昼後照蓮寺輪番江至来之練羊かん并信州ゟ取寄候氷蕎麦等一昨日之挨拶旁鎌（謙）輔ニ為持遣ス、輪番面会厚く礼申述候よし

廿八日快晴

一例刻御役所江出勤、落着もの并日限尋申渡有之、評席江出ル○先達而借受候陳屋裏門前通り畑地江茄子・胡

瓜其余数種之菜苗追々植附、実生之分も生立候事是は文藏引受培養す〇寒暖計六拾四度〇明日定日差立候積、尊父君・叔兄江両度之御返書認、巡村中所得之砂石・小鷲之羽并　叔兄御注文之懸札六枚、其余関氏江之弐封とも箱江入封、菊池・多田江之封物一同元〆江渡ス

廿九日晴

一例刻御役所江出勤、日限尋申渡有之、評席江出ル〇寒暖計七拾壱度朝は六十度〇陳屋稲荷午祭ニは前々ゟ国中之もの参詣を免し、市村老若男女群参夥しく、当日赤飯を多く設ケ、少シツ、紙ニ包、群集之もの江投呉候嘉例ニ而、右赤飯を拾得るものは第一蚕事繁殖し、亦痘瘡を遁レ、瘧疾を癒すとて乞競ふこと甚し、当春は御時節柄延引、其後も見合置候処、最早蚕飼時節ニ相成、村夫之質朴なる嘉例之蚕飼時節ニ後るゝを密ニ打歎候由、右者おのつから国民余業之盛衰ニも拘り候義、且江都ニ而も祭事は御構無之由ニ付、旁来ル三日穏便ニ午祭為致嘉例之如く、赤飯も頒播せしめ候積申渡ス、因而今日ゟ人足三拾卌〔余〕人罷越、稲荷社其外陳内掃除いたし、幟を立、灯籠之設ケ等いたし候事

五月小

朔日曇

一寒暖計六拾八度○嘉例之通柏餅を製し、手代共・御蔵番其外江も遣候事但川嶋奥六方は悴初節句ニ付、肴料金弐百疋添遣ス○稲荷社其外陳屋内掃除并祭事之設ケ等凡出来

二日曇昼後雨

一例刻御役所江出勤、日限尋申渡有之、評席江出ル○寒暖計六拾八度

○美濃下河邊陳屋ゟ御用状至来、幸便竹ノ子五六本差越ス但自分廻村留守中も両度差越ス○明日参詣之もの江投与へ候赤飯、手代共分とも都合弐石申付、例年之通出入町人共三拾余人来り、稽古所ニおゐて、おし抜キニ而丸ク抜キ、壱ツ宛紙ニ包、圦（叺カ）江詰メ置、凡数六七千出来、右手伝之もの江勝手ニ而酒肴遣ス十五圦○稲荷灯籠之絵、両三日以前より出入絵師源助并地役人指田織之助罷越聊浮世絵出来候由昨夕迄ニ而認畢ル、大灯籠横巾弐間半丈ケ九尺計り、其余七八尺之分五六ツ、小灯籠百三拾計り但大灯籠ノ画は兼而出来大灯籠は収納門前江両障子を懸ケ建ル、其余之分并地口灯籠は右門ゟ御蔵前後、表門脇迄懸ケ並ヘ、地役人ゟ奉納之桃灯は数十、是亦御蔵前北側江建ル、参詣群集一覧之ため、御蔵庇下江方弐間之見物所を補理、幕を打簾を下ス

○稲荷別当者松泰寺（平出）御宮別当ゟ兼帯ス故ニ、月番長久寺住持并所化僧昨日ゟ外世話人一同詰切、祭事之具を備、壮厳を極、非番国分寺住僧も時々見廻り、勤行助合候事但右之もの共江任先格明後昼迄之食事重詰ニいたし、日々遣候事○陳屋内霊府江も参詣多し但神明を祭ル是亦別当大成院父子・弟子等詰切、祭具を設ケ、万灯を点す、両社両日之賽物不少といへり但一日弐拾貫を不減よし○例年音楽并種々之造り物等奉納いたし候仕来ニ候得共、当年者御時節、且祭時も後レ候故見合候事但夜中ニ至り俄之沙タニ而、馬ノ作り物其外聊之飾り物一弐品出来、児輩を歓せしむ○今日ゟ収納門を開キ参詣を免す、乍雨中夜分は余程参詣有之　母君并子供一同見物所江罷越遊覧○祭礼ニ付、地役人其外出入町人共江遣候赤飯・煮〆百人前申付候事

三日 雨

一今日は稲荷江之参詣、昨日ゟ一段多く、昼頃ニは彼赤飯を拾得んと近郷之農夫蓑笠を荷ひ追々群集、尤当年者時節後レ候故、祭礼を不存もの多く、且雨天故児女之分例年ゟ少しといへり〇昼後家眷一同長屋物見江罷越、同所屋根江設ケ之赤飯圦之侭運ひ上ケ、手代并出入之町人共数人登り、門前群集を目懸ケ赤飯を抛ツこと飛々として落葉之風ニ随ふか如く氷霰之軒を払ふニ似たり、衆人競ふて闘取すること夥しく蹟キ、又者押倒され泥土ニ衣を汚すも少からす、長屋下之小堀江入たるをば皆衣を掲て水中を捜し求む、囂然鼎沸数千之赤飯須臾ニ投尽す、実ニ一大奇観と云べし〇手代共之分は陳屋内銘々宅之屋上より投与ふ、書役部屋二階と八畳敷ニ而奇麗ニ付太田小六部屋也一同罷越、貯之分一圦敬之助初メおきた・おきく手ニ〳〵投与ふ、亦者糸ニ附ケて下すを村童数十人歓て争ひ取んとす、中ニは大人と交りて倶々狂舞一興を添ふ〇夫ゟ一同稲荷霊府両社江参詣、急製之飾り物灯籠等一覧す〇今日は飴売其外手遊もの等鬻ク市立商人数人、御蔵庇下江所々江出ル、参詣陸続不絶、薄暮灯籠抔江火を点し候頃より五時前迄は殊ニ賑しく肩を磨するが如し、市中之祭事といへとも、如斯群集はいまた看ざる所也〇使者之間脇板廊下窓下は稲荷ゟ之下ノ回道ニ而詣人不絶、観るニ便りよし、因而一同罷越透見するニ、幼キを負ひ老たるを引て、村夫・市人・男女・僧俗之差別なく打連て、寛歩縦遊余念なく灯籠之下造り物之辺ニ寄集ひ、田舎婆々之目鏡懸てかゝみし腰を伸べッ、打見るもあり、農夫之短キ衣抔着せしか五七人立並て、かの灯籠之秀句を読に解し兼てや、小首かたけだみ声高く評しつゝ行るくもあり、亦分別らしき爺父之二見ケ浦之作り物を見て、日ノ神之天ノ岩戸ニ入ニしといふ故る事抔誇ラかニ説キ出すは、村中ニ而博職と呼るゝものニ哉、裏屋住ひ之婆々かの携へし小児ニ、灯籠に画きし絵之由来抔問ひ詰められ、困しつゝ只うなつきて行もあり、亦高山中之通人とも可謂男之流行之衣抔着し、田舎言葉ニ秀句云出つゝ、余りニ打興して、見廻り之足軽ニ咎めらる、もおかし、是は何屋之某が隠居と某之女房行逢て、互ニ口諠を述るはしとやかニ而、人柄能けれとも、若キ方ニは忌ニるゝ風俗也、永キ日之鬼之留守ニ命チ之洗濯せんと娵娘之歓ひ、左こそと思わる、跡より乳母、子もり之熟睡したる小児を負ひ、或は乳房含せつゝ、何やらん耳、語なから行は人之かけ言いふニ哉、果ては高笑ひして嘲るも悪くし、往キ来之人の顧るは、江戸風ニ髪あけして、はやり模様ニ帯しどけなく結ニ下ケ、左りニ高くつま取揚ケたる、是は何国之里ゟ流レ来て、今は去ル方之隠し妻ニなりたるニ哉、行末覚束なし、都鄙ともニ風躰ニ雅俗あり、亦老若と貧富とあり、千差万別、大同小異、遊観興深く、望むニ厭ことなし、家眷一歳中之旅欝を掃除し、亦能土地之風俗を尽し省ルニ至足れり○地役人初、出入町人共其外下々迄赤飯・煮〆遣候事○夜ニ入亦見物所江一同罷越ス、灯燭星之如く一段賑し、子供は再ひ稲荷江詣す○寒暖計六拾五度

四日 快霽

一例刻御役所江出勤、日限尋申渡有之、評席江出ル○寒暖計七拾弐度○川嶋奥六ゟ忰初節句ニ付、内祝申付候由ニ而、赤飯江うなき蒲焼を添、差越ス

五日 晴

一端午佳節ニ付、例席ニおゐて手代・地役人其外礼受ル
○寒暖計七拾壱度

六日 曇夕刻小雨

一寒暖計六拾四度○岡本村江陶器釜筑土立方一覧ニ罷越、敬之助同道、手代川嶋奥六・岩田量平・太田小六も罷越ス、丸釜弐間半ニ弐間二ケ所、土釜五ツ通して長拾間計り、柱者都而土を堅め、素焼ニ製す、筑土方甚手数懸り巧みなるもの也、上品之陶器干立候塗屋之むろ并土石を粉なし候小屋弐ケ所出来薄手之陶器は風透キ候得者、直ニ割レを生すといへり来ル十五六日頃ゟ細工相始ルよし、此節肥前唐津より参り候職人あり、是は一段上手ニ而細工為致看ル

ニ、轆轤を足ニ而廻し製作方至而手際也○此所ゟ壱町程山手ニ鷹巣を懸ケし由ニ付、罷越一覧するに、漸く丈ケ弐丈計り之赤松江種々之枯枝ニ而巣を設く鳥抔之巣と異なることなし、卵弐ツ有之よし、樹下ニ至レは親鷹出て高く空を舞、最寄之喬樹上ニ止ル、人之去ルを窺ふて漸々近樹ニ到ル、鷹は深山嶮岨之地ニあらされば、巣を不設如此近樹里近江懸ルは、甚珍らしきよし 但鷹は多く卵を不産、弐ツを限りとするといへり

七日 朝小雨昼頃ゟ曇

一例刻出御役所江出勤、日限尋申渡有之、評席江出ル○寒暖計六拾六度○先達而差立候御金宰領、今夕帰着御用状并　伯兄君ゟ之御封物持参、　叔兄ゟ之御書状一同拝見　尊父君益御安健、今月廿三日無滞御発輿被為済候由、当日天気相も能、御行列御壮麗之御様子等者委しく帖ニ而仕立被遣、眼前御旅装を拝観するが如く、且　母君ニも愈御全快、御発輿以前後御入湯も被遊候由、万端御都合能恐悦無此上、令安堵候事 但　母君ゟ子供江かすていら外、紫蘇巻唐からし壱箱被下候事

八日 曇昼後折々雨

一例刻御役所江出勤、日限尋申渡有之、評席江出ル、今日越前本保江御用状差出ス○寒暖計七拾壱度

九日 密雨

一寒暖計七拾弐度○片野村山王祭礼今明日執行いたし度旨、兼而願出聞済置候処、雨天ニ付日送ニいたし度段申出候間、是亦聞済遣候事 例祭三月十四日也

十日 曇折々雨昼後晴夕刻亦雨

一寒暖計七拾六度○祭礼ニ付、屋台牽もの今日は重モニ市中場末之方を引、陳屋門前を通り候分も有之候間、子供一同罷越一覧ス

十一日 昼前雨昼頃ゟ霽

一今日者祭礼当日ニ付、家眷一同物見江罷越、屋台引も

の其余鶏毛打と云を一覧ス、牽もの相済、神輿二躰神主別当附添来ル、鶏毛等之舞方は至而古雅ニして、浅草三社祭礼之びんさゝらニ伯仲す、舞手都合弐拾人、内三人は角兵衛獅子之如く頭江鶏毛を附ケ、其余一様に鳳凰と龍とを彩色ニ染抜たる綿衣を着し、銘々かね太鼓を打なから相対して舞ふ、寛急節あり、其さま古代之余風ありて甚よし○屋台順列左之通

壱番 一神楽	弐番 一三番叟	三番 一黄鶴台	四番 一琴高台
五番 一殺生石	六番 一太平楽	七番 一石橋台	八番 一大黒天
九番 一南車台	十番 一鳳凰台	十一番 一龍神台	十二番 一崑岡台
十三番 一五台山	十四番 一麒麟台	十五番 一応龍台	十六番 一道成寺

右屋台之造り方并神輿行列、其余祭礼之手続等都而昨年八幡祭礼と同しけれは委しく不記、右屋台之内三番叟石橋竜神は、竹田からくりニ而人形色々之芸を為す、何レも装飾之花麗なることは八幡ニ勝れるか如し○中神順道宅前をは屋台度々引通り、市中ニ而は陳屋前と違憚りなけれは、何レも打興し、別而賑しき由ニ而、敬之助見物ニ罷越候様、兼而順道申聞候故、たよ・長・文藏・栄藏為差添遣ス、夕刻迄遊覧、彼是馳走受、薄暮帰陳○夕刻火之見ゟ市中を一望するに、山前人家之間、かの色々ニ餝りたる屋台、順々引行さま晩霞ニ映し風景一段絶妙、夜ニ入ては桃灯星之如く頗ル奇観を為す○寒暖計七拾七度○祭礼ニ付町年寄并出入町人共ゟ赤飯・饅頭、手代共ゟうば玉等物見江差越候事

十二日 昨夜ゟ雨

一寒暖計七拾五度○昨夜大雨、今日も終日無小止、池水溢る○庭中之燕紫花尽て、夏雪之花満開

十三日 昨夜ゟ引続大雨 昼後霽

一寒暖計七拾弐度○下女とみ代り今ニ相応之もの無之、人手足兼差支候間、同人病気も全快ニ付、猶亦当分差置候事○連日之大雨ニ而谷々川々出水場所ニ寄、田畑損地流失家も有之候趣、追々訴出候事

十四日 曇

一江都江之御用便定日ニ付、　尊父君并　両貴兄江之書状江おたほ江遣候前髪挟み、其外聊之手遊もの等封し込、菊池江之封物一同元〆江渡○陳屋内ニ自用之土蔵無之、非常之節甚不弁、且家内多之分衣類等仕廻置候場所無之、手代共も内実差支候趣ニ付、居間西之方空地江可成ニ土蔵取建候積、先達而ゟ取懸り下拵出来、今日建前いたす、間口二間半、奥行三間、居間西之方水屋脇ゟ通ひ候積也、因て大工并黒鍬手伝江上棟祝義之酒肴遣ス都合拾八人○寒暖計六十八度

十五日雨昼後霽

一例刻御役所江出勤○西丸御普請御用材、末木、木挽屑御払之義、伺之通相済候ニ付、山方之もの共呼出、評席ニおゐて申渡請証文取置但御払代金之内、運送其外諸入用壱万六千三百両引去、其余千七百両余上納之積

十六日快晴

一今日者霖雨、漸新霽、余程暑気を催す、日中者寒暖計八拾壱度ニ至ル、当年初而之暑気也

十七日曇

一松泰寺（平出）御宮　御祭礼ニ付四月十七日之延也五時出宅、松泰寺江罷越但染帷子麻上下着用、本供（平出）御宮二ノ御石段下江御幡、其余祭具を備、御唐門之内、都而雨障子を設し、別当国分寺・長久寺・神主榊原陸奥守等　御祭事ニ与ル、先格之通、御石段上左之方江仮ニ楽殿を補理、楽を奏す別ニ伶人なし、出入医師并神職等兼而楽を心得候もの勤之例之通、無滞拝礼相済、神酒頂戴、次ニ手代初め地役人一同参詣いたす○神楽殿ニおゐて獅子舞あり、古雅観るニ足れり○先前ゟ之仕来ニ而、御祭礼之日、境内ニおゐて、例年、能并狂言を興業す故ニ、兼而能舞台見物所等補理有之御石段下左之方池辺ニあり、木等能相応之舞台也当年者御時節柄、且病気之もの等有之、旁興業為見合事但御祭事ニ付而之事故、当日能興行者仕来ニ任ス、素ゟ百姓町人等能狂言抔、可観筋ニ無之候間、是迄は兎角も、以後私ニ催し候義者堅く可禁旨、申渡置○庫裏ニ而暫く休息、煮〆赤飯を出ス但御供米壱俵御膳料弐百疋、御初穂百疋献備、外ニ神主江百疋遣ス○夫ゟ大雄寺江墓参香典百疋納　四半時頃帰陳之事○寒暖計八拾度

十八日晴

一例刻御役所江出勤、日限尋申渡有之、評席江出ル○寒暖計八拾三度○経師江申付置候画帖出来、弐拾折五拾枚張仕立方、都而是迄之画帖と一様也

十九日雨

一寒暖計七拾六度○大工治平江申付置候日記并御用書物入候引出し附本箱出来、錠前附、後ロ江背負候様連雀を附ル但木品黒べ

廿日快晴

一例刻御役所江出勤、日限尋申渡有之、評席江出ル、本保陳屋ゟ御用状至来○寒暖計八拾三度

廿一日曇四時頃ゟ晴

一寒暖計八拾四度○町方村ゟ初なり之由、小茄子拾弐持参ス

廿二日快晴

一濃州下河邊ゟ之御用状并江戸ゟ臨時幸便御用状一同至来、菊池貴一郎ゟ去月廿八日附書状入封物も届来ル、おたか江木綿単物但模様菊桐髪さし、差込髷ゆわひ并小絵草子、煎へい等差越ス○夕刻久々ニ而鉄炮を試、川嶋奥六・沢田孫之丞并栄藏出席但昨年新調之五匁筒初而試ス、是至極具あひ能、大慶之事迄は角場矢落之方小屋ニ而、日々紙漉立候故、稽古難相成、此程は大概紙漉溜メ、今少シニ而一ト先職人為引払候積、今日ゟ蔵北之方庇下ニ而被漉候事○今日は余程暑気強く、帷子を用ゆ、夜来迄も炎気不消、寒暖計八拾八度余ニ至ル、昨年ゟは暑気強キ様ニ被思候事

廿三日晴

一寒暖計八拾九度○夕刻江戸表ゟ定便御用状至来　母君并叔兄ゟ之御書状入封物来ル　母君其後弥御続御快復、其余御安健之趣大慶之至、佐州表ゟはいまた御便無之由但母君ゟ敬之助江荒粉・落雁壱箱被下候事菊池ゟも書状来ル、平安之由煎べい壱

箱差越ス○御百ケ日も相済候ニ付、表向鳴物不苦旨被　仰
出候趣、御書付写相添今便申越ス、因而例之通、国中
江惣触差出ス○自園之胡瓜、初而七本を得ル

廿四日晴夕刻驟雨
一寒暖計八拾七度○夕刻鉄炮を試、永幡謙輔今日ゟ稽古
相始候事

廿五日雨
一寒暖計七拾七度○夕七時過江戸役所ゟ臨時幸便御用状
至来　叔兄君ゟ之御書状来ル　母上様御初弥御安健、
且佐州表ゟ初度之御便り有之、　尊父君御道中御渡海
無御滞、当月五日彼地御着益御強健之趣被仰越、大安
意令雀躍候事

廿六日曇折々小雷雨
一例刻御役所江出勤、糸紬・木綿類口役取轡立并改方其
外、糸問屋取締向改革等之儀、地役人一同江申渡請書
取置候事○照蓮寺輪番差合、日柄相立候由ニ而、帰院
之届旁来ル、面話茶菓子を出ス但土産ニ青貝研出し、御料紙・硯箱并扇子五拾本持参ス
○今日土蔵あら打ニ付、左官其外江酒肴、詰飯等遣候
事人数三拾八人○寒暖計八拾度

廿七日晴
一寒暖計八拾五度○定便御用状差出候ニ付、昨日認置候
尊父君并両貴兄江之呈書江有合之半切紙封し込、菊
池江之封物一同、元〆江渡ス

廿八日晴
一寒暖計八拾五度、無記事

廿九日晴昼後驟雨
一寒暖計八拾四度○岡本村地内江巣候鷹、此程卵雌雄弐
ツかへり候由ニ而、川嶋奥六義、鉄炮ニ而大鷹は打、
右巣鷹を取差越ス、右鷹雛全身白して、いまた翼を不
生、雀之肉を竹ニさし与ふるニ能食す、無益之殺生可

禁事ニ候得共、最早打殺候上之義、雛は返し鷹羽は貰
置候事

六月大

朔日　晴

一寒暖計八拾四度、無記事

二日　曇

一例刻御役所江出勤、日限尋申渡有之、評席江出ル、越
前本保陳屋江御用状差出ス○寒暖計八拾弐度○今日酉
ノ八刻土用ニ入ル

三日　晴

一寒暖計八拾五度○臨時幸便ニ而御用状至来　叔兄ゟ之
御書状来ル　母上様御初益御安健大慶安堵之事（但佐州ゟは初度御用便後いまた御便無之由）

四日　快霽

一寒暖計八拾七度○今日臨時御用状差出候ニ付、尊父
君江暑中窺之呈書　叔兄江之御返書認　尊母君江暑中

窺ニ差上候白玉寒さらし粉并肴料とも封し、菊池江之封物一同元〆江渡ス○御府内人別減方在々人別増方取締之義見込之処、取調可申立旨此程奉行衆ゟ達有之候間、則左之通取調、印封ニいたし今日差立ル

　御府内并在々戸籍取締方等見込之趣取調候儀申
　上候書付

豊田藤之進

諸国人別之儀、追年相増候得共、国柄ニ寄享保之頃ニ見合候得者、過半人数減少いたし候場所も有之、御府内人別も次第ニ相増候得共、多分者他国出生之ものニ付、寛政以来御入用をも不被為厭帰農之義厚く御世話有之候得共、兎角御府内之人別者次第ニ相増候ニ付而者、生者寡く食者衆く相成候故、自然と凶年之御救等も莫太之事ニ至り、往々御世話行届兼可申哉難計事ニ付、戸籍之義篤と致評儀可申上旨、越前守殿御沙汰も有之候間、在々人別増方、御府内人別減方、取締之義見込之処、無腹蔵取調、銘々印封を以早々可申上旨、御達ニ御座候

此儀再応勘弁仕候処、一躰御府内之儀者海内之大都、万物輻輳之土地ニ付、諸国之人民瞻望相集候者自然之道理ニ而、則　(擡頭)御聖代繁栄之所為スニ付、四民富、風俗厚く、銘々能其業を励、遊民無之候得者、縦令人別者相増候とも、凶年御救筋御世話も薄く可有之哉、併都下戸籍等之制度更無之候而者、実ニ際限も無之候間、何レ聢と御主法被立候義、勿論ニ候得共、法度而已相立候とも、四民之風俗、質素淳朴ニ至らされは法も自から難守、年を経て漸々廃棄候様成行可申、寛政度御改正以来、追々年数相立候ニ随ひ、諸侯・士太夫ゟ百姓町人末々ニ至迄、都而奢侈之風被行、食物者勿論、宮室、衣服、器物其外、玩弄無用之品迄、花美を尽し、風俗浮薄ニ流れ候ゟ惰弱ニ相成、遊芸等ニ耽り候もの不少、おのつから遊民多く、末々其日稼、裏屋住之もの共も常ニ美食いたし、倹素を不用故、及困窮凶年ニ臨、只顧御救を庶幾候様、相成候義ニ而、尤近来厳敷御倹約被仰出、武家其外、常々衣食住とも麁末ニいたし、格

別ニ節倹相用候様、其外度々御触有之、何レも厚相慎、上をまなひ候下之義、追々御取締も行届可申候得共、末々ニ至り候而は深く旧弊ニ染、いまた一変いたし候程ニ者至り申間敷歟、惣而賭事・隠売女・突富之類は下賎之もの産業を破候大害ニ而、此三害風俗を乱し候而已ならす、賎民を窮迫せしめ、終ニ凶年之節及飢餓、御救筋も莫太ニ至候基ニ付、賭事・隠売女之義者、猶厳敷御沙汰有之、富興行も夫々御主法被為立、且百姓町人、衣類其外婦女髪幷飾り等、兼而御法度之品用ひ候ものは、御咎被　仰付、其余聢と制度を被為立候ハヽ、四民富、風俗厚く奢侈之風地を払て止可申、奢侈之路を塞、風俗質素ニ至り候者、則戸籍を減し候御取締之本とも可申、加ルニ戸籍之制限を被立候ハヽ、往々永続可仕哉、尤右御主法之義者立易キニ似て、熟考仕候得者甚難く法余り、簡略ニ過候時者其詮薄く、細密ニ亘り候得は、大都之義品々差支も可有之、且法繁けれは民迷ふて難従、何れ簡易ニして守り易く年を経て漸々御取締附候義、上策とも可申哉、右ヶ条幷大略左ニ申上候

一近来、御府内端々抱屋敷川附物揚場、其外市中寺社門前地、又者火除地等聊之空地も追々願之上、家作取建、貸家等ニいたし候分、夥敷貸家相増候得者、随而人別も殖候道理ニ而、是等者顕然戸籍之増候証拠ニ有之、近頃御府内兎角火災多く、右者畢竟人戸繁殖隙地無之、消防も届兼候故之義ニ而、火災者四民及困窮候基ニ付、以後新規町屋取建候義者堅く被禁、是迄有来之分も床見世と唱へ、無用之品抔鬻候類者漸々被差留、火災ニ而焼失候歟、又者及大破候分者、都而跡家作不被　仰付、火除地等ニ相成候ハヽ、自然人別減し火災を防候一端ニも可相成哉ニ奉存候

一御府内住居之人別、他国出生之もの多候得共、最初ゟ御府内永住之積ニ而出府いたし候者、稀ニ可有之、多分者当座奉公稼、又者願筋有之歟、或者用弁之ため、其外御府内見物等ニ罷出候もの共、永々出府罷

在、都下富饒繁栄之様子見慣レ、食物其外都而自在ニ而、渡世いたし易キ𛀙商沽之平生美食して安逸なるニ泥み、終ニ農業之勤苦を厭ひ、妻子をも呼迎へ、永住候様成行候義ニ而、是等を禁し候ニ者、人別加除之掟、聢と不相立候而者難行届、縦令は御府内町々ニおゐて転宅・店替等いたし候節、町役人共能々身元等相糺、新規ニ店持候義者堅く禁し、他国𛀙移転之類は、猶更人別送、又者頼之書状等有之候とも転住之訳、身元村方江篤と懸合、奉公人之義も同様身元糺方入念、町々𛀙其年之人別帳江出生、死失、移転去就之子細仕訳書相添差出、町奉行所ニおゐて其度々相改候ハヽ、町役人共も互ニ相励、其町方限取締も附可申哉、且場所柄に寄、無人別之ものも多分可有之、是等者猶更厳重相改候様、御沙汰有之可然、都而人別改方之儀者兼而之掟有之、既無人別之もの差置候得者、御咎被　仰付候義ニ而、右等之ケ条者申上候迄も無之候得共、大都会之義、おのつから人別改方も等閑ニ可成行儀ニ付、町奉行所ニおゐて時々世話いたし、無人別之もの者了難成、人別入之義も殊之外六ケ敷事ニ相成候ハヽ、自然人別減し候義と奉存候

一御府内之戸籍減し候得者、自から在々人別は増候訳ニ付、人民一ト纏ニ集候場所ニ而、御主法被立候義肝要ニ而、其功も顕レ易く候得共、諸国在々御代官・領主・地頭ニおゐて厚く世話不致候而者、御府内之御取締も其詮有之間敷、私支配所飛驒国之義も、去ル申年凶作以来別而人別減し候ニ付、村々人別取締等之義、別紙之通、兼而手限ニ而国中江触渡、高山之義者陣屋下ニ而、家数千六百七拾四軒、人別九千百五拾人余有之、工商も不少兼々取締申渡、堅く出稼を禁し、無拠要用ニ而出府、又者他国出いたし候ものも、日数を極、其度々願出候様、其外町役人共心得方等、別段申渡置候義ニ有之、尤奥羽信越等其余国柄ニ寄、人別多く、又者雪中等余業之稼方無之分、農事時節迄奉公稼いたし候類、猥ニ他国出禁し候而者差支可申、其土地之風俗人気ニ寄、都而事

之宜キに随ひ如何様之主法ニ而も詰ル処、人別相増取締届候得者、宜敷義ニ付、諸国御代官者勿論、諸家家来江御趣意之趣被仰渡、銘々支配所領分ゟ地頭知行限存寄次第、主法相立、精々世話いたし、人別相増、取締届候様取計、右之法立之趣者追而書面ニいたし、差出候様御達御座候ハヽ、往々遺失なく事実差支之義も有之間敷、漸々在方之人別相増、御取締行届候様可相成哉ニ奉存候

右御尋ニ付見込之趣、取調候処書面之通御座候、別紙人別取締之義ニ付、支配所村々江相触候書面写相添、此段申上候、以上

丑六月　　　豊田藤之進

右之通取調候得共、一躰凶年御救筋ニ御差支可有之迚、御府内人別減方而已御世話有之候者、執政之臆度浅見在方之人民は飢ルも御構なきが如く、河内之民を河東江移すゟも、拙策と可云歟、見込書江も認取候通り御膝元大都会江人民競ひ集り候自然之道理ニ而、法を以難禁、只々御政道正しく上下富有、風俗厚く、遊民無之候得は、人別何程相増候とも国家之憂ニ者無之、尤在々人別減し、手余荒地等出来候義、実ニ歎ケ敷、右等之処御世話有之候者、御尤ニ候得共、是者兼而支配御代官之覚悟ニ可有之事ニ而、是以本源之御政道正しく、四民各其所を得る時者在々人別減し候謂無之、恐多キ事なから、是迄之御処置を喩て云ハヽ、平生我孫子江美味之毒を与へ、不養生為致疾病を得るニ至て、薬種之価貴キを憂るニひとしく、何様主法相立候とも、人参・熊胆之価対策之如くニは至り兼候道理ニ付、篤と疾之根元を考へ、平生能々養生を加へ、身躰壮健無病ならしむる時者、薬品之貴く少をも憂るニ不足、其上ニも時之流行ニ而、疾危篤ニ至ル時は素ゟ、我孫子之義、良薬之高価をも不厭、倉廩を開て、其急疾を救ひ、父母たる之慈を尽すべし、されは孫子多く持たる人君執政は、常ニ倹素を用ひ、良薬之価ニ不差支様心懸ケ、孫子を教育無病ならしめ候義、本務とも可申、其本務を捨、末を勤るは、国を医する良法ニあらす、御尋之御趣意御尤と者難申候得共、此程は以前と打替

り、諸向御改正、佞弁令色之徒退、黙方正直言之士騰揚せられ、言路開て下情上ニ通す、寔ニ難有、御時節柄御書取之文意は兎も角も、素ゟ心底を可残事ニあらす、されとも、本来之見込は御尋ニ説語いたし、且其職ニあらすして多言なるは、誹謗不敬ニも当り候間、御尋ニ任せ、当時之急務意中之概略を述、且矢部氏は当路之人対策之文段、町奉行取計江響キ候廉も有之候間、右見込書并触書とも写取、意中之総論をも認加へ今便相達ス、此度御尋之趣は、先勤中諸御代官江一旦御沙汰有之、今般は其後御人撰ニ而被　仰付候、関氏初六七人江猶又御尋有之候義と相聞候事兼而支配所村々江触候書面は長文ニ付略して不記

五日晴

一例刻御役所江出勤、日限尋申渡有之、評席江出ル○戸籍評論之因ニ云、昨年ゟ豊熟、且追々取締申渡候故歟、高山町人別昨年者八千九百九拾三人ニ候処、当年者九千百五拾六人ニ相成、都合百六拾三人相増ス、国中も右ニ准し相増候由、夫ゟ〔故〕手余り荒地も追々起返、貧村今壱弐ケ村ニ不過、右者猶工夫手当をも遣し、為起返候積也、且去ル申年凶作以来窮民離散、乞食等不少右之内幼年もの殊ニ多く、甚以可憐義、且幼少ゟ産業なく成長する時は自然不良之心を生し、終ニは悪業増長刑せらるゝニ至ル、如斯は実ニ人民を捨ると可云、歎ケ敷至ニ而国中取締にも拘り候間、昨年秋中左之通請証文案為調、国中江触渡、是亦人別を増す一端と可云歟

差上申一札之事

一村々百姓共之内、困窮ニ差迫り村方立出無宿ニ成、所々袖乞等いたし、漸露命を繋キ道路ニ迷ひ候もの多有之趣入御聴、不便之義且者御取締ニも拘候間、右躰之もの共ハ此度御役所ニおゐて夫々御手当之上、国内之もの者元住居之村方江御差戻、百姓相続被仰付、且幼少之節親兄弟等ニ被連村方立出候後離散いたし、元住居之村方不相弁ものハ空地新開場并手余荒地之場所等江被遣、或者当時幼少ニ而農業渡世

難出来ものは成長いたし候迄御養ひ被下、追而右同様被仰付、猶亦他国ゟ入込罷在候分者、他国江立出候様可被仰付間、得と取調、右様之もの村方徘徊いたし候ハヽ、身元其外とも承糺、早々召連可罷出旨被仰渡候

一困窮難渋およひ候もの者銘々平常之心懸ニ有之儀とは乍申、病災又者連々困窮仕詰、無余儀離散并袖乞等ニ罷出候様成行候様も有之、右様之ものハ村役人其外重立候もの共ゟ厚世話いたし、為取続難行届節者御役所江御訴御差図を受可申処、無其儀打捨置、村ニ寄欠落之姿ニ取計候村ニも有之哉之趣入御聴、不埒之事ニ而、以来右躰之義於有之者、急度可被及御沙汰条心得違仕間敷旨被仰渡候

一此以後乞食躰之もの村方江罷越候ハヽ、見懸次第相糺、他国ゟ立入候ものニ候ハヽ、其村方より添書いたし、村継を以早々他国江送出し、国内之もの之由申候ハヽ、名住居承糺、早々召連可罷出事

一村々ニ有之穢多・非人・説経者・ささら等都而食物其外施を受、渡世いたし候類は素人ニ不紛ため、頭誰手下何村誰、或者頭無之は何村何誰と認候鑑札、其頭又者頭無之者其所役人ゟ相渡置、施を受歩行候節者腰江下ケ候様可致事

右之迠〔趣〕被仰渡承知奉畏候、若相背候ハヽ、御科可被仰付候、仍御請証文差上申所、如件

年　号　月　日　　　　国中村々連印

右之通相触候ニ付、親族なき幼年之ものも村役人共心附、銘々村方江引取世話いたし、其余貧村等ニ而手当難行届、又者身元不知類追々召連来候間、右者兼而町役人江申付、高山町方江小屋建置、日々食事を与へ、其もの相応之手業為致、惰弱なるをは当人之ためニ候間、折檻をも加へ、教諭いたし、追而帰農為致候積、尤当夏植附之頃ニは右幼年之もの共残りなく被雇、農事を勤め農民甚弁とす、自分当御役成以来幸ひニ豊熟、都而之取締一段行届大慶不過之候事〇右幼年之乞食多キと之義は、最初自分は不存、川嶋奥六義常ニ厚く心附、国中之様子省察右一条申出候ニ付、速ニ請証文等

同人ニ為調触渡す、此外奥六存付ニ而施行、政治ニ益あること不少、飛驒一国といへとも属吏其人を得ざれは、郡丞心を尽すも政化を得る事難し、況や天下を哉、今時（平出）　上賢明出群卓越し、良士御撰擢才其官ニ当り功其職ニ称ふ、寔ニ恐悦之至と云べし本文請証文は不文なれとも、事を尽す故、彼か伺ニ任せ改削を不加○寒暖計八拾三度

六日　晴

一例刻御役所江出勤○幼年もの欠落訴出ル処、事実村役人共取計不宜、外取締にも響キ候間、評席ニおゐて五分通紏之上、手鎖申付ル○寒暖計八拾八度

七日　快晴

一今朝之涼ニ乗し鉄炮を試、太田小六今日ゟ稽古相始候事○美濃下河邊ゟ御用状至来、御材木積立一ト通り出帆候由申越ス、兼而注文申遣候大垣綛さし越候事○寒暖計八拾八度余

八日　晴昼後薄陰

一例刻御役所江出勤○東本願寺門跡ゟ使僧差越候節之取扱振、先格不相当に付、改革之儀去夏中照蓮寺輪番江申達候処、一応門跡江申聞候上、可及答旨申聞、其後彼地ニおゐて~~積々~~種々評儀有之候由、元来東本願寺者（平出）　尊父君寺社方御勤之節、用願ニ而浅草輪番も度々御答等ニ罷出、御懇命筋に付、使僧勤候筋之振合改り候而者門徒気請ニも拘り候由ニ而、仕来之通居へ置候様ニ者相成間敷哉之段輪番相願候由、尤右一条者兼而日記江も認置候故　尊父君ニも委細御承知ニ而思召之程も被仰越候間、是迄之仕癖并自分見込之趣も認取、当春中差上候処、左之通御書取、浅草輪番江御達被下

一御使僧被差向候節、陳屋惣門内中門前ニ而下乗之儀者素々不相当之義、殊当時者中門も無之候間、門内下乗之儀者及御断候趣申越候

一御使僧被帰候節、広間入側迄送候儀者、追而御挨拶ニ者可罷出由

但御挨拶ニ罷越候義御用多之節は、品ニ寄為名代

元〆手附・手代之内差出候義も可有之旨申越候事
右ニ而会得いたし候と相見、愈明九日門跡ゟ使僧差越候由ニ而、照蓮寺輪番ゟ使僧を以申越候間、猶取扱振等夫々勘弁、先方心得をも申諭遣候事○今朝も鉄炮稽古いたす○寒暖計八拾七度余

九日 晴昼後薄陰
一例刻御役所江出勤○今四時過東本願寺門跡使僧として照蓮寺輪番無量寺来ル、兼而手続為心得置開門取次但蔵番 下座敷江出、広間一ノ間江案内いたし、茶・多葉粉盆差出、自分平服ニ而罷出対面、無量寺門跡ゟ之口上申述、紗綾二巻・干鯛一箱・樽代三百疋目録書差出候間、請取挨拶申述、帰之節広間入側迄送り、玄関之方を向東面着坐、用人永幡謙輔玄関と右入側之廊下ニ控居、夫ゟ同人案内いたし、玄関式台迄送ル、尤手代者不罷出但用人取次も平服 元〆手代江袴地壱反・樽代三百疋、其余書役・用人・侍迄夫々贈物有之、右目録書并品物は玄関ニ而輪番用部屋之ものゟ家来請取、是迄之取扱、改革之趣会得いたし、以後矩規相立、取締ニも相成、一段之事 但今般改革之趣者絵図面江巨細之手続書相添、跡支配江聢と申送候積、尤右手続書者違失無之ため、輪番江も相達、右之趣も申送候積也 ○斎藤勝平妻今朝出産、男子出生、謙輔歓ニ遣ス、母子とも丈夫之由○寒暖計八拾五度

十日 薄陰
一四時頃御用状到来、佐州ゟ再度之御便有之候由 尊父君ゟ之御書状弐通御日記写并 尊母君・両貴兄ゟ之御書状彼地ゟ御到来之由、越之雪・水あめ・揆鮹・あらめ其余曲鞠錦絵等被下、御細密之御日記ニ而御道中ゟ彼地御着以来 御安健之御様子委しく相分り別而安心、且彼地御改革御取締之御趣意、其余御道中御威光之儼然たる、実ニ難有次第感歎ニ不堪、数十枚之御日記一声拝誦、江都御安健之近状も具ニ相窺、挙家大慶令雀躍候事○寒暖計八拾三度○夕刻鉄炮稽古いたす

十一日 快晴
一例刻御役所江出勤、今般 (平出) 上意之趣并越前守殿御口

達書、奉行衆ゟ達之趣とも、手代・地役人一同江申渡
（平出）
御趣意相立候様精々可心懸旨厚申諭候事○地役人
飯山三郎兵衛病気ニ付願通御暇、忰宗平江番代申渡、
無足見（習脱カ）岩城交吉義宗平跡見習勤申付、御扶持方弐人
扶持被下候段申渡候事○寒暖計八拾八度○斎藤勝平方
江産婦尋遣ス、愈母子丈夫之由但すし并煮〆物弐重遣ス

十二日快晴
一今朝五時出宅、大雄寺江墓参但本供、香奠五拾疋納夫ゟ照蓮寺輪番
江門跡ゟ使僧差越并輪番度々罷越候挨拶旁罷越面会、
暫く対話、四時過帰陳、輪番江手土産として紙布・縐
壱反・猪口・多葉粉入并葛一折、用部屋江金百疋、自
分罷越候以前謙輔ニ為持遣ス、尤其節馳走等不致様無
急度及断候事但支度は致候様子ニ候得共、断候故、菓子而已ニ色差出ス、自分帰陳後玉子かき等持参、役守礼ニ来ル寒
暖計八拾六度○宮川ニ而釣り候由、鰻蒲焼ニいたし、
太田小六呉候間、試ル処、味ひ至而能、江戸前ニ異な
らす

十三日昼前雷雨昼後曇
一例刻御役所江出勤○定便御用状差立候ニ付、尊父
君・両貴兄江之御返書認、三郎太郎江遣候有合之氷砂
糖少シ小箱江入封し、菊池江之封物一同元〆江渡ス○
寒暖計七拾三度

十四日朝晴昼後折々少雷雨八時過ゟ霽
一例刻御役所江出勤、口合有之、評席江出ル但似せ金一件
○寒暖計八拾三度○夕刻鉄炮之稽古いたす

十五日晴
一例年之通一本杉白山権現祭礼ニ付、昼後門前江神輿来
ル、獅子舞も有之　母君并子供一同物見江罷越一覧ス
○寒暖計八拾四度○今日も鉄炮を試ム

十六日晴夕刻雷雨
一寒暖計八拾三度○高原筋廻村順路、難所之図弐巻前々
支配ゟ引送有之、山川名所等其概略を写し得て、後年

展覧懐旧之一端ニも相成候間、先達而出入絵師源助江申付路春と号ス写出来、此程表装申付、章斎ニ表題為認候事

十七日曇昼後晴

一寒暖計八拾壱度余○西本願寺門跡ゟも明十八日使僧差越候由ニ而、差支有無勝久寺留守居伺出候間、差支無之旨相達ス、右者東派門跡使僧取扱振改革之趣等及承、是まて見合居候事之由、右檀家赤田章斎内々申聞ル○夜ニ入川嶋奥六・太田小六・中神順道召連松泰寺ニ月を賞す、六時過ゟ漸々晴、四時頃は清朗無限山野一望鮮明、奥六・順道月下篳篥横笛を弄す、声清亮爽気を添、四半時過歓を尽し、月を担て帰

十八日晴

一例刻御役所江出勤○四半時頃西本願寺門跡使僧として勝久寺留守居静遊寺来ル、手続都而東派ニ異ることなし、静遊寺は支配所之ものニ付、使僧口上申述候後は間を隔テ応対す、帰之節送りも上之間敷居際迄卌一寸と出ル、自分江白縮緬弐反、菓子料金千疋・肴料三百疋、其余手代・家来・足軽迄夫々贈物有之、右ハ来月盆中墓参序挨拶ニ罷越候積但挨拶格別延引いたし、迷惑ニも候ハヽ、使僧来月江延候様内意申達候処、いつニ而も罷越候得は難有由申聞ル○寒暖計八拾弐度

十九日薄陰折々疎雨夕刻大雨

一今朝四時前出宅、川嶋奥六・岩田量平・太田小六・中神順道召連、新宮村河上川江鱒漁一覧ニ罷越ス、同村は高山ゟ西之方壱里半あり、河上川者水源白川郷中野村山中ニ而新宮ゟ壱里下流下切村ニ至て宮川ニ入ル、川巾拾弐三間広キは河原四五十間ニ至ル、流畔樹陰榻を設て、人足数人出下流之方江網張切り、三十卌間程上流ゟ地引網を以漸々流末ニ押寄、浅キ処ニ而魚之在所を見極メ、投網ニ而打チ得壮《ル》、されとも水底岩多く、多分は岩間ニ潜みて容易ニ難得、八時頃迄数度骨折漸二尾を得ル、長弐尺余あり、鱒者下流ゟ漸々逆上り、深潭を覓て子をするといへり、宮川は大流なれとも、

岩石多く深潭稀也、此川は流広からされとも、却而深渕あり、今日漁する所は深サ弐間余もあるべし、快霽之時は水底一段明らかニ見へて、漁し易といへり○九時過右楊上ニ而昼食認ム、太田小六其余水練を試む、帰路岡本村瀬戸江廻り、七時頃帰陣○寒暖計八拾弐度

廿日曇折々雨
一寒暖計七拾七度○夕刻炮術稽古いたす

廿一日快霽
一寒暖計八拾壱度○今日も炮術を試ス

廿二日雨
一例刻御役所江出勤○御用状至来　尊母君ゟ荊婦江之御文并　叔兄ゟ之御書状、尊父君ゟ去月廿日附江都江之書状、御日記写とも到来、夫々拝見　御両所とも益御機嫌克、大慶安堵之事但母君ゟ敬之助江氷さとう、子供一同江新板錦絵之団扇等被下、且菊池・三橋ゟも封物来ル、何レも無事　○寒暖計七拾弐度○御用序加賀白山江参詣いたし候地役人山崎十郎右衛門・土屋丈平昨夕帰着但白山は峯通り越前飛騨国境ニ而、加州ニ属する地は纔ニ五分之二也、多分ハ支配所ニ而本社而已加州領ニ而進退す、飛州ゟ登山候得は他領江之地を不経参詣相成候由今日昼後呼寄、山中之様子承り候処、山路之危険、兼而所聴ニ十倍す、飛州之方は山裏《ウラ》ニ而定れる路あることなく、白川郷平瀬村ゟ熊径を求て登ル、是ゟ人家なく高山ゟ平瀬村まて拾五里五里ニして温泉あり、此湯小屋ニ一宿す、小屋之最寄ニ白水ノ瀧といへる巨泉あり、当国第一之急流、白川之水源ニ而岩場ゟ直下すること三百六拾間、水勢阿房ノ瀧ニ倍蓰ス、其声百千之震雷一時ニ落かゝるが如しといへり、是ゟ山岳猶更嶮難として更路なく、危岩を躋、藤蔓を伝ひて登ル、満地硫黄之気強く、鼻目を襲て難追、俄然として狂風雲煙を生し、亦岩間残雪深く獣跡をも不看、実ニ人間界とは不被思よし、爰を登ルこと四里、絶巓ニ至ル、峯頭尖りて纔ニ方五尺計り之小社を安置す、其最寄他之草木なく、只藤松といへるもの所々岩面を掩ふ、稀ニ雷鳥と嶽鳥とを看ル耳但六月朔日を開山之期と為し、七月晦日迄参詣を許ス、此当月といへとも、早晩は冷気難堪冬之如しといふ、越前之方ゟ登ルを本道とす、路も寛也、此程は参詣人もありといへり本社ゟ下ルこと八

町、詣人之宿すル小屋あり、爰ニ一宿下山せしよし○兼而両人江中含遣候雷鳥壱羽并右雛三羽生なから獲て来ル、惜哉季候異なる故ニ哉、四羽とも途中ニ而死ス、其外山中ニ而所得之黒百合并苦か木ノ実之化石等持参ス、何レも奇品、雷鳥は兼而所聴と大同小異足ニ獣類之如き白毛あり、途中ニ而誤て水中江落せしニ急流を能遊泳すといへり但足ニ水かきはなし雷鳥其外とも別ニ真写せしめ、羽翼・觜等は取置故、今爰ニ贅せす、且山中之名区奇勝無数、聴ニ事々感歎耳覚新らたニ覚ゆ、其危険之甚しきに至ては、寒からすして栗す事繁けれは逸々不記

廿三日折々雨

一例刻御役所江出勤　寒暖計七拾五度

廿四日曇折々晴

一例刻御役所江出勤○寒暖計七拾七度○鉄炮町打試候積、場所見立旁、川嶋奥六・太田小六、地役人土屋丈平并謙輔・栄藏召連、昼後出宅、片野村韮山王後ロ松林下丘上ゟ谷合之耕地を隔て東南之方山脚江打払候積、水縄ニ而間数を計ルニ七拾間あり、六寸角を懸ケ望ニレ之小星之雲間ニ、顕レたるが如く幽かニして、難見分ケ程也、四五匁又者拾匁筒ニ而試ルニ但拾匁筒は奥六所持、筒目方弐貫七百目あり、匁込みは勿論拾五匁迄は請合候由、至而手丈夫之筒也、自分も度々借受試候事最初弐三発は的附ケニ而試ル処、何レも矢四五尺落て難届キ、因而角ゟ少シ隔メニねらひ、漸的之辺ニ至ル、自分五発目ニ角星際前上江中ル、誠ニ偶中と云べし、奥六は常ニ中り能けれとも、何レも角を離ること壱弐尺、其外も自分之偶中を他見之栄とし、今日は右ニ而亦鉄炮を弄することを止ム○角之上をねらひ候而は空ニ付、重而は見定看通し候櫓を懸ケ試候積也○矢行知レ兼候故、角之後ロ江古畳弐畳立懸ケ置、畳江中ル音筒を発する音とトタンニ聞ゆ、尤谷合故山々江響キ渡り、拾匁筒は猶更余程強キ雷鳴之如く暫く響きて不止、甚快し矢落之方山間ニ而聴ニレ之中りて後ニ筒を発する音あり、声之聞へ行ゟは玉之疾こと三倍、かく速かならざれは、鳥獣抔得

打難かるべし○此所は能キ場所なれとも谷を隔ル故、矢見之もの甚難渋、因而帰路城山江登り所々穿鑿、山上二ノ丸跡耕地北之方ゟ南之山脚江打払候積、此所は山野市中一望風景能、且桜花遊覧之ため兼而設ケたる方七尺計り之草堂傍ニあり、喬松立囲みて夏日射場ニは究竟之地也間数六拾間計り也、追々打試、追而は結果ニ而数十町之所をも打払試候積七時過帰陣

廿五日晴折々曇

一例刻御役所江出勤、日限尋落着有之、評席江出ル○江都諸向御取締之義厚御世話有之、追々御趣意行届、上下風俗も一変候由、誠ニ恐悦之至難有次第也、当国者昨年中ゟ追々教諭、不取締之義者無之候得共、今般重キ　御趣意之趣際立顕レ候様いたし度、自分初下々迄至極之麁服ニ改メ、厳重ニ倹素を守り、且槍剱稽古之義昨年之凶事以来無余義廃絶、右故地役人共不出精之ものも有之、中ニは壱両人茶ノ湯抔いたし候もの有之由、此程及承不宜義ニ而稽古之義者　祖母君抔御身躰ニも障り、且自分ニおゐても難忍、稽古道具を看ルすら帳然ニ不堪、況や臨場は殊更難義ニ候得共、御時節柄私精情を以おのつから公事ニも拘り候義を廃し候は、返々恐入候事に付　祖母君江も相願、追而剱術試合而已相始、先ツ当分は地役人之道場江出張り稽古いたし候積、右等ニ付、今日手代・地役人共江左之通之書取読聞、心得方厚く申諭す但町方江は別段申渡ス、書取之趣は家内下々迄能々申聞候事

近来追々御倹約被仰出、殊更此度重キ　御沙汰之趣も有之、格別ニ節倹相用、衣類其外都而質素ニいたし候様厚世話有之、既美服等着し候もの被召捕、厳重奢侈を被禁、此程は江戸表武家者勿論、町方末々ニ至ル迄身分を慎奢侈之風一変いたし、追々御趣意行届候由、誠ニ以感伏之至難有事ニ候、江府之大都会すら右之次第、況や山際僻地之士属何様ニも身分を慎、倹素を用　御趣意行届候様誠意を可尽義ニ而、既銘々慎方之儀ニ付而は、昨年教諭書を以村々江申渡候節、一統江も直ニ申諭、何レも身分相慎、追々国中取締も行届候得共、兎角旧弊ニ染、風俗淳朴《いまた》ならす、地役人忰共抔之内遊芸等ニ携り候ものも有之

哉ニ相聞、以之外之義御時節柄（平出）　上江対し、自分ニおゐて深く恐入候義ニ有之、都而遊芸は奢侈を助ケ、風俗を乱し候基ニ付、堅く可禁之、手代并地役人者都而国民之師表ニ相成候事ニ付、勤向者勿論厚行状相謹慎、平生倹素を守、文武を励み候義肝要ニ候条、右ケ条左ニ申渡候

一平生御役所御用場出勤専ら綿布を用ひ、絹紬之類有合之分何様古く見苦敷候とも着用不苦事

但私ニ他行又者平居ニは猶更家内并小もの等別而麁服可用事

一食物器物等麁末成を用ひ、冠婚葬祭等之大礼は難闕候得共、是以成丈ケ省略いたし、親戚而已寄集ひ、猥ニ客等招申間敷、其余聊之祝義事は勿論、私共ニ出会者酒宴等催し候義深く可禁事

一吉凶ニ付而之贈答も成丈ケ軽くいたし、其外無益之音信は堅く無用之事

一児女髪之飾り等衣類ニ准し尤可為質素事

一武芸文学相励候者勿論之儀、稽古日出席之名前、其度々手許江可差出、自分も不時ニ出席可致事

一都而遊芸は何事ニ寄らす堅く禁止之事

右者心得方之概略ニ付、都而右ケ條ニ准し厚心附、御趣意際立相顕候様銘々申合、勤方之義は兼々申渡候通（平出）　御為第一心懸、忠誠を尽、以後無違失精勤可相守事

右之外、巨細之義は口上ニ而申諭ス、且郡代行状は手代・地役人并国民之手本たることは勿論之義、此以後猶更謹慎可心附候得共、自分之義は却而難知レものニ付、何ニ而も如何と心附候義は無遠慮申呉候様厚申聞置候事但月並講釈も猶亦相始候積、此度は表書院ニ而為講、手代・地役人一同出席候様申達ス、是は地役人悴共江学問を勧ル一端也

○寒暖計七拾八度

廿六日晴

一例刻御役所江出勤○地役人為右衛門悴住裕二、宗平悴飯山礼次郎父願之通無足見習申渡ス○寒暖計八拾壱度余○城山町打場江罷越、炮術を試ム、間数六十間故歟的射ニ而少し五匁筒六発ニ而一発中ル、出席川嶋奥

六・太田小六・土屋精一郎并謙輔・栄藏○凶年手当之ため、自分見込を以新規取建候、高山町方分貯穀郷蔵過半出来ニ付、帰路一ト通り見分スいまた伺中ニ候得共、当年者作方もよろしく候故、手廻し之ため取建、大サ四間ニ拾間

廿七日晴

一例刻御役所江出勤○今日ゟ月並講釈相始ム、自分者広間一ノ間江出席、二ノ間ゟ三ノ間迄両側江手代、并地役人并悴共厄介人等並居、町年寄・出入医師等者入側江出ル、晋助三ノ間中央江着座、論語学而ノ篇講之○寒暖計八拾三度○支配所之もの出府、幸便定便御用状相渡、差立候ニ付、兼而認置候　双君并叔兄江之呈書、有合之わらひ粉、せんまい并三郎太郎江遣候一位一刀彫根附等一同箱江入、菊池・三橋江之封物一同元〆江渡ス

廿八日晴昼後薄陰

一例刻御役所江出勤、日限尋申渡有之、評席江出ル○寒暖計八拾壱度

廿九日晴

一例刻御役所江出勤、吟味物有之、評席江出ル○支配所之内越前国村々は一躰人気あしく、殊先郡代中取扱柔弱故但郡代之方ニも引ケ目有之故、自然厳重之取計も成兼候事之由増長いたし、就中大野郡村々之内に者三四人不宜もの有之、兎角小前申勧、人気を為騒立、一昨年以来越前家銀札一条ニ付、小前一同及難儀歎訴いたし候を幸ひニ彼是申勧、惣代ニ成江戸表江越訴等いたし、自分支配ニ相成候而も右之風儀不相止、然レとも右者実々越前家取計不宜、一国難渋之段無相違相聞、村々歎訴之次第尤之趣意ニ付、腰押いたし候もの之有無ニ不拘、国民難儀之始末者昨年来自分ゟ度々之申立、旧臘越前家江厚御沙汰有之、同家ニおゐても深く恐入、当春以来此方江随従、銀札相場百弐拾四五匁之処、百五匁ニ引上ケ、当秋迄ニは八拾弐匁迄引上ケ候積、重役共挙而心配評議いたし候由、兼而懸合有之、右ニ付国中之もの共安堵いたし、人気

至而穏ニ候処、大野郡地嶋村仁左衛門其之外三四人申合、兎角小前江悪意申勧候由之風聞及承候間、御年貢皆済之期月も近寄候義旁事実右之次第ニ候ハヽ、仁左衛門等召捕厳重及吟味候様、尤小前之もの共等何様仁左衛門等ニ被申惑万々一騒ケ敷義等有之間敷とも難申、油断いたし不覚を取候様之義有之候而者以之外之義、手代共取計而已無之、自分ニおゐて第一不相済、右之手当肝要ニ付、若多人数騒立候節者、兼而御触之通早速人数差出候様、其模様次第越前家等江打合、■陣屋ニおゐても鉄炮其外用意いたし度、仁左衛門等可召捕旨、都而手当向取計振等巨細本保陣屋江先達而申遣候処、国中穏ニ而小前一同承伏、御年貢皆済金銀札百五匁替之相場を以正金追々相納、大野郡之内拾三ケ村程は過ル廿四日迄日延相願、本保ニおゐて聞置候処、右仁左衛門外二人、小前江悪意申勧候而も同意不致候故歟、過ル廿三日右拾三ケ村ゟ取立候御年貢金持参、高山江直訴いたし候由申置立出候段村方ゟ訴出、仁左衛門外三人村々ゟ頼受候趣ニ申成、惣代として直訴いたし候段恐入候由ニ而、右御年貢之分は村々ゟ猶弁納いたし候由、右ニ付仁左衛門等罷出候ハヽ、其心得を以取計候様本保陣屋ゟ急飛脚を以申越候、御用状は朝五時前到着、仁左衛門外三人願筋有之、一両日以前当地江着、願書認居候由は兼而郷宿ゟ申立候間、越前ゟ注進無之候而も厳重吟味之上、支配所之害物を除キ候積、兼々手筈いたし、既手代共江吟味口等諭置候折柄に付、即刻手代・地役人右郷宿江差向ケ、仁左衛門外三人とも難なく召捕、一応吟味之上四人とも入牢申付ル、仁左衛門者別而以前ゟ出入之腰押いたし、又者難立願等之強訴を企、小前ゟ惣代引受之礼物等貪取候を渡世同様ニいたし候ものニ而、先支配中者自分ニ引ケ道有之候ゟ、不事立様穏てと而已なやし置候故次第ニ増長、いつも支配は右様之ものと心得候哉、遥ルか当国迄御仕置を受ニ罷越候義、実ニ天罰とも可申、自分御役成以来は仁左衛門迚ハ是と云顕レたる悪事者無之、此度抔穏ニいたし居候得は、縦令悪党ものニ而も何分無名之刑劉は難加、内実勘弁いたし居候処、前書之次第、殊取立候御年貢金之内路用ニも遣払候由、旁余事ニ亘らす、速ニ吟味詰国害を除くべし、右之もの共御仕置ニ相成候得は、越前支配所一躰之取締ニ相成、国中之大幸無此上、自分ニおゐて近来之快事也○寒暖計七拾八度○地役人鎗術稽古日ニ付、昼後一本杉白山権現境内道場江出席但昨年迄は国分寺境内ニ稽古所有之筈の地役人共宅最寄不宜候間、此所江引移ス太田小六并栄藏も出ル、自分も久々ニ而試合いたす

晦日　晴

一寒暖計七拾六度○濃州下川辺ゟ御用状来ル○町方江節倹其外取締筋之義ケ条書を以、此程相触候ニ付、町会所江町年寄并身元町人共寄合相談之上申渡之趣を以、是迄之仕癖相改、倹約之ケ条巨細申合書取調差出ス、一覧之上存寄無之差出不戻ス但本文触之趣は、此程町年寄其外出入身元町人共呼出、一躰之趣意は勿論、節倹と吝嗇、奢侈と施シ恵むと之弁別をも厚く申諭置、有徳町人共之内ニは却而吝嗇ニ過ルあり、諭すニ心得あるへきこと也

七月小

朔日　晴

一寒暖計七拾九度○佐州ゟ被遣候　尊父君御日記之内ニ毎月御精進日ニて御精進被遊、魚鳥留之札門番所江被（平出）差出候由御認有之、御一己之御謹慎者申迄も無之上を被為敬候御誠意之程も顕レ感佩之至、当陳屋ニおゐても是迄者魚鳥留之札差出候義者無之候得共、以後自己之慎且者此程倹素之義触渡、自家は勿論、陳屋内一統食物等別而心附候義ニ付、御精進日魚類を断候義者おのつから陳内倹約之一端ニも相成候間、以来御精進日ニは魚鳥留之札門番所江差出、老幼者兎も角も自分ニおゐて者堅く精進之積、下々江も為心得置候事但当国は魚類更払底ニ候得共、払底丈ケニは伺之魚といへとも価不廉、邂逅ニなから肉食等禁するは一段之倹約也○今日越前本保陳屋江御用状差立ル○本保陳屋詰手代平田芳助儀、去月中瘧疾相煩候処、変症を発し、俄ニ病死年四拾才老母・妻・幼稚之悴而已ニ而外ニ親類も無之、殊昨年彼地江引移間も無之義、更貯等もなく、当時住居ニも差

支必至と難渋之由、実ニ薄命可憐、聴ニ不堪帳然、因而別段之訳を以自分当御役勤中老母江壱人扶持遣候積但妻者出府之上親元江罷越候由、小児者弐歳也出府入用定之分者勿論、芳助給扶持八月分迄遣、右ニ而入用不引足分者別段手当遣候様元〆江申遣ス但平生役所向雑用等成丈ケ費を省候様兼而彼地江申遣候故、元〆初本文手当向等遠慮有之候而は不宜候間、畢竟平常節倹を用ひ候は自分大借、且はかく之如キ時節、別段手当をもいたし遣度ためニ候間、仮初ニも手ニ附候もの之義、家内之もの可成取続相成候様ニはいたし遣度ものニ付、無遠慮手当いたし遣候様、且江戸役所江も出府之上者居所其外厚手当いたし遣候様、是亦申遣候積外ニ香奠三百疋并老母江大垣木綿綛一反手元ゟ遣ス此綛は子供着料之ため取寄候得共、格別ニ倹素を用ひ候ニ付而は単物抔何程古く見苦敷をも為着候故、当時仕立候ニも不及外ニ有合も無之候間、右之分遣候也○夕刻鉄炮を試ム

二日晴

一例刻御役所江出勤○日限尋落着有之、評席江出ル○昨年秋中迄者稽古所ニおゐて経書并医書講釈為致候処、凶年以来相止、其後者町会所ニおゐて衆医寄合毎月二日会読いたし、右会所江は出入外之町医并町年寄も出席、中神順道頭取世話いたし、何レも医業出精之由、今般節倹之義其外武レ文諸芸励方之義をも猶亦申渡候ニ付、以後者自分も折々出席之積、今日者会日ニ付、昼後ゟ町会所江罷越す、最初晋助書経を講、順道傷寒論を論ス、手代共・町年寄・出入医師其外町医三十人計り、自分退散後衆医輪講研究いたし候事○去ル申年凶作之頃、当国ニおゐても餓死人夥敷、高山市中江罷越行倒候分も不少由但其節先支配手当向甚不宜、別而餓死人多しといへり餓死人之内引取人無之は宮川縁河原等江埋候分何百人と云、数を知らす、右者多分貧困之土民に而不幸ニして飢歳ニあひ、親族共ニ餓て骨を野外ニさらし、永く其祀を絶ツこと寔ニ可憐也之限り也、かゝる時節ニは何様ニも力を尽し、私財を傾け其急を救ふことそ支配第一之努メ、民ニ父母たる之心なるべきを徒ニ国民之餓死を看て意とせざるは何事ぞや、聴ニレ之長歎ニ不堪思ニレ之憤怨漏す所なし、件之枯骨今猶散逸して刑人之尸ニ異ならす、支配ニおゐて所不忍、因而件之枯骨一所ニ集め埋葬、墓碑を建、最寄之寺院ニ託して永く是を祀り、其怨魂を地下ニ宥んと欲す、是我国民を憐む、一片之老婆心、且下民ニ仁慈を勧むる一端也、依之町会所ゟ退

散懸ケ高山町続七日町村江罷越、同村地内往還端墓所有之処見立、石碑取建之義并非人頭五郎呼出、散在之枯骨不洩様取集方直ニ申付ル但申年餓死人多ことは兼而承り歎息罷在候得共、右戸は埋葬、墓しるし等も有之候事と存候処、此程与風存し出承り候得は、本文之次第国民も郡代之気風ニつれ善事を不勤歎すべし、されは郡代之慎肝要也、上好ム所は下是ゟ甚しきことあり、既今般倹素之義申渡、自分も袴帯は小倉織、麻之羽織、古帷子又者大垣木綿、肩衣も麻上下之上を重モニ用ひ、其外右ニ准し格別ニ倹素を守候故、手代・地役人は勿論、今日抔町会所江出席いたすニ、町年寄者勿論、医師其外町方之もの衣服都而麻木綿之外は不着風俗一変す、所謂管子ニ令を流水之原ニ下スとハ、令民心ニ順ふ也といへる如く、節倹者可ㇾ尚フことは、児女といへとも能知レり故ニ、上ゟして及す時は、其令行る、こと影之形ニ随ひ、響之声ニ応するゟも疾し、楚王細腰を好て、宮中餓死多しと歟、死者人之所悪なれとも、上ノ意ニかなわんことを希ひ、其身を失ふニ至ル、況や善事をや、民は尭舜之民也、罪ノ帰する所は君上ニあり、可慎哉○鉄炮稽古いたす、今日は別段弐寸角試候処、幸ひニして三発之内一発中ル但弐寸角は初而也○寒暖計七拾九度

三日曇折々雨

一例刻御役所江出勤、欠落帰住申渡有之、評席江出ル○炮術稽古定日三・八日ニ相定、昼後ゟ手代・地役人等出席、夕刻迄稽古いたす、出席自分とも都合拾三人但地役人之内三村森助は元冨山藩中ニ而酒井流炮術稽古いたし、相応ニ出来、其余は自己流義、此度新規ニ初メ候ものも有之候事○寒暖計八拾度

四日曇

一例刻御役所江出勤○下原町村名主加藤三郎右衛門親三郎右衛門事加藤壽平義当夏迄五拾ケ年名主相勤、生質篤実ニ而小前を能教諭いたし、其外奇特有之候ニ付今日呼出、広間ニおゐて厚教諭賞誉、自紋之奉書紬羽織遣之○右壽平親三郎右衛門者安永度当国騒動之頃、近郷小前之もの共教諭、壱人も徒党ニ不加、其外平生心懸別段之訳を以永々苗字　御免被　仰付候ものニ而代々篤実御用立候ものニ有之、当三郎右衛門事寿平義寛政三亥年弐拾五歳ニ而名主役ニ相成、下原郷十ケ村差配いたし、当夏迄五十ケ年精勤、当年七拾五歳ニ相成、其身之慎は勿論、小前江厚く農事を勧、平生慎方取締筋聊不怠、右故小前之気受能、件之十ケ村ニ限り際立農業出精ニ而、去ル申年凶作之頃ニも十ケ村者飢へ候もの壱人も無之、且高山ゟ下原口江之街道は美濃路第一之往還ニ候得共、至而嶮岨ニ而旅人は勿論、諸運送甚難渋ニ候処、寿平厚く心懸ケ漸々ニ九ケ所迄険

路を道附替へ、其度々山中ニ野宿いたし世話いたし、右丹誠を以当時者往来心易く、永久人馬之大平無此上、殊老練威恵ニ伏し、近郷争論難事出入等あれば往て決断を乞ふ故ニ、大概之公事は彼か手ニ決して陳屋ニ至ルものなし、事々皆誠意ニ出ル故愚民といへとも毫釐も疑を不入、実ニ奇特之義可賞事也、右申渡済、勝手江呼寄、居間ニ而寛々面話、耳も至而近く身躰壮健、若年ゟ少シも煩敷覚候義無之由、一躰益田筋者蚕飼《コカイ》多く候処、下原郷ニ限り蚕飼を不営、蚕飼は其年ニ寄盛衰多し、中り候時ニは一時ニ金子を得レとも、一時ニ手廻ル時は、人情おのつから心ゆるみ農業ニ怠り候ものニ付、百姓は第一之農事さへ真実ニ稼候得者、盛衰なく子孫永久之ためニ候由、壽平申諭し右を小前も能守り、力を農事ニ尽し候故、凶年ニも飢餓之憂なし、是等は実ニ遠職高論ニ而其外直話ニ同人之説を聞ニ、頗ル政治ニ益を得ルことあり、既昨年之教諭書も厚守り、自身村々江持参り婦児迄も呼集メ不怠読聞、自分之注釈をも加へ教諭候由、寔ニ難得、国之元老と云べし、殊能弁ニして談話を好み候哉、古キ事共能覚へ居、前々支配中之可否風俗之転遷其外国益之有無等問ニ随て答ルこと、縷々水之流るゝ如く言語中決断気象ある之風顕レ、聴ニ厭ことなし、当国騒動に付、江坂曽祖父君御入之頃ニは四五《六七》歳ニ而、御様子をも幽かニ覚へ居候由下原口ゟ当国江御入之よし其余確論確談記スニ遑あらす但壽平御賞之義も申立候積、昨年申立候奇特もの之義度々催促いたし候得共、今ニ御沙汰無之、兎角伺物遅滞、御趣意未行届、歎すべし、何卒御勘定所向改革いたし度もの也

○阿多野郷野麦峠は中山道薮原宿并信州松本江之道筋ニ而至極之難所、前後三四里之間人間《家》なく、雪中ニは往来を禁れとも邂逅は旅客土人等来去し、長峠故飢寒ニ不堪、又者吹雪ニあひ命を落すもの一冬ニは一両人ツヽあり、実ニ歎ケ敷事ニ候処、近来高山町重助と云もの薄命ニ而及困窮、妻子引連、其身之稼且旅人救之ため、右峠山腹弁理之場所江聊之小屋懸ケいたし、茶飯を売、雪中旅人凍餓ニおよひ候時は焚火等いたし介抱を加へ、旅人幾許之助ケに相成、一段之善事奇特なる義ニ付、今般糺之上、右小屋可成休泊相成候家居ニ置かへ、以後少々ツヽ手当遣し、永久人民之助

ケとせんとす、因而重助呼出、今日右之趣申渡し、最寄口留番所詰地役人江達し、場所見分小屋為取建、重助は番人之姿ニ而永久差置候積ニ候事○寒暖計七拾六度

五日 快晴昼後ゟ雨

一此程倹素之義申渡候ニ付、地役人山崎弘泰自詠之和歌を壁間江題し自分誡とす、其歌ニ

「節　倹」（原文篆書）

我君の美こと畏み
朝よひに掛てわするな
おほろかにすな

○寒暖計八拾度

六日 薄陰

一例刻御役所江出勤○御用場見習勤地役人忰共筆算巧拙等銘々ニは不存候故、自分心得且励之ため筆算試候積、兼而達置、今日広間ニおゐて詰合之分拾壱人試ム、名前并筆跡案文算問左之通 此名前之外は当時御番所詰也

御用之儀御座候間、明幾日五半時染帷子麻上下着用、御用場江罷出候様可仕旨奉畏候、右御請如此御座候、以上

月　日　　何之誰

石堤長千八拾六間　馬踏　弐間
　　　　　　　　　敷　三間
六尺六面として　　高　七尺

此石坪何程と問

答　　何之誰

但算術之問は一様ならす、余は略して不記

良右衛門孫 沢田秋平 丑三拾弐歳
丈平忰 土屋精一郎 丑弐拾弐才
孫左衛門養子 田辺亨三郎 丑弐拾三才
宗平忰 飯山礼次郎 丑拾八才
彦左衛門忰 岩永隆藏 丑三拾才
五作忰 山内直右衛門 丑弐拾三才
岡右衛門忰 庄村翁助 丑弐拾才
類助忰 古田晋平 丑拾八才
七兵衛忰 岩城交吉 丑弐拾六才
平次郎忰 野瀬平三郎 丑弐拾弐才
為右衛門忰 住　裕二 丑拾七才

右之内、亨三郎・裕二者筆算未熟なる方也、其余少々

ツ、之巧拙者あれとも達者ニ而、筆跡者翁助・隆藏よろし、算術は右両人并秋平相応ニ出来候由、両三人位違落字等有之、礼次郎は若年なれとも筆算は勿論、取冊廻しも能く、才気有之、格別御用立べきものは無之候事○寒暖計八拾度

七日曇昼後雨

一七夕佳節ニ付、別席ニおゐて手代・地役人・町年寄・出入医師等礼受ル○寒暖計七拾五度

八日晴

一例刻御役所江出勤○月並講釈、昨日之分今日講ス、例之通出席○炮術定日ニ付昼後出席、酒井流ニ而者重モニ立打之由、武用ニは可然事ニ付、右打方上村森助より伝達受、試候事但酒井流は口薬入も首江懸ル○寒暖計七拾七度

九日薄陰

一昼後地役人稽古所江出席いたし候事○寒暖計七拾六度○宮川ニ而釣り候由、うなき蒲焼ニいたし中神順道ゟ差越ス、森敬之助殊之外歓ひ大串弐串を尽す、白分も試ルニ味ひ至而よし

十日昨夜ゟ雨

一今朝御用状至来　尊父君・両貴兄ゟ之御書来ル状并佐州御日記写とも来ル、御両所御初御安健之由大慶安堵之事但母君ゟ子供江紅梅あられと云菓子弐袋并煎茶等被下、菊池ゟも封物来ル、平安之由○寒暖計七拾六度

十一日快晴

一例刻御役所江出勤○去子六月中申立置候地役人頭取沢田良右衛門外弐人御褒賞之儀、今般伺相済候由ニ而、伺方組頭ゟ印状を以着達有之候間、則今日三人呼出御書付之通申渡ス

飛州地役人頭取
沢田良右衛門

数年出精相勤候ニ付、勤候内御扶持方弐人扶持相

増、都合五人扶持被成下

同　地役人

金三両ツ、　野瀬平次郎

松村郡左衛門

常々出精相勤候ニ付、為御褒美被下之

右者水　越前守殿被　仰渡候間、申渡ス

右良右衛門者当年八拾弐歳、平次郎者七拾弐歳、郡左衛門者七拾四歳ニ有之、何レも五十ケ年以上之勤年数ニ而一同精勤、就中良右衛門は老健御用立候ものニ有之、右躰地役人共数年精勤之廉を以御褒美有之候義絶而無之、今般自分申立ニ因而、右之通御沙汰有之、一統之励にも相成、別而難有大慶之至也○寒暖計七拾七度○十四日定便御用状之義同日は盆中ニ付、明日江引上ケ差立候積　尊父君・両貴兄江之御返書相認　母君江さし上ケ候中元、御嘉儀之肴料金弐百疋并有合手製之干瓢少々封し込、菊池江之封状一同元〆江渡ス

十二日曇

一寒暖計七拾六度○申年餓死人之枯骨を収候墓所、今日迄ニ而出来但葬穴四方は真石ニ而畳みたか石ニ而石壇為居、此後行倒人等有之候得は、此所江取置候積ニ候事最寄之枯骨凡五十人計り埋葬、其余は追々穿鑿之上移候積、右墓所者大雄寺ニ進退為致、盆中回向いたし候様申渡ス但年々金弐朱ツ、回向料相納候積

十三日雨八時頃ゟ快霽

一寒暖計七拾七度○京都画所狩野縫殿助義、当国并北国筋山水真写遊歴旁当所江罷越逗留、同人者中神順道身寄之ものニ而、同人懇命ニ預り難有由ニ而順道同道、此程機嫌聞ニ参り、其節冨士越之龍を図せし自画持参但巾三尺計り絹地竪もの也同人身寄之ものニ付、程能挨拶貫置、尤序之節目通相願度由、順道ゟ申聞候故、則今昼後呼寄緩々面話、唐紙扇面等江品々席画認ル手代共も一覧ニ来ル、是亦好候而認遣貰候事縫殿助は質朴なる方ニ而人品も能く、一躰京師画所は官位あり、幕方も相応ニ而殊之外見識高く、容易ニ扇面抔は不認由、縫殿助は随分謙遜也、御時節柄ニ付、馳走は不致、菓子は手製之小麦焼、夜食切飯・煮

〆振廻、且此程之挨拶旁白縮緬壱反、肴料金弐百疋遣候事○今宵晴明ニ付、奥六・小六・順道召連、城山ニ月を観ル

十四日快霽

一今朝五時過出宅、例年之通松泰寺　(平出)御宮江拝礼罷出ル但幸田善太夫墓江詣ず夫ゟ左之通墓参但夫々例年之通香奠相納

不遠寺一向宗、榊原小兵衛墓　勝久寺是者門跡ゟ使僧差越候、挨拶

大雄寺田口五郎左衛門墓地あり　素元寺禅宗、大原彦四郎墓

○寒暖計七拾七度○今宵も月明ニ乗し、おきた・おきく召連裏門ゟ田野続キ七日町村地内宮川河原江遊歩、山々一朶之雲なく清影急流ニ摧、夜景十二分寂然涼味深し、四時頃帰来

十五日快晴

一越前本保陳屋ゟ御用状相来ル○寒暖計七拾七度

十六日快晴

一寒暖計七十七度○中元祝儀として左之通追々遣ス

一　縞縐壱反　　斎藤勝平
　　金五百疋
是は、娘共江用簞笥其外筆墨等品々呉候故、右挨拶兼遣ス、以後堅く倹素相守候ニ付而者音物急度相断り、当暮ゟは謝礼も減し候積

一金三両　　中神順道
但外ニ下々薬礼之分壱両二分遣ス

一　金百疋　　大成院
　　小菊十帖
是は当春軍書講釈いたし候挨拶

一金五十疋　　日雇頭 平兵衛

一金百疋　　大雄寺

○例年之通、門前ニおゐて盆踊あり、夜ニ入家眷一同物見江罷越一覧ス、節倹之義相触候ニ付、衣類其外至而質素也、踊も今明夜両日而已催候由、町年寄申出ル

十七日快霽

一例刻御役所江出勤、月並講釈ニ付、例之通出席○寒暖計七拾九度

十八日快晴
一例刻御役所江出勤、日限尋申渡有之、評席江出ル〇寒暖計八拾壱度〇炮術定日ニ付、例之通昼後ゟ出席〇夕刻ゟ岩田量平・山崎十郎右衛門召連、松泰寺山ニ初生之月を観ル、清影乗鞍ケ嶽ゟ登ル、絶景限りなし、今宵も清明峯を離れ少しく横かすみあり、弘泰国風を詠す

　さし出る、影は障りも、なかりしに、けしきをそ
　ふる、峯の薄雲

十九日薄陰
一例刻御役所江出勤、手限落着もの有之、評席江出ル但博奕一件　〇寒暖計八十度余〇越前本保陳屋詰手代平田芳助病死後、外病人等有之、無人ニ而御用向手廻り兼候由此程申越候間、手代小森寛二義、芳助代り出来候迄為手伝差遣候積、則今日朝出立、北国筋罷越候事
〇昼後敬之助義、順道・謙輔・榮藏召連宮川ニて小魚を漁す、幸ひニ鰻五筋・鱒壱尾・鮎弐尾を得ル、小魚は泉水江放候事〇今日獲もの之鰻并此程順道為釣候うなき蒲焼ニいたし、狩野縫殿助并奥六・勝平江も振廻、自分・敬之助も相伴いたす、味ひ尤よし、今日も縫殿助席画弐三枚認ル、夜分迄寛話京地之様子等承ル、少しく旅情を暢嵐山弐幅対頼置

廿日曇折々疎雨
一例刻御役所江出勤、日限尋申渡有之、評席江出ル〇昼後ゟ城山江町打稽古ニ罷越、出席拾人〇寒暖計八拾度余

廿一日晴
一例刻御役所江出勤〇炮術立前稽古いたし候事〇寒暖計七拾六度

廿二日薄陰八時頃ゟ雨
一今朝五半時頃御用状到来　双君并　両貴兄ゟ之書状、

佐州表御日記写、其余　両兄御筆記之世評録被遣夫々拝見　御両所様御初御安健大慶安堵之事但　尊父君ゟ敬之助江佐州赤玉石・黒玉石　母君ゟかみ鳴ほし・佐州あらめ・無名異被下之、且叔兄江相願候四書正解も今便御調被遣、菊池・三橋ゟも封物来ル、各無異也○寒暖計七拾四度余○経書・医書講釈定日ニ付、昼後ゟ町会所江出席

廿三日昨夜ゟ暴雨今朝ニ至霽

一寒暖七拾六度○照蓮寺輪番、信州辺末寺廻村として明日出立いたし候旨、届旁暇乞ニ来ル○炮術稽古定日ニ付、例之通出席

廿四日薄陰

一例刻御役所江出勤、日限尋落着有之、評席江出ル○寒暖計七拾三度

廿五日昨夜ゟ雨四時頃ゟ霽八時過ゟ曇折々疎雨

一例刻御役所江出勤、口合有之、評席江出ル但御構場所江立入、似せ金取扱候一件也○寒暖計八拾度

菜園所植之菜蔬品類左之通

一茄子　一胡瓜　一芋　一紫蘇　一枝豆

一ゑんとう豆　一大豆　一隠けん豆　一十六小豆

一藤豆　一夕かほ　*「○」（以下同）○一冬瓜　○一西瓜　○一蕎麦

○一丸漬瓜　一大根　一菜　一茗荷　一蕃椒

一唐もろこし　○一むかこ　一かぼちや　一唐のいも

通計　弐拾三品

右之内茄子・胡瓜・いんけん豆・菜・芋等を多分ニ作ル、是迄胡瓜三千余、茄子六千余を取ル、いまた不尽、茄子は猶盛也、朱丸之分は試ニ聊作ル、数品之野菜夏中他ゟは一品も不買入、味ひも一段奇也、痩地といへとも培養を尽す時は繁旺如斯、実ニ数畝之乾田金銀を湧出すといふべし、農桑は国之元、勤めざるべけん哉

廿六日昨夜ゟ暴雨朝止夫ゟ曇

一寒暖計七拾度○越前本保陳屋ゟ御用状来ル、無別儀

廿七日雨昼後ゟ霽

一例刻御役所江出勤○月並講釈ニ付、例之通広間江出席○寒暖計七拾弐度

廿八日雨八時頃ゟ晴

一例刻御役所江出勤○御赦申渡有之、評席江出ル、是者文政五午年
御転任
御任槐御祝儀文政八酉歳(平出)
若君様御弘御祝儀之御赦ニ而、此程御差図有之候也、都合九人之内七人者死失又者行衛不相知、其余穢多政次郎外壱人者存命ニ而罷出ル中追放御免也○寒暖計七拾三度○今日も菜園之茄子六百取ル但三四十日は日々取之、其余之野菜も同断　○雨天ニ付、炮術稽古延引

廿九日雨

一定便御用状差立候ニ付　双君并両貴兄江之御呈書江狩野縫殿助筆之画扇等封し込、菊池江之封物一同元〆江渡○美濃下河邊ゟ御用状来○寒暖計六拾七度

八月大

朔日晴昼後曇　寒暖計六拾五度

一八朔佳節ニ付、例席ニおゐて手代・地役人・町年寄・出入医師等礼受ル○昼後閑ニ乗し子供一同召連、城山江遊歩、夫ゟ山王江参詣、秋景を賞ス、山野秋花多く一客を不看○昨日栄藏義下切村山中江茸狩ニ罷越ス、自分も相越候積之処天気合に付延引、松茸百四五十、小はき茸六七十を得ル、手代共江も分ケ遣候事但小はきたけは、しめじ茸ニ似て清新無毒也○田中半右衛門大病之由今日初而承り候間、謙輔見舞ニ遣ス但有合之かたくりめん遣候事　先ツ陰症之傷寒ニ而甚六ケ敷由、昨日ゟ順道ニ転薬候得共、少シ療治後レニ相成難請合由申聞ル、半右衛門者御用金為替等相勤、人柄も相応ニ而且家柄之義市中取締ニも相成候ものに付、何卒快気候様いたし度候事

二日快晴　寒暖計六拾七度

一八幡祭礼一昨晦日天気相ニ付延引日送之義願出、則昨

今祭事執行例年之通神輿并屋台等門前江参候ニ付、一同物見江罷越一覧ス〇夕刻鉄炮を試ム

三日曇夕刻ゟ雨　寒暖計朝六拾一度昼六拾八度

一岡本村瀬戸昨今釜開候ニ付、昼後ゟ　母君御同道子供一同見物ニ罷越ス、此度者釜新規に付き火加減知レ兼、石焼之分者甚不出来也　叔兄ゟ御注文之筆洗も試ニ為焼候得共、是亦出来不宜、追而猶以《又》可申付候事〇狩野縫殿助江頼置候嵐山之図出来真景の由、出来尤よし

四日雨　寒暖計朝六拾弐度昼六拾四度半

一例刻御役所江出勤、口合有之、評席江出ル是は奈良奉行ニ而吟味有之候似せ金一件江引合候もの共也〇御材木山出シ仕方為心得見置候積、此節小坂郷山中ゟ専ら山出いたし候由ニ付、兼而達置候通、明日見分として出立候旨、今朝先触差出ス

五日曇　発高山至赤沼田《ヌタ》村　道法八里半

一御材木山出シ見分として今朝六半時出立但も、引半てん着用、供立高原筋巡検之通り、右之内片箱・長持略之、陸尺も不召連人足也　附添手代川嶋奥六、且狩野縫殿助義小坂根ノ尾ノ瀧一覧いたし度由、兼而申聞候故、此度供ニ召連る、地役人頭取・町年寄・出入町人共等例之通途中迄見送ル、手代共者此節人少ニ付不相越〇四時過久々野村儀兵衛宅ニ而昼食高山ゟ三里、夫ゟ小坂町村名主喜右衛門宅ニ而小休久々野ゟ四里、昼食手当いたし候由ニ而湯漬差出ス〇同村ゟあさむつ之橋を右ニ看て、小坂川ニ添ひ東南ニ向ひ行こと三町計り長瀬村ニ入、村柄中、人家五十軒余、此辺多く竹林を看ル、同村行こと半里赤沼田村ニ至ル、村柄中、人家四拾軒余あり、亦半里余ニして七時頃同村名主半右衛門宅江着、止宿〇高山より小坂町村迄之道筋者昨年之日記ニ委しく認置故略之、長瀬村ゟ之道筋左者山高ク雑樹繁り、右者耕地を隔て小坂井川之流ニ傍ふ山畔之阪路漸々登ル、眺望者記スに足るものなし、宿半右衛門者高持ニ而山方惣代をも相勤、身上相応故住居も能、座敷拾五畳あり、余程手広ニ付奥六・縫殿助も一同合宿す

六日 晴八時ゟ雷雨　落合村地内山内御伐木山出シ見分、往返七里
一今朝六時過赤沼田村出立、小坂川ニ添行こと拾町余落合村ニ至ル、同村者人家五十軒あり、小坂川江懸ケ渡せる長弐拾間計り之独木橋を東南江渡越ス、是ゟ人家なし、八町程行字暗かりと云渓路ニ入ル、左右青壁聳ヘ路傍幽かニ暗泉を聞、喬樹繁欝日光を遮り其暗こと名之如し、此蹊路行こと八町、左之方岩下ニ牛の鼻つらと称するあり、亘り八尺計り之岩穴弐つ相並ひ右ゟ入て左江出ツ、其状牛の鼻穴ニ似たり、夫ゟ阪路弐町程下り小坂川を渡ル、是亦独木橋也、脚下を看に急流岩を打て白々慓然たり、村長保護して渡ルことを得ル、此辺山嶮峻欝樹森然として山水之風景真ニ唐画之如し、夫ゟ字巌立《ガンダテ》八町と云ニ懸ル、道巾壱尺計り、屈曲万折登ルこと八町中崎平《タイ》ラニ至ル、此処は巾壱弐町長八町余之平原ニ而、一面ニ尾花咲出て人之丈ケゟも長し、深山中ニは尤珍らしき平地也、爰を過て字鍋つる横手と云山腹之小径を行、右者峯聳ヘ左者深渓喬樹生繁りて路多くは桟道也、此渓陰ニ長弐拾間余之自然石橋ありしニ、四拾年前山荒レ之頃折込みしと云、尤惜むべし、石橋之形鍋つるニ似たるを以鍋つる横手之名ありとそ、爰を行こと四五町、亦くらかり平ラと云平地を七八町行、巣納《スノウ》坂と云一大難所を下ル、路至而険しく前人之頭足下ニあり、岩角ニ取附キ木ノ根を踏て下ル、されとも羊腸として路斜ニ繞り誤テ蹪クも一概ニ谷底江落ル之憂なし、五六町ニして小坂川之流畔ニ下ル、是ゟ渓石を蹯伝ひ独木橋を往て巣納平ラと云小平地ニ至ル、爰ニ聊之小屋を設、昼食之弁当を出ス、暫く休息時巳ノ刻を過く○是ゟ路両岐、右者字小俣御材木山出之場所、左者根ノ瀧ノ滝道也、御材木之方はいまた支度整兼候由ニ付、滝之方江罷越ス、路亦嶮也、小坂川之上流ニ添ひ渓中之乱石を踏、又者流畔之岩を攀事辛ふして行こと半里、渓陰壱町程隔て前面初て滝之全躰を観ル、白々布を垂レたるが如し、巾六七間丈ケ五十尋ニ過ク、左右都而青壁削為るが如く滝口少シ細りて直下す、是ゟ蓑笠を荷ひ危岩を躋登り渓石を踏て滝坪之傍なる小平地ニ下ル、滝坪者飛泉落入ル処至而深

ク、夫ゟ漸々浅く小平地は都而小砂利ニして河原之如し、されとも水勢颪烟烈く滝ニ面しては目口も明キ難し、瀑音猶雷之如し、耳を貫キ寛賞を得難し○阿房ノ瀧ゟは一躰ニ水も多からず、且滝坪深キ故歟水煙も少しく薄く、飛泉之大小を以評する時は、阿房は兄ニして根ノ尾は弟たるべし、されとも其風景幽微絶勝ニ至而は甲乙あることなし○飛泉右之方四五十間隔て続キたる青壁之半腹ニ岩嵓あり、穴ノ巾三間計り丈ケ丈余、嵓中漸々細りて屈曲入ルこと四拾間計りと云、此窟石ニ刻レありて砕んとするニ似たり、故ニ自分は窟中江は入らず○初メ滝ノ全容を望し渓路江復し石ニ踞して猶飛泉を遊覧すること多時、夫ゟ来路を小俣筋迄立戻り小坂川之上流ニ添ひ、右之方隣渓陰を伝ひ行こと前ニ同し（但小坂川之上流水二タ筋ニ分レ、壱筋は根ノ尾ノ瀧ニ而小俣筋とも各水源は御嶽山也）拾町計りにして御材木山出シ之場所ニ至ル○都而御材木者高山上所々ニおゐて立木根切いたし、角物等ニ木取、谷川之最寄能キ所江漸々集め置、左ニ記せし図之通り（図ナシ。半丁空白アリ）谷筋江サデと唱へ足代ロ之如く雑木を組み上ケ、其上江柴を置並へ左右江材木を手摺之如くニ置、其中江材木を落し入るれは自然と走て下ルこと弾丸之板上を走て、枯葉の流ニ随て下ルニ似たり、曲り角《カト》は図之如く材木行当りて自然廻りて走する様ニ補理、其下た之方は亦材木を組み其上を辷らして谷川江導くを修羅《シュラ》と唱へ、是亦図之如し、今日看ル処之サデは長五六拾間、修羅拾間計りあり、此谷筋は茂樹深く掩ひ、且雲鎖して山上迄一望ニ尽すことを得ず、サテ之惣長サ数十町ありと云、其場所ニ寄てはサテ壱里ニも及ぶとそ、亦図之如く谷川之岩石多ク、或は水少キ場所は材木を組て水を堰、自在ニ大材を下す、最初根切せしより山出し、夫ゟ大川筋簡管流ニいたし縄場ニ而筏ニ組、白鳥湊ゟ江戸江廻し候迄之苦辛実ニ容易ならす、深く思ふべし○山稼の日雇三十人を一組と唱へ其内ニ重立候もの壱人ありて弐拾九人を指揮す、深山中江小屋を懸ケ常に雲棲して此業を為す○此谷筋ゟ出ス御材木弐千五百本、日雇二組入る、小坂山中之内、桜ヶ洞ゟは壱万本を出ス、是は当月下旬ゟ山出ニ取懸候由○

当時御材木伐出し候山々之内、此小坂を第一とす、中山亜ク之、小坂は御嶽続キ之深山ニ而、人家を離レ信州境迄七里余あり、近来山中追々伐り荒シ良材乏といへとも、此山中ニある檜材猶百万本は不滅といへり、飛国は毎々日記江もしるす如く、除険山陸続屛立して平夷之地稀ナ而也、故ニ此国ニ生する所之五穀、此国之民を育するニ足らず、尤下国と云べし、されとも良材を出スこと我国ニ冠たるは皆人之所レ知、宜しく苗木培養しせく非常に備候義御政治中要務之一端と云べし但西丸御普請ニ付黒べ・檜等出スこと不少、何様之深山といへとも年数を経されは成木を得難し、されは　公儀ニおゐても兼而不慮之御用意専要ニ候を、兎角御入用ニ響キ候義は往々　御為ニ相成候義も不被及御沙汰、支配之郡代も其時限り之功を専一ニ為し、後来之　御為を不思故、年々山中切荒し御用材之御貯無之、非常ニ臨み御差支ニ相成候義実ニ恐入候事也、此条猥ニ義論あれとも容易ニ難尽、詰ル処上之御沙汰ニ不拘往々　御為ニ可相成義工夫郡代丈ケ之力を尽スべし○見分済八時頃ゟ雷雨、蓑笠を荷ひ帰路ニ赴く○巣納平らニ而猶亦再弁当認、雨を凌雲を踏て険路を帰ること来時之如し、暮合頃半右衛門宅帰宿○今日之道筋は山稼之もの往来する耳、人跡稀ニして定れる路なし、朽木を踏、流を渉ること幾度と云数を知らす、自分通行ニ付、危キ処は手摺を懸ケ又者石を居へて路を繕ふ、若修理を加へさらんニは中々難歩思わる、往返七里ニ過キざれとも何レも大ひニ疲ル但道中用意之ため駕籠持参候得共、自分義昨今とも不残歩行、されとも格別之草臥を不覚、当夏之廻村一段之足ならし也、笑○昨今とも一汁一菜之外菜物等出候間、村役人并宿半右衛門江厚く申諭、以後右躰心得違有之候得者、急度及沙汰候旨申渡置

七日晴　発赤沼田村高山着陣

一今朝六半時赤沼村出立、九時頃久々野村ニ而昼食認○敬之助義、順道・文藏附添石浦村迄迎ニ罷越ス陳屋ゟ壱里、不残歩行候由、いなご・蝶々・蜻蛉抔追ひつゝ、参候よし、余程遅着ニ成候事敬之助同輿、八半時頃無滞帰陳但例之通地役人頭取・町年寄其外とも途中迄迎ニ出ル

八日曇昼後ゟ晴　寒暖計朝六拾四度昼六拾八度余

一例刻御役所江出勤○炮術定日ニ付、昼後出席

九日雨　寒暖計朝六拾三度昼六拾六度

一四時頃御用状来ル　尊父君両貴兄ゟ之御書状并両所御

日記写とも至来、夫々拝覧　双君御初益御機嫌克大慶
安堵之事但　母君ゟ霊前江せん香金百疋　叔父ゟ沈香其外願上候燧打袋弐ツ、あふく小豆、あらひこ、伝心録外弐本　母君ゟそら豆被下候事○昼後、地役人稽古所江出席

十日雨　寒暖計朝六拾三度昼六拾七度

一田中半右衛門義、順道療治ニ而追々快く、此程は起上り食事もいたし候程之由、実ニ九死を出て一生を得と云べし、医療尤可慎事也

十一日薄陰　寒暖計朝六拾三度昼六拾九度

一毎年秋来石浦村山内江茸狩ニ罷越候義定例之由、此程松茸出揃候間、明日頃遊歩有之候様いたし度旨、右村方ゟ申出候ニ付、天気次第相越候旨申聞遣ス

十二日晴　寒暖計朝五拾九度昼六拾六度

一今朝四時前、子供一同召連但　母上も御出之積ニ候処、昨夜ゟ少々御風気ニ付御見合、尤御平臥候程ニは無之候事　順道・謙輔・栄蔵供に罷越ス、石浦村往還ゟ高山ゟ壱里足らずあり右之方江四五町行、組頭久助宅ニ而小休、夫ゟ弐町程山江入ル、路険しからす松林之内松茸所々ニあり、兼而留山ニいたし置候事故、十分ニ出揃数十本ツ、簇生して、素人児輩ニも自在ニ採ルことを得ル、敬之助初、おきた・おきく大悦、下女共一同役人之案内ニ任せ、山中所々狩歩行歓を尽す○九時頃山上平夷之処江仮ニ小屋を設幕を打、持参之弁当を認但飯はめし鉢江入、菜園之芋・いんけん等切溜江入持参ス取立之松茸、松葉ニ而むし焼ニいたし、食之味ひ奇絶、香亦深し○午後亦所を替て狩す、八時前迄ニ自分子供并手人而已ニ而松茸大小打交御膳籠ニ三荷、数凡弐千もあるや、其太キは可撰笠之大なる亘り尺ニ過ルあり、地味能茸之怔ニかないたるニ哉、何レも肥へて肉堅く尤上品也但素人心ニは満山之茸悉く狩尽し候様ニ思へとも、自分茸狩相済候得共は村方之ものは勿論、其職之もの今日狩畢り候場所江立入採得ルこと夥敷、今日得ル所ニ倍蓰すといへり、殊ニ地中ニあるを求候故、笠開かず、買物ニは直うちありとぞ夫ゟ山中所々遊歩、小松奇岩添ふて山上平坦、庭を作りたるが如きあり、亦はけ山ニ而樹木なく数十間急坂ニなりたる所あり、遊歩するニ危ナ気なく子供一同縦遊多時、此辺眺望能、高山之人家及ひ宮川之長流田野一望ニ入て絶妙也、興ニ共乗し試ニ謙

輔、栄藏、順道一同、かのはげ山急坂之処江筵を敷、其上江坐し辷らすニ自然と走せて山下江下ルこと数十間、恰も帆を揚たる船ニ似て甚興あり、敬之助は寛坂之処、筵ニ坐せしめ、閑ニ牽レ之其歓喜知ぬべし、七時過一同帰陳但村方江酒壱斗、肴代金百疋遣候事○所得之松茸、手代共但四人病気ニ付、順道、縫殿助、梅斎見廻旁遣ス田中半右衛門同断夫々分ヶ遣ス

十三日快晴　寒暖計朝五拾九度 昼六拾七度

一例刻御役所江出勤、日限尋落着有之、評席江出ル○明日定便御用状差立候ニ付、尊父君・両貴兄江之呈書・日記・雑記并手製之いんげん豆、国制之かん瓢、奉書紙、其外高原路次ノ図　叔兄御注文之筆洗とも三封ニいたし菊池・三橋江之封物一同元〆江渡す○炮術定日ニ付、昼後出席

十四日晴　寒暖計朝五拾九度 昼六拾三度

一川嶋奥六ゟ至来候由ニ而、椎茸之木ニ生シたる侭を差越ス、至而清新也、木ハ楢之様ニ見ゆ、是は小坂辺ニ而作り候よし、味も奇なるべし

十五日曇昼後ゟ小雨　寒暖計朝五拾七度 昼六拾度

一三福寺外壱ヶ村新田并見取場検見として今朝五時過出宅但も、引半てん、供立徒士・侍両人ツヽ、片箱・鑓・長柄・草履取附添手代岩田量平、岩水弾次郎也、今日者早稲之分、三福寺村ニ而弐ケ所、松本村に而三ケ所坪刈いたし、九時過、同村名主長兵衛宅江立寄昼食認但村柄者相応なれとも名主宅は不宜摺穂為致合毛改者例之通請印申付ル、検見仕方凡之手続左之通

検見以前差出ス廻状

大野郡

其村々新田并見取場、当田方立毛例年之通、田主・村役人立会見分いたし内見、合毛帳仕立、当月廿五日ゟ来ル八月十日頃迄ニ差出可申候、廻状村下令請印早々順達、後日可相返者也

丑
七月十七日　高山
御役所

内見帳江耕地絵図相添差出ス

松本村

享和三亥年御高入

一新田高　弐石三斗七升三合

此返別　三反三畝弐拾七歩

此小前

壱番字山本 一下々田　三畝拾弐歩弐合毛　地主 七左衛門印

弐番同 一下々田　五畝三歩弐合毛　同 同　人　印

此余略之

右寄

下々田三反三畝弐拾七歩　石盛 七斗代

高弐石三斗七升三合

右毛揃

下々田　三反三畝廿七歩

此籾弐石三升四合

此余略之

右者当村新田御検見ニ付、田主立会一筆限内見合毛

附仕候処、書面之通相違無御座候、於然者何レ之田方ニおゐて御検見御坪刈被　仰付候とも、聊御願筋無御座候、為其連印之内見帳差上申候、以上

丑八月

村役人　連印

検見場所、毎田一筆限りニ兼而如斯建札為認置［何番字何 一下々田 何畝何歩 何合毛　誰］其場江罷越候得ハ、村役人案内ニ而人足かの建札を高声ニ読上ケ、自分初メ手代共も控帳并耕地絵図をも出し、順々引合せ、立毛之様子得と見改メ、是そと思ふ処ニ而及差図、兼而坪刈心得候足軽両三人ニ而稲株を能平らニ分ケ、枠を一方ツ、当テかひ、猶村役人ニ得と為見改候後、鎌を持候人足立入、稲株を一ツ弐ツと高声ニ呼ひなから刈取り、十株ニ及ふ時は、是を足軽江渡ス、足軽も請取ル毎ニ十、弐十と数を呼、不残刈畢りて用意之筵ニ包み、縄ニ而結、人足持レ之、自分通行之直前江立行也稲株之数は勿論、其余之様子等逸々手帳江記ス追々右之如く両村とも様々畢り、小休所ニおゐて田主・村役人為立会摺穂箕吹いたし、夫ゟ分明ニ量り立改メて合毛を呼、帳面江記し、不残相済候得者、一同江見改候通

り相違なき哉、聊申分無之哉之段、自分并ゟ直ニ相尋候上、左之通証文読聞、坪刈帳江印形取之

私共村々、当田方御検見ニ付、毎田一筆限建札いたし、田主・村役人共罷出、御案内仕、耕地一円御見平均之上　坪刈被　仰付候処、左之通相違無御座候、然ル上者右御様出合を以、何様之御取箇被　仰付候とも違背者勿論、御願ケ間敷義毛頭不申上候、尤御改方御非分之義毛頭無御座候、依之御請印差上申候、以上

一谷田壱畝拾五歩　四番 字谷崎　大野郡 三福寺村 田主 利兵衛

内見弐合 稲草白坊主 八拾株

改壱升五合

其余略之

丑八月十五日　右 利兵衛

村役人連印

検見者其年之御取箇を極候事故、郡代・御代官等第一之主役ニ而、尤心を尽すべきこと也、乍去改メ出合等は凡之目当テニ而詰ル処、過不及なく可取丈ケを取て　（平出）上ニ御益あり、下々ニ痛みなきを専一とす、故ニ其村之盛衰貧富、其年之豊凶、土地之沃瘠等考へ熟慮して御取箇を可定事也、尤飛州は大概定免ニ而検見場所至而少ク、村方之盛衰ニ拘ル程之事は無之候事

十六日 雨　寒暖計 朝五拾七度 昼六拾度

一地役人松村郡左衛門者老人なれとも 七拾三歳也 武芸好ニ而、壮年之頃は剣術抔相応ニ出来候よし、兼而捕縄等能心得居候由ニ付、今日呼寄、縄之懸ケ方等教貫、謙輔・栄藏等も一ト通り習置候様申聞置、凡縄之懸ケ方、四拾八あり、右之内弐拾七程は雛形を拵へ、細キ紐に而結ひ有之候間、右を借受、雛形拵候積、且稽古ニ縄を懸ケ候藁人形本之通、今日為拵候事

十七日 雨　寒暖計 朝六拾度 昼六拾六度

一例刻御役所江出勤〇月並講釈ニ付、例之通広間江出席

十八日晴　寒暖計朝六拾四度昼六拾七度
一炮術定日ニ付　昼後出席
十九日快晴　寒暖計朝五拾弐度昼六拾四度
一当国山中ニ者栗樹多く、秋来者村人栗実を拾取て夫食ニもし、亦かち栗ニ製して他国江も出ス、高山最寄山中ニも少々ツヽ、栗有之候由ニ付、一日遊歩之積、兼而奥六江申聞置候処、江名子村山内栗実此節追々熟し落候由申聞候間、今日罷越候積、昨日村方江申達、今朝五時半過出宅　母君御同道、子供一同召連但順道も供ニ罷越ス右山中江罷越、陣屋ゟ江名子村山入口迄壱里余、是ゟ山路所々ニ栗あり但其年柄ニ寄、熟不熟あり、当年国中は出来宜方ニ候得共、高山最寄は中分之由子供一同下々迄、あじ籠を腰ニして手ニ拾レ之甚興あり、夫ゟ林際之小径を且拾ひ、且行こと拾町計り平夷なる所ニ至ル、爰ニ小屋を設、幕を打、茶を出ス、暫く休息、持参之弁当を認○山栗は実小ニして大キなるは稀也、此小休所傍ナル一樹は実少しく大也、十分熟したるは、ゐがを脱し落ルといへとも、中ニはゐがと共ニ落たるあり　其ゐがを去ルことは甚易からす、且落たるゐか地上ニ満る故、其間ニ散在する実を拾ふニ手痛みて速ニは得難く、却而興はあれとも、茸狩ゟは甚遅々せり○小休所ゟ亦四五町山上江𪜈登り数升を得ル、尤　母君者敬之助と平地之ゐが少キ処を撰み被為揃《拾》、今日は快霽、且秋候寒からす、あつからす山中仙界之遊戯、母君御初、子供之歓喜思ふべし、七時過ニ至ルとも中々拾ひ難尽、余り薄暮ニ及ふ故、帰途ニ赴く但村方ゟ一同江餅を出ス、尤人足共江酒代百疋遣候事暮合頃帰陣、実ニ茸狩・栗拾等之倠（佳カ）遊は江都ニ而所難得、子供江後来之談柄、生涯之一得と云べし○今日所得之栗実小なるは弐斗、大なるは三升あり、手代共并順道其外下々江も分ケ遣候事高山ゟ三四里隔たる処ニは、栗夥敷有之候得共、母君御歩行難成、最寄は山深からざる故、随而栗之大樹も少し
廿日快晴　寒暖計朝五拾五度昼
一田中半右衛門悴栄藏義、半右衛門病気ニ付、過ル十二日江戸出立、昨夜参着候由ニ而此程之礼ニ来ル、鳥渡面会、出立前、大川端江も罷出候処、皆々様御安健之

由申聞大慶、半右衛門も此節は大キニ快く、栄藏心底
推察同慶不少候　関氏ゟ之届もの持参但霊前江之備物江国風二首を添、外品物弐品差越さる厚意深く思ふべし、其一首　秋風に散しこのはは跡もなし、月日はかりはめくりきぬれと栄藏も菓子・
海苔等土産ニ持参ス

廿一日疎雨夕刻ゟ強雨　寒暖計朝五拾五度昼六拾六度

一陳屋稲荷社脇ニ栗ノ大樹三株あり、内一樹当年多く実
を結、此程ゟ追々熟し落、毎朝子供拾参り、積て壱斗
ニ至ル、手代共順道并下々江も分ケ遣ス、猶樹上ニ壱
斗余もあるべし、実者大キなる方也但庭構之外故、中間共初入込候職人其外とも自在ニ取之、右を加へは数斗ニ及ふべし

廿二日晴　寒暖計朝六拾四度昼六拾九度

一今日志之牡丹餅手製し、下々者勿論、出入之軽キもの
共江夫々遣ス、倹素少略中ニ付、手代共初、備物等堅
く申断、配りものも不致候事○大雄寺江法事料金弐百
疋、布施百疋、家来ゟ奉札相添遣ス、尤当日廟参之節、
湯漬等差出候義者勿論、菓子等出候義も堅く相断但役僧呼寄手代ゟ為談置○越前本保陳屋ゟ御用状来ル、無別儀

廿三日晴　寒暖計朝五拾四度昼六拾四度

一宮村外弐ヶ村、田方検見として五時前出宅供立此間之通附添、川嶋奥六・岩水弾次郎都合八ケ所ニ而坪刈いたし、改方等例之通相済、
暮合頃帰陳、昼食は宮村甚右衛門宅ニ而認甚右衛門者高山町住居之ものニ而、宮村に田畑百石余所持いたし、田家と唱へ同村ニ別荘あり、住居相応也今夕者逮夜ニ付、手軽之
非時料理家製し、下々其余出入之軽キもの共江振廻、
台引料弐百文ツヽ遣候事

廿四日快霽　寒暖計朝五拾六度昼六拾七度

一今朝四時前出宅、大雄寺江廟参但香奠金五拾疋納、尤本供也自分帰陳
後、母君敬之助御召連御参詣但香奠同断、駕籠ニ而被為入候事

廿五日快晴　寒暖計朝五拾七度昼六拾八度

一例刻御役所江出勤○古川町方村自普請所見分并畔畑村
外壱ケ村検見として、明日出立之積、今日先触差出候
事○昼後城山江町打稽古ニ罷越、出席都合八人

廿六日快晴　発高山至大村　道法六里余

一古川町方村外弐ケ村自普請所見分并検見として、今朝六時過出立但も、引半てん着用、供立小坂廻村之通、附添川嶋奥六・岩水弾次郎○出立前御用状至来、尊父君并　叔兄ゟ之御書状、其余両所御日記写弐冊、巷談雑録壱冊到来　双君御初益御機嫌克、安堵大慶不過之、御書状御日記等、出立輿中ニ而寛覧ス但　母君ゟ子供江あなこ・落雁、叔兄ゟ関の秋風外弐本被遣候事○四半時頃、古川町方村彦次郎宅江着、昼食但高山ゟ古川迄之道筋者昨年之日記江記ス故略之○古川町外レゟ宮川を西江渡越ス、橋長三拾間余、前後河原也、高野村ニ入ル、稲葉坂と云、急阪五六町登り平岩村ニ至ル、是ゟ山間之阪路行こと壱里計り、畦畑村百姓弥右衛門宅ニ而小休、同村地内田方三ケ所坪刈いたし、右弥右衛門宅ニ而合毛改め、夫ゟ阪路壱里余行、大村ニ到ル、同村地内宮川縁り堤切所等見分、且田方三ケ所ニ而坪刈いたし、暮六時前大村一向宗浄徳寺江着、止宿、相応之寺院也、手代共も一同合宿す、食事後、夜ニ入、合毛見改候事

廿七日快晴　発大村高山着陣　道法五里余

一今朝六半時頃大村出立、宮川を船ニ而東江渡り越ス、則北国街道杉崎村也此所は昨年越前江罷越候節通行ス　此辺両岸岩石なく水底小砂利而已也、同村川欠場所見分行こと壱里、古川町方村ニ到ル、此所も当夏之出水ニ而宮川縁往還欠崩田畑等損地多し但流失家三軒あり古川者昨年之日記江も認候通り、高山ニ続キたる町場ニ而土地打開、地味至而宜く田方者勿論、諸作とも当国第一也、右故川筋岩石なく年々水災不堪絶、堤場之普請、村方自力難及、国中余荷普請者金高極も有之、余慶計之義者容易ニ難成、左候迚、良田を失ふこと一国之憂、且者御不益之義、実ニ当惑之至、厚く勘弁可致事也但聊之御前貸金等も容易ニ御勘定所難通、全御入用ニ響キ候義者猶更、是郡代等尤当惑する所謂也○同村川欠場所并兼而村方ニ而目論見候川筋、復古模様替〆切場所等一ト通り及見分、四時過彦次郎宅ニ而昼食認、夫ゟ右村方収納置米入置候御蔵巾六間、長拾三間并今般取建候凶年手当之ため、囲籾入置候郷蔵巾三間、長拾三間見分いたし、同村地内下村分川欠場所是亦及看、八半時頃無滞帰陣、町年寄・出入町人共等、例

之通途中迄出迎候事
廿八日快霽　寒暖計朝五拾六度昼六拾八度
一斎藤勝平三男直吉儀当六月出生 昨夕急症ニ而病死候由、今朝届書差出候間、謙輔悔ニ遣ス、右ニ付炮術稽古相休候事
廿九日曇四時頃ゟ疎雨　寒暖計朝六拾度昼六拾弐度
一例刻御役所江出勤○落着もの有之、評席江出ル、是者似せ金一件ニ而引合も有之、此程御下知相済候也、先支配中者死罪以上之御仕置無之、磔罪ハ猶更之義ニ付但親殺しをも見遁し候よし兼而厚く手当いたし置、四時頃御仕置無滞相済、昨年之日記江も認候通、か丶る重罪之もの出候も、畢竟先支配中一国不取締ニ而、賞罰忽ちニいたし置候故之儀ニ而、実以歎ケ敷次第、心からと者乍申、支配之場合悵然ニ不堪、今日者娘共ニも琴さらゐ等為見合、終日慎み罷在、且国中以後右ニ見懲、犯科之もの無之様、左之書取江科書相添惣触差出ス
　飛州高山壱之町村之内、八幡町半藏借家善助儀、似せ金取拵立、同所三之町村百姓宇兵衛悴啓右衛門儀、右似せ金遣捌候ニ付、先達而召捕吟味詰伺之上、今般土　大炊頭殿依御差図、別紙科書之通、善助者引廻之上磔、啓右衛門者死罪申付畢ぬ、似せ金拵候者重キ御法度ニ而、若犯すものあれは、右様厳科ニ被行候儀者女子供迄も弁へ居ル事ニ候得共、銘々家業を怠り又者身持あしく及困窮候より心得違、自然悪事ニ長し、其外身上可成なるものも其身栄耀をせんために、猥ニ金銭を得んことを希ひ、悪きことと知りなから不筋之事ニ携り、終ニは右様重キ御仕置を蒙り候様成行候事ニ而、畢竟一己之利欲邪心ゟ身を殺し永く悪名を伝へ、親妻子を路頭ニ迷わしむること、何とも歎ケ敷事にあらすや、都而御仕置者其ものを悪み被行候事ニは無之、壱人を刑して天下衆人之悪を懲し給ふ御趣意ニ而、犯科之もの安穏に世を渡る時は、誰か好て善事を為すべき、都而悪きニは染易き世の習ひなれは、かく厳重に御法を被立、人之刑せらる丶を見聞および、我行ひを改め善事を勤

る様にと之難有御趣意なり、右者似せ金而已重キ御仕置ニ相成候事ニ者無之、第一（平出）公儀江対し謀計を構、強訴徒党ケ間敷儀、又者主親江不忠不孝なる都而厳科ニ被処、其余党《盗》賊博奕等其犯科ニ寄、夫々御法ありて御仕置被　仰付候事ニ候条、右等之儀常々勘弁を遂、兼而触渡候通、銘々家業出精いたし（平出）上を敬ひ主親ニ能仕へ、聊悪事ニ不携様厚く可心懸候、善助罪状等者見懲之ため御仕置場ニおゐて其尸をさらし、捨札ニ罪科をしるし、衆人ニ知らしむるといへとも、悉くは行届申間敷、依之猶国中一統江触渡す間、村役人ゟ右之趣小前末々迄不洩様能々可申論候

科書

飛州大野郡高山壱之町村之内
八幡町
半藏借家
善助

右之もの儀、高山三之町村利吉任頼似せ金拵遣、其上同村宇兵衛忰啓右衛門ゟ借受候金子返済方ニ差支、追々似せ金拵立、右者商先知ル人ゟ遣捌方頼請候抔、無跡形儀申偽、右似せ金之内を以、啓右衛門江返済いたし、又者遣捌方相頼或者名住所不存通商人江相対之上、売渡候始末、重々不届至極ニ付、引廻之上、

磔

同所三之町村
百姓
宇兵衛忰
啓右衛門

右之もの儀、高山壱之町村善助江一旦相渡候注文之鉄具前金、同人ゟ返済之節、善助任申、利徳ニ泥似せ金と乍存請取、其上似せ金遣捌方之義同人ゟ頼受、追々正金引替遣払候始末不届ニ付、死罪

善助者独身ものニ而越中出生也、啓右衛門親者先達而病死せし由、善助者強気之ものと見へ、面色等都而平生ニ変ることなく至而元気能、御仕置ニ成候節も牢番抔江厚挨拶申述候由、潔く死ニ就候由但中徒士之御仕置故、仕損し候義も難計、左候而者私領等江聞へ候而も、御外聞ニも拘り候義と甚心配いたし、兼而心得候もの相撰、精々稽古をも為致候処、死罪は勿論、磔も至而手際能く見物一同感心いたし候由、検使之もの并内々見物ニ罷越候手代・家来共申聞安堵す、見物は寔ニ夥敷河原一円隙地無かりしとそ

晦日快晴　　寒暖計朝六拾壱度 昼七拾弐度

一例刻御役所江出勤、帰住之もの有之、評席江出ル

九月小

朔日曇折々 疎雨　　寒暖計朝六拾壱度 昼六拾九度

一新蕎麦熟し候ニ付、今夕手打為致、手代共并縫殿助、順道等呼寄振廻、自分も相伴いたす但夜食ニ出ス雑話漏を移す但蕎麦者信州境日和田村之産を第一とす、今日手製之蕎麦者日和田最寄野麦峠ゟ取寄候也、味ひ信州之産ニ亜く

一越前国村々田方検見として来ル七日出立之積、右休泊附、左之通

休　　泊

九月七日高山出立、八里
宮村之内段五里　　尾崎四里 美村江往返弐里

同八日六里
尾崎四里　　西村四里

同九日八里余
土京四里半余　　八幡四里

同十日八里半余
刈安四里半余　　上有知七里

同十一日十里半
船中合渡筋江上陸同所ゟ三里半　赤坂四里十二町
同十二日九里拾弐町
藤川五里　小谷五里
同十三日拾里
柳ケ瀬五里　板取二里
同十四日
今庄　検見村々廻村、本保着陣

二日快晴　寒暖計朝六拾度昼七拾一度
一田中半右衛門悴栄蔵儀、明日出立帰府いたし候旨、暇乞ニ来ル、廿九日定便之御用状同人江渡遣候ニ付、尊父君、叔兄江之呈書、栗ノ実、岡田由多賀江遣候稽古着、胴着但由多賀者今堀千五百藏悴ニ而同人極困窮ニ付、叔兄思召附ニ而内弟子ニ被差置御世話被成遣候也箱江入封し、菊池并関氏江之封物一同差立候積、元〆江渡ス○江戸表ゟ臨時御用状至来、無別儀、川嶋奥六老母兼々病気之処、去月廿四日病死いたし候由ニ而、忌服届書差出ス、此春中、奥六出府之節者一旦快方之処、素々老病之義、実ニ無是非次第、同人心底察入悵然不少候、即刻謙輔悔ニ遣ス○会所講釈定日ニ付、昼後出席但医師弐拾五人出席出懸ケ奥六を弔す但沈香一包霊前ニ迚賜贈ル且縫殿助ゟ此節者町年寄川上斎右衛門別荘ニ罷在候間、会所ゟ退散懸ケ立寄、出来候画并席画等一覧雑話、夜ニ入帰陣、此程者所々ゟ頼受、深夜迄認候よし

三日曇四時頃ゟ晴　寒暖計朝五拾九度昼七拾度
一地役人飯村健次郎老母大病之由ニ付、謙輔見廻ニ遣ス、先ツ同篇之由○奥六忌中ニ付、今日者炮術稽古遠慮いたし候事○下河辺陳屋ゟ御用状来ル、無別儀

四日快晴　寒暖計朝六拾度昼七拾弐度
一昼後地役人稽古所江出席○奥六方江蕎麦餅并有合葛粉、朦中見廻ニ遣ス、

五日疎雨　寒暖計朝五拾九度昼六十六度
一例刻御役所江出勤、吟味物有之、評席江出ル無極印之葺槫取扱

候一件〇月並講釈御用向差合一両度延引、自分検見廻村中者暫く出席も不致候間、明後七日之分、今日引上ケ為講出席いたし候事

六日曇昼後折々晴　寒暖計朝六拾度昼六拾四度

一例刻御役所江出勤〇高山弐之町村谷屋九兵衛儀、今般差出金いたし候ニ付、広間ニおゐて左之通申渡

高山弐之町村
九兵衛

其方儀、当夏中出水ニ而国中村々川除其外普請所流失、且大破之場所夥敷出来ニ付、国中余荷普請ニ可相成処、目論見金高多分之儀ニ有之趣及承、右者
(平出)
上ゟ御取替金ニ相成候而も、一時返納之儀者村々難儀可致と相察、年来無難ニ相続いたし候
(平出)
御国恩を相弁、右普請入用金立替差出、無利息年賦ニ而返金、請取候様いたし度等、今般相願段奇特之至ニ候、右之趣江戸表江申立、追而可及沙汰候但目論見金高凡千三四百両ニ可至、右之分不残差出候積也

兼而日記江も認置候通、当年者宮川筋余程之出水ニ而破損所多く、目論見金高多分ニ有之、是迄も少しツヽ、者年々出水いたし、国中余荷普請ニ相成候而も、古川抔は村方ゟ出金之分百両内外を不減、されとも右者一ト通り之普請ニ而取繕候ニ付、年柄ニ寄、一ト水ニ而押流し、実ニ際限も無之、村方も逐々衰微およひ左候迚、永々保チ候様手堅普請者何分自力ニ難及、支配ゟ何様申立候とも
(平出)
公儀ゟ余分之御取替金者御下ケ無之但凡一ケ年三四百両之目当ニ而相伺候処ニ候得共、右之分も伺通りに者御下知無之、夫故仮ニ渡置候ニ付、聊之出水ニも直ニ押流し候事也此度者莫大之金高ニ付猶更之儀、甚当惑いたし候処、幸ひニ九兵衛出金いたし、右ニ而者手堅く普請も出来、永久村々之大幸、且田畑欠崩之憂無之候得者
(平出)
公儀ニおゐて御益筋ニ有之、尤支配所身元之ものゟ出金等為致候義者、自分心底ニおゐて素々不相好、右者不慮ニ備へ置、可成者
(平出)
公儀ゟ御恵有之候様いたし度事ニ候得共、前書之次第ニ而実ニ外術計無之、不得止事所也、勿論此方ゟ出金之儀申勧候訳ニ者無之、先年も加賀屋清五郎、千三百両出金いたし候儀等も有之内三百両ハ上納切也実々当人ゟ相願差出候事ニ而其心底可賞、亦倹素

を守、恵みを好候様と之趣意、自から行届候哉ニ相当り、自分ニおゐて大慶存候事○右申渡済、居間ニ而九兵衛ニ面会、志之程猶賞誉、着用之麻上下一具差遣ス○晋書ニ振武将軍劉琨後至大尉胡騎之ために被囲窘迫計なく、中夜月ニ乗て城頭ニ胡笳を奏す、賊聞レ之悽然歔欷、懐土之情切也、暁《ナン〳〵》ニ向として亦吹レ之賊終に囲を棄て走しとそ、亦大尉庾元規か所乗之馬的顱は主ニ利あらず迚、売らんことを勧めしものありしニ、己か安ぜさるを人ニ移すことあるへきやとて、辞之しかば、其人大ニ慙しといへり、是等は図して其趣も可有之哉と、此程右之図を縫殿助江頼置候処、今日出来差越ス、墨絵なれとも密画ニ而出来至而能、就中劉琨城上ニ吹笛し、胡賊囲ヲ棄て走ル月夜之さま一段絶妙也○縫殿助江亮長作之下ケ物、春慶細工其外下ケ緒・菓子并越前産物等取交、画認候挨拶并餞別旁謙輔ニ為持遣ス、即刻右礼且暇乞として来ル、面会辞別ス、同人者当月廿日頃出立候由、召連候門人江も絵頼候間、是亦春慶物遣候事

七日曇昼後折々煙雨　発高山至尾崎村　道法八里

一越前国村々田方検見として今朝六時過出立但小倉織小袴、紬丸羽織着用、供立昨年之通、内大小筒略之、当年者尾州白鳥湊等見分罷越候ニ付、供方も略せす中小性安藤栄藏、土屋精一郎、庄村翁助、野瀬平三郎也、但以上三人、地役人悴共積之処、病後いまた聢附と不致候間、本文之通廾添手代川嶋奥六但忌中之処、当時人少ニ而外召連候もの無之、且此度之検見は品々見込も有之、同人不罷越候而者御用弁不宜候間、旁当人心底一応相尋候上、忌御免申渡、召連候事例之通地役人共町年寄、出入医師、町人共等途中迄見送ル、順道、梅斎者宮村建場迄罷越辞別ス謙輔ハ先番相勤○此度者美濃国郡上郡支配所村々をも巡見いたし候積、位山通り罷越候ニ付但美濃并当国とも此道筋ニ検見村有之宮村一ノ宮社前ゟ右之方、田廾方間之小径ニ入ル、行こと拾町計り、刈あし（安）峠ニ懸ル、石路歩し難し、壱里余行、宮村枝郷段と云ニ至ル○四半時頃同所百姓助右衛門宅ニ而昼食、村柄中、住居も不宜○是ゟ直ニ位山峠ニかゝる、登こと半里、山口村ニ入ル、亦壱里程ニして峠絶頂也、爰ニ位山と書せる石碑あり裏ニ享保之年号を記ス是ゟ下ルこと壱里廾半余、同村名主清六宅ニ而小休、住居相応也、支度いたし候由ニ而湯

漬を出す、位山は喬樹蓊鬱として坂路林底ニあり、路険岨ならされとも左右巌石多く、漸く駕籠を通ス、樹々紅葉煙雨を帯て一段鮮明、真ニ蜀錦を飄すが如し○是ゟ阪路寛ニして木立も少しく薄く、右之方山口川ニ添ふ、半里計りニして独木橋を渡り尾崎村ニ入ル是ゟ益田郡也同村者検見場所ニ付、弐ケ所坪刈いたし、七半時過尾崎村百姓卯兵衛宅江着止宿、村柄能方也、同人者高持ニ而住居至而広く奇麗也、椽先直ニ益田川ニ而半町程上流ニ而山口川と合す坐して山水之奇を極但江都王子村扇屋、ゑび屋等之楼上ゟ瀧の川を望むニ似たる処あり、風景広大ニして紅葉も亦絶妙也○食事後夜ニ入、合毛改候事奥六も此もの宅江宿す○国友林右衛門江猶亦注文いたし置候鉄炮出来候由ニ而、萩原村権十郎機嫌聞旁持参ス但権十郎者林右衛門と懇意之由ニ付、先達而幸便之節同人ゟ申付候也、権十郎之外、最寄村々役人等罷越候得共、定例之事ニ付逸々不記玉目三匁五分、筒長三尺五分価金

八日雨　従尾崎村至西村　道法四里余

一今日者雨天ニ付四美村検見難相成、兼而村方ゟも准合相願候間延引、直ニ西村江向罷越候積、六半時尾崎村出立、行こと三町計り野上村ニ入ル、夫ゟ傳（連）坂峠を越、中切村ニ至ル、此峠下り口甚急也、其余ハ険ならす○四時頃中切村百姓二村七右衛門宅ニ而昼食尾崎ゟ弐里にして近し住居手広く相応也○爰を出、直ニ馬瀬マ川を渡ル水源楢谷村山中也、下流益田川ニ入ル大木を四継にせし長三拾四五間之独木橋也、左右木ノ枝を束ねて欄ニかへたれとも、水透て甚危シ、殊多人数一度ニ渡り懸ケ候故、橋動て不止、何レも恐怖跪て暫く其動揺を止め、壱人ツヽ、漸くニ渡り越ス、阪路弐町計りニして下馬瀬口御番所ニ至ル、此所は濃州小川村江之通路ニ而往来至而少く、故ニ前々ゟ百姓番也、番人二村丈助出迎案内いたす但番人勤中者名字帯刀御免、御扶持弐人扶持被下、此外ニも猶あり御番所見分いたし、直ニ元之道江立戻り、名丸・井谷・惣嶋之三村を巡覧して西村ニ至ル名丸村名主伊右衛門方ニ而も小休いたす、住居向相応也中切ゟ道法弐里半、阪路或者登り或者下ル、折々馬瀬川之流ニ添ひ、亦流を左右ニ渡越スこと両度、此辺は濃州最寄故、山勢おのつから嶮峻ならす、木立も随而薄し、されとも風景者記スニ足ものなし村柄は何レも能方ニ而、民屋も悪からす村○八半時頃西村組頭、金次郎宅江着止宿、

住居向相応也、奥六も合宿す○下山口御番所詰地役人
沢田孫之丞安否聞ニ来ル、暫く面話

九日晴　従西~~札~~村至八幡《マン》　道法九里

一今朝六時過、西村出立但昨日ゟも、引、半てん着用、重モニ歩行ス三四町行、下山口御番所ニ至ル但下山村者御番所外ニあり馬瀬川を渡り楢峠ニ懸ル、登り半里卅余、峠上飛騨・美濃両国之界ニ而、是ゟ濃州郡上郡弓《ユ》掛村也遠藤新六郎知行峠下ルこと壱里余、同村百姓兵左衛門宅ニ而小休、夫ゟ根ケ畑峠を越ル、峠上ゟ支配所土《ド》京村也、峠上下通して弐里余、何レも阪路岩石なく寛急相半ハす、木立疎ニして紅葉も薄し○九時頃土京村百姓八十郎宅ニ而昼食、住居向相応也○下洞・下沢・上沢之三ケ村を過、荒川を渡川巾拾間計り、水浅く歩行渡り也、土京より是迄は平路ニ而田畝多し野尻村ニ入ル、宇山峠を越下り口ゟ入津村也阪路急ならす、上下弐拾町計り貢間《グマ》村名主惣左衛門宅ニ而小休、住居相応也○平路半里計りニして中保《ノホ》村ニ入ル、夫ゟ漸々登ルこと亦半里計り、是を堀越峠と云、下りは甚急ニして巨巌聳立、石逕屈曲、和田峠ニ伯仲す、壱里余下り八幡ニ至ル此峠登りは纔ニして、下りは甚多し、飛州之地余国ゟ高こと押而知るべし　土京ゟ以後八ケ村之内、下洞・下沢・宮地者私領、其余は支配所也○七半時過、青山大和守城下八幡町本陣平野長兵衛宅江着、止宿、住居手広ニ而奇麗也、大和守家来大場作太夫町奉行途中江出迎ひ、旅宿江も用聞ニ来ル○城下ノ町は郡上川を隔て両辺ニあり、城は川之北岸ニありて往還ゟは見へず、町数都合拾ケ町、家数四百軒余ありと云、意外、山間之僻地ニ而人家も少く家作り其外とも高山ニ不及こと遠く、尤本陣者当所之豪家と相見、土蔵抔建連ね茶室、鞠場等あり、取扱も至而丁寧也かかる僻地ニ而も奢侈は都下ニ不譲歎すべし

十日快霽　従八幡至上有知《コウツチ》　道法八里半余

一今朝六時過、八幡出立、中野・穀見・千虎・乙原・名津佐・梅原・相戸・三日市・刈安・福野・野尻之村々を経、郡上~~郡~~川を西江渡越、下田村ニ至ル但~~此~~此水飛騨境之山中ゟ出ル、下流を長柄川と云、木曽川ニ合ス、此所川巾百間計り舟渡也、八幡ゟ四里半余、都而八幡領也是迄之道筋多くは郡上川之流ニ添ふ、折々田畝人家を過、坂路稀ニし

て平地多し、川頭之山岳岩石あれとも、飛州之如く険峻ならす、風景佳なる所あり○千虎村地内路傍之岩上ゟ飛泉直下す、水多からされとも、丈ケ十尋ニ余り遊観ニ足れり○四半時過、八幡領郡上郡下田村名主伊兵衛宅ニ而昼食住居可成也、兼而は刈安村ニ而昼食之積ニ候処、当村継場之由ニ而繰替願出候間、聞済遣候事　○根村・繁《ハン》才・木尾《コンノ》・母《ハヽ》野・須原・立花之数村を経、郡上川を亦西江渡越但舟渡川巾前ニ同し曽代村を過、上有知村ニ至ル、下田ゟ之道筋都而前ニ替ることなし、漸々山低く流も随而穏也、須原村之地内ニ白山之社あり、境内広く堂社頗ル壮大、人足休息中参詣ス下田ゟ上有知迄四里余、須原ゟ尾州領也○七時頃尾州領郡上郡上有知村名主鈴木市郎右衛門宅江着、止宿、当所者船附之地ニ而市中少しく繁花、家作りも能く、家数七拾軒あり、尾州之代官在陳ス、旅宿も住居手広ニ而奇麗也○此辺ニ而専ら美濃紙漉立候由ニ付、取寄一覧、直段下廉ニ付、三〆調候事拾匁壱〆、拾三匁壱〆、十五匁壱〆調候也

十一日快晴　従上有知村至赤坂宿　水陸通して拾里半

一今朝六半時過、上有知旅宿出立、行こと四五町、郡上川之河岸場ニ至ル、自分初供方荷物とも都合五艘ニ振分ケ乗船、五時弐寸前出船自分、用人、中小性六人乗、鑓・長柄を入○船ハ鵜飼舟と唱へ、長七間半、首尾尖りて船板薄し、楫夫三人ニ而代ル〱械弐挺を櫓之如くニ押て行、急灘に至ては棹を用ゆ、此辺水底折々岩石あり、其処は水逆カ巻て水煙を揚ケ、船疾こと奔馬飛鳥之如し楫夫能熟して棹を操り、岩を除て舟操ること自在也川巾広キは数百間ゟ百間ニ至ル、狭は数間ニ不過、流清冽、水底之石数ふべし、望みたる処は深サ漸弐尺計りニ見ゆれとも、是を楫夫ニ問ふニ、八尺ニ過くといへり、深潭之水色黒み渡りたる所は、其深量り知ルべからす、流之東南は山絶たる処あり、西北は連山水ニ伏す、樹林人屋等山脚に添ふて縷々玆烞煙之昇ルありを看ル、亦沙洲広濶行人蟻之如く行舟点々木ノ葉に似たり、或は巨岩之水中ゟ突出して雲端ニ聳へ頭上ニ落かゝらんとするが如キあり、両岸代る〱奇を呈し勝を送り来ル、実ニ旅中第一之快遊と云べし○四時正中、尾州領濃州厚見郡岐阜江着船上陸但上有知ゟ舟程五

里、岐阜町ニ対して長柄村と云あり、故ニ是ゟ下流を長柄川と唱へ亦岐阜川とも称す、金華山は長柄之流ニ臨て聳立鬱樹蒼々、山上江半里、古城之礎猶存すといへり、岐阜河岸江は此山足を乗廻りて着船す市中巡覧、因幡山之因幡宮江参詣土人ニ問へとも何之神を祭りたることをしらず本社白ラ木造りニ而彫刻巧を尽し、楼門花表其余末社等甚壮麗、近郷ニ並なき大社之由、山中桜ノ大樹無数、花時群遊都下ニ勝れりと云、所々ニ料理茶屋其外戯場等夥多あり、繁花思ふべし、岐阜町は家数三千軒余、町名三拾六ケ町あり、富饒名古屋ニ亜くといへり尾州之岐阜奉行と云もの在住す○九時頃岐阜矢嶋町会所ニ而昼食認、夫ゟ九半時一寸廻り、岐阜町之内上ケ門と云河岸ゟ出船、正八時中山道合渡宿江着岸、舟路弐里、水底岩石なく両辺山を看ず柴田善之丞手代用聞ニ出ル是ゟ上陸、美江寺宿を過戸田釆女正家来用聞ニ出ル七半時過赤坂宿本陳矢嶋廣助宅江着、止宿合渡ゟ三里半合渡宿ゟ之道筋は是迄之日記江認置故略之但是ゟ本保迄之道筋も同断、尤昨年之日記江書洩したる事は逐書す

十二日晴昼後曇　従赤坂宿至小谷村　道法拾里弐町

一今朝六時過赤坂宿出立、垂井・関ケ原両宿を過、越前街道ニ入ル○四半時頃彦根領江州不破郡藤川村本陳兵太夫宅ニ而昼食、村柄者不宜候得共、本陳住居者相応也、昨年者国友村ニ而昼食認、当本陳江者不立寄候事赤坂ゟ四里拾弐町○七時前同領浅井郡小谷村本陳日田嘉藤太宅江着、止宿藤川ゟ五里廿六町住居向相応也、昨年者問屋太郎兵衛宅江止宿ス○春照村者伊吹山麓ニ而蕎麦売捌候由ニ付、帰り之節迄ニ新蕎麦三斗撥挽抜ニいたし置候様、先番之ものゟ申付置但伊吹山半腹ニ大平寺村と云あり、人家拾弐軒、山中江蕎麦を作ルを業とす、山下江も作ルといへとも、味ひ山上ニ不及故ニ、価も甚異也とそ

十三日雨　従小谷村至柳板取村　道法拾壱里

一今朝六時過小谷村出立、木之下村を過此村者継場ニ而村柄家並も相応也九時前彦根領江州伊香郡柳ケ瀬村本陳松井仁兵衛宅ニ而昼食小谷ゟ五里村柄木之下ニ少シ劣り、本陳住居者相応也、昨年者椿井村ニ而昼食認○椿《ツバイ》井村継場也椿井峠中ノ河内村同断栃之木峠を越、七半時過福井領越前国南條郡板取村本陳三郎右衛門宅江着止宿昨年も爰江宿ス、柳ケ瀬ゟ六里ニ而して近し椿井中ノ河内辺は昨年も日記江認候通り山際之僻村ニ而人家少ク、街道両辺山聳へて道巾狭し、且当国中、

深雪第一之場所ニ而、年々雪積こと丈余を不滅故ニ、雪解之頃ニは行人圧雪之ためニ死するものあり所謂雪なたれ也、十四五年前旅客并人足とも一度ニ十三人死せしといへり、其以来は土人厚心附、其時節を計り厳重ニ往来を禁する故、近来は怪我少しとそ寔ニ可懼一大難所也

十四日雨　発板取村本保着陳　道法七里

一今朝五時頃板取村出立、四時過福井領南條郡今庄村本陳北村新兵衛宅ニ而昼食板取村ゟ三里昨年者鯖波村ニ而昼食認、当村者村柄家作り等も能方也○本保陳屋詰手代石井勝三郎案内として出張、支配所村々役人共も逐々出迎候事○湯ノ尾峠、鯖波・脇本両村を経以上弐ヶ村継場也往還右之方東谷村者支配所ニ而検見村ニ付、三ケ所程坪刈いたし、夫ゟ今宿・府中を過継場也七半時頃無滞本保陳屋江参着、手代共一同江面会、御役所向都而相変義無之、国中至而静秘(謐)之由申聞、安堵ノ事

十五日晴昼後曇

一数日之道中供方も労レ候様子、且手代共江申談候御用向も有之候間、今日者休息、明日ゟ廻村之積、道~~筋~~順其外之義、手代共江談置○昼後御用談は相済徒然ニ付、陳屋後ロ丸山と云ニ登り遠覧ス、登り五六町阪路急也、山上愛宕を安置ス、陳屋之邸全脚下ニあり、耕地を隔て遥ニ鯖江ノ城市を看ル但陳屋ゟ壱里○本多内蔵助ゟ福井附家老用聞として使者差越ス

十六日昨夜ゟ雨五時頃霽後折々曇　発本保至新堂村　道法四里拾町

一今朝六半時過本保陳屋出立、芝原・家久之両村を経、日野川を渡川巾三拾間計り船渡也、水源南條郡廣野山中夜叉池其外落合下流九頭龍川ニ合し三国湊にて海ニ入、此渡船を白鬼女《シラキ》之渡りと云今立郡白鬼女村ニ入ル、夫ゟ上鯖江・下鯖江此下鯖江、間邊下総守殿城下町也、町並家作り等府中ニ不及こと遠し、尤掃除等者能行届、領分中足軽先払ニ出ル東鯖江・横野之村々を経、支配所新村検見いたし、同村百姓福岡新兵衛宅ニ而小休、同人義太閤時代之検地帳所持いたし居候由ニ付、取寄一覧候処、末ニ慶長三年七月十五日朽木河内守と有之、本紙なれとも至而麁紙ニ而、手蹟も拙し、書面之様子村方之ものニ為認、右江調印~~小木~~せしものと見へたり、今世と違ひ何事も簡素なる事

跡を観ルニ足れり○出口・木挽・曲木等之村々を過、支配所船枝村検見いたし、四半時頃同村百姓弥右衛門宅ニ而昼食、普請等相応也○樋口・原嶋三ヶ村を経、支配所新堂村検見いたし、八半時頃同村百姓九左衛門宅江着、止宿、住居向可成也、是迄之道筋都而平田ニして四面山近からす、折々人家を過る耳、記すべき景物なし但今日は鯖江城下をも通行候故、供立不略、并附添手代川嶋奥六、石井勝三郎

十七日風雨　発新堂村本保着陣　道法弐里

一今朝五時前新堂村出立、昨日之道筋通行支配所廻村せず故ニ、昨日ゟ道法半里近し四時頃本保着陣

十八日朝雨四時頃ゟ止曇後　発本保至上石田村　道法弐里

一今朝六半時過本保出立但支配所廻村中者供方少略ス、附添之手代者昨日之通り上氏家・下氏家両村を過、上石田村ニ到ル本保ゟ弐里、経過する所之私領之分者、村名略して不記同村田方検見、且荒地見分いたす日野川通りは船ニ而見分す、一ケ年前之良田今通船す○此辺漁師多く、右川筋ニ鮭を漁する網を設く、都而鮭者海ゟ川筋を漸々流ニ逆カ上ル故ニ、川一円杭を打渡し、右江網を張り詰メ但昼之内者通船之ため、川中央之あみを外す櫓《ヤクラ》と唱へ、水中江方五尺計り之小屋を補理、四ツ手あみニ似たるいか網と云ものを、流ニならひて水中江沈め置、件之網ゟ脉綱と唱ふる麻縄三筋張り、是を漁師手携へ、終夜魚之来ルを窺ふ、鮭上り来て張詰めたる網之絶へ間あらんかとて、左右江往返し、図らず、かの脉づなニ触る、時、其響キニ応して沈めし網を引揚ケ捕へ得ルといへり、一ト通り之当テあみとは仕法甚異也○四半時頃、上石田村百姓代甚右衛門宅ニ而昼食、住居向不宜今暁漁得たる由ニ而鮭を焼て出ス、味ひ尤絶妙○下石田村田方検見、且荒地見分いたし同村百姓茂兵衛宅ニ而小休、同人者高千石余所持、近郷ニ而之豪家之由、住居向至而手広、木品は勿論建具等迄念ヲ入たる普請也、越前支配所ニは身元相応之もの十人余も可有之候得共、其内此もの抔者弐三等を下らず、石田村は上下とも村柄至而よし○八半時頃上石田村甚右衛門宅江立戻り止宿ス、今日之道筋平路田畝耳、本保辺ニ異ならす

十九日晴昼後ゟ薄陰　従上石田村至竹生《タコウ》村　道法四里余

一今朝五時前、上石田村出立、下川去・西大井・氣比庄《ケフノセウ》・坪谷・嶋寺・上天下《カミテカ》之村々巡検但越前支配所之義も検見、序逐々村々巡見、村柄之様子見置候積朱点之分検見いたし、九半時頃、上天下村百姓弥三郎宅ニ而昼食、住居不宜但途中小休者悉く不記下天下《シモテカ》・猿和田・清水尻・竹生之村々巡見、朱点之村方検見いたし、暮合頃竹生村百姓北右衛門宅江着、止宿、住居向手堅く奇麗也〇此辺之耕地ゟ東之方連山低キ処、白山之峻嶺巋然として雲表ニ聳、全容新雪を帯、夕陽ニ対して一段玲瓏、真ニ玉を削が如し当村ゟ白山迄道法十八里〇今日之道筋も昨日ニ同し、折々山近キ処あり

廿日雨　従竹生村至笹谷村　道法三里余

一今朝六半時過竹生村出立、片粕・朝宮・田尻栃谷《トチタニ》・片山巡村、四半時頃片山村庄屋安兵衛宅ニ而昼食、住居先ツ可成也但朱点之村方検見す田尻栃谷ゟ片山江之間ニ逢坂と云阪、上下四町程之阪路あり、其余は平地ニして山近し〇杉谷村検見いたし、八半時頃笹谷村百姓与四郎宅江着、止宿、住居手広なれとも普請古し昼後強雨に相成候間、同村検見は明朝之積、村役人共江相達ス片山ゟ之道筋前ニ同し、阪路一弐ケ所を過く、山々四方ニ立こめたれとも、何レも頂キ低く木立も薄し、且此辺も雪至而深く、当春抔も積雪弐丈六七尺ニ過くといへり

廿一日曇折々雨　発笹谷村本保着陣　道法六里余

一今朝六半時過笹谷村出立、同村并小倉村検見いたし、九時前天（大）王丸村百姓安兵衛宅ニ而昼食笹谷ゟ三里　笹谷村ゟ之道筋、山脚之阪路多く、折々耕地を過く、尤山者高からす〇下河原・樫津・圓満《エンマン》之村々巡覧、暮合頃本保帰陣大王丸ゟ三里余　小倉村迄ニ而検見は不残相済候得共ニ付但早稲方之分は手分ケニ而着陣以前相済　夫ゟ海岸附村々巡検之積ニ候処、浦方者雨天ニ而は見分も難成候間、日和見定メ追而巡村之積、其段村方江申渡、今日者一ト先ツ帰陣ス、大王丸ゟ之道筋都而山路ニ而、折々耕地あれとも至而狭し、圓満村ゟ本保迄之間ニ氷《ヒ》坂といへる上下七八町之峠あり、路巾狭く雨後泥途歩し難し

廿二日晴四時頃ゟ雷雨
一酒井若狭守ゟ着陣祝儀として鰹節一箱、使者を以相贈ル○明日頃は快霽可相成由、浦方之もの申出候間、廻村之積、今日先触差出ス

廿三日快晴　発本保至高佐浦　道法六里半
一今暁七時過本保出立、廣瀬村を過福井領継場也、本保ゟ弐里千合谷《センコウタニ》村巡見、四時頃同村百姓治右衛門宅ニ而昼食、村柄あしく住居も不宜廣瀬ゟ三里是迄之道筋多くは山際之狭路にして田畝稀也○同村出離レ大峠と云峠ニ懸ル、登り拾四五町、路巾狭く左右山高し、峠登り詰め、前面濶然、初めて大洋を望、今日者快晴風なく海面穏ニして驚濤を不揚、天迄碧、連巒之巓キを涵す、久しく山岳ニ倦み、偶海望を得、歓然旅情を暢、夫ゟ急坂屈曲下ルこと弐拾町計り、米野浦を左ニ看て福井領支配所高佐《タカサ》浦ニ到ル、此辺海岸何レも纔之平渚ニ而、後へは山聳隴畝山畔[redacted]ニあり、民屋漁家九拾八軒大洋ニ枕す、沙岸処々奇岩欹チ立て、汀渚上漁船数艘横ハるを看ル、風穏なれとも北海之荒磯故、砕涛巨岩を打越て白馬之走ルか如し、浪声尤喧し、海上点々布帆飛空濶限りなく、磯岩浪ニ揉れて、其状おのつから山中之巌石ニ不似、亦一奇観、実ニ画ルるが如し○九時前、高佐浦百姓又右衛門宅江着止宿、浦方ハ漁業重キニ而却而村柄能、同人住居も相応也○尤大網等は漁業一ト通り廿《巡》覧之積、尤大網等者春ゟ夏江懸ケ相稼候由但大網之製、地引網之一方なきものニ而、海上壱里余数月張り捨ニいたし、末之袋網而已も折々引上ケ、右袋ニ入たる魚を取得ルといへり、一ト網製するニ価百金を不減、十分之大猟ニは四五百金を得とそ、其利山稼とは別段也此程は春来用ひ候かれい網と云ものニ而漁り候よし此外は都而沖釣也今日は日和も宜候ニ付、兼而支度いたし置、自分初、奥六其外供方拾壱弐人、漁船弐艘ニ乗り海船ニ酔候ものは浜ニ而見物す五挺櫓ニ而沖中江壱里余乗出し、兼而かの網用意いたし候漁船壱艘漁師七人其以前、沖合程能処江網を卸し置、自分乗船漕寄候頃引揚ル此網之製、引レ地網を小サクせし如く、左右之つな五百尋あり、此辺海底深さ七十尋、極深キは四五百尋ゟ千尋ニ至ルとそ小鯛・かなかしら・烏賊・赤ゑい其外小魚数十を得ル但小鯛抔桶江入る、ニ勢ひ能遊泳す、此程は殊之外不漁之よし猶壱両度為引、八半時頃帰宿す、奥六・栄藏之外は酔さるはなく、皆船中ニ打臥す、自分義最初は更

船心無之処、元来吐逆之癖ある故か、強而気分ニは障らされとも、俄ニ虫ず走り、壱両度吐す、されとも始終漁業をも見物卄し、平臥せず、帰宿後間もなく快然、全吐逆之癖ある故と被思、最初ゟ手当いたし候ハヽ、子細有之間敷存候事〇旅宿者海岸を去ルこと漸拾弐三間、椽先ゟ直ニ大洋を一覧《望》す、夜来驚濤枕頭ニ響キ寂莫を添

廿四日雨　従高佐浦至玉川浦　道法四里拾五町

一今朝五時前、高佐浦出立、右之方山脚ニ添ひ海浜を行、此浦ゟ支配所四ケ浦都而塩焼を余業とす、故ニ左之方多くは塩浜ニ而処々ニ塩釜あり此辺塩之恒合最上ニ而、越中辺ニ勝ること遠く、赤穂之産ニ伯仲す、焼詰めたる塩を看るニ白こと雪之如し、価両ニ弐石三斗五升余、壱升ニ付三拾壱文程也、壱石弐斗を一ト釜ニす、此塩を汲ニ凡五人ニ而日数四日、焼詰ルニ半日を費すといへり、此辺海岸ニ而木立薄ク塩焼之薪、若州辺ゟ買入る由、薪之価さし引、壱人前之賃銭纔ニ五六十文ニ不過、飛州は草木繁茂、薪は自在なれとも海なくして塩を製し難く、年中他国ゟ塩を買得るニ苦しむ、山海弐ツなから備らされば国益全からす行こと拾弐三町、茂原浦ニ入ル支配所也此浦入口右之方、山腹ゟ飛泉岩ニ触れて弐段ニ落ツ、丈ケ拾間計り、巾弐間余、是を不動之瀧と云、賞するニ足れり、同浦庄屋次郎右衛門宅ニ而小休、住居能方也、宅脇ニ巨岩之海中江さし出たるあり、怪松屈曲縦横都而石中ゟ出ル、此巌を伝ひ下り、海面之乱石を踏て行ニ水中岩間、雲丹・辛螺《ニシ》・バイ・ヂミ等之貝類多くあり、戯ニ取レ之、漁童偶蛸を捕へ来ル、是を小休所之庭上江放ツに処々這歩行、物ニ吸附て甚興あり、飛州之ものは蛸之全容を看ルすら初てなれば、何レも珍らしかり興ニ入ル〇海浜を行こと壱里、厨《クリヤ》浦ニ至ル支配所也此浦ニ厨ケ城之城墟あり、元弘・建武之頃足利尾張守高経息男治部大夫某、楯籠ルと云、往還右之方ニ古墳あり、丘上老松樹三株聳立、墓は五輪なれとも欠ケ崩れて全態なく文字をも失ふ土人之口碑ニ伝る耳、其証を得す、追而紀すべし、墓所之様子新規ニ築キたるものと見へ、古松も全く墓しるしニ植しニや、此辺ニは珍らしき大樹也、されとも荊棘古墳を掩ふて丘上歩難し、此侭ニ而打捨置ば終ニは古墳をも失ひ、其処も知らす成行くべし、城将武功之勝劣はいまた紀し得されとも、建武卄以来之古処、且貴人之墳墓空しく埋もれんは口惜しく、本意ならす、因而丘上刈払らわせ、古墳之巡り江玉垣を補理、仮ニ屋根を設候積、奥六江談置〇厨浦天台宗西徳寺ニ而小休山上ニあり、相応之寺院なり同浦役人共兼而近浦ゟ海卄士《アマ》雇置候由ニ而此辺之海士は男子也、三国湊辺は婦人之由海面江さし出たる岩上江榻を設、一覧を乞故、罷越見物す、此節は海上折々荒候故、

海岸は浪強く蚫抔稀なるよし、数度岩辺水底を潜りて、漸栄螺《サザイ》耳を得ル 但壱里程沖ニは蚫も多しとそ、海士は腰ニ小サキあみを下ケ  如斯ものを携ふ 水練達者ニ而岩上ゟ倒マニ飛入、四五十間游出、引続キ何篇も海底江入ル、其毎レ度懐中時計に而息之長短を計ルニ、凡早廻り一周近くは水底ニあり、習熟するニ堪たり○行こと三四町、九時前、道口《ミチクチ》浦百姓茂助宅ニ而昼食 住居能、手広也 夫ゟ大樟《オクノギ》浦・小樟《コクノキ》浦を過 土井能登守領分 天八峠ニ懸ル、上下七八町、此峠上ゟ之眺望尤絶妙也、顧れは高佐・茂原・厨等之浦々、海面江さし出、岩石之間、人家塩浜等歴然、夫ゟ引続キ敦賀《ツルカ》之湊、若州之山々、丹後之遠巒 海上三拾六里あり 幽かニ水面ニ浮み、前面は滄碧窮りなく、右江繞り山下は上海《カミウミ》・下海・玉川之浦々、山ニ添ひ、大洋ニ枕して実ニ絶景看ルニ厭ことなし○峠を下り新保・宿・上海・下海之四ヶ浦を経 福井領 舞坂峠を越ゆ、此峠上下五拾町、急坂羊腸眺観亦奇絶、峠を下り支配所玉川浦ニ至ル、此浦海岸ニ岩窟あり、怪有之霊地、当国第一絶景之処と称す、されとも危岩海面ニ欹チて陸地ゟ容易ニ到ルこと不能、船ニ而乗廻ル時は窟中ニ入ルも自在なりとそ、因而昨日之如く漁船江取乗る 但八挺櫓船頭十人、外ニ同様之漁船壱艘、是亦船頭十人計り、乗船江縄を附ケ引行く 今日は風あり波一段高し、されとも事馴レたる究竟之漁師共なれは少シも礙々せず、櫓を揺すること縦横自在、逆浪を凌て行こと飛か如く、此御崎を八町程乗廻り 海岸附村々之内、玉川浦は壱里程海上江張り出し、沖合往来之諸通船、大洋ゟ三国・敦賀等江入津之頃、専ら目当とす、故ニ玉川御崎と云 数十尋之巨岩幾ツともなく海面ニ横タハりたる間を、右江繞り左江漕出、窟中近く進めとも、荒浪ニ而容易ニ岩辺江到り難し、因而漁師七八人、用意之縄を口ニくわ《わ》へ、我も我もと海中江飛入、逆カ浪を事ともせず、件之縄ニ而石岸江速ニ船を懸ケ留めぬ、其働キ之自由なる事誠ニ一奇観と云べし、浦役人案内ニ而海面之乱岩を渡り登ルこと三四拾間、窟前ニ到、此処は石巒何十丈なるを量り知り難し、雲を突て海面ニ聳、窟之入口、方四五間、入こと拾間計り、中央ニ観音之小祠あり、此観音は往昔海中ゟ出現すと云、丈ケ八寸計り、金[illegible]仏ニ而実ニ数十年前之物と見ゆ、祠之後ロニ亦、方五六尺之窟あり、古へは其奥限りなかりしとそ、今は漸々石欠ケ落て十四五間ゟ奥は入ルこと不能、寔ニ神仙之棲止すべき清浄無垢之霊窟也、窟辺之風景絶勝、唐絵ニ似て我国地とは不被思、筆端其状を摸シ難し○初之如く乗船、帰橈を鳴らし七半時頃上陸、同浦百姓太三郎宅江着、止宿、住居手広ニ而奇麗也、浦方は城下町江遠く、常ニ他と交らす、自から別世界ニ而人物も却而篤実也、故ニ村柄も能、民舎も敝屋は少し○今日は風ありて海面昨日ゟは波高し故ニ、供方等昨日ニ恐れて不行もの多し、されとも当国中之勝地、見残さんは遺感之曲（至）、且浦方之ものも兼而自分一覧を希ひ、乗船之用意等甚懇ロなれは、猶亦一揺苫を受ル覚悟ニ而乗船せし処、昨日ニ而馴たる故か、嘔気は勿論、聊常ニ変ることなく縦覧寛遊快然限なし

廿五日 曇昼後晴　発玉川浦華本保着□（陳カ）　道法六里余

一今朝五時前、玉川浦出立、今日は海面至而穏ニ付乗船 但水主其外昨日之通り、今日は駕籠其外荷物も一同積入る、、都合三艘なり 玉川浦出船、五六十間右之方ニ松ケ崎と云、数十尋之大厳水中ゟ出ツ、岩上翠松繁欝、此辺都而青壁立連ね風景奇絶、此岩間を漕繞り遊覧、岸を離るゝこと弐十間計り、飛か如くニ行、岸上岩間飛泉三ケ所あり、皆海中江直下ス、賞するニ足れり、暫時下海浦江着船、昨日之山路は壱里半なれとも、険道且泥濘歩し難く、人足等大ひニ疲レ屡休息、路次甚漏を移せり、今日は海面を方タニ行故迅速、陸路四五町を行ゟ早く、船路之弁理且労を劣こと意表ニ出ツ 但岸通りを漁船ニ而行ことは、至極安泰ニ而何様之早手風も受、意とするニ不足といへり、自分義今日も聊船心なし 舟中偶一絶を得ル

滄溟渺々山嶒崚、軽舸剪波尤勁迅、前日渓畔十里程、
帰来一躍不逾瞬

是ゟ四ツ杉村巡検 下海浦ゟ之道筋、多くは山路ニ而田畝少く、眺望あることなし 九時前樫津村百姓又左衛門宅ニ而昼食、住居手広ニ而能方也 下海浦ゟ三里半余 夫ゟ圓満村を過、八半時頃本保帰陳 樫津ゟ弐里、此程廻村之道筋也

廿六日 風雨

一此辺ニは鳫鴨多く時々田間ニ下ル、川嶋奥六義今朝陳屋最寄ニ而鳫をつなぎ打に而弐羽を得ル、鳩抔と違ひ

形チは大なれとも、目早く容易ニ寄せ難く、自分も廻村先ニ而鷺抔壱両度試候得共、近所ニ案内者又者供抔居り候而者直ニ飛去、何分難近附、何れ無僕ニ而飛去候得者、段々と其跡をしたひ、何国迄も行かざれは、打得難し、山中人跡なき処ニは鳫鴨も居らす、陳屋最寄は往来も繁く微行難成、兎ニ角遊猟は難成事と思ひ止りぬ但高山陳屋之如く裏門前抔直ニ田方ニ候得者弁理に候得共、当陳屋は表門之外、出入は難成候事○間部下総守殿ゟ入陳祝義として鰹節一箱、使者を以被相贈、一寸面会挨拶申述ル使者岡田民衛○手代長屋元〆宅之外は、いまた一見不致候間、昼後罷越、書役部屋迄悉く一覧、何レも手広ニ而奇麗也、書役部屋は至而狭し

廿七日晴風

一公事合有之評席江出ル山境出入○当国者名所と称するもの少シ、巨岳も多からす、国内江誇りたる大山は加飛両国之境なる白山第一也、今立郡部子《へこ》山亜レ之、丹生郡越智《ヲチ》山鬼ケ嶽、南條郡日野山一名雛ケ嶽と云是か待合たり、其余同郡帰ル山、鉢伏山、今立郡越《コシ》ノ中《ナカ》山、坂井郡国見ケ嶽、敦賀郡有乳《アラチ》山等都合十嶽あり、されとも白山之外は飛州之大岳ニ比れは小丘之如し、件之日野山は支配所村方入会山ニ而、其形チ至而雅也、因ニ云、山上ニ観音之小祠あり、文化十二亥年中、右観音、与風紛失せしよし、然ル処、支配所気比ノ庄村伊左衛門宅江ある日飄然として一個之旅僧、観音之古像を携来り、伊左衛門兼而仏法帰依せし事を深く賞し、此古像を与へ、行方知れす立去りしとそ、夫ゟ種々之風評起り群集夥敷、其頃右観音は本保陳屋江取上ケし由、今猶陳屋ニあり是は旅僧盗取、無致方伊左衛門江譲り候事と相聞、日野山観音紛失之事ハ、村方之もの程経て心附訴延引ニおよひ候ニ付、取上ケ之侭ニ相成居候よし閑ニ任せ取寄一覧せし処、木像ニ而丈ケ壱尺八寸、満身都而金泥を以種々之模様を画けり、金色之結構模様之細密言語ニ絶ス、実ニ古代之ものと被察、頭は取外しニ而腹中ニ壱寸八分、観音之木像あり、其細工亦精妙、当世之ものニあらす、日野山之観音者弘法作之由、兼而言伝へり、げに名ある仏師之巧を尽せるなるべし、弘法之作といふも謂れなきニあらす

廿八日雨折々風

一松平越前守ゟ入陳祝儀として轡五口箱入・鳫壱鴨番代料員数不改・七子紬弐疋・金五百疋、使者を以相贈ル札所目付高江友右衛門、札所懸り之内、重キ役之由贈物之義ニ付而は、兼而伺済も有之候得共、銀札一条ニ付而者支配所之もの及吟味候次第も有之、万一疑惑等致ス間敷とも難申候間、右之趣意程能申述差戻ス但手代共江も目録等夫々相贈ル、是亦同様差戻ス使者江面会、銀札相場引上ケ方之義、其外見込之趣等厚申諭候事〇間部下総守殿勝手方用人江坂平兵衛義、一昨日銀札之義ニ付、自分ゟ使者江引合候義、重役共承伏、右ニ付猶内慮承り度由ニ而入来、面会存寄之趣申聞遣ス元〆手代共江金百疋ツヽ相贈ル此節は銀札一条ニ付、支配所村々ニおゐては、事実差支之筋無之、至而静謐、歎願申出候もの壱人も無之、私領之向者臨時用金等も申付候事故、銀札引替及遅滞候ニは当惑いたし候由、就中鯖江者福井ニ隣り、別而難渋之曲趣察入ル、尤越前家ニも当時者札所懸り等も逐々相替り、実意ニ復古之義骨折候由ニ候得共、何を言も正金ニ碇とさし支、当時ニ至而は一概ニ復古難成段は事実、無余義相聞候間、何レニも互ニ難渋之処、察合無腹臓申合、誠意を以、公私無差支様取計候義専要ニ付、右之趣をも双方江申諭、手代共江も心得方厚く申聞置候事〇先格之通、府中町出入町人共并支配所身元之百姓共、当病之もの等相除キ、都合拾七人目見申付ル

廿九日風折々雨

一検見取村々呼出、仮免状相渡ス、且銀札一件之内、当地ニおゐて及吟味候もの共、申口決候ニ付、今日牢内とも一同口書申付候事〇厨城辺之古墳玉垣之義、浦役人江も為及談判候処、冬春者海浜塩風猛烈ニ而、一ト通り之石者いて割レ候由、因而三方真石ニ而高四尺計り築立、芝を植、瓦屋を設候積、其段浦方江申付候事但此入用凡金壱両程手代ゟ下シ遣ス

十月大

朔日晴

一川嶋奥六儀、昨日ゟ風邪ニ而引込候間、謙輔見廻ニ遣候処、余程熱気有之念之入たる風邪之由、専ら薬用いたし候旨申聞ル、引払前早々快気候様いたし度事

二日快霽

一江戸役所ゟ御用状至来、無別儀○奥六義朝熱一時ニ発散いたし、今日者存外快方之由申聞ル○当陣屋詰手代共江も非常手当之ため鉄炮稽古為致度、余田《ハジリ》村百姓傳次郎宅庭上は西之方山を請、鉄炮試候ニは可然場所之由、手代共申聞候間、昼後ゟ罷越陳屋西北之方、拾町程あり、住居相応ニ而庭も広し自分初家来共一同試シ、手代若手之もの江打方伝達いたす、高山ゟ持参之鉄炮壱挺、当分之内貸置候積、渡置候事府中之藩ニは鉄炮之師範も有之候由、早々稽古相初候様申付置、尤釼術は先達而及沙汰、府中ニ而稽古いたし候也

三日今暁雷雨四時霽後亦風雨

一此程福井家来江申諭候自分存寄之趣、重役ニおゐても会得いたし候由ニ而、銀札相場百五匁之処、先ツ不取敢弐匁引上ケ、百三匁ニ而両替可致、猶復古之義も精々評議いたし候旨申越、右之趣郡中惣代之もの江申渡、且心得之ため鯖江家来江も手代共ゟ及通達、右者纔之事ニ候得共、自分在陣中乍聊速ニ相場引上ケ候得者、国中一躰之ゆるみニ相成、令大慶候事

四日快晴

一御用向不残相済、且奥六義も全快出勤いたし候間、明日当所出立帰陣之積、先触差出候事○当年も田方豊熟、且綿作も宜方ニ而国中至而静謐、役所向等聊心障之義無之大慶安堵之事○府中領之本多内藏助義、風炮所持いたし候由ニ付、出入用達町人江申付、内々借請一見せし処、形チ常之鉄炮ニ似たり、風袋《カサフクロ》は捻ニ相成居、最初風継《ツキ》と云ものを但風継は長四尺計り之鉄之筒江鉄之棒指さし込有之、右棒を抜キさしすれば、先キゟ自然風出ルなり是亦捻ニ而風袋江はめ風を込入ル但風袋之口内ニ蓋あり、時計之するめノ如きもの袋之内ニありて、風を入る、度毎、其風勢ニ而蓋右江開キ、袋中江風を貯ふるニ随て気満て、蓋自から堅く、風継を外しても

風洩ることなくし、風袋者形チ酒五六合可入候間、徳利ニ能似たり十分風を込め畢り、玉を込メ候筒江はめ替る也、からくりも常之鉄炮ニ似寄たるものニ而、引キかねを引ク時は、右力ニ而風袋之蓋を内江強く突込み、其はづみニ而内ゟ風と一発之玉を弾キ出す、凡風を込むること三百程ニ而、玉拾壱弐発は保チ候よし、十五間之角場ニ而一寸板を打抜クといへり、風三百を込メ、此目形九匁弐分ありとそ、無形之風気目形あるも奇なるが如し、尤早打之筒と弐挺さし越候得共早打は玉拾弐筒之上江貯へ置、玉壱ツ発すれは其次之玉、自然と跡江入ル仕懸也久しく不打試、風袋少々損し有之、自分在陣中取繕出来兼候由ニ而、其侭差越ス故ニ、風を込むるニ始終スウ引〱と音して風洩るゝ故、四五発試ルニ勢ひ至而弱く但し、からくり六ケ敷故、引キかね至而堅く、常之鉄炮ゟは中りあしく思わる発するニ更無声也、故ニ鳫抔を打ニ一羽打倒しても傍なるは知らずしてありとそ、打損したる時、二ノ矢ニ而仕留メ候よし、是等は甚弁理なれとも元来無理なる仕法故、仕懸ケ損し易く、素ゟ用前ニは難成思わる、されとも異製之珍器ニ付爰ニ略記ス但風炮之形チ委しく画キ置候様、陣屋元絵師江申付置候事

五日昨夜ゟ雨四時頃止夫ゟ薄陰　発本保至河野浦　道法五里

一今昼九時前、本保陣屋出立、此度者敦賀筋罷越候ニ付、府中町中程ゟ右之方高瀬村ニ入ル、是則敦賀江之街道也、沢村を過、廣瀬村ゟ大坂と云峠ニ懸ル、上下壱里余登りは甚急也、勾当原・湯屋之両村を経、梨ノ木峠を越、河野浦ニ至ル、此峠上下壱里余、下り之方路険しく渓流ニ添ふ、尤峠之外は平路ニ而折々田畝を過、小林ニ入ル〇七半時過福井領南條郡河野浦庄屋権左衛門宅江着、止宿、当浦者敦賀湊江之渡海場ニ而人家六拾軒余あり、村柄能、旅宿住居も相応也、敦賀湊者此浦ゟ正南ニ当ル、敦賀湊郡之立石山前面江繞りて、入江之如くかの湊江海上七里あり、今日者波荒く白浪石岸を打て、声簷端ニ響キ、狂風之颯々たるが如し

六日曇風折々雨　河野浦逗留

一今日海上穏ニ候得者渡海いたし候積、風順不宜時者荷物而已船ニ而送り、自分者海浜陸路を罷越候積之処、

今日者折悪敷風雨ニ而、何分荷物之船も難出、陸路ゟ荷物運送者、急速人足揃兼差支候ニ付、無余儀一日逗留す、明日之天気も難計候間、陸路罷越候積、人足手当申付置候事兼而本保ニ而承候趣ニ而者、入江之事故、風雨ニ而も荷物を送り候義者、差支無之由ニ候処、意外之事ニ而無益ニ一宿甚徒然一笑を可発

七日快晴　従河野浦至敦賀《ツルカ》湊　海陸七里余

一今日者意外快晴ニ而渡海も子細無之候得共、昨日風雨之名残ニ哉、磯際はいまた波高候間、自分は杉津《スイツ》浦ゟ乗船之積、五時頃略供ニ而河野浦出立但駕籠・荷物并奥六其余供方は河野浦ゟ直ニ乗船右之方海面一覧なから浦伝ひニ、或は磯山ニ登り又者浜辺ニ下り、赤萩・大良・大谷・元日田・大日田・横浜之浦々を休ひ過河野ゟ三里半、九時過杉津浦役人宅ニ而弁当認、同浦ゟ乗船蒲帆を揚く、此処は松ケ崎迚、拾四五町之出崎ニ而、杉津浦は出崎之陰ニあり、故ニ大洋之方江屏風を建たるか如く、波至而平らニして乗船自在也、殊更午後ハ天気益能、順風ニ任せて揖路穏なれは、恰も畳之上ニ坐するが如し、西南ニ向ひ走することを弐里余、常宮《ショウクウ》浦江上陸、常宮権現江詣す神功皇后を奉祭候とそ此社海面ニ臨て栄螺《サザイ》ケ嶽之麓ニあり嶽上を若狭・越前之界と為ス本社方五間計り白木作りニ而清素古雅、拝殿額堂其余末社多く、境内広して石之花灯籠並立、百を以数ふべし、社之右ニ丈ケ弐丈計り之飛泉あり、流て海ニ入ル、海岸ゟ境内迄都而白キ砂子《イサ》あり、清くして塵を看す○亦乗船、南面して行こと壱里余、敦賀湊江入津、領主酒井若狭守家来并湊年寄其外出迎、案内いたす、七時頃敦賀東馬場町本陣、打它《ウタ》弁次郎宅江着、止宿、普請手堅く取扱も至而丁寧也○敦賀湊町数三十六ケ町、家数弐千六百軒程あり、富饒三国湊ニ亜く、繁華なることは猶勝れりと云、湊口汀沙ニ大船之横タわること数十艘、漁船も陸続たり○領主家来三人用聞ニ来ル町奉行目付面会及挨拶○常宮浦続キニ色ノ濱と云あり、此浜辺ニ限り砂子ニ交りて真蘇枋《マスホ》貝トいへる細かなる貝、一面ニあり、兼而拾ひ置し由ニ而本陳ゟ差出ス、大サ漸く弐三分計り、色薄紅ニ而見事也、色之濱之名、爰ニ起ルとそ○本陳打它弁次郎者飛驒国ニ其名高かりし豪農、

茂住宗貞か十世之孫ニ而、宗貞罪せられし頃、子孫爰ニ遁レ住みて代々役儀をも勤ムと云、弁次郎者至而人物能、身上も可成之由、図らす飛騨ニ由緒あるもの之宅ニ宿し、何となく故人ニ逢し心地す、亦本陳も故国之司人と思ふ故ニや、もてなしも等閑ならす心を尽せり

八日朝晴昼後ゟ小雨　発敦賀至梁ケ瀬村　道法六里余

一敦賀者古蹟等看処もある由、兼而及承候故、昼立之積ニ而五時前旅宿を出、猶亦湊口一覧ス、此節は大船之分追々冬囲ひいたし候様子ニ而、巨船は大綱を幾筋も結ひ添へ、船方之もの多人数、太皷ニ而拍子を取、懸ケ声しつゝ引揚、又者車軛《シャチ》に而巻揚ルを後へゟ押而行もあり、或は火を焚、水を灑て船底をあらひ、布帆を朝日ニ曝して錠(碇カ)抔引上んとひしめくも多かり、此程入津之船共は荷物を陸揚し、又者船具抔取収メ追手を待ツ出船は更也、晴をトし漁船幾ツともなく、あみを乗せ帆を揚、漕連レて出ルさま尤賑しく、船人老若之差別なく沙岸ニ蟻群して、其混雑繁昌云べくもあらす、実ニ太平を鳴らす一大都会也但自分通行を見物ニ出ルものも不少、元来領主取扱も至而丁寧ニ而、湊役人者勿論、先払足軽等数人罷出、右故湊口別て賑はし○自分いまた大船を親しく一覧せさる故、心得ニ見置度、兼而湊役人江申付置、則艀ニ乗、磯辺ニ懸候大船江登り、船中悉く一覧す、是は千六百石積ニ而、巾五間、長弐拾間余あり、実ニ大廈高楼之如く、何レも目を驚かしぬ但百弐拾貫目之錠八頭あり此船も当八月中当国沖合ニ而少しく難船し、既ニ檣をも伐折しよし、此檣長拾九間あり、難風之頃は高波檣之半はを過クと云、寔ニ海上風波之難、聞ニ栗せざるものなし○夫ゟ上陸、手筒山ニ登ル、此山翠松鬱然、他樹を不交、西北ニ面して海上ニ欹立ス、西之出崎を金ケ崎と云イ、北を月見ケ崎といふ、月見ケ崎ゟ之眺望尤絶妙也、前面は大洋渺然窮りなく、左は水嶋・立石山引続キ栄螺ケ嶽碧瀾ニ浮み、右は越前之浦々或者海面江さし出、又ハ東江繞りて入江ニ成り、其間樹林人家石岸ニ伏す、東巒低キ処、初生之月を得つべし、建武之むかし、一ノ宮中務親王月夜ニ御遊ありしと云も、

此所也とそ、金ケ崎は則古城墟ニ而、此城は春宮初め奉り一ノ宮親王、武将ニは新田義貞子息越後守義顕、脇屋義助并一族宗徒之面々、都合五百余人楯籠り寄手ニは足利高経、高ノ師泰其余諸将、都合其勢拾万騎ニ而取囲む、城中既ニ兵糧尽キ、延元二年三月五日義貞、義助は夜ニ紛れて杣山之城江落行、其余之面々は同六日或は討死、又は自害して此戦場之土と成りぬとそ、誓テ掃テ二匈奴ヲ一不レ顧レ身ヲ。五千ノ貂錦喪ス二胡塵ニ一。可レ憐無定河辺ノ骨。猶是春閨夢裏人と。陳陶か古詩を挙て太平記ニしるし候を思ひ出られ、一入感深く懐古ニ不堪、眺観漏を移しぬ○手筒山は浅井長政城跡之由、村役人之案内に任せ、二ノ丸跡之土を穿チ看ルニ黒く灰ニ和しけたる焼米あり、此辺金ケ崎江引続キたる場所ニ而、往古何レ之処を金ケ崎とい丶、何レゟ手筒山と云しや、山勢地形を合考するニ、今手筒と称する処、古へノ金ケ崎城跡かと被思○此山を下り山路上下十四五町もあるべし気比《ケイ》之宮ニ参詣す、是は仲哀天皇を崇め奉るとそ、社之大サ方五六間、巡りニ廻廊を補理、其余、額堂・末社・花表・玉垣等悉く広大壮麗ニ而、当国中未レ看処之大社也、夫ゟ市中を過、笙の川を渡り此橋を笙ノ橋と云、水源江州境ゟ出、名所之よし一夜之松と云を一見ス、是は海辺浜ノ沙岸ニ添ふて、方八町程一円之松林也、翠色水ニ映し森然として行路を遮ル、一名を白鷺之松とも云、稀代之密林也、此外新田ノ抜穴地蔵岩、二夜橋等之名所あれとも看ルニ足らす○四半時頃、本陣江立戻り昼食認直ニ出立、長沢・道ノ口・鳩原・小河口・疋田・曽々木・麻生口・刀根之数村を経、梁ケ瀬村ニ至ル敦賀ゟ六里余敦賀ゟ疋田迄は田畝多く平路広し、夫ゟ漸々阪路多く折々渓流江添ふ、左右上之山も随而高く、刀根と梁ケ瀬之間ニ上下壱里之峠あり、峠上越前・近江之国界にて、是迄は敦賀領也此所迄足軽先払ニ来ル夫ゟ彦根領梁ケ瀬村ニ入ル、下りは甚急ニして屈曲万折歩難し○暮合頃、梁ケ瀬村本陣松井伊兵衛宅江着、止宿梁ケ瀬ゟ之道筋は、兼而之日記江委しく記置故、都而略記ス

九日雨　従梁ヶ瀬村至春照村　道法八里半

一今朝六時過、梁ケ瀬村出立、木ノ本村を過継場而已を記す四

半時頃、小谷村本陳、西嶋太郎兵衛宅ニ而昼食（梁ケ瀬ゟ五里）○七時頃春照村本陳、木原新左衛門宅江着、止宿（小谷ゟ三里半）此もの宅江者初而宿す、住居手広ニ而相応也○国友林右衛門機嫌聞ニ来ル、土産に鯉を持参す（但国友村ゟ当村迄三里）林右衛門江風炮之義承候処、同人も度々製作いたし候由、からくり都而刃かねニ而鍛へ、風袋は真鍮ニ而張立候由、此鍛錬工細工至而六ケ敷、新規拵立候ニは、餝なき素筒ニ而三十金を不減といへり、同人咄之趣ニ而者製作届キ候得者、猥ニ損し候ものニは無之、筒一杯風を込ル時は三十発を保チ、内十発は一寸五分之板打抜、其余弐十発者漸々風力衰へ、末ニは拾五間ニ而四分板打抜候位之由、聊ニ而も風洩レ候而者用前ニ不相成故ニ、風を十分込メ水中江投し試ム、一旦風を込ル時者、何十日差置候而も其風洩ることなしといへり、古渡蛮製之風炮は漸く四分板打抜候位ニ候処、弐拾年前、同役国友藤兵衛工夫いたし新規造り出し、今之製ニ成ル、是は一廉武用ニ相成、既御三家方其外諸侯方ゟも誂受、今製之風炮数度製作候よし申聞ぬ

十日（風雨昼後ゟ霽）　従春照村至大垣　道法七里

一今朝六半時頃春照村出立、藤川・玉之両村并関ケ原宿を過、四半時過、大垣御預所垂井宿本陳、栗田文吾宅ニ而昼食、住居手広ニ而奇麗也、宿柄もよし○宿外レゟ路両岐ニ分ル、右之方則美濃路也、綾戸・長松・荒川・塩田・久世之村々を経、大垣ニ至ル、此道筋は初而通行ス、左右松之並木ニ而田畝広く折々小林・野地等あり、道法弐里半ニして遠し○八半時過、大垣本町本陳、岡田藤兵衛宅江着、止宿、此本陳は先年在勤之節、吟味所ニ相成、日々出張、間取等其節認置候絵図面之通、随分手広也○戸田采女正ゟ先年在勤中之挨拶、且旅中尋旁、真綿弐百目、料理代三百疋、手代・用人江百疋ツヽ、其余下々迄料理代、使者を以相贈ル、面会及挨拶（郡奉行吉川逸之進来ル、先年懸り之郡奉行、壱人ハ転役、壱人は検見在出中之由申聞ル）且先年懸り之御預所役人子安甚内、川瀬三藏、小森與左衛門其外宿泰助、関氏、旅宿万藏并旅宿江相詰候町役人四人、機嫌聞ニ来ル、夫々面会旧時を話し、既往を語て、漏

を移す、当年既ニ七年之星霜を経ル、御預所役人拾壱人之内、弐人物故、其余は息才之よし、右一件取扱候もの共は町役人共迄、夫々領主ゟ賞誉有之、宿泰助は領主目見をも申付候由、欣然吹聴深く恩義を謝す、仮染なから数年前之一旧識は亦難得、尊鄙賢愚之差別なく、人情旧キを不忘こと之感なきこと不能、自分ニおゐても数月偶居之地、少しく故郷之思ひあり、縷々寛話郷思も亦随而深し

十一日晴　従大垣至一ノ宮村　道法七里

一今朝六半時頃大垣出立、墨俣宿を過、長柄川を渡ル船渡し川巾弐百間計り松陰之堤上を行こと半里計り是迄之道筋は未年ニ通行、其節之日記ニ細書ス路両岐ニ分ル、左は笠松江之道筋也、柴田善之丞江聊御用談も有之、且最寄通行いたし候故、立寄候積、則柿左之方堤上、又者田間之路を行こと弐里余大垣ゟ都合五里羽栗郡笠松村本陣作兵衛宅江着昼食認合之村十ヶ村あり、村名略之笠松は巾三四町、長九町計り之町場ニ而家数五六百軒、陳屋之西南を囲む家作り尤よし、作兵衛宅も普請新らしく奇麗也当所は美濃伊勢川々御普請御用等ニ而御勘定方等時々止宿、夫故本陣同様之家作り数軒あり笠松手代并堤方役等途中江出迎、旅宿江も機嫌聞ニ来ル、夫々面話堤方は本役十人、見習四人之由○先達而本保役所江手伝ニ遣候書役小森貫一義、御用済帰陣懸ケ、同人兄堤方役赤生真八方江立寄、母江面会いたし度旨兼而相願候間、聞済遣、則自分ゟ先江出立罷越、寛々面会いたし候由ニ而、真八義貫一倶々右礼ニ罷越候間、是亦逢遣ス○笠松陳屋江罷越、久々ニ而善之丞江面会御用談済、寛々対話漏を移す、菓子并汁粉餅を出ス但土産ニ越前奉書并春慶物遣ス、且堤方ゟ養老酒等呉候間、一同江肴代金壱両遣候事住居并役所向等夫々一覧、手代と堤方とは役所引離レ、何レも手広也、住居向普請は木品等不宜候得共、勝手等は至而能キ様ニ見ゆ○八時過同所出立、行こと三四町、木曽川を渡ル川巾三百間計り舟渡し也川中央濃尾之国界ニ而、是ゟ尾州葉栗郡宝江村也、夫ゟ黒田・六地藏両村を経但往還多くは松之並木に而両辺田畝広し尾州領中嶋郡一ノ宮村本陣速水九郎右衛門宅江止宿笠松ゟ弐里村柄は不宜候得共至而大村に而、本陣は手広く奇麗也村高四千石余あるよし○今日は快霽故か余程寒冷にて霜深く遥ニ伊吹山之新雪を

看ル、暖国すら如斯、飛州は陳屋最寄も飛雪可至寒威察すべし、佐国は如何ニ哉と輿中遥ニ北天を望めば、恵宗(奈)山平田上ニ横て、鴻雁之渡ルを看ル耳、郷思一段深し

十二日晴大風八時頃雨後亦晴　従一ノ宮村至熱田宿　道法六里

一今朝五時前、一ノ宮村出立、花池・多賀野・陸田・下津・井野口之村々を経、四ツ谷村ニ至ル一ノ宮村ゟ弐里往還左右田畝限りなく、折々松之並木あり、此村ゟ美濃路本街道ニ而笠松ゟ之道筋と落合之場所也、是ゟ名古屋迄は去ル未年通行、其節之日記ニ細書す○四時頃清洲宿本陣林惣兵衛宅ニ而昼食一ノ宮ゟ三里去ル未年も爰ニ宿す未八月廿一日也　惣兵衛江も逢、旧事を話す同人義頻ニ自分之昇進を賀して不止、先年之一件ニ付而は、近郷自分之名を知らぬハなし、然ルニ今般は供立にも先年とは格外之相違ニ而大垣は更也、通行筋何レも目を驚かす故、郷ニ錦を飾ルニひとしと云へし○清洲ゟ弐里ニして名古屋に至ル、同所町外レ右之方ニ稲荷之大社あり、境内広く紅楓数十株看ルニ足れり、爰ゟ五六町ニして路弐筋ニ分ル、左は熱田江之街道也右之方は佐屋宿江之道筋ニ而、先年は此道を通行ス　名古屋ゟ壱里余都而商舎引続熱田ニ至ル○八半時頃東海道熱田宿之内、材木町中村屋七兵衛宅江着、止宿、同人者豪家ニ而千石船十艘余も所持いたし、屋敷構、住居向等殊之外手広く、器物等ニ至ル迄悉く尋常ならす、召仕等も多人数なると粉倉も建連ねたる様子ニ而、豪家之躰押而知ルべし○七兵衛初メ御材木ニ拘り候御用達共并田中孫助田中半右衛門出店也等江目通り申付ル○尾張殿ゟ御使者として熱田奉行改役林又四郎来ル高四百石之由旅中所用も候ハヽ、可申聞と之御事也、御使者之義ニ付先格之通、清服ニ改メ面会御請申述候事

十三日晴風折々曇　熱田宿逼留

一廻村中、江戸江久敷書状不差上候間　尊父君伯兄君江之呈書認、日記写、有合之時雨蛤一同封し、御用状江封込、飛脚屋便を以差立候様奥六江渡ス○九時過、御材木積所其外見分として旅宿出立、行こと弐三町中嶋と云ニ至ル、是ハ白鳥湊海岸続キニ而、方三町計り之空地也、三面ニ溝ありて嶋之形を為ス、故ニ中嶋之名

あり、古来ゟ七兵衛進退之地所ニ而御材木并売材等之置場也、右場所夫々見分、同所ゟ乗船、海上之方江弐拾町計り漕上ル、此辺水面を字保田《ボタ》と云、爰ニ元船を居へ置、中嶋ゟ御材木を筏ニ組乗参り、檣江綱を引通し、シヤチにて御材木を巻揚、追々積入る丶とそ、此処は桑名渡海路ニ候得共、附寄洲逐々新田ニ相成、両辺之長堤目も難及、恰も内川之如し、故ニ渡海路漸々ニ埋り水至而浅く、御材木積入る丶ニ随て船足重ク候故、段々ニ沖江出し、積入れ込候事之よし、右之辺夫々見分相済、湊口ゟ上陸、熱田大神宮江参詣、八半時頃帰宿此辺之様子、未年之日記江委く記置故略す○七兵衛奥庭之茶室ニ羽衣といへる踞《ツクバ》ゐ之浄水鉢あり、名物之由ニ付、庭伝ひ罷越一覧す、いか様素人目ニも形チ面白く、古代之名品と見ゆ、且先代之もの七拾五両ニ而買入候石灯籠あり、是も伝来之由ニ候得共、打見たる処は、一ト通り之灯籠ニ而左程ニは不被思当時は百金を過ルも難得とそ二三代以前之七兵衛殊之外茶を好み、右品々は勿論、茶室も種々取建候由、右之内隣地本能寺之楼門を庭上之詠メニ取、弐畳余之茶室簷端之引窓ゟ赤松大樹之間、斜ニ楼門を看ル、上弦之月も爰ニ懸ルとそ、庭之模様座敷囲ひ之間取等実に絶妙とも云べし、是は久田《シサ》流二三代目之宗匠、京都之豪家某ノ茶室より某之院之楼門を庭之模様ニ取しニ擬し、猶工夫を凝らし作り得ルといへり、此茶室故ニ隣地之楼門迄荘厳を加へしといへり、茶事之奢侈を助ル厭ふべし、当時之七兵衛は若年なれとも至而人柄能、茶事抔も不好、能家業出精し、加ルニ番頭ニ忠良之ものあり故ニ、中頃身上傾しも、近来漸々ニ復古、日々に繁昌候よし、何様之豪家も奢侈を慎まされば傾覆速かなるべし先七兵衛は小器ニして、都而自から事を計らひ利を量ル故、召仕等気受あしく、身上不手廻りニ候処、当七兵衛は至而大様ニ而能番頭ニ委任し、大元を締纏して大家之人之風あり、故ニ召仕一同差はまり出精し、近頃別而繁昌すと云、賤しき町人といへとも、少シ立上りたるは、人を容る丶之量なけれは、家事も難整、況や天下之枢機ニあつかる排執政・奉行職をや、深く思ふべし○敦賀は北海之湊、白鳥者南海之湊也、何レも大洋なれとも南海は波浪至て穏ニして、更北海之風景ニ不似、寒暖之相違は更也、冬来亦風浪之難絶而あることなし、我国之地形東西長細ニ而、南北は狭しといへとも国地之内、敦賀ゟ白鳥江之行程ほと狭きは有間敷覚ゆ道法三拾六里、海路は三百里を不減北海南海之涯《ハテ》を、纔四五日之内ニ一望するは、尤奇といふべし敦賀ゟ松前江三百里、奥夷蝦江六百里あり、されば薩摩之涯ゟ奥夷蝦までは行程千里ニ近かるべし

十四日晴昼後曇風　従熱田宿至下河邊陳屋　道法拾弐里

一今暁七半時過熱田宿出立、名古屋傳馬町迄来時之路を行、夫ゟ東江向ひ市中行こと壱里計り、大曽根村ニ入ル名古屋は方壱里半、町数大通り之分九十九ケ町、末々に至ては弐百ケ町ニ及ふと云、富饒押而知ルべし同村往還左之方耕地を隔て、遥ニ名古屋之天守を看ル、兀然として林表ニ出ツ、兼而聞及ひし金ノ鯱《シヤチホコ》朝日ニ映て散徹眼を刺す、直径壱里を隔つれとも儼然目前ニあり、鯱之大サ長九尺と云伝ふ、金色之結構実ニ海内無双といふべし但此道筋を土《ド》田通りと云、中山道太田宿辺江之順路なり勝川・原・岩原・冨山之村々を過、小牧村ニ出ル、是迄之道筋左右田畝折々並木あり、勝川村外レ右之方ニ瀬戸村江之街道あり、瀬戸ハ大村に而家数凡三百軒余、村中都て陶器を製す、陶器運送之車一日三百輛を不減といへり名古屋ゟ瀬戸迄六里あるよし○四時過、春日井郡小牧村本陳江崎善左衛門宅ニ而昼食認、宿柄可成なれとも本陳住居はあしく○岩崎・東田之両村を経、追分ニ至ル路両岐、左りは犬山江之街道也此辺左之方耕地を隔て、成瀬隼人正居城犬山之城、林際ニ見ゆ○前原・善師野を経、土田村ニ至ル此村ゟ濃州可児郡也、小牧ゟ道法五里此村中山道太田宿手前あひ之村なり、太田川を渡、右之方小径ニ入ル、行こと弐里、夜六時前下河邊陳屋江着、止宿、秋山太郎輔面会、同人義此程不快之処逐々順快之由、支配中相変義無之旨申聞ル○下麻生桴場江出役いたし候地役人頭取奥田又右衛門安否聞ニ来ル、明日右綱場見分之義申達置

十五日晴夕刻曇聊飛雪　従下河邊陳屋至大利《ヲヽリ》村　道法六里半

一下麻生村御用木桴問屋篠田藤兵衛、村田佐次右衛門其外下河邊村身元之もの共江例之通、目通申付ル○五時前下川邊陳屋出立、行こと半里計り、中ノ番村ゟ右之方往還江入ル、則桴場江之道筋也、田間之道行こと壱里半、下麻生村ニ至ル是ゟ飛州境迄は尾州領也此辺左右都而山也、折々益田川之流ニ添ふ、四時前同村桴乗手頭、新平宅

ニ而昼食認、村柄住居も可成也〇行こと弐三町、桴場ニ至ル、此辺益田川両岸都而岩石ニ而川巾三拾間計り、水勢尤烈く御用材懸ケ留、且出水手当之ため例年之通大綱張込み有之、此仕懸ケ殊之外大造成ルものニ而、文字を以、其状を写し難し、逐而絵図面ニ為仕立候積、凡右ニ用ひ候綱并装束木等之員数・名所而已を左ニ記ス

一川東吉田方綱株廻り八間大岩を切抜、綱を緊ひ付、留め置、是を綱株と云　一川西麻生方綱株廻り八間半　一株ゟ株迄綱張間数三十間

此張込綱数

一檜綱弐拾五房　一同三房桴調《イカタシラヘ》　一同八房輪袈裟川東

一三房輪袈裟川西　一同四房控綱川西　一同三房控綱

川東　〆四拾七房

一苧綱弐房矢巻　一同弐房千鳥　一同壱房頭巻

一同壱房中巻　一同壱房尻巻　〆七房　弐口合五拾四房

同木数

一装束木桴九枚一枚五本ツ、此木数四拾五本　一拾三本矢木

一七本矢尻　一拾三本矢枕　一拾三本引違木

一弐拾五本下駄《ケタ》木　都合百拾六本

右者下原村中綱場江御材木皆着ニ相成候得者、桴場江綱張込、逐々川下ケいたし桴場に而桴ニ組、白鳥湊迄漸々乗下ケ候事ニ而、当年は定式之外、西丸御普請御用林材末木御払之分も有之、一同川下いたし候ニ付、木数凡卅《四》万七八千あり、此程中綱場江着、繰出し候分壱万四千八百五拾壱本也但中綱場ゟ桴場迄水路八里半、其間御用木一処ニ不相成様、所々ニ小綱場ありて順々繰下ケ候事件之綱類并装束木等新規拵候ニは四百両程相懸り候よし但檜綱は至而高料也、尤両三年は保チ候よし綱張込候人足年ニ弐百五拾人、右ニ付七兵衛召仕場所江詰切候もの三拾五人、此内重立候もの七人、其余大番小番と唱候役前之もの弐拾八人あり、川下ケ日雇等は何百人と云、数を知らす但川下ケ中は地役人中綱場江両人、桴場江壱人出役す、出水之節は川邊ゟ手代出役、七兵衛方ゟも下代共多人数罷出候事〇右桴場夫々見分、中麻生・上麻生之両村を経、加地村ニ至ル、是迄之内川筋難所五ケ所あり、所謂荷附《ニツケ》。喉《ノド》。西ノ《ニシノ》保《ホ》。平釜《ヒラカマ》。白橋《シラハシ》等也、両岸都而岩石聳へ、川漸々狭バまりて纔四五間ニ不過、急流岩を揺かすあり、或

は流滝之如くニ落ル処あり、うず巻て水底難量あり、逸々名状するニ遑あらす、是を検覧するニ寒からずして栗す、此処は日雇之もの手取之場所ニ而、岩上ゟ麻綱を弐三拾尋《ヒロ》下し、右を伝ひ小桴ニ乗、又ハ角乗して数万之大材を通ぜしむ、実ニ慣熟神妙を得ルと云べし、亦其苦心深く思ふべし○字白橋と云は大岩之面長四五間程、其色白成りて恰も其状似橋之横タわりたるニ似たり、高名之場所と云、尤奇岩也○加地村百姓家ニ而小休、湯漬を出ス是は七兵衛方ニ而手当す、途中江も切めし・煮〆・重詰・菓子之類度々差出ス尾崎・柿ケ野・新茂金之村々を経、大利《ヲヽリ》村ニ至ル、柿ケ野辺之岸石三四町之間、自然石色至而白ク雪之積りたるが如し、是を白石と云怪石也、大利村入口ニも綱場あり御材木千弐三百本あり下麻生ゟ之道筋左右山高く、阪路岩石ニ而至而之難所也○暮合頃尾州領武儀郡大利村禅宗臨川寺江着、止宿、小寺也、村柄も不宜○下原中綱場江出役いたし候地役人今井雄右衛門途中江出迎、旅宿江も安否聞ニ来ル

十六日快晴　従大利村至保井戸村　道法七里

一今朝六時過大利村出立、大利峠を越ゆ、上下壱里程難所也、廣嶋村を経、新津村ニ至ル、此辺大材数百岩石ニ支へられ水隈ニ達ス、日雇大勢鳶口ニ而懸ケ外し水末江流す、試ニ日雇ニ角乗を為さしむるニ急流を事とも為す、自在ニ踏廻し少シも誤ルことなし、亦小桴と云ものあり、方五尺計り、就中急灘を乗らしむるに、逆巻水白々空ニ飄ル、桴奔騰して看ルにすら目眩く、されとも自若として平地ニ立が如く、かの画ケる錘利釼之波ニ駕し、達摩之芦之葉ニ正たるとさも似たり、瞬息之中、数百間を下ル、慣熟微妙、実ニ目を驚かしぬ○村若村を過、井尻村ニ至ル、爰ニ津倉《ツクラ》。鷺《サキ》。七ツ。といへる一大切所あり、乱石奇岩水面ニ起俯、綿列し水勢声雷之如し、通材苦心之難場也、切所は悉く岩を伝ひ下りて間近く見分す○金山村を過、馬瀬川を渡、飛州下原村ニ入ル此川弐三拾間下流ニ而益田川ニ落合、昨年之日記ニ益田川を渡ルト記せしは誤也○四半時頃下原村名主加藤三郎右衛門宅ニ而昼食、同人親寿平ニも面会、不相替強健談論湧が如し大利ゟ三里半○通行

懸ケ中綱場見分、綱場之様子昨年之日記江細書ス、下原御番所江立寄ル、詰合之地役人古田類助、岩城交吉出迎案内いたす此御番所は中切村入口ニあり○七時前保井戸村百姓源右衛門宅江着、止宿、昨年は爰ニ而昼食認下原ゟ三里半此辺過ル十二日積雪、平地六七寸、昨日迄も少々ツ、降り候よし、山頭路傍猶白し下原ゟ高山江之道筋は昨年之日記ニ委しく記ス故都而略す

十七日快晴　従保井戸村至小坂村　道法八里半

一今朝六時過、保井戸村出立、行こと三里余、益田川を渡、森村ニ入ル、当村ニおゐて兼而目論見候新開場、当年五六反歩作附いたし候由ニ付、廻村序見分ス往還ゟ八町程山江登ル用水懸りも能、地味も可成ニ見ゆ但不残出来候得者六町歩程也○四半時過、湯之嶋村百姓久兵衛宅ニ而昼食○狩野縫殿助義、北国筋ゟ帰参之積、当月十三日高山出立之処、前日ゟ之飛雪ニ而通路難叶、途中ゟ立戻、下原ゟ中山道罷越候由ニ而、不図当村ニ而再会、暫く笑話辞別す○益田川縁羽根村新開場是亦見分是は田中半右衛門引受候積、凡拾町歩あり七半時過、小坂村百姓五郎右衛門宅江着、止宿湯之嶋ゟ五里○中山并小坂山中江御林苗木植附方之義、先達而ゟ組合村々江申渡、逐々主法勘弁、以後年々八万本ツ、植附候積治定但実生并小苗木最初者畑江植附、根付候後伐出弁利ニ山中江年々植附候積、樅は成木早く三十ケ年程ニ而一尺角ニ至ル、檜は百年ニ及ふと云今日廻村先江申出ル但先頃は植附方仕法而已ニ而員数聢と不極、此度治定候事

十八日曇夕刻ゟ雨　発小坂村高山着陣　道法七里

一今暁八半時過小坂村出立、五時頃小坂村久々野村喜右衛門宅ニ而昼食認○小坂ゟ四里小坂過ゟ漸々積雪深し但去ル十二日以後度々之飛雪、高山は一尺弐三寸之由宮峠を過ルニ舟山并位山等都而雪を帯、路傍も白々風凛烈たり、紅葉飄落して風景出立之頃とは甚異也、輿中偶、一小詩を賦

秋末出家幾旬日。山楓既盡雪霜稠。當将風物比人世。

昨日紅顔今白頭。

○敬之助義、小六・順道・梅斎等附添石浦村迄迎ニ罷越ス、同輿四時過無滞高山帰陣、家眷一同平安、且江戸表ゟも留守中三ケ度御便有之、双君御初益御機嫌克、伯兄騎射五枚被為蒙　仰、且田中庄次郎義も支配勘定評定所留役当分助被　仰付候由、風聴申越、大慶

無此上、安意令雀躍候事

十九日雨　寒暖計朝四拾壱度

一此程は余程寒冷ニ而寒暖計留守中三拾五六度位ニ候処、今日は寒気ゆるみ凌能、雪も逐々消候事○美濃ゟ持越候薩摩芋并柚等、手代共其外江分ケ遣ス○川嶋奥六義此度廻村中格別骨折、御取箇筋は勿論、都而取締も宜候間、右賞誉之寸志ニ有合之羽二重一反遣ス、且用人初、供方一同廻村中鎌慎方も宜候間、用人江金百疋、中小性江五十疋ツ、、中間其外雇入之もの共江も金壱朱ツ、、差遣候事惣人数三拾三人、且留守居文藏并当地ニ而召抱候中間治助江本文之通同様差遣ス、此外彼地ゟ持越候品等下女共迄遣ス

廿日晴　寒暖計四拾七度

一支配所之もの明廿一日出立出府いたし候由申出候間、右幸便御用状差立候積之旨、元〆申聞候間ニ付、伯兄江之呈書認、敦賀町ニ而調候夷蝦製之テンキンと云もの并するめ少々封込、元〆江渡ス○此程寒気ゆるみ山々雪解ニ而、益田川筋存外之大水に而、谷口江山出し致し懸ケ候御材木三廿分一、大川江押出し綱場危く、夫々手当いたし相防候段、出役之地役人并七兵衛代之ものゟ、今暁七時過注進申越ス、因而下河邊陳屋江出役取締之義、急宿継を以申遣ス留綱押切候節、流散之御材木取締之義、右川筋村々江之触書は、定例之通地役人出役先ゟ直差出ス

廿一日折々雪　寒暖計四拾四度

一例刻御役所江出勤、落着もの有之、評席江出ル是者昨年中相伺候徒党一件并似せ金一件、此程御下知相済候也　且昨年六月中伺置候高山町方奇特もの御褒美之義、自分廻村留守中御差図有之、右者老人等も有之候事故、兼而心得方手代江申聞置候通り、直申渡之趣を以、不取敢手代より申渡ス、右之外ニも奇特もの九人有之、右者品軽く候間、伺之分差図相済候上、手限ニ而賞誉いたし候積、兼而取調置候間、右之分今日直ニ申渡ス、伺之分其余とも名前等左之通

伺之方奉行衆被仰渡書留置

申渡　　豊田藤之進

名代
伊奈半左衛門

其方支配所飛州大野郡
高山三之町村之内向町
彦右衛門借家
与三兵衛娘

銀五枚　かね

同国
高山三之町村
家持
嘉兵衛

同村
娘
ふさ

銀三枚ツ、

右かね儀、主人江忠節并孝行いたし、嘉兵衛儀養母江孝行いたし、ふさ儀父母存生中孝行いたし候ニ付、為御褒美書面之通被下置、且かね父与三兵衛并嘉兵衛養母とよ江老養扶持として、一日米五合ツ丶、何レも一生之内被下候旨、堀　備中守殿被　仰渡候間、其段可被申渡候

丑
九月

手限ニ而申渡候分

高山弐之町村之内
東川原町
家持
利兵衛女房
みよ

其方儀、夫利兵衛困窮ニ而平生旅稼等ニ罷出留守中、暮方別而難渋之処、貞節を守り日夜賃仕事いたし、又者日雇稼等を以取続、母江孝養を尽し候段、奇特之事ニ付、褒美として鳥目三貫文差遣ス

同村
家持
良次郎父
小三郎

其方儀、父母存生中厚く孝心を尽し、且平日質素を守、近年違作之節も難渋之もの共江食物等施し候段、奇特之事ニ付、褒美として鳥目弐貫文差遣ス

同村
ほの借家
清吉

其方儀、高山町七左衛門方数代奉公中、忠勤を励、格別主家為合ニ相成趣相聞、奇特之事ニ付、為褒美鳥目弐貫文差遣ス

右
東川原町
家持
久次郎

其方儀、母存生中、孝養を尽し平日質素を守、実躰ニ職業出精いたし候段、奇特之事ニ付、褒美として

鳥目弐貫文差遣ス

高山壱之町村
市兵衛地借
孫兵衛

其方儀、継母江孝養を尽し、且平日質素を相守趣相聞奇特之事ニ付、褒美として鳥目弐貫文差遣ス

同三之町村
家持
市右衛門

其方儀、父母存生中、孝心を尽し、且渡世ニいたす商ひ品等平日外並ゟ別段下直ニ売渡、其外困窮もの江施事等いたす趣相聞、奇特之事ニ付、褒美として金百疋差遣ス

同村向町
傳九郎借家
長　助

其方儀、高山医師養元方奉公中、格別実躰ニ相勤、暇取後も主恩を不忘、且日雇稼罷出候而も、都而先方為筋ニ相成候義を厚心懸ケ候趣相聞、一段之事に付誉置

高山弐之町村
家持
長右衛門

其方儀、父祖申付を相守、平日質素節倹を専らとし家業相励困窮之もの共江手当等いたし候趣相聞、一段之事ニ付誉置

同壱之町村
家持
弥兵衛

其方儀、実躰ニ家業出精いたし、質素節倹を守、都而心懸ケ宜敷趣相聞、一段之事ニ付誉置

右之通、評席ニおゐて夫々麤申渡ス、此もの共は格別奇特之ものニ付、親しく目見をも申付度、かね外拾壱人とも勝手江呼寄但居間入側畳廊下之襖取払、順々並居せしむ一同江目通申付、厚く其行状を賞讃し、且銘々之様子心得をも相尋、(平出)公儀之御恵之程を永く忘ル間敷事、とかく御褒賞ニ預り、国中之手本とも可成身之此後万一心得違等有之、世之誹を受候様ニ而は、第一(平出)公儀之御仁恵ニ背キ、且自分之目鏡違ニ可相成一己ニ取候而は、是迄之善行も水ノ泡と相成、実ニ可惜可歎事ニ付、猶志を

励し節義を不失様いたし度との二ケ条、縷々申諭、日通りニ而酒肴を与へ但肴弐種、玉子之吸物也、酒不好もの江は養老酒遣ス以後陣屋江勝手ニ出入いたし候様申聞置、元来美質善良之人民、皆感涙を濺ぎ恩を謝して不止、かね外弐人行状は昨年之日記江認置候通、其余之もの共も聴か如きは実ニ感賞ニ不堪、彼等か善行之顕レも、亦自分が寸志を以、国中勧善之一端と成ルも、皆是難有御時節故之義ニ而、（平出）
御仁徳之至らざるくまもなき寔ニ申も愚か也但取締筋之義ニ付、猶亦国中江物触差出候間、右所ニ此もの共御褒美之次第をも伝ル、偏く国民ニ知らしむ○益田川筋意外之急満水ニ而下原中綱場并下麻生桴場とも防人数大勢差出、種々手当増綱等差入候得共、逐々水嵩相増、数千之御材木一時ニ押懸り、何分難防留、昨夜中両留綱とも追々ニ押切、御材木流散いたし候由注進申越、因而川筋取締之ため手代江地役人差添、即刻出役申付ル、実ニ水勢之猛烈意外之義也但一時之出水故、直ニ減水可致、御材木多分之流失は有之間敷由申越、何レ七兵衛弁ノ木之分ハ可有之、且川下ケ役方等臨時ニ手数相懸り可申事也

廿二日終日密雪　寒暖計三拾六度

一美濃下河辺陣屋ゟ御用状来ル、無別儀○侍安藤栄藏儀、不身持之義有之、何分難捨置、今日永之暇差遣ス○照蓮寺輪番此程帰院いたし候由ニ而、自分帰陣之祝儀旁来ル、面話○今日雪除之雨障子為取附候事

廿三日曇折々雪　寒暖計三拾五度

一瀬戸再度之釜、今日開候由ニ而出来之陶器類見本ニ差越ス、此度者出来宜方也、皿丼之類取入置、最早寒冷ニ而来三月頃迄は製作も出来兼候由、寒国之不弁押而知ルべし○夕刻川嶋奥六ゟ手打之蕎麦差越ス、信州産之由、味ひ一段奇也○今日抔積雪七八寸ニ至ル

廿四日曇　寒暖計三拾四度余

一四時過、江都ゟ御用状来ル、両貴兄ゟ之尊書并両所御日記写来ル、早速拝覧、双君御初皆々様益御機嫌克大慶安堵之事石原おこし并汁のり等被下候事

廿五日曇　寒暖計三拾六度

一太田小六、地役人飯村健次郎儀、古川御蔵収納取立并当丑囲籾籾積入取締として今日出立此囲籾は自分見込を以相伺、昨年ゟ相始、郷蔵は此節皆出来ニ付、当冬ゟ積入る、高山之分とも都合六千四百五俵余、尤四斗四升入也、此外飛騨廿四郷之内江郷蔵壱ケ所ツ、年々取建候積、委細は伺書ニ認置故、爰ニ略ス

廿六日曇折々雨　寒暖計三拾九度

一高山町医師共ゟ今日左之願書差出ス

乍恐以書付御願奉申上候

一当御支配以来、私共業作之儀、御仁恵之御趣意を以、厚御教諭被成下、一同微神魂感伏仕難有仕合ニ奉存候、且中神順道殿ゟニも世話有之、追々医業相励一同無懈怠出会仕、学術研究治療不実無之様、急度精々心懸ケ罷在候、然ル処、在町とも貧困之もの相煩候節は、施薬同様治療方丹誠を尽し候得共、一躰身元手薄之義ニ而心丈ケ行届不申、歎ケ敷次第ニ付、順道殿始私共一同申合、追々少々ツ、積金いたし置、右を以一統ニ而施薬いたし候ハ、、銘々限ニ而療治いたし候ゟ、手広ニ施薬出来も可致哉と種々談判罷在候処、右之趣町方有志之もの共承伝へ（平出）御郡代様厚く国民を御憐み、医師共江も御仁恵之御諭有之、難有次第感拝仕居候折柄ニ而、私共右躰之志ニ候ハ、、至極陰徳奇特之義ニ付、施薬料手伝いたし可呉旨申之、追々助力人出来、相応ニ施薬料出来調達、且町方薬種屋共之内ニ而も三人薬種を以合力いたし、尤相調候薬品は精々相改、価下直ニいたし可申旨申之候間、右調達金江私共も精々出金足合、薬種相調、一同相談之上、当時順道殿居宅之内、表之間を施薬所と相定、私共之内日々弐人ツ、相詰、在町極貧窮之病人江手広く施薬治療仕度、尤相互ニ吟味仕、聊不実不取締之義無之様可仕候間、右之趣御聞済被下置度奉願上候、御聞済被成下候ハ、、此節ゟ施薬療治仕度候間、右之趣高山町并村々役人江被　仰渡、極困窮之もの相煩候節は早々施薬所江罷出、治療請候様被　仰渡被為下置候様仕度、依之此段奉願上候、以上

天保十二年丑十月　　養元

東巒・養安・通元・意春・梅春・東国・養説・友賢・泰安・泰順・元敬・耕成・周輔・文城・玄養・貞輔・龍春・英碩・玄龍・養慎・瑞泉

高山
御役所

右之通、御願申上候施薬所之義者、奇特筋ニ御座候間、故障之義無御座候ニ付、私共ニおゐても此段御聞済被成下置度、奥書を以奉願上候、以上

町年寄物代
川上斎右衛門

右之外、中神順道ゟも別紙を以願書差出ス但順道は医術も功者ニ付、先達而家来ニ召抱、聊手当差遣、町宅為致医学所学頭取締申付置、先頃日記江認洩し候故、爰ニ記ス右者救民之一端政治之関《アツカ》ル処ニして、一段之事ニ付即刻承届、永続候様、役所ゟも年々手当差遣候積、元〆江申談ス、施薬所仕法申合書并出金之もの共名前、名前書をも為差出一覧せし処、凡出金高弐拾両程也、右之趣承伝へ加入之ものも逐々相増候由、此外百味箪笥又者薬籠薬具等寄進之ものも不少、右者畢竟取締行届、銘々善事を勤候義を心懸ケ相励候故之義ニ而、先頃余荷普請出金と申、国民之ためニ施を好み候は都而風俗之厚ニ帰し候趣意ニ而、自分本来之見込ニ叶ひ大慶不過之、猶此上誠意を尽し、恵民治国を厚く勤むべし但医師共ゟは年々拾五両ツヽ、差出候積之よし

廿七日昨夜ゟ雨四時頃止曇　寒暖計四拾四度

一例刻御役所江出勤○月並講釈ニ付、例之通広間江出席但留守中も始終講釈為致、今日者八佾之首章ニ至ル

廿八日昨夜ゟ微雪五時頃霽後曇風　寒暖計四拾三度

一荊婦儀、今暁九時過、平産女子出生、母子とも至而丈夫、安堵之事但御届者追而差出候積なり出生名前之儀者不相替、尊父君江相願候様、両母君仰ニ付、重便相願候積也○川嶋奥六ゟ伽之もの江迚、煮〆・菓子等差越候事

廿九日曇昼後折々霽　寒暖計三拾五度

一昼後一本杉境内、地役人稽古所江出席○地役人土屋丈平、上ケ洞御番所詰合中、打留候由ニ而嶽烏《タケカラス》一羽丸むきニいたし持参ス、形鴉ニ似て鳩ゟ少し大也、翼は

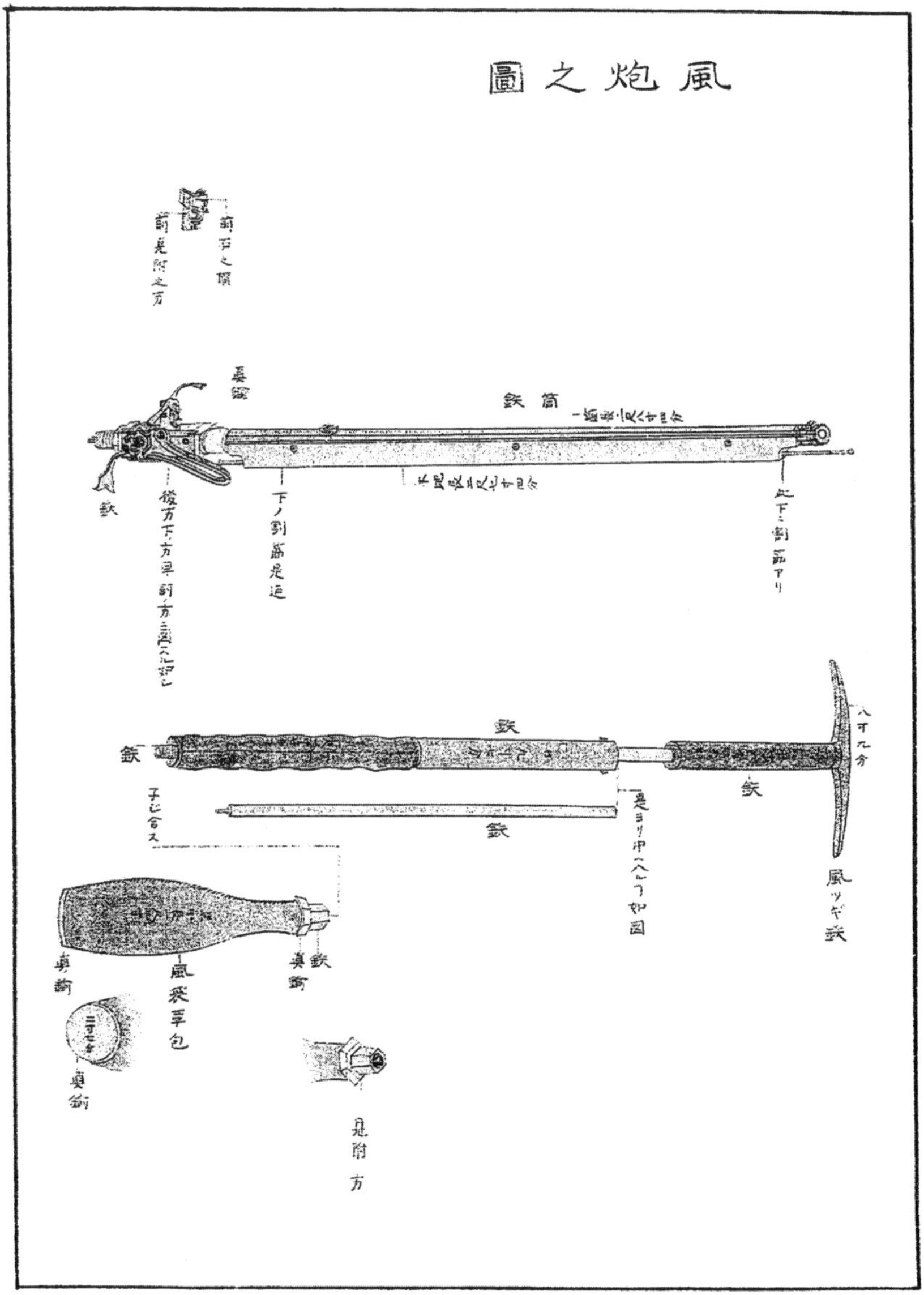
風炮之圖
鉄筒
鉄
八寸九分
風ツギ鉄

同早討之圖

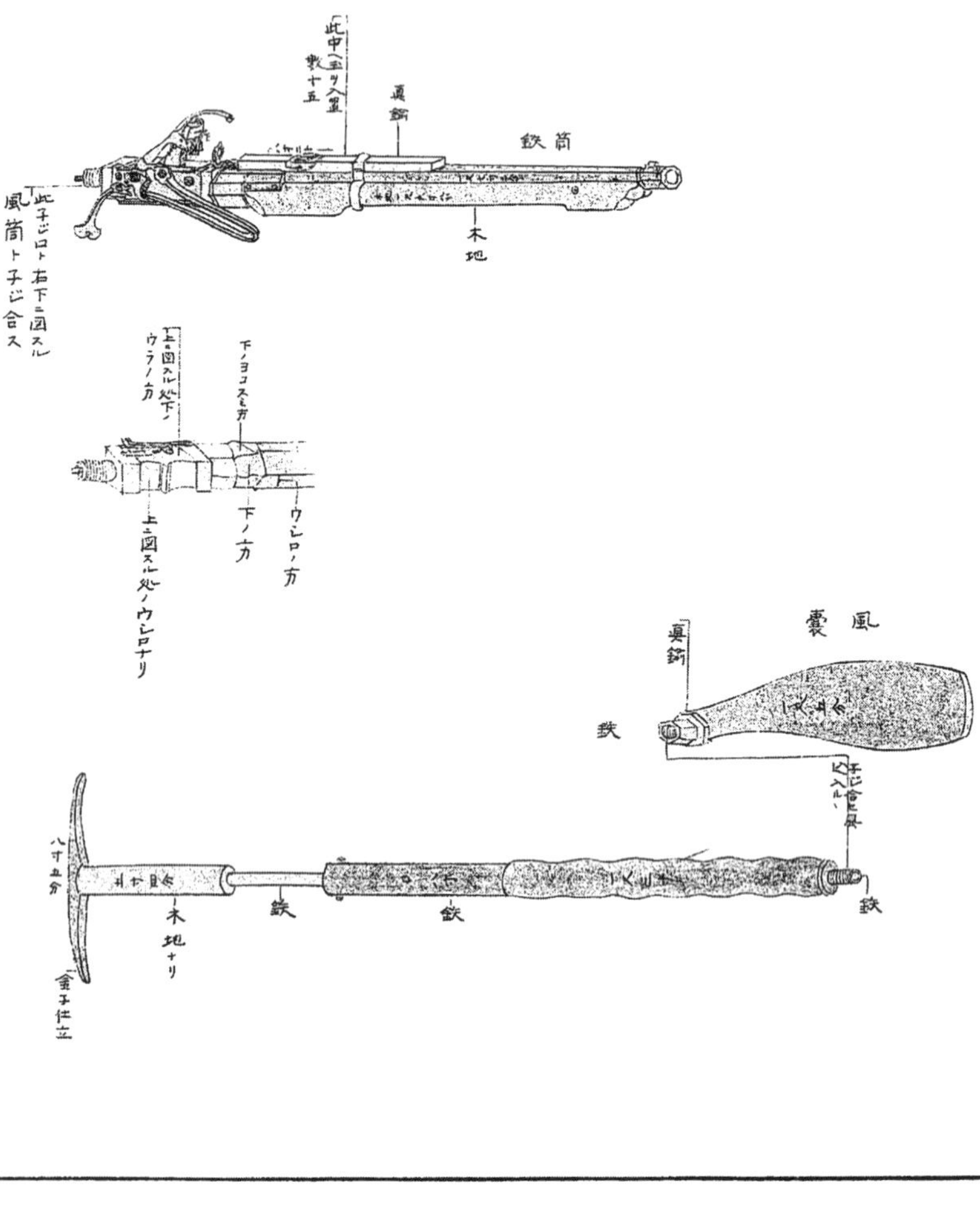
此中ヘ玉ツ入置 數十五
真鍮
鉄筒
木地
此子ジロト右下ニ図スル風筒ト子ジ合ス
上ニ図スル処下ノウラノ方
下ノヨコスミ方
上ニ図スル処ノウシロナリ
下ノ方
ウシロノ方
風嚢
真鍮
鉄
八寸五分
木地ナリ
鉄
鉄
鉄
金子仕立

翠黒色ニして光りあり、頸脊腹は少し色薄く白キ班あり、尾之後ロも亦白し、一説ニは是を仏法僧鳥と云、其囀ル声を以名付と云伝ふ、日光慈悲心鳥之類也、或は仏法僧ハ全く別種ニ而、嶽鳥は其声常之烏ニ似て濁りありと云、逐而糺すべし、上ケ洞村は乗鞍ケ嶽之麓ニ而、春冬は風雪甚しく寒威も当国第一也、既此程も鉄器抔手ニ氷り附キ、漬物之類雑氷りて難食といへり、隆冬之寒威思ふべし、故ニ嶽鳥も春冬は村里ニ下り餌を求む、雷鳥も此山中ニ多しといへとも、絶而村里ニ下ルことなし、雪中も藤松之中ニ蟄居して寒を凌、かの松実を食すとそ、嶽鳥左ニ図せしむ（半丁分、図の外枠のみ。省略）

江入、元〆江渡す

晦日　昨夜ゟ雨五時頃止曇　寒暖計四拾三度

一定便御用状、明朝差立候ニ付、兼而認置候、双君・両貴兄江之呈書・日記写一同封し、母君江差上候養老酒、益田紬其外三郎太郎袴着祝ひ遣候小刀・肴料・雛・小石・貝類、叔兄御注文之卓下并印材、画扇等箱

十一月大

朔日曇　寒暖計三拾九度
一陳屋最寄花里村字天満ノ森管(菅)公廟境内申義草堂ニおゐて陳屋ゟ四五町あり地役人共申合、当七月以来一、六ノ日、晋助ニ春秋を為講候由ニ付、励み之ため昼後自分も出席いたす荘公二十四年ゟ二十八年ニ至ル申義草堂は六七年前詩歌之会等いたし候ため、好事之地役人申合取建候よし、普請相応ニ而、椽先ゟ耕地曠々として松泰寺山を望、眺望尤よし、傍ニ文庫あり、是を花里文庫と称す、当国は書籍ニ乏しく候故、銘々所持之書物右文庫江収、又者積金等いたし逐々買入、融通して相互ニ読書を励候含みにて、文庫者取建なから、いまた其事を果し得ず、因而川嶋奥六、山崎十郎右衛門等頭取、猶亦申合、雑書之類迄追々相集候積、町人共之内ニも有志之もの有之候由但町人共之内ニは計而書籍贈居候もの有之、塙検校之群書類従抔、大部ニ而高金ニ候得共、田中半右衛門持レ所す、其余身元町人ニは相応ニ所持せり

二日昨夜ゟ密雪　寒暖計三拾七度
一例刻御役所江出勤○施薬所取建之義相願候医師共并右ニ付出金之もの共惣代両三人ツヽ呼出、奇特之段一応賞誉、施薬所手当米、年々差立候段申渡、請証文取之置

三日雪　寒暖計三拾四度
一赤田屋晋助儀、親代ゟ自宅ニおゐて年々釈奠仕来候処、当春陳屋門前江転宅いたし、至而手狭ニ而、右礼式も難相成候間、可成者町会所ニおゐて此節祭事いたし度旨、内々相願候ニ付、仕来通質素ニ仕いたし候儀者不苦旨聞済遣ス○越前本保陳屋ゟ幸便ニ而御用状来ル、卌(去)月十二日北海殊之外大荒ニ而支配所浦々之分も波除堤等打砕候由申越ス少々潰家も有之候得共、人馬怪我等者無之○斎藤勝平ゟ伽之もの江煮〆物弐重差越ス

四日雪　寒暖計三拾六度
一今日者出生七夜ニ付、内祝之赤飯申付、川嶋奥六、斎

藤勝平、中神順道并産婆江も花里村町方分三平妻夫々遣ス、尤奥六者度々深切ニ尋呉候間、有合之真綿百目、順道江は紋附服紗、金弐百疋、産婆江は鰹節并金弐百疋添遣ス
但産婆は出産之節ニ臨呼寄候事

五日雪　寒暖計三拾四度余
一岩田量平ゟ手製之醴酒、見舞ニ差越ス

六日曇昼後雪　寒暖計三拾五度
一夕刻順道ゟうなき蒲焼差越ス、美濃辺ゟ貰候よし、敬之助一同賞翫、味ひ相応也

七日曇昼後雪　寒暖計三拾六度
一例刻御役所江出勤、日限尋落着有之、評席江出ル○月並講釈ニ付、例之通広間江出席○江戸ゟ至来候由ニ而新海苔三拾枚、蒲ほこ一板、奥六ゟ差越ス

八日朝晴昼後曇折々疎雪　寒暖計三拾四度
一此程江都ゟ川嶋奥六方江申越候書状之趣ニ而者、浅草御蔵前通り床見世取払被　仰付、其外芝辺も同様之由、右者一段之御沙汰ニ而都下火災之節は勿論、都而市中御取締之一端ニも可相成候、当夏中御府内并在々戸籍取締方之義ニ付、御尋有之候節、床見世取払等之義者対策第一ニ申上候儀ニ而、矢部氏者当路之義〔人〕ニ付、其頃別紙ニ写取申遣候義も有之、尤市中猥ニ貸家等殖候義は心ある人々兼而歎ケ敷存候事共ニ付、素ゟ自分中立ニ寄、御沙汰有之候義ニは有之間敷候得共、仮染ニも書面ニ申上候廉、如斯御沙汰有之候得者、自から微意も貫キし様ニ被思、本懐大慶之至、且（平出）　御徳政之被為届候御事、実ニ雀躍ニ不堪、兼而日記江戸籍取締見込書をも認置候故、旁聞侭を爰ニ略記ス

九日曇　寒暖計三拾六度
一昼後、一本杉釼術稽古所江出席

十日快晴　寒暖計三拾四度
一今日者冬至ニ付、餅を為舂、雑煮ニ制し下々迄遣ス餅米壱斗為舂、余者貯置順道ゟ子供江迚汁粉餅差越ス○今日者珍敷快晴、寒気者却而強キ様ニ覚ゆ、自分帰陳以来終日快霽者初而也、

十一日曇折々疎雪　寒暖計三拾七度
一地役人共、釼術寒稽古、今朝ゟ相始候由申聞ル但三十日朝六時ゟ

十二日晴昼後曇折々疎雪　寒暖計三拾六度
一今宵六時過、江戸役所ゟ御用状至来、母君・両貴兄ゟ之御書状入封物弐封来ル、早速拝覧、母上様御初御安健大慶安堵、佐州ゟ者其後御便無之由、時節柄渡海六ケ敷故と被察、今便浅草海苔三拾枚、干大根并敬之助江新板之替り絵等被下候事菊池・三橋ゟも封物来ル

十三日晴昼後曇疎雪　寒暖計三拾六度
一明日定式御用便兼ニ納御年貢金差立候ニ付、尊父君両貴兄江之呈書認、日記写并養老酒五壷・由多賀江遣候綿入、三郎・おたほ江遣候小刀・鋏等箱江入、漬松茸二桶、其余菊池・三橋江之封物一同元〆江渡ス但関氏江遣候春慶塗木具膳弐拾人前、其外重箱等出来ニ付、書状一同箱江入、是亦今便さし立候事

十四日曇折々雪　寒暖計三拾三度
一晋助儀、来ル十七日、弥釈奠執行候由、届出ル

十五日雪　寒暖計三拾三度
一例刻御役所江出勤、吟味物有之、評席江出ル○来ル十九日ゟ以後、四、九ノ日脩武場ニおゐて釼術稽古相始候積、尤此節者地役人寒稽古中ニ付、此方稽古日ニは寒稽古揃刻限ゟ出席候様一同江申達ス○地役人五作次男甲之助事、山内學藏義侍(侍)召抱候迄、卅今日ゟ当分之内雇ニ差置候事

十六日曇昼後密雪　寒暖計三拾二度

一例刻御役所江出勤○地役人雄右衛門悴今井準次郎義、父願之通、無足見習申渡○明日釈奠ニ付、月並講釈今日為致、例之通出席

十七日晴　寒暖計三拾度

一五時出宅、松泰寺江雪見ニ罷越ス、昨日ゟ之密雪ニ而平地積こと尺余、更風無之故、樹々之梢、玉屑巧ニ鏤め、殊今朝は快晴ニ而遠望、更雲煙之遮ルなく、萬山一白風光絶勝也、山中遊歩、雪を煮、茶を吃し、四時頃帰陳但供謙輔・學藏スンヘンソウハ、キ用試ス○釈奠ニ付、手附斎藤勝平、自分名代拝ニ差遣ス金百疋備之

十八日快晴昼後曇　寒暖計弐拾六度

一今朝者寒気強、鉄器類江触れは氷り附て不離、日中も凍雪不砕○無人ニ而敬之助相手ニ困り候間、地役人悴共之内申合、毎日壱人ツヽ、参候様談置候処、以後左之名前之もの共代ル〳〵罷越候旨申聞ル

五作四男　山内政五郎　拾三歳
類助次男　古田梅三郎　拾三歳
次郎藏次男　松村粂次郎　拾四歳
利一郎惣領　田中苗太郎　拾三歳

十九日雪昼後止曇　寒暖計三拾弐度

一今朝ゟ脩武場ニおゐて鈖術稽古相始、六時過ゟ出席、試合いたす、都合出席弐拾人打抜為致候処、野瀬平三郎拾壱人打抜候間、叔兄御筆之画扇壱本遣ス○松村粂次郎、田中苗太郎相手ニ来ル

廿日曇折々雪　寒暖計三拾壱度

一昼後、奥六・謙輔、學藏江鈖術稽古いたし遣ス、謙輔、學藏は初而也、小六并地役人共も両三人出席ス○田中苗太郎、山内政五郎相手ニ来ル

廿一日密雪　寒暖計弐拾八度

一地役人共申合、中義堂ニおゐて一、六ノ日、晋助ニ春秋講釈為致候ニ付、勧学励之ため自分も出席いたし候処、逐々寒威烈敷、殊漫雪他行不弁ニ付、以後者陳屋

ニ而為講候積、今日者会日ニ付、八時頃ゟ晋助来、居間ニおゐて講釈いたす閔公元年ゟ同二年傳成季之将生せし章ニ至ル跡ニ而烈女傳為講、娘共初陰ニ而為承候事夜ニ入候間、晋助江有合之品ニ而夜食振廻、養老酒一壷遣ス出席自分とも弐拾七人○松村粂次郎、古田梅三郎相手ニ来ル

廿二日晴昼後曇　寒暖計弐拾八度

一松村粂次郎相手ニ来ル、馴染も附候間、今日ゟ順番ニ壱人ツヽ来ル日々之事故、以後は不記

廿三日晴　寒暖計弐拾七度

一例刻御役所江出勤○公事合有之、評席江出ル貸金出入

廿四日雪　寒暖計三拾壱度

一釼術稽古日ニ付、例之通出席、試合いたす、都合出席弐拾五人、手代小森貫次今日ゟ初而稽古ニ出ル

廿五日晴昼後曇　寒暖計三拾壱度

一例刻御役所江出勤○帰住申渡有之、評席江出ル○晋書今日迄ニ而不残読畢候事但百三拾本、合巻五拾一巻、外ニ目録并晋義弐巻○今朝卯之弐刻、寒ニ入ル

廿六日晴　寒暖計弐拾四度

一昼後晋助来、春秋并烈女傳を講す○七半時過御用状来ル、双君并両貴兄ゟ之御書状とも三封至来、御日記

一同拝覧、佐州ゟも近敷御便有之、尊父君御初御安健安堵令大慶候事但母君ゟ出生江守袋其外のり・新歴（暦）・願上ケ候煙草入・下ケ緒等御調被遣候事

廿七日曇　寒暖計三拾壱度

一例刻御役所江出勤○月次講釈ニ付、例之通広間江出席

廿八日雪　寒暖計弐拾四度

一例刻御役所江出勤○日限尋落着有之、評席江出ル

廿九日密雪　寒暖計弐拾九度

一例刻御役所江出勤○出牢申渡有之、評席江出ル似せ金一件○

定便御用状差立候ニ付昨日認置候、双君・両貴兄江之呈書、日記写并鶏卵、時雨蛤等、叔兄ゟ御注文之手あふり枠出来ニ付、菊池・三橋江之封物とも右枠江入、中野氏江之歓状佐渡奉行被仰付并同氏江遣し候奉書紙とも夫々封し、元〆江渡ス○釼術定日ニ付、例之通出席

晦日雪　寒暖計弐拾九度

一例刻御役所江出勤○日限尋申渡有之、評席江出ル○川嶋奥六所蔵之唐書借受、今日ゟ読始候事、

十二月小

朔日晴　寒暖計弐拾七度

一地役人方、釼術寒稽古昨日迄ニ而二十日相済候ニ付、残十日者毎朝脩武場ニ而いたし候積、今朝ゟ相初、例之通出席、地役人住裕二義今日ゟ稽古相始○昼後、晋助来、春秋并烈女傳を講す

二日快霽　寒暖計三拾壱度

一稽古場江出席但今日も打抜為致候処、子供ニ而者松村正三郎打抜候間、褒美ニ楊枝入并小刀等遣ス、且太田小六も是亦上ワ手之もの拾余人打抜、格別之出来、殊此程至而出精ニ付、下ケ緒遣候事○今日者珍敷快晴ニ而暖成ル方ニ付、手廻し之ため二階并二階下煤払いたし候事○照蓮寺輪番明後日出立、上京候由、暇乞ニ来ル、面話交肴持参

三日快晴　寒暖計弐拾四度

一稽古所江出席但今日者両頬江人数を分ケ、一同ニ試合いたし、合図を定め組討為致候処、下タ頬勝軍ニ付、一同江有合之蜜柑遣ス○今日も快霽ニ付、十畳ノ間煤払いたす但昨日押入等は大

概片付置○唐書本紀四巻読終ル但拾本合巻、紙数弐百弐拾四枚
四日曇　寒暖計弐拾七度
一稽古所江出席○文章軌範続篇とも六巻、古注周易五巻、唐二體詩三巻、払物之由ニ而順道持参、下料ニ付調置
価壱分一朱
五日折々煙雨　寒暖計三拾六度
一稽古所江出席○今日者一時ニ寒気ゆるみ、当国ニは珍敷暖気ニ而、寒中雨降候儀者古老も不覚由、雪も少々ツ、解候様子也、凌能は候得共、甚不時候と云べし○稽古ニ出候地役人共雪中ニ而野試合いたし度旨、一同相願一段興可有之事ニ付、練兵旁松泰寺山下平場ニ而、今日試合為致候積、九時過出宅、今日者暖ニ付敬之助も同道順道参、相手之子供三人、斎藤仁吉も罷越ス山下一之御鳥居外、神楽殿江幕を打、自分、敬之助着坐但楽殿方四間計り、差引之地役人其外遊軍之分爰ニ控居楽殿之前、左右弐拾間程隔て幕を張り、両軍之兵帷幕之内、笘を束ね、其上ニ憩ふ、火を焚寒威を凌く、兵粮は大鍋ニ而焚、詰飯ニし梅干を添て両陣江送ル兵粮方は遊軍之地役人勤之、尤銘々ゟ米三合ツ、を出す奥田大藏ゟ取調差出候両軍名前其外左之通

庄村翁助　土屋精一郎
沢田孫之丞　野瀬平三郎
古田晋平　青山伴平
太田小六　松村次郎藏
山内直右衛門　沢田秋平
飯山禮次郎　田宮金四郎
小森貫二　冨田小藤太
永幡謙輔　住　裕二

遊軍

奥田大藏　石黒礦藏　松村正三郎　今井準次郎
直井兵左衛門　古田類助　田中利一郎　直井顕藏
山内小十郎　岩水隆藏　田近亨三郎　飯村健次郎

相図

勢揃螺貝　手初太鼓　引拍子木　後陳繰出シ太鼓
組討螺貝

右初度試合組討なし、上頬強メ也、再度試合組打、上頬大将討死、惣敗軍、下タ頬勝利、遊軍之内ニは試合之出来候ものも有之候得共、面・具足自分所持とも拾六、外無之、因而人数不足也但こて・めん江戸表江注文申遣ス勝頬銘々江恩賞として浅黄木綿之頭巾遣し、自分他行ニは必用之故ニ今日勝軍之分江は頭巾差免し、銘々自前ニ而冠て歓躍意気揚々、勝敗之兵士判然たり一同江饅頭遣候事七時過一同帰陣

六日雪　寒暖計三拾九度

一例刻御役所江出勤○日限尋申渡有之、評席江出ル○今日も稽古所江出席○昼後晋助来、春秋并烈女傳を講す

七日晴昼後曇　寒暖計三拾四度

一例刻御役所江出勤○月次講釈ニ付、例之通広間江出席○今朝も稽古所江出ル、地役人弥左衛門悴田近亨三郎今日ゟ稽古相始、同人実家者冨山藩中ニ而四、五年中條流稽古いたし候由、他流殊初而之事故、自分直ニ試合いたし遣候処、未熟に而一躰之試合口も山口流ゟは劣りたる方也但冨山藩中ニ山口流、中條流師範家三人ツヽあり、領主も一代替り、右流儀を学ひ候よし○斎藤勝平儀、下麻生縄場江御材木川下ケ取締として、明日出立いたし候ニ付、娘共ゟ餞別ニ下ケ緒(紹カ)・猪口・綿おんじやく并歳暮として金三百疋、繻肩衣裏地とも相添遣候事

八日雪　寒暖計三拾三度

一稽古所江席、今日ゟ敬之助も稽古いたす

九日曇　寒暖計三拾弐度

一例刻御役所江出勤、日限尋落着有之、評席江出ル○今朝も稽古所江出席、五作三男山内増太郎并御蔵番小峠平吉、宮崎七兵衛、今日ゟ稽古相始出席、都合三拾弐人

十日曇　寒暖計三拾六度

一稽古所江出席、今日迄ニ而寒稽古相済日数十日出席都合三

拾四人来ル、十五日稽古納之積、昼後稽古所煤払いたす但銘々持寄ニ而雑煮餅を製、昼後浴湯を設、一同入湯為致候事

十一日薄陰折々雪　寒暖計三拾卅九度

一昼後晋助来、春秋并烈女傳を講ス○寒稽古出席、名前試合遍数等調出来に付、地役人冨田小藤太ニ為教認、稽古所江張出候事但小藤太者学問も有之、書を能す、楷書ニ妙也

十二日薄陰　寒暖計卅三拾弐度

一例刻御役所江出勤○出入医師野口養安・加納通元・養元悴北川養説医業出精に付、手当増申付、町医小辰友賢、是迄亦出精ニ付陳屋出入申付、手当差遣段、広間ニおゐて申渡ス○四時頃御用状来ル、母君・叔兄ゟ之御書状・御日記とも到来、皆々様益御機嫌克大慶安堵之至、佐州ゟは其後御便無之由、愈御安健之御事と令祝賀候事但関氏ゟ之届もの之由、新海苔三拾枚被下候事

十三日晴　寒暖計三拾度

一例年之通、居間、表、勝手其外役所向とも不残煤払いたす但手伝ニ参候人足江先格之通、酒弐升、肴料一朱遣ス○寒稽古皆出席之もの江遣候扇子画梅斎相認持参但都合七本、晋助江も教戒ニ可成詩語認候様申付、扇子遣置○定便御用状差立候ニ付、尊父君・叔兄江之呈書・日記写江こんふ・鯣等添、菊池江之一封とも封し込、元〆江渡ス但母君江歳末之御祝義として金三百疋呈上、正一郎江同弐百疋、三郎太郎、おたほ江手遊料百疋遣ス

十四日曇　寒暖計弐拾九度余

一畳屋四人来、畳替ニ取懸ル、何様見苦敷相成候とも被用候丈ケは取繕、其余床顕レ候程之分計り為替候積申付ル

十五日晴　寒暖計三拾壱度

一今日者脩武場稽古納ニ付、昼九時揃、手代・地役人其外とも都合四拾三人出席但平服、順道・晋助・梅斎等見物、且手伝旁来ル頬懸ケ試合打抜等いたす但自分も試合いたす○寒稽古其外定日皆出席之もの江褒賞として、左之通遣之

*「修天」一
○稽古着　一　脩武場寒稽古
但白木綿一反　○皆出席
○面ひこ　一　○皆試合　松村粂次郎
但止ニ而製す

*「天奉」一
○蝋石硯
□筆墨　三対壱挺　奉義舘朝稽古
半切紙　○皆出席
△撓刀革　○皆試合　今井準次郎
鐔　同所
△定日試合数第二

*「修地」一
○○革胴乱　一　修武場寒稽古
○皆出席
△扇子　一　○皆試合　土屋精一郎
晋助筆　奉義舘朝稽古
△皆出席
○下ケ緒　一　奉義舘朝稽古
小刀　一　○皆出席

*「奉地」一
□撓刀革　修武場（衍字カ）場寒稽古
鐔　□皆出席　飯山禮次郎
△扇子　弐　皆試合
叔兄君并晋助筆　奉義舘△○定日試合数第一

*「修人」一
○革下ケ緒　一　修武場寒稽古
○皆出席　松村次郎藏
奉義舘朝稽古
○革下ケ緒　一　○皆出席

*「奉人」一
△撓刀革　修武場寒稽古　沢田孫之丞
鐔　△皆出席
皆試合

一
○煙草入　一　修武場寒稽古
○皆出席
△扇子　一　皆試合　青山伴平
梅斎筆　奉義舘朝稽古
△皆出席

一 ○煙草入 □扇子 梅斎筆 △先革　修武場寒稽古 一 ○皆出席 一 奉義舘朝稽古 ○皆出席 同所定日 △試合数第三　古田晋平

一 ○扇子 晋助筆 △先革　一 修武場寒稽古 ○皆出席 一 △皆試合　野瀬平三郎

一 ○扇子 梅斎筆 △先革　修武場寒稽古 一 ○皆出席 一 奉義舘朝稽古 △皆出席　庄村翁助

一 ○扇子 章斎筆 △先革　一 ○△同前　田宮金四郎

一 ○扇子 章斎筆 △先革　一 修武場寒稽古 一 ○皆出席 △皆試合　永幡謙輔

一 ○扇子 章斎筆 △先革　一 ○△同前　太田小六

一 扇子 梅斎筆　一 修武場寒稽古 皆出席　沢田秋平

一 扇子 同筆　一 同　山内直右衛門

一 扇子 同筆　一 同　奥田大蔵

一 扇子 同筆　一 同　住 祐二

一 扇子 叔兄君筆　一 同　小森貫次

一 水入 但陶器 おしとり　一 武者草双紙 弐冊　同　豊田敬之助

一 扇子 梅斎筆　一 同　田近亭三郎

都合弐拾人

但奉義舘定日ニは皆出席之もの無之、故ニ試合数第三番迄を賞ス、賞誉之廉同等成候ものは都合而試合数之多少ニ寄順列す、品物者勿論、扇子之画柄并詩語者句々文意迄、翫味之出精之厚薄ニ随ひ与之、褒貶之調尤公平細密也

一　燧袋　一是者頭取稽古所世話いたし格別出精ニ付、別段遣ス　奥田大藏
但羅紗大巾着、大藏は身躰長大故ニ燧袋と揄し遣之、一同捧腹
一　懐中刀鈒鍛首分指但袋入　是者今日弐拾三人打抜候間遣之　土屋精一郎
○試合相済、一同江赤飯并酒肴差出ス、当国之ものは多く酒を嗜、就中地役人之内大藏・小藤太は酒量あり、吸物椀ニ而数盃を傾け、猶依然たり、文武之盛なるを賀し、自分初惣胴揚ケ、暮合頃、各歓を尽して帰ル、尤勇々敷愉快限りなし○松村粂次郎、今日より稽古相始次郎藏次男○今日料理左之通
一味噌吸物つみ入のり　一硯蓋七色　一鉢肴鯛
一大平雉子てり　是は至来もの臨時ニ出ス　一赤飯壱斗五升　一酒壱斗
今日者おきく誕生日ニ付、赤飯は下々迄一同遣ス○例年之通、来春之門松錦山ゟ伐出し、陳屋江引入る、人足廿五人江百文ツヽ、日雇頭江弐百文、都合弐貫七百文、其外酒肴も遣ス但酒壱斗弐升
十六日快霽　寒暖計弐拾五度余
一例刻御役所江出勤○手代岩田量平妻、一昨夜出産男子出生、母子とも丈夫之由歓として交肴遣ス○昼後晋助来、春秋并烈女傳を講ス今日は納会ニ付、晋助并聴聞ニ出候同人悴江、取合之品ニ而酒食遣ス
十七日密雪　寒暖計三拾弐度
一今朝五半時出宅本供清服松泰寺（平出）御宮江拝礼ニ出ル献備金百疋　夫ゟ大雄寺江墓参香奠金五拾疋納四半時頃帰陳、大雄寺ニ而者汁紛粉餅を出ス○月次講釈ニ付、広間江出席今日納也夫ゟ御役所江出勤○炭焼并薪伐出候村々之儀、申年凶作以来人別減し候ニ随ひ、右職方之もの少く、且諸色高直ニ随ひ、おのつから両様とも払底ニ相成、下々難渋之趣ニ付、奥六江申付、種々工夫、此程別段村々ゟ薪為伐出、右之内炭ニ焼立、仮ニ名主宅を会所ニ補理、安直段ニ而為売渡候積、今日左之通、市中江触書差出ス
一躰は町会所ニ而可為売渡処、炭薪取扱之義ニ付而者、町年寄共聊等閑之義も相聞候間、町方分名主宅ニ而取扱、褒貶之義を明らかニす、且炭焼引受候も在方之ものなれば也
高山市中ニおゐて、相用候炭薪払底ニ而、極寒之時節、小前末々之もの共及難渋候趣相聞候ニ付、救之

ため炭は吉城郡船津町村源七江申付焼立、薪者近村々ゟ為伐出、高山町方分、名主長九郎宅ニおゐて、安直段を以為売渡候間、望之もの者同人方江罷越、可買請候、勿論右者末々之もの救之ためニ候間、重立候もの江者不売渡筈ニ付、其段可相心得候

右之趣、高山市中江可相触もの也

丑十二月十七日　高山御役所

高山町
町年寄
高山町方分
名主

炭薪売場高札案

定

一炭拾貫目ニ付　代銭弐百四拾八文
一楢薪壱間ニ付　代銀拾四匁
一かなき同断　代銀拾壱匁弐分
一松同断　代銀七匁八分四厘

右之通可売渡もの也

丑十二月十七日　高山御役所

右薪壱間とは、巾三尺竪横壱間四面ニ積上ルを云、かなきは楢江雑木を取交たるを云、土地之方言也薪ニ縄を懸ケたるはなし当国は山林稠密之土地故、炭薪は自在ニ可有之筈之処、炭薪ニは大木巨樹は難用、亦頃合之立木有之候而も市中江程遠、嶮岨之場所ニ而ハ運送ニ賃銭かゝり、高直ニ相成不弁ニ有之、亦右等を請負候ものも、利潤無之候而者不引受、利潤厚く候而は、窮民救之ためニ不相成故ニ、其処置易キニ似て甚六ケ敷、前書源七は志シ有之ものニ而、自身之入用ニ而、（衍カ）土釜市中之難儀、且自分初手代共迄人民救之義骨折候を深く察し、自身之入用を以土釜築立、炭焼立之義相願、奇特之事故早速聞済、同人者兼而陳屋出入之ものニ付、其頃勝手ニ而目通申付、志之程賞誉、自紋之服紗等遣候義に而、高山市中ニは身元之もの有之候得共、志シ源七ニ不及ニ哉、又者右様之世話届兼可申と之懸念ニ哉、願出候ものも無之、源七は身元も宜く、且差働有之、格別ニ差はまり、自身骨折候様子一段之義、自分之微意も届

キ大慶之至也、炭価之義拾貫目ニ百五拾文ゟ高直ニは売渡間敷旨、先達而も触渡候得共、自然払底故、内実は相対ニ而五六百文に売買いたし候由、是以払底ゟ（故）之義、事実無余義訳ニ而、法を以直安ニ可為売渡様無之、其根本ゆるやかニ相成候得は、不触渡候とも、おのつから一躰之価引下ケ候道理ニ付、此程専ラ為焼出候也、源七手ゟ焼出候炭は一段恒合よろしく弐百四拾八文ニ而買請候得は、寔ニ格外之相違ニ而、薪迚も亦同様ニ有之、炭薪は時節別而必用、片時も難欠、其日稼困窮之もの共は、纔弐三十銭之炭薪を其日限り買取、老幼寒夜を凌キ候義、実ニ価之高下ニ寄、人命ニもあつかり候程事ニ而、此一挙窮民幾許之助ケニ哉、源七之志尤賞べし、併是等は元〆等能国事ニ力を尽し、自分之指揮を守ル故之義、詰ル処、（平出）公儀之御恵深く思べし

十八日晴　寒暖計ニ拾壱度

一例刻御役所江出勤〇水油高直ニ而国中難渋之趣ニ付、先達而種もの絞草、他国出差留、其後諸色直段引下ケ之義等逐々中渡、漸々取締も行届候処、兎角水油高直ニ付、此程不時ニ仕入諸帳面取上、為取調候処、外並ゟは利潤格別余分ニ相当り不埒ニ付、今日水油渡世之もの十人呼出、一ト通糺之上懲しめ之為メ、一同手鎖宿預申付候事但水油は日用之品ニ付、外渡世之もの江絞り方申付候事〇越前本保陳屋ゟ御用状至来、越前は例年ゟ格別深雪ニ而、風雪之ためニ生命を失ふものも不少といへり、既去月廿日夜大風雪荒ニ而、支配所南條郡燧村一向宗専念寺庫裏後ロ之字佐山蕎麦ケ谷之積雪、同夜八時頃一時ニ吹出し、庫裏おし潰シ、住持大量初メ家内六人とも積雪ニ被圧、尤右之内悴両人は、辛して雪下を這出、早鐘を撞、村人を呼集、早速積雪掘起し候処、何レも気絶いたし積、種々手当之上、大量外弐人は蘇り候得共、同人妻、みとは養レ療不相届、同村小兵衛後家つよ方も同様に而、同人も変死いたし候由、今便御届書差越ス、誠ニ意外之災難、尤可惧非業之死可憐〇地役人悴共等追々稽古相始、稽古道具不足ニ有之、厄介多之地役人は困窮ニ

而、中々次男三男之稽古道具拵候余力無之故ニ、此程麁末成ル面・小手等革屋江申付拵させ、竹具足は手前拵之積、益田筋ゟ竹取寄、今日昼後ゟ地役人三十人余出席、稽古所ニ而具足製作、都合六通り出来ス、綴糸は苧縄を用ゆ苧は越前表下料ニ付、廻村之頃調置候也　右出来之分夫々貸遣、又者所持之積遣候事

十九日晴昼後疎雪　寒暖計三拾度

一自分義少々風邪、順道薬服用要心之ため平臥、尤食味等は相替義無之候事○昼後修武場申合稽古有之、地役人其外三拾人出席、試合いたす○夜ニ入御金宰領帰便之御用状至来　母君并叔兄ゟ之御書状来ル、其後益御安健大慶之至、願上ケ候画扇・筆墨・干魚・塩引鮭・沢あん・紫蘇・千枚穠漬・煮餅・海苔・七色唐からし等被遣候事菊池・三橋ゟ之封物も来ル

廿日快晴　寒暖計拾九度半余

一自分風邪快床を上ル、風薬者猶相用候事○今日者当冬初而之烈寒ニ而庭中之流水悉く氷り水声微也、快霽なれとも樹々梢頭之霜露氷り、日ニ映して甚清麗、松葉は実ニ銀針之如し

廿一日曇昼後霰交り寒雨　寒暖計弐拾四度余

一飛騨・越中国境神通川籠之渡は、兼々日記江認置候通、当国第一之難所ニ而旅客之往返は勿論、諸荷物運送等万端差支、殊更危険之懸渡故人民之難渋不少、されとも急流懸崖ニ而橋を可渡便り無之、既寛政度飛騨一国御改正之頃、人民御救之ため籠之渡を刎橋ニ替候様之義御沙汰有之、其頃之郡代飯塚伊兵衛取調之上、刎橋目論見候処、長拾四五間之大材数本無之候而者難出来、御入用八百七拾両余相懸り候而已ならす、出水之頃保チ方無覚束由申上、御沙汰止ニ相成候義ニ而、寔ニ海内無類之難所ニ候処本文調之趣は引渡書物巨細認有之　此度東川原町松木屋六兵衛義工夫いたし、自分入用を以左之雛形之通新規橋を懸ケ申渡度旨願出但橋之様子其外鎖等迄悉く雛形ニいたし差出ス　右仕法は大鎖三筋両岸之岩より岩江引渡し、右を橋台ニいた

し、其上江橋を補理候積、右之工夫ニ候得者凡入用四百両程ニ而出来候よし、鎖は数百年朽腐之憂無之、万一洪水有之候とも、橋而已押流候故再造も至而心易く、是迄も渡シ銭取候故、此後も聊ツヽ橋銭を取候ハヽ、橋之修復ニは十分引足可申、願之趣再応相糺候処、全
(平出)御国恩を難有存、人民救之ため誠意を以相願候段無相違、一躰之工夫仕法も成就可致様被存候間、願之趣承届、尤多分入用も相懸り候事故、取懸り万一出来兼候而者無益之儀ニ付、場所再応見分之上、其筋功者之職人共とも能々打合、得と成功之見居を極メ取懸り候様申渡ス、一躰当国は都下懸絶之地ニ而、魚・塩其余諸色とも都而越中富山ゟ運送候処、件之懸渡ニは殆差支候義ニ而、弥右之通成就いたし候得は、人民之難渋を救候而已ならす、一国之繁昌相倍すべく、実ニ禍を払ひ福を得ルと云べし、右六兵衛者代々当国住居之ものニは候得共、以前は山方日雇等相稼至而身薄ニ候処、家業殊之外出精、其上何事ニ寄らす諸商売諸職之事ニ委しく、就中木方山林之義功者ニ而、飛騨一国中之事は都而暗記し、能実地を踏て弁用双なき一奇物故ニ追々身上仕出し、当時は五六百両之田地所持、千両余之分限也、元来差働有之篤実一偏ニは無之候処、中年ゟ格別身分を慎、中年凶作之頃も窮民江余程之施いたし候由当年五拾弐歳殊至而倹素ニ而元を不忘、常ニ麁服を用ひ、今ニ羽織等着し候義無之、昨年来取締筋申渡候以後は猶更善事を勤メ、今般之義抔も国中之ため工夫を凝し願出候義ニ而、志之程可賞甚奇特之事也、尤右一事ニ不限、国中取締之義ニ付而も種々骨折、政治ニおゐて益を得ルことなきニあらす、一匹夫といへとも其志と長する処とニ寄、亦国事ニ用ゆる処あり、宜しく優憐を加へ其善行節義を全ふ卄《せ》しむべし、是迄は改て目通も不申付候間、今日昼後勝手江呼寄、目通りニ而志之程賞誉、且橋懸ケ方之工夫其外国中山林之様子等迄承り、賞誉之心ニ而例之紋付服紗并有合之鴨一番遣ス但本文之如キ之類願出候は、取締行届候余程徳とも可申、寛政度御改正ニも成就難成為義を、此度企候は尤之本懐之至、何卒成功候様いたし度事

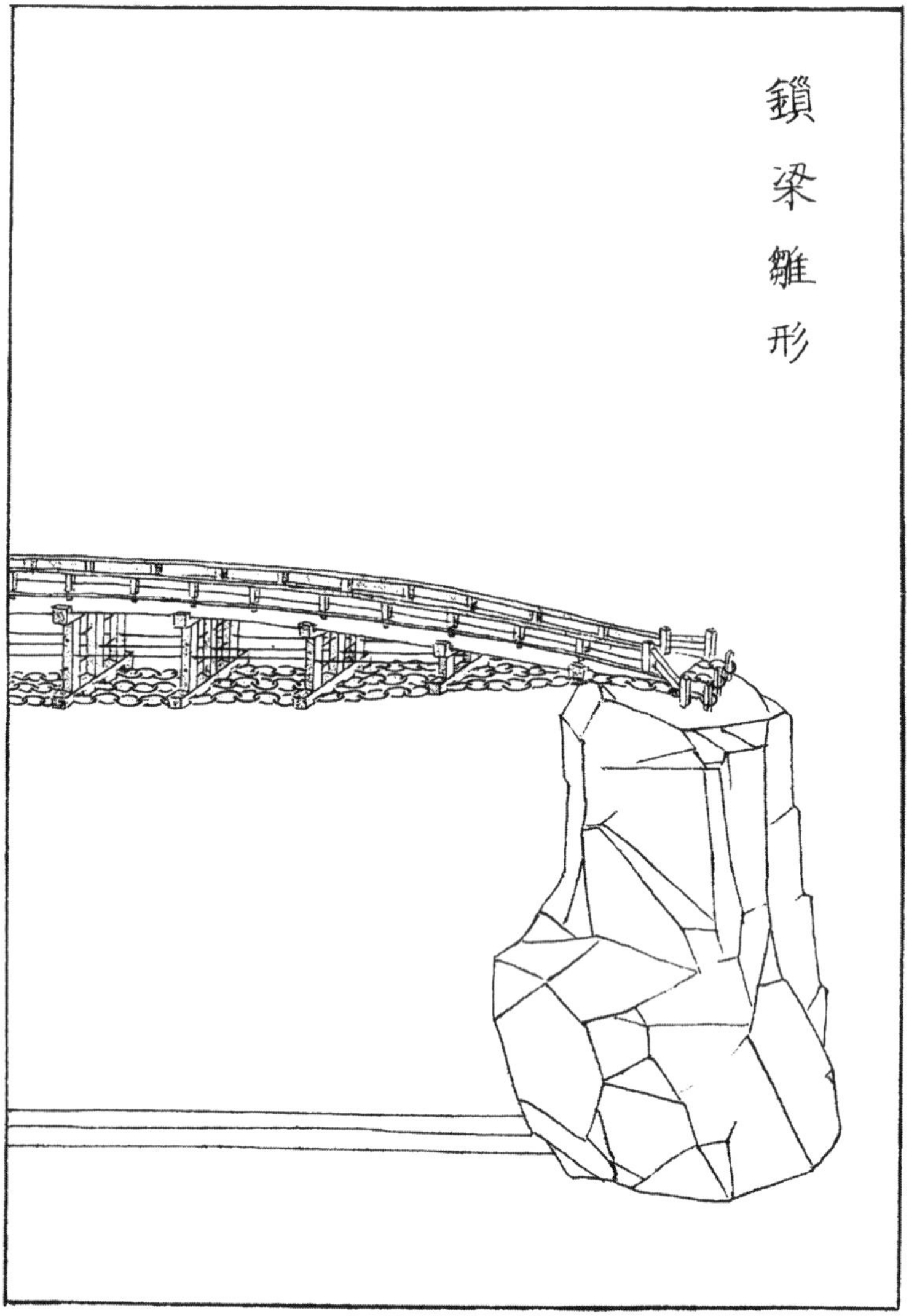
鎖梁雛形

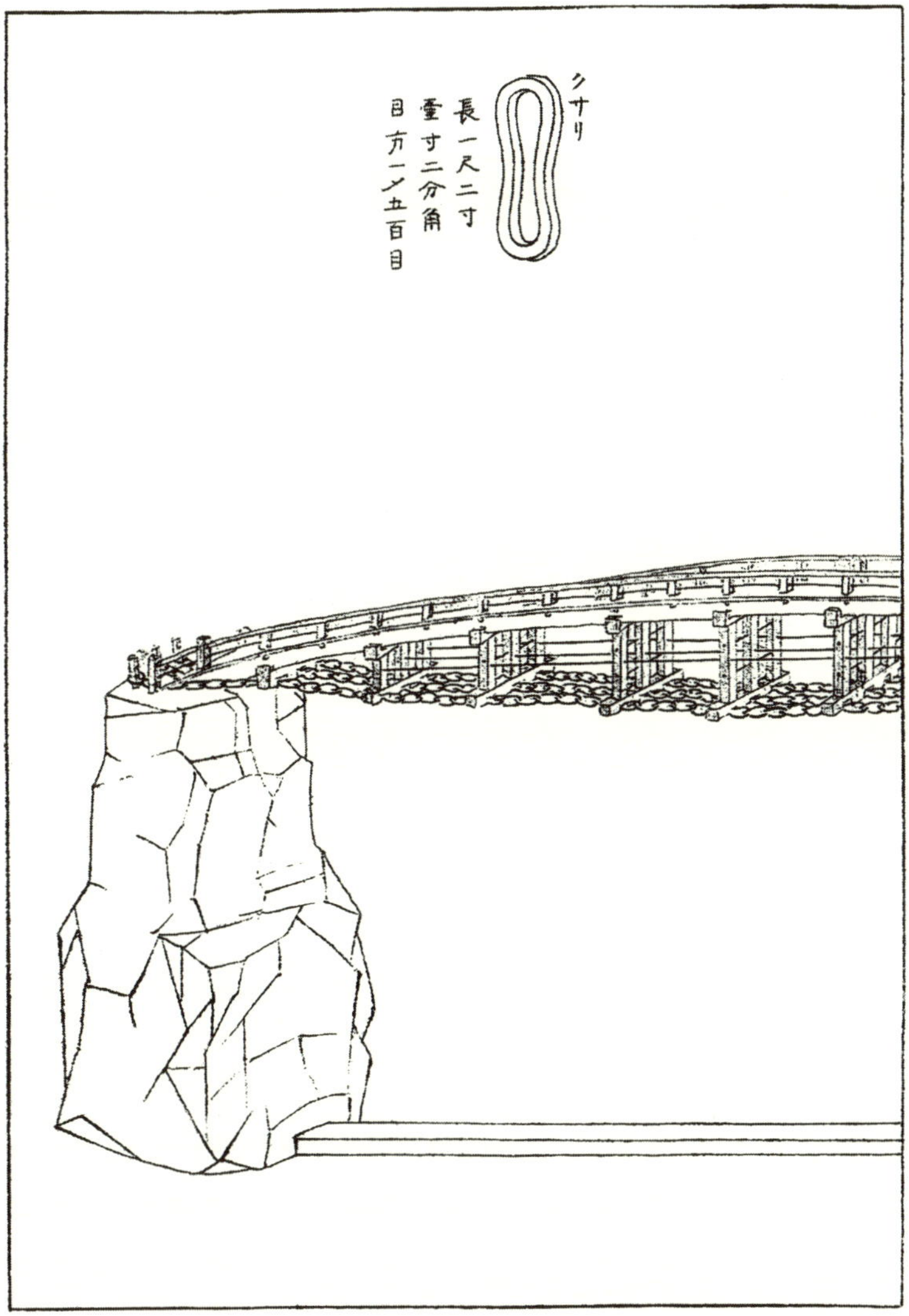
クサリ
長一尺二寸
壹寸二分角
目方一〆五百目

廿二日曇昼後晴　寒暖計三拾四度

一越前本保陳屋江之御用状差出ス○奉義舘稽古納ニ付、昼後ゟ出席、地役人初め都合三拾五人出席、銘々山口流之形等遣候事但麁末成ル煮〆物に而酒差出ス

廿三日朝晴昼後薄蔭　寒暖計三拾度余

一例年之通、今日餅を為舂候事但餅米役所江遣候分とも弐石、餅舂人足六人来ル、酒肴并銭弐百文ツヽ、遣ス

廿四日快晴　寒暖計三拾弐度余

一昼後大雄寺江謙輔代参ニ遣ス、金百疋、鏡餅一銙相納候事○節分ニ付、今夕儺之嘉例をいたす但年男新保文蔵勤之○今日之節分何レも覚違、明日と心得居、鬼打豆は勿論、何ニ而も支度不致、然ル処、夜ニ入斎藤勝平悴仁吉服を改メ礼ニ来候故、何れも不審ニ存、明日之節分ニ前日ゟ祝儀ニ参候は手廻し宜キ事ニ候抔戯候由、仁吉帰候後承り、念之ため暦取出し改候処、今日ニ相違無之、其内長屋ニ而儺之声いたし、且嘉例之通修験大成院も荒行之姿ニ而勝手江参り、祓等いたし候ニ付、家眷あわて急ニ鬼打豆煎立、験者江遣候初穂抔包み、又は年男江上下為着候抔申罵り大混雑、漸五時前嘉例を畢りぬ、最初仁吉を密ニ嘲り候事共幾度も云出大笑を発す、俗間歳晩ニ宴を開キ歓を尽スを年忘レと歟唱へ候よし、今日之一挙は真之年忘なるべし

廿五日朝雪四時前ゟ霽　寒暖計弐拾八度

一明日ゟ御役所割出ニ相成候間、廿九日之定便例年之通、今日江引上ケ差立候ニ付、昨日認置候書状　母君江おきたゟ差上候褥并関氏等江遣候塩鱈、其余菊池・三橋等江之封物箱入ニいたし、元〆江渡ス○陳屋勝手附土蔵皆出来ニ付、諸道具追々相詰候事手代共江も勝手次第道具入置候様申達ス

廿六日快晴　寒暖計弐拾七度余

一当国打保村百姓喜兵衛兄弥兵衛儀、松坂三郎左衛門御代官所甲州上石田村ニ行倒、相煩罷在候由ニ而引取之儀懸合越候間、右喜兵衛呼出相糺候処、同人兄ニ相違

無之、右者兼而江戸表ニ出稼罷在、先頃人別取締筋之義ニ付、追々申渡候趣申遣候故帰国之積、途中ニ而相煩候事ニ可有之、引取として明日出立いたし候旨此程申立、一体極困窮ものと相聞、殊右躰途中ニ而相煩候而は猶更難渋ニ可有之、且申渡之趣相守立帰候は殊勝之事ニ付、旁別段之訳を以手当銭三貫文差遣、彼地逗留中療養手当入用等之義、自力ニ難及分は帰村之上、追而取調差遣候積申渡置候事

廿七日　密雪昼後ゟ雨　寒暖計弐拾八度

一陳屋出入町人・職人共諸払、通帳面之分其余とも一昨廿五日迄ニ金高〆上ケ持参、今日諸払金請取として印形持参り候様、兼而勝手ゟ廻状ニ而触置、今日一同ニ払方いたす、此分〆金弐拾三両弐分弐朱也但呉服物は勿論、豆腐・魚類等迄諸色都而盆暮弐季払也〇給金其外歳末祝儀遣候分、今日迄に而不残相済候事〇例年之通今日松かさりいたす

廿八日　密雪風　寒暖計三拾弐度

一嘉例之通例席ニおゐて但熨斗目長袴着用手代・地役人・町年寄、赤田屋晋助、出入医師共歳晩祝儀之礼受ル但晋助者是迄五節句ニも広間江礼ニは不罷出候得共、兼而陳屋出入ニ而座敷講釈をも申付、一躰篤実温行之人物ニ付、何様取用候而も人ニ誇候様之義は決而無之、表ニ而目通等申付候得者、おのつから人之取用も宜く、文事を勧め候一端ニも可相成哉ニ付、此度本文之通申付候事〇手代・地役人勤方は勿論、国中取締筋も逐々行届候趣ニ付、以後励之ため旁今日礼済、広間ニおゐて左之通書取を以申渡、褒優之寸意を表シ、奥六江は紋附肩衣一具、其余一同江酒食遣ス但時分柄ニ付、料理代ニ而遣候事

申渡

元〆手代　川嶋奥六

外　手附　共
　　手代

地役人共

右昨年来、流弊改革其外勤方之儀ニ付、申渡候趣何レも厚相守、奥六儀は別而差はまり重立万端心附、一同出精ニ而銘々勤方者勿論、国中取締筋も追々行届候趣ニ相聞一段之儀、御時節柄自分ニおゐて安心

ノ事ニ候、猶此上誠意を尽し精励可致候
但地役人悴共儀も等何レも文武出精、身分慎方も
宜由、是亦一段之義、猶無油断可相励候、此段地
役人頭取共ゟ可申付候

丑
十二月廿八日

金百疋　　　　　　　　　元〆手代
別段紋付肩衣一具　　　　川嶋奥六

金三百疋　　　　　　　　外
　　　　　　　　　　　　手附
　　　　　　　　　　　　手代　共

金千疋　　　　　　　　　地役人共

○順道歳末之礼ニ来ル、当暮所々ゟ差越候謝物五拾金
余ニ及候由、外医師共も同様是迄ニ無之、謝儀集り方
宜、極貧之もの迄も意外ニ挨拶等いたし候由、全政教
被行風俗厚ク相成候故ニ可有之旨、医師共申合、当人
者勿論、一同難有狩候由申聞候間、右者施薬等いたし、
病家之ためニ誠意努力を尽し候故之義ニ可有之、猶出
精候様申諭遣ス

○暮合頃御用状至来　母君・両貴兄ゟ之御書状入封物
来ル、早速拝覧　皆々様益御機嫌克大慶不過之、佐州
ゟは其後いまた御便無之由、不相替御安健之義と拝賀
願上ケ候、小遣物類夫々被遣、母君并嫂君ゟ娘共眉
はき、小切類其外橙柑等被下候事菊池・三橋ゟも書状来ル

晦日雪昼後ゟ霽　寒暖計弐拾五度

一歳末祝儀其外手当等追々差遣候分并諸払方等左之通

一三百疋　母君　一百疋町野伯母上
一弐百疋正一郎　是者当暮取落候間、早春上ケ候積
一五拾疋手遊料三郎おたほ江　一紬一反菊池隠居
一百疋おかね
一五拾疋平井裕二郎　一五拾疋岡田豊
一三百疋真錦(綿)一包多田龍斎
一三百疋進野延左衛門此分江都江差立候目録〆三両弐分弐朱
一百疋ツ、　両母君并荊婦母君江は并荊婦ゟ別段上ケ候事
一五拾疋永曲《ハタ》謙輔　一金一朱ツ、侍両人
一百疋下女中間八人江但弐百文ツ、　是者家内之分〆壱両壱分一朱

一八両壱分給金　一三百疋川嶋奥六
一火打袋《紋コロフク》太田小六　一百疋鏡餅一錺大雄寺
一四両壱分弐朱鴨一羽中神順道
但四両ハ上之分五分礼、壱分弐朱ハ下之分三分礼
一壱両雉子一番　赤田屋晋助
定式手当者年々遣ス、此分者月次講釈ニ罷出候手当也
一弐百疋梅宰　但出入之廉ニ而別段手当米遣ス
外ニ五拾疋、侍ニ雇候節之手当遣ス
一百疋ツ、　御蔵番両人　一五拾疋小峠平吉《蔵番》
是者鉄炮稽古之節、大見其外世話いたし候手当　是者侍ニ雇候手当
一金一朱鰹節五本小峠平吉母
仕事立物頼候手当
一五拾疋日雇頭平兵衛
一紙入壱ツ宛相手四人江価五匁ツ、　一弐拾四両三分諸払
一拾四両手代・地役人定式歳暮、皆勤之もの其外臨時手当是は役所ニ而取調候事　此外鏡餅并のし餅等手代・書役・小遣・門番迄遣ス、定例也
都合五拾九両三分
○手代・町年寄并出入医師、町人共等ゟ魚類・菓子・野菜等追々歳末之祝儀ニ差越ス数多之事故、逸々不細書　○夜ニ入手代共一同、除夜之祝儀ニ来ル、且　母君初一同鱈吸物ニ而養老酒を酌、歳末を賀ス、小六・謙輔・文藏江も酒吸物遣ス但例年之通蕎麦手打いたし、一同相祝ひ、川嶋奥六其外小六初メ下々迄廻候事

あとがき

編者はここ十年以上、ＮＨＫ文化センター柏教室の古文書講座上級クラスにおいて「竹垣直道日記」（東京大学史料編纂所所蔵）を輪読している。この成果は、「関東代官竹垣直道日記」として勤務先の研究誌に、二〇一三年より毎年一冊分の翻刻を掲載し、現在までに嘉永二年（一八四九）三月から同六年七月迄の九冊がＰＤＦ化され高崎経済大学機関リポジトリーでオープンアクセス化されている。

輪読の過程で、竹垣直道と家族ぐるみの交際を続ける久須美一族（豊田友直や杉浦誠を含む）についての記載が頻繁にみられ、気になっていた。解題で述べたように、大坂町奉行である久須美祐明については明確になってきたが、養子に出たとはいえ豊田友直については、ほとんど触れられることがなかった。豊田日記については、所在は知られており、時折論文に一部は使用されるものの、膨大かつ難解ということもあり全体像は示されてこなかった。

そこで、日記の面白さに取り憑かれていた編者は、無謀にも竹垣日記と併行して翻刻を試みようと思った。内容的に高山の地元に協力を求めたが得られず、竹垣日記を輪読している古文書講座上級Ｉクラスの受講生から有志を募り、平成二十七年十二月に豊田友直日記研究会を立ち上げた。快く参加して下さった有志の方々の協力なくしては、到底なし得ない大仕事であり、感謝の気持ちを込めて、研究会のメンバーを紹介したい。

秋葉徳雄　秋山あつ子　小辻和夫　加藤かつ代　金子豊子　川上貢　河原満代　河野哲哉　佐藤金兵衛
佐藤勇太　瀬戸勝　成田光平　西田広志　丸山てい子　渡部雅子
（敬称略、五十音順、途中退会者も含む）

とりわけ佐藤金兵衛氏には校正にもご尽力いただき、改めて感謝申し上げる。

難解な竹垣日記を読みこなす猛者とはいえ、ほとんどが編者よりも人生の先輩であり、必ずしもパソコンやインターネットを自在に使いこなす方ばかりでなく、何かと忙しい中、時間を割き解読・筆耕する作業は、困難を極めたものであったと思うが、竹垣日記と併読し日記の面白さを共有できることが、唯一の御礼と思っている。

日記は、このままドラマにも出来るような近世社会を知る第一級の史料である。史料刊行で良しとせず、今後内容を広く紹介し、また研究を進めていきたい。

最後に、刊行を引き受けていただいた岩田書院の岩田博社長には記して感謝申し上げる。岩田氏はご自身の年齢のこともあり事業を縮小するということであったが、無理にお願いした。岩田書院の辛口コラムの「新刊ニュースの裏だより」にだけは苦言を書かれぬようにと思う。

令和元年十一月

於武州赤山陣屋　西沢　淳男

本書の刊行に際しては、令和元年度　高崎経済大学研究奨励費（学術研究図書刊行）の交付を受けた。

編者紹介

西沢 淳男（にしざわ あつお）

1964年、東京都生まれ。
法政大学文学部史学科卒業、同大学院人文科学研究科博士後期課程満期退学。
博士（歴史学）、専攻は日本近世史・地域史
現在、高崎経済大学地域政策学部教授
著書に、『代官の日常生活』（角川ソフィア文庫）、『徳川幕府全代官人名辞典』（共編・東京堂出版）他。
編集に、『増補改訂　幕領代官・陣屋データベース　CD-ROM版』（岩田書院）。

飛《ひ》驒《だ》郡代《ぐんだい》豊田《とよだ》友直《ともなお》在勤《ざいきん》日記《にっき》　1　天保十一年・十二年　　岩田書院　史料叢刊13

2019年（令和元年）11月　第1刷　300部発行　　**定価［本体7000円＋税］**

編　者　西沢 淳男

発行所　有限会社岩田書院　代表：岩田　博　　http://www.iwata-shoin.co.jp
〒157-0062 東京都世田谷区南烏山4-25-6-103　電話03-3326-3757 FAX03-3326-6788
組版・印刷・製本：新日本印刷

ISBN978-4-86602-082-2 C3321 ¥7000E

		本体価	刊行年月
006 中野　達哉	鎌倉寺社の近世	2800	2017.09
007 飯澤　文夫	地方史文献年鑑2016＜郷土史総覧19＞	25800	2017.09
008 関口　　健	法印様の民俗誌	8900	2017.10
009 由谷　裕哉	郷土の記憶・モニュメント＜ブックレットH22＞	1800	2017.10
010 茨城地域史	近世近代移行期の歴史意識・思想・由緒	5600	2017.10
011 斉藤　　司	煙管亭喜荘と「神奈川砂子」＜近世史46＞	6400	2017.10
012 四国地域史	四国の近世城郭＜ブックレットH23＞	1700	2017.10
014 時代考証学会	時代劇メディアが語る歴史	3200	2017.11
015 川村由紀子	江戸・日光の建築職人集団＜近世史47＞	9900	2017.11
016 岸川　雅範	江戸天下祭の研究	8900	2017.11
017 福江　　充	立山信仰と三禅定	8800	2017.11
018 鳥越　皓之	自然の神と環境民俗学	2200	2017.11
019 遠藤ゆり子	中近世の家と村落	8800	2017.12
020 戦国史研究会	戦国期政治史論集　東国編	7400	2017.12
021 戦国史研究会	戦国期政治史論集　西国編	7400	2017.12
024 上野川　勝	古代中世 山寺の考古学	8600	2018.01
025 曽根原　理	徳川時代の異端的宗教	2600	2018.01
026 北村　行遠	近世の宗教と地域社会	8900	2018.02
027 森屋　雅幸	地域文化財の保存・活用とコミュニティ	7200	2018.02
029 谷戸　佑紀	近世前期神宮御師の基礎的研究＜近世史48＞	7400	2018.02
030 秋野　淳一	神田祭の都市祝祭論	13800	2018.02
031 松野　聡子	近世在地修験と地域社会＜近世史48＞	7900	2018.02
032 伊能　秀明	近世法制実務史料 官中秘策＜史料叢刊11＞	8800	2018.03
033 須藤　茂樹	武田親類衆と武田氏権力＜戦国史叢書16＞	8600	2018.03
179 福原　敏男	江戸山王祭礼絵巻	9000	2018.03
034 馬場　憲一	武州御嶽山の史的研究	5400	2018.03
037 小畑　紘一	祭礼行事「柱松」の民俗学的研究	12800	2018.04
038 由谷　裕哉	近世修験の宗教民俗学的研究	7000	2018.04
039 佐藤　久光	四国猿と蟹蜘蛛の明治大正四国霊場巡拝記	5400	2018.04
040 川勝　守生	近世日本石灰史料研究11	8200	2018.06
041 小林　清治	戦国期奥羽の地域と大名・郡主＜著作集２＞	8800	2018.06
042 福井郷土誌	越前・若狭の戦国＜ブックレットH24＞	1500	2018.06
043 青木・ﾐｼｪﾙ他	天然痘との闘い：九州の種痘	7200	2018.06
045 佐々木美智子	「俗信」と生活の知恵	9200	2018.06
046 下野近世史	近世下野の生業・文化と領主支配	9000	2018.07
048 神田より子	鳥海山修験	7200	2018.07
049 伊藤　邦彦	「建久四年曾我事件」と初期鎌倉幕府	16800	2018.07
050 斉藤　　司	福原高峰と「相中留恩記略」＜近世史51＞	6800	2018.07

岩田書院 刊行案内（27）

			本体価	刊行年月
047	福江　　充	立山曼荼羅の成立と縁起・登山案内図	8600	2018.07
051	木本　好信	時範記逸文集成＜史料選書６＞	2000	2018.09
052	金澤　正大	鎌倉幕府成立期の東国武士団	9400	2018.09
053	藤原　　洋	仮親子関係の民俗学的研究	9900	2018.09
055	黒田・丸島	真田信之・信繁＜国衆21＞	5000	2018.09
056	倉石　忠彦	都市化のなかの民俗学	11000	2018.09
057	飯澤　文夫	地方史文献年鑑2017	25800	2018.09
058	國　　雄行	近代日本と農政	8800	2018.09
059	鈴木　明子	おんなの身体論	4800	2018.10
060	水谷・渡部	オビシャ文書の世界	3800	2018.10
061	北川　　央	近世金毘羅信仰の展開	2800	2018.10
062	悪党研究会	南北朝「内乱」	5800	2018.10
063	横井　香織	帝国日本のアジア認識	2800	2018.10
180	日本史史料研	日本史のまめまめしい知識３	1000	2018.10
064	金田　久璋	ニソの杜と若狭の民俗世界	9200	2018.11
065	加能・群歴	地域・交流・暮らし＜ブックレットH25＞	1600	2018.11
067	宮城洋一郎	日本古代仏教の福祉思想と実践	2800	2018.11
068	南奥戦国史	伊達天正日記 天正十五年＜史料選書７＞	1600	2018.11
069	四国地域史	四国の中世城館＜ブックレットH26＞	1300	2018.12
070	胡桃沢勘司	押送船	1900	2018.12
071	清水紘一他	近世長崎法制史料集２＜史料叢刊12＞	18000	2019.02
072	戸邉　優美	女講中の民俗誌	7400	2019.02
073	小宮木代良	近世前期の公儀軍役負担と大名家＜ﾌﾞｯｸﾚｯﾄH26＞	1600	2019.03
074	小笠原春香	戦国大名武田氏の外交と戦争＜戦国史17＞	7900	2019.04
075	川勝　守生	近世日本石灰史料研究12	5400	2019.05
076	地方史研究会	学校資料の未来	2800	2019.05
077	朝幕研究会	論集 近世の天皇と朝廷	10000	2019.05
078	野澤　隆一	戦国期の伝馬制度と負担体系＜戦国史18＞	6800	2019.06
079	橋詰　　茂	戦国・近世初期 西と東の地域社会	11000	2019.06
080	萩原　三雄	戦国期城郭と考古学	6400	2019.07
081	中根　正人	常陸大掾氏と中世後期の東国＜戦国史19＞	7900	2019.07
082	樋口　雄彦	幕末維新期の洋学と幕臣＜近代史23＞	8800	2019.08
083	木本　好信	藤原南家・北家官人の考察＜古代史13＞	4900	2019.08
084	西沢　淳男	幕領代官・陣屋 データベース	3000	2019.08
085	清水　紘一	江戸幕府と長崎政事	8900	2019.08
086	木本　好信	藤原式家官人の考察	5900	2019.09
087	飯澤　文夫	地方史文献年鑑2018	25800	2019.10
088	岩橋・吉岡	幕末期の八王子千人同心と長州征討	3000	2019.11